# HISTOIRE
## DES
# LIVRES POPULAIRES
### OU DE LA
## LITTÉRATURE DU COLPORTAGE

TOME I

PARIS. — IMP. SIMON RAÇON ET COMP., RUE D'ERFURTH, 1.

DES
# LIVRES POPULAIRES

OU DE LA

## LITTÉRATURE DU COLPORTAGE

DEPUIS L'ORIGINE DE L'IMPRIMERIE
JUSQU'A L'ÉTABLISSEMENT DE LA COMMISSION D'EXAMEN DES LIVRES
DU COLPORTAGE — 30 NOVEMBRE 1852

PAR

### CHARLES NISARD

DEUXIÈME ÉDITION
REVUE, CORRIGÉE AVEC SOIN ET CONSIDÉRABLEMENT AUGMENTÉE

TOME PREMIER

PARIS
E. DENTU, LIBRAIRE-ÉDITEUR
ÉDITEUR DE LA SOCIÉTÉ DES GENS DE LETTRE
PALAIS-ROYAL, 17 ET 19, GALERIE D'ORLÉANS

1864

## A SON EXCELLENCE
## MONSIEUR PAUL BOUDET
### MINISTRE DE L'INTERIEUR

Monsieur le Ministre,

Je vous ai témoigné le désir de vous dédier cet ouvrage, et vous me l'avez permis. Veuillez donc en accepter l'hommage et au nom de notre ancienne amitié, et parce qu'il est de mon devoir de vous offrir un travail dont la matière a été tirée en grande partie des archives de votre administration. C'est un chapitre de notre histoire littéraire que personne jusqu'ici n'avait songé à écrire; il est vrai qu'il n'en est pas le plus beau; il en est certainement le plus singulier. Je serai assez payé de ma peine si, sous ce rapport, il agrée autant à l'ami que d'ailleurs il doit intéresser le ministre.

Je suis avec respect, Monsieur le Ministre, et avec tous les sentiments de la plus cordiale amitié,

Votre tout dévoué,

CHARLES NISARD.

# PRÉFACE

Je dois l'idée de cet ouvrage à une circonstance toute fortuite. Lorsque, frappé de l'influence désastreuse qu'avait exercée jusqu'alors sur tous les esprits cette quantité de mauvais livres que le colportage répandait presque sans obstacle dans la France entière, M. Charles de Maupas, ministre de la police générale, eut conçu et exécuté le sage dessein d'établir une commission permanente pour l'examen de ces livres [1], il eut la bonté de m'appeler à en faire partie, avec le titre de secrétaire adjoint. Cela me donna l'occasion et de rassembler ces petits livres et de les étudier avec le soin le plus scrupuleux. C'est le résultat de ces études que je publiai pour la première fois en 1854, et que je publie pour la seconde aujourd'hui.

Quoiqu'il y ait déjà longtemps que la première édition

[1] Le 30 novembre 1852.

# PRÉFACE.

soit épuisée, et que ses imperfections semblassent m'inviter à en donner au plus tôt une seconde, cependant, je ne m'en mettais pas en peine, estimant qu'il serait toujours temps d'en venir là, et ne pouvant me résoudre à l'entreprendre au préjudice d'autres travaux qui me réclamaient alors tout entier. Mais aujourd'hui que l'étude des *livres populaires*, étude dont on a bien voulu dire que j'avais donné le signal et révélé tout l'intérêt[1], est cultivée avec une sorte d'entraînement, qu'on publie chaque jour des écrits sur cette matière[2], à Paris, dans les provinces et même à l'étranger, il m'a paru qu'il était opportun de reprendre mon œuvre primitive, et cette fois-ci, d'en donner une édition, sinon populaire comme les petits livres qui en font l'objet, accessible du moins au plus grand nombre de lecteurs possible. Éditée par

---

[1] Cet intérêt a été signalé, notamment en Angleterre, et lorsque j'étais loin de m'attendre à un si grand honneur. Un des personnages de ce pays, les plus éminents par leur savoir, les plus justement respectés par leur caractère, le cardinal Wiseman, eut la bonté de marquer le cas qu'il faisait du présent ouvrage, en le consultant, ainsi que l'auteur, à l'occasion d'un travail que Son Éminence préparait elle-même sur les livres propres aux classes pauvres de l'Angleterre. Ce travail, aussi remarquable par les doctrines du moraliste que par la science de l'érudit et la politesse de l'écrivain, a été publié en 1854, sous le titre de :

*Home education of the poor : being two lectures delivered by cardinal Wiseman, at St-Martin's Hall, London.*

[2] Je citerai entre autres les *Livres populaires imprimés à Troyes de 1600 à 1800*, par M. Alexis Socard; et les *Livres liturgiques du diocèse de Troyes, imprimés au XV<sup>e</sup> et au XVI<sup>e</sup> siècles*, par le même conjointement avec M. Alex. Assier. M. Socard nous promet d'autres séries de la même provenance; je l'engage à tenir sa promesse. Ses recherches sont extrêmement curieuses, et ses livres remplis de gravures sur bois d'autant plus précieuses que le temps détruit chaque jour le peu qu'il en reste, et que les vers ne les respectent pas davantage.

M. Amyot, et, sous les auspices de ce spirituel et intelligent libraire, magnifiquement imprimée par M. Lahure, la première édition a passé presque tout entière dans les bibliothèques des amateurs. Si par hasard on en produit un exemplaire dans quelque vente publique, il est acheté à un prix fort au-dessus de sa valeur, mais que la rareté, dit-on, justifie. Après quoi, il va, comme y sont allés tant d'autres avant lui, prendre sa place dans quelque belle *tannerie*, comme parle la Bruyère, condamné désormais sinon à n'être pas ouvert, certainement à n'être pas lu, non pas même de son trop généreux acquéreur. Par où l'on voit que le bon moyen d'être connu pour un auteur n'est pas de faire des livres beaux; fussent-ils les meilleurs du monde, il n'en recueillera que peu de gloire et peu de profit, la plus grande partie de l'un étant, pour ainsi dire, confisquée par les amateurs, et le plus clair de l'autre appartenant au libraire.

Cela seul suffisait pour me déterminer à publier cette nouvelle édition. Nul ne consent volontiers à être enterré tout vif, et la magnificence du tombeau n'en fait pas trouver le séjour plus sain. Mais une autre raison me commandait de ne plus différer: le désir de corriger mon livre, et, autant qu'il se pourrait, de le perfectionner. J'y avais déjà reconnu par moi-même nombre de fautes, la critique m'en a indiqué d'autres, et je puis me rendre le témoignage d'avoir tenu un compte rigoureux de ses moindres avis. J'ai été plus loin. Aux yeux de l'érudit, le principal intérêt des livres populaires, c'est leur origine; il veut qu'on lui en fasse connaître exactement les auteurs et les dates; s'ils ont été écrits d'abord en français ou s'ils sont des traductions ou des imitations de l'étranger; enfin quels changements ils ont essuyés, en passant par les mains de leurs différents éditeurs. J'ai tâché de donner ici satisfaction à cet égard. J'aurais pu sans doute m'étendre davantage, principalement sur les almanachs, les livres religieux, les cantiques et les légendes de saints, mais j'ai bientôt reconnu que, si je me laissais aller à cet égard aussi loin qu'il est possible d'aller, j'aurais à écrire, de ce seul chef, un volume égal en grosseur à ceux des bénédictins. Je m'en suis tenu à l'essentiel. Mais en général, ce que fait l'antiquaire pour les médailles frustes et illisibles, s'appliquant à en restituer les textes et les figures, je l'ai fait pour les livres populaires, la plupart non moins frustes et non moins illisibles, quelques-uns remontant jusqu'aux époques de l'antiquité la plus reculée, d'autres enfants du moyen âge, et participant de sa rudesse et de ses obscurités.

On m'objectera peut-être qu'ici le nombre de ces livres est médiocre, en comparaison de celui où il dut s'élever, depuis l'invention de l'imprimerie jusqu'à nos jours; je répondrai que le cadre dans lequel je me suis renfermé, c'est-à-dire l'histoire seule des livres populaires débités par le colportage, dans le temps où cette industrie fut soumise à un règlement, m'imposait l'obligation de me restreindre, sous peine de décupler mes volumes et de les grossir en proportion. Cependant, comme j'avais omis la première fois de mentionner certains livres, ou d'en citer certains autres en tout ou en partie, soit à cause de leur peu d'importance, soit à cause de leur trop d'étendue, ces omissions m'ayant été reprochées, je me suis fait un devoir de les réparer. En même temps j'ai augmenté le nombre des extraits et allongé ceux qu'on avait trouvés trop courts. J'ai introduit également de nouvelles gravures; il y en a ici environ un tiers de plus que dans la première édition. Malgré toutes ces précautions, j'aurai laissé encore bien des lacunes; mais dans un travail aussi minutieux, le reprît-on dix fois, elles sont inévitables.

Toutes les additions, jointes à une recherche plus curieuse et plus approfondie des originaux, et conséquemment à des citations plus fréquentes de livres qui s'y rapportent et qui m'ont aidé à les retrouver, ont eu pour effet de développer considérablement cet ouvrage et en quelque sorte de le renouveler. C'est pourquoi il a fallu employer d'autres caractères d'imprimerie, afin que la matière ne dépassât pas deux volumes. Ainsi, les caractères dont on s'est servi, dans l'édition première, pour distinguer les citations du texte, et qui sont de quelques numéros plus petits que lui, sont les mêmes, ou à peu près, qu'on a choisis pour le texte de la seconde. Cela sans doute est moins élégant, moins agréable à l'œil, et je conçois fort bien qu'un pareil sacrifice au bon marché ne soit pas du goût des bibliophiles, mais il sera, je pense, approuvé de ceux qui recherchent les livres afin de les lire, et non d'en faire un objet de contemplation pour eux-mêmes et pour leurs amis.

Il n'était peut-être pas inutile d'entrer dans tous ces

détails. Un auteur qui se réimprime ne doit s'y résoudre que pour se corriger, ou ne pas s'en mêler; mais il ne lui est pas défendu de rendre raison de ses corrections. Il faut que ceux qui n'ont pas connu son livre, la première fois qu'il sortit de ses mains, sachent s'ils doivent regretter cette ignorance ou s'en féliciter, et que ceux qui l'ont connu décident si les amendements annoncés par l'auteur ont autant amélioré son œuvre qu'il a prétendu le faire. C'est dans ce but que j'ai écrit cette préface.

J'ai parlé tout à l'heure d'additions, j'ai déclaré qu'elles étaient considérables; les retranchements que j'ai faits, et dont je n'ai rien dit encore, ne le sont pas autant, quoiqu'ils soient assez nombreux. Ils portent sur des livres que l'industrie du colportage n'avait recrutés alors qu'accidentellement, et que, à cause de cela, j'avais cru devoir introduire dans une classe de livres pour lesquels ils ne sont pas faits. Ils portent aussi sur nombre de réflexions inutiles ou qui se ressentaient de l'époque encore orageuse où elles furent écrites; sur des jugements quelquefois téméraires, sur des citations d'autorités trop longuement développées et qui importaient médiocrement au sujet. Ce sont là autant de superfluités que la précipitation apportée dans un premier travail explique sans les excuser. Revues, après un intervalle plus ou moins long, elles choquent les regards et doivent par conséquent être supprimées.

M'étant ainsi montré, s'il m'est permis de le dire, juste plutôt qu'indulgent envers moi-même, je serais ingrat si je ne me montrais juste envers ceux qui m'ont aidé de leur concours dans la présente édition. Je dois donc adresser ici tous mes remercîments à M. Hinzelin, de Nancy, à M. Pellerin, d'Épinal, et à M. Barbier, de Montbéliard, trois des principaux éditeurs de livres populaires, pour la complaisance qu'ils ont eue de mettre à ma disposition un certain nombre de clichés originaux, destinés à l'illustration de leur marchandise et dont la mienne ne pouvait se passer. Je ne suis pas moins reconnaissant envers deux jeunes et aimables artistes, M. Kreutzberger et M. Comte, l'un qui a dessiné, l'autre qui a gravé les planches dont il n'a pas été possible de se procurer les bois originaux, ou qui, lorsque les bois prêtés par les éditeurs que je viens de nommer dépassaient la mesure de notre format, les ont réduits à la dimension requise pour les y faire entrer. Tous deux ont exécuté ce travail avec autant d'intelligence que de soin; ils y ont mis surtout un empressement qui n'a fourni aucun prétexte à mon impatience de se manifester. Je leur en fais bien volontiers le compliment. Je le fais également, et avec un plaisir particulier, à M. Gabriel Dentu. Sans son obligeance à revoir les épreuves du texte, à m'avertir du nombre de fautes plus ou moins légères qui m'étaient échappées, à me sauver enfin la moitié de ce fastidieux travail, je ne sais quand j'en aurais vu la fin. La bonne grâce qu'il mettait à tout cela ajoutait encore aux services rendus.

# HISTOIRE
## DES
# LIVRES POPULAIRES
### OU DE LA
## LITTÉRATURE DU COLPORTAGE

## CHAPITRE PREMIER

### DES ALMANACHS

Les plus anciens livres du monde, après la Bible, ce sont vraisemblablement les almanachs. Il s'en faut cependant que leur origine soit aussi bien déterminée que celle du livre sacré ; mais par l'usage qu'on en fait, par les sentiments de curiosité, je dirais presque de foi qu'ils inspirent, par leur caractère enfin à peu près invariable, ils semblent participer à la fois, et de la haute antiquité à laquelle la Bible remonte, et du besoin qu'on a de l'interroger.

Quoi qu'il en soit, il serait superflu, sinon déplacé, de rechercher ici quel fut l'auteur du premier almanach. C'est un renseignement qu'il ne serait probablement pas impossible de trouver, pour peu qu'on eût de loisir et de correspondants dans toutes les bibliothèques de l'Europe, depuis celle de Pontoise jusqu'à celle du Vatican. Pour moi, je me contenterai de dire ce que sont les almanachs, sans me préoccuper d'où ils viennent. Il y a presque toujours lieu de se repentir de s'être montré trop curieux de ses origines, et tel qui a eu cette vanité rougit souvent de ses auteurs, dès qu'il les connaît, après s'en être enorgueilli avant de les connaître.

Le *Manuel* de M. Brunet dit que le premier almanach connu est le *Grand Compost des Bergers*, imprimé à Paris en 1493; on n'a aucun moyen de contrôler cette assertion; il faut donc l'accepter comme vraie, du moins comme vraisemblable. Il résulterait de là, entre autres faits particuliers aux almanachs, qu'ils comptent sans doute parmi les plus anciens livres qu'on ait colportés, et on resterait peut-être en deçà du vrai, en disant que la proportion entre le débit dont ils sont aujourd'hui l'objet et celui des autres livres, est comme mille est à un. Quelques éditeurs, entre autres MM. Baudot et Anner-André, de Troyes, les pourraient vendre au quintal.

Il ne manque pas de gens aujourd'hui qui pensent vous embarrasser en vous demandant qui n'a pas son journal? Ils vous embarrasseraient bien davantage s'ils vous demandaient qui n'a pas son almanach? Depuis la chaumière jusqu'au palais, l'almanach est, en effet, un meuble indispensable. Outre les gens que leurs affaires obligent à le consulter tous les jours, il n'est guère d'homme oisif qui n'y cherche une distraction, un enseignement. Celui-ci s'amuse à compter combien il y aura d'éclipses, et de quelle sorte, dans l'année; c'est à quoi se bornent ses connaissances astronomiques; et si l'almanach lui annonce une éclipse visible de soleil, il songe à préparer ses verres noircis pour jouir commodément du spectacle. Celui-là, et c'est un employé ou un collégien, compte combien il y a de jours fériés dans l'année, dans le mois, et rêve au moyen de s'y dédommager de la servitude et des fatigues des jours ouvrables. J'en connais qui ont une telle passion de connaître l'heure du lever et du coucher du soleil, qu'ils la demandent tous les jours à leur almanach, encore que, à force de la demander il aient fini par la savoir par cœur, et soient en état de vous dire, à une seconde près, à quelle heure le soleil paraît sur l'horizon, et à quelle heure il disparaît chaque jour de l'année [1]. Les éditeurs d'almanachs n'ignorent pas toutes ces faiblesses, et le colportage leur est d'un merveilleux secours pour en tirer parti. MM. Pagnerre, Moronval et Boucquin, à Paris, Anner-André et Baudot, à Troyes, Hinzelin, à Nancy, Lebœuf, à Châtillon-sur-Seine, sont les plus féconds producteurs d'almanachs qui existent en France, et ceux vraisemblablement qui savent le mieux à quoi s'en tenir sur le puéril et tyrannique besoin qu'on a de ces livrets, quelle que soit la nature des intelligences, ou délicate ou grossière. Aussi, sur cent almanachs, il y en a quatre-vingt-dix qui sortent de leurs boutiques. Ils pourraient même réclamer le surplus, qui consiste en imitations mal déguisées des produits des uns et des autres, ou en contrefaçons pures et simples.

Les almanachs anciens et modernes [2] sont de quatre formats principaux : l'in-4, l'in-8, l'in-12 et l'in-24. Il y a bien quelques formats intermédiaires, mais il faut les rapporter tous à ces quatre derniers. L'in-24 est sans comparaison le plus populaire : c'est le format du *Liégeois* et de tous les almanachs qui procèdent de lui ; viennent ensuite l'in-4, l'in-12 et l'in-8.

[1] Des catholiques ayant eu scrupule de mettre dans un de ces livrets, d'ailleurs utile à tous égards, la grêle ou les coups de tonnerre qu'ils tiraient du trésor de leur imagination, eurent soin d'avertir leurs lecteurs que Dieu seul fait et fera, comme dit Job, la force des vents. Mal leur en prit, car le débit de leur almanach s'arrêta tout à coup, et il ne recommença que le jour où, le public dûment averti, ils se résignèrent à faire encore la pluie et le beau temps. (*L'Ami de la Religion*, du 24 octobre 1854, p. 182.)

[2] Dans cette revue des almanachs, je prends, parmi les modernes, ceux qui portent le millésime de 1853. Ils sont la reproduction exacte ou à peu près de ceux des années précédentes, comme ils sont à leur tour reproduits par ceux de toutes les années suivantes, y compris 1864.

# CHAPITRE I.

Je commence par l'in-24. Il n'est pas le plus ancien; on connaît à peu près la date de son origine, qui est de la première moitié du dix-septième siècle. Pour l'in-4, sa forme et son impression à deux colonnes, son papier même, tout atteste qu'il remonte au seizième siècle et même au delà. Mais comme on peut dire de l'in-24 ce que Napoléon disait des femmes, que plus elles sont fécondes, plus elles sont estimables, à ce titre, l'in-24 a le pas sur tous les autres formats par l'ancienneté de naissance, et a droit à l'honneur de figurer en tête de cette nomenclature.

L'almanach-souche, s'il est permis de parler ainsi, est le *Petit Liégeois*. Il est le plus mince de tous. En voici un qui sort de l'imprimerie de Moronval, de Paris. La pagination n'y est point marquée ainsi que dans tous les *doubles* et les *triples* du même nom; mais les pages sont au nombre de 28, non compris la couverture. Il y a là encore, dira-t-on, place pour assez de sottises; aussi la place y est-elle bien occupée, encore que les sottises n'y soient pas de la première qualité.

Le *Double Liégeois*, du même éditeur, est près de quatre fois gros comme le premier, ayant 96 pages. C'est y mettre trop de conscience en vérité, d'autant que MM. Pagnerre et Boucquin, de Paris, nous donnent sous le même titre trompeur un almanach qui a tout juste le même nombre de pages que le *Petit Liégeois* de leur collègue. C'est donc en vain que M. Pagnerre a cru devoir ajouter à son titre l'épithète de véritable, et dire fièrement le *Véritable double Liégeois*; il ne parviendra pas à nous faire prendre le change sur l'exiguité de son format, et il nous restera toujours débiteur de 28 autres pages pour justifier la pompe de son titre. M. Placé, de Tours, seul, se rapproche du vrai. Son *Double Liégeois* a 48 pages.

Mais voici quatre autres *Véritables triples Liégeois* de M. Pagnerre, le premier justement de la grosseur requise, le second plus renflé que le premier, le troisième que le second, et le dernier que le troisième [1], en s'échelonnant à peu près comme les

[1] On conçoit que je renonce à indiquer le nombre de pages de tous ces

quatre fils Aymon. Je parlais tout à l'heure de la conscience de M. Moronval ; je noterai ici la munificence de M. Pagnerre, et de plus, je lui demanderai pardon de la querelle d'Allemand que je lui ai presque faite il n'y a qu'un moment. Ce que M. Moronval nous donne en gros, M. Pagnerre nous le livre en détail, et tandis qu'il n'y a qu'un cordon-bleu qui ait le moyen de se procurer l'almanach in-folio du premier, il n'y a pas de simple laveuse de vaisselle qui ne trouve chez le second un almanach plus proportionné à ses modestes honoraires, et non moins infaillible dans la connaissance des temps.

Cependant le libraire Boucquin (nom d'excellent augure et qu'on croirait fait exprès pour un éditeur d'almanachs) fait une concurrence fastueuse à M. Pagnerre. Outre les quatre formats indiqués ci-dessus, au moyen desquels il marche l'égal de celui-ci, il en a imaginé d'autres qu'il a échelonnés de la même manière, et auxquels, non content de laisser les titres de *Double, Triple, Véritable double, Véritable triple Liégeois*, il ajoute ceux de : *Incomparable, Du bon vieux temps, Un peu de tout, Utilité et Agrément, Commerce et Industrie*. Le moyen de résister à de telles amorces !

Il est vrai que M. Pagnerre oppose à ces qualifications orgueilleuses celles-ci, qui ont bien leur prix : *le Véridique Almanach sans pareil; les Souvenirs du grand homme* (où, par parenthèse, il n'est pas plus question du grand homme que du Grand Turc) ; et qu'à la couverture bleue caractéristique de l'*Almanach Liégeois* il substitue la couverture jaune et la verte : cela n'empêche pas qu'il ne soit distancé par M. Boucquin, et qu'il n'ait su imaginer que deux nouvelles formules là où son confrère en a imaginé cinq.

Je ne parle pas de M. Placé, de Tours, qui ne s'est mis en frais ni d'imagination ni de matériel, et qui a cru payer assez

almanachs. Ils se sont privés volontairement de ce bénéfice, en mettant le lecteur, par la suppression de toute espèce de chiffre, dans l'impossibilité de le savoir du premier coup.

1.

le tribut qu'on doit au *Liégeois*, en en fournissant un type unique et d'un format médiocre. Je ne parle pas non plus de M. Moronval, qui n'a trouvé aucun moyen d'embellir le titre primitif, si ce n'est en y ajoutant ceux de *Gros* et *Petit Astrologue*. L'honneur de l'invention et de la multiplication demeure évidemment tout entier à MM. Boucquin et Pagnerre, à celui-là peut-être plus qu'à celui-ci.

Je passe maintenant aux variétés infinies du *Liégeois*, c'est-à-dire aux almanachs qui, avec des titres différents mais un format semblable, sont, ou des perfectionnements du premier, quand ce ne serait que par la pagination qui est presque toujours indiquée, ou des analogues, ou des imitations.

MM. Anner-André et Baudot, de Troyes, ont donné simultanément *le National*. Ces deux imprimeurs ne ressemblent point à Castor et Pollux, dont l'un paraît sur l'horizon quand l'autre disparaît; ils vont, ils viennent, et exécutent tous leurs mouvements de compagnie, ou du moins se suivent de si près qu'on peut dire que l'intervalle qui les sépare est imperceptible. A peine celui-ci a-t-il publié un almanach que celui-là riposte par un autre de la même espèce et du même nom, et réciproquement. Une variante, une addition quelconque au titre suffisent pour écarter le délit de contrefaçon. Ainsi, là où M. Anner-André dit simplement *le National*, M. Baudot dit : *le National, double almanach Liégeois journalier, par Matthieu Lænsberg, mathématicien;* et il ajoute : « Cet almanach ne contient rien de politique. » Allez donc, sous cette phraséologie, distinguer le titre primitif et croire, si par hasard vous êtes l'inventeur de ces titres, que vous êtes fondé à en revendiquer la propriété. J'ajoute que *le National* de M. Anner-André ayant 208 pages, celui de M. Baudot n'en a pas une de plus ni de moins.

MM. Hinzelin, de Nancy, et Lebœuf, de Châtillon-sur-Seine, ont également usurpé ce mot de *National*. L'un a *le National français*, sans pagination; l'autre, *l'Almanach national*, de 208 pages, comme M. Anner-André : effet merveilleux des beaux esprits qui se rencontrent, dit la sagesse, ou qui se pillent, dit l'envie.

Il y a pourtant, je le constate avec plaisir, un almanach de M. Anner-André, dont le titre (car la contrefaçon ne s'étend guère au delà) n'a point été dérobé par ses confrères, pas même par son compatriote et voisin M. Baudot. Cet almanach est *le Napoléon*, de 400 pages, non compris un *Traité des glaires*, qui est à la fin, et qui en a 62. Trois éditeurs seuls, M. Bauchet-Catel et M. Blocquel-Castiaux, de Lille, et le Dépôt géographique de Paris, paraissent avoir eu la même idée que M. Anner-André ; mais ils ne l'ont pas formulée avec la même concision. Le premier a pris pour titre *le Triple almanach impérial*, sans pagination ; le second s'est arrêté à celui d'*Almanach constitutionnel de l'Empire français*, 144 pages ; et le troisième à celui de *Petit almanach impérial*, 65 pages.

Les titres de *le National* et *le Napoléon*, celui-ci tout court, ou exprimé par une périphrase, étant donc ceux dont trois ou quatre libraires paraissent s'être fait une sorte d'apanage, on en a imaginé une quantité d'autres plus ou moins bizarres et plus ou moins propres à attirer l'attention et l'argent des amateurs.

Le mérite de l'invention à cet égard appartient incontestablement à M. Lebœuf, de Châtillon-sur-Seine. On lui doit *le Temps*, 336 pages ; *le Nouvelliste*, 272 pages ; *le petit Messager des Villes et des Campagnes*, 144 pages ; *le Farceur*, 336 pages ; *le gros Blagueur*, idem ; *le vrai Bavard*, idem ; *le Causeur national*, 208 pages. L'un de ces titres, *le vrai Bavard*, paraît porter en soi les germes d'un grand succès, puisque dans le département de l'Aube, voisin de celui de la Côte-d'Or où M. Lebœuf exploite son brevet, M. Baudot, de Troyes, est l'éditeur de : *le gros Bavard*, 336 pages ; *le Bavard sans pareil*, 336 pages (le chiffre est indiqué seulement sur la couverture, le livre étant dépourvu lui-même de toute pagination), et *le Babillard*, 208 pages, parmi lesquelles 25 environ ne sont pas chiffrées. Lequel des deux libraires a pillé l'autre? c'est une question que je laisse à résoudre aux bibliographes. Quoi qu'il en soit, tant de bavards se disputent à qui persuadera le mieux le public de l'Aube et de la Côte-d'Or, qu'il ne serait pas surprenant qu'on ne s'entendît guère en ces quartiers-là.

Le même M. Baudot qui ne permet pas à un seul almanach de M. Anner-André, son rival, de passer sans lui en opposer un autre, ou avec le même titre, ou avec le titre embelli, qui partage avec M. Lebœuf, de Châtillon-sur-Seine, le monopole des *Bavards*, a créé en outre *le Courrier*, 400 pages, et *le Vrai Matthieu Læusberg*, 272 pages [1]. Le premier contient en effet 400 pages, comme l'indiquent la couverture et le texte; mais avec des lacunes, comme *le Babillard*. Les chiffres sont remplacés dans l'un et l'autre par trois points disposés en triangle. Le second offre la même bizarrerie de pagination, et de plus, au témoignage de son titre, *est très-instructif et très-risible*. Je suis trop poli pour contredire une annonce aussi avantageuse; mais j'avertis le lecteur qu'il ne doit pas juger de l'esprit champenois sur cet échantillon.

*Le Bon Ermite*, 356 pages, et *la Nouvelle Lanterne magique*, 262 pages, non compris le *Traité des glaires* déjà nommé, sont les seules modifications du *Liégeois* qu'on doive à M. Anner-André. Heureusement que la qualité de ces almanachs ne fait pas regretter que l'éditeur ne les ait pas multipliés davantage.

M. Hinzelin, de Nancy, a pris pour mesure de la pagination de son *Gros Conteur Liégeois* et de son *Grand Astrologue de Liége*, celle qui est commune à tous les almanachs indiqués ci-dessus: 356 et 262 pages. Serait-ce la crainte de faire trop de peine à ses confrères qui l'a empêché d'être plus littéraire et plus intéressant? On lui doit de plus *le Prophétiseur véridique*

[1] Le *Vrai Double Matthieu Læusberg*, de M. Blocquel-Castiaux, à Lille, est connu dans le commerce sous le nom de *Matthieu rouge*, à cause de sa couverture à triangles rouges. Il en est à sa *quarante-huitième* année.

*de Liége*, par *Joseph Moult*. Mais cela, au rapport de la couverture, n'a que 134 pages ; ce qui ne veut pas dire qu'il soit la quintessence des deux autres.

Tous les éditeurs que je viens de nommer paraissent s'être entendus pour donner, sous le titre modeste d'*Almanach* ou *Double Almanach journalier*, un livre qui varie de 150 à 200 pages. Mais cet almanach est une preuve qu'il n'y a que l'émulation et l'antagonisme qui enfantent des chefs-d'œuvre, et que l'entente cordiale entre les faiseurs d'almanachs comme entre les politiques ne produit pas toujours grand'chose de bon.

En compulsant cette énorme quantité d'almanachs, fils plus ou moins méconnaissables d'un père commun, le *Liégeois*, et imprimés à peu près partout, je fus surpris de n'en pas trouver un seul imprimé à Liége même. Mais, après avoir longtemps cherché parmi quelques centaines d'exemplaires, je découvris enfin, écrasé par quatre ou cinq gros *Liégeois* de fabrique française, un objet ayant forme de livre, couvert d'une espèce de papier marbré, dans le genre de celui qu'on voit dans les reliures du dix-septième siècle, si petit qu'on l'eût tenu tout entier dans la main, sans le froisser. C'était le *Double Almanach de Liége, pour l'année* 1853 ; à Liége, chez la veuve Castiaux : la pagination n'est point marquée. Que vous dirai-je ? J'aurais bien voulu croire que je tenais l'édition princeps du vrai Matthieu Lænsberg, mais avec ce millésime de 1853, l'illusion n'était pas possible. D'ailleurs, ayant tourné le premier feuillet, je lus au bas du verso : Lille, *Typ. de Blocquel !* Lille continue donc à produire des *Almanachs de Liége*. Ainsi, celui de 1851 porte le chiffre de 226e année [1] ; ce qui reporte la première publication de cet almanach à l'année 1628. Cependant, l'exemplaire le plus ancien, connu des bibliophiles belges, est de 1636, et dans l'exemplaire de 1811, l'éditeur disait : « C'est en 1636 que Matthieu Lænsberg commença ses prédictions, en annonçant au

---

[1] Lisez 229 ; autrement la première publication serait de 1625 ; ce qui n'est pas.

monde entier les biens et les maux qui semblaient devoir leur arriver, mais avec cette scrupuleuse attention d'éviter toute personnalité[1]. »

Outre ces almanachs, qui sont faits pour tous les pays de la France indistinctement et pour tous les autres où l'on parle français, il y a des almanachs locaux, c'est-à-dire qui s'adressent particulièrement aux habitants de la province ou du département, dans le chef-lieu duquel ils sont imprimés. Leurs formats varient à l'infini, et je ne puis en donner l'idée qu'en disant qu'ils n'appartiennent ni à l'in-32, ni à l'in-24, ni à l'in-18, ni à l'in-12, ni à l'in-8, mais qu'ils s'en rapprochent ou s'en éloignent plus ou moins, suivant leur caprice. On voit bien qu'ils ne veulent rien devoir au *Liégeois*, ni le nom, ni la forme, et qu'ils sont exclusivement de leur pays.

Le nombre en est aussi considérable au moins qu'il y a de départements en France et presque d'arrondissements, et les trois quarts et demi ne circulent guère ailleurs que dans leur pays natal. Aussi, ne m'arrêterai-je que sur quelques-uns de ceux qui s'aventurent au delà, me bornant, comme je l'ai fait jusqu'ici, à énoncer leurs titres, et me réservant d'en apprécier le fond quand je passerai à la critique proprement dite de tous les almanachs qui font partie du colportage.

M. Rey-Garnier, de Chartres, est l'éditeur du *Nouvel Astrologue de la Beauce, seizième année*, format liégeois, sans pagination. Il assure que la haute antiquité de cet almanach dispense l'éditeur de le faire valoir autrement que par la simple déclaration de son âge. Ce n'est pas là du moins de la coquetterie.

M. Leloup-Lesage, de la même ville, n'ayant pas la même raison d'être aussi bref, puisque son *Messager de la Beauce et du Perche*, in-12, sans pagination, n'a que quatre ans, a dû ajouter à ce titre les mots ronflants d'*Almanach comique, moral et spécial, prophétique, satirique*. Spécial, venant renchérir sur *mo-*

---

[1] Voyez le *Bulletin du Bibliophile belge*, t. VIII, p. 98.

*ral*, a une force dont il n'est peut-être pas donné à tout le monde de mesurer la portée.

Un seul libraire d'Amiens, M. Caron, sous la raison commerciale de Caron et Lambert, édite cinq almanachs format elzévirien : *l'Astrologue picard*, 22ᵉ année, sans pagination; le *Simple*, le *Double* et le *Triple Matthieu Lænsberg picard*, aussi sans pagination, et le *Nouvel Almanach de poche*, idem. Un pareil luxe s'expliquerait assez par le besoin de soutenir une concurrence redoutable : mais M. Caron n'a pas de concurrents; c'est donc par pur amour de l'art qu'il multiplie les êtres, et ses almanachs sont fort propres en effet.

*Le Véritable Almanach de Normandie*, format liégeois, sans pagination, n'est pas un produit de l'industrie normande. Il sort des presses de M. Hinzelin qui, de Nancy, où il est imprimeur, fait le beau temps et la pluie bien au delà des frontières de l'ancien duché de Lorraine, puisqu'il donne encore, ainsi qu'on le verra tout à l'heure, des almanachs à la Suisse et à la Savoie.

MM. Placé, de Tours, et Lefranc, d'Arras, sont éditeurs, l'un de l'*Almanach d'Indre-et-Loire*, in-18 de 39 pages, couverture comprise, l'autre de l'*Almanach du Pas-de-Calais*, in-12, 192 pages. Mais ce sont plutôt des annuaires de ces départements que des almanachs; ce qui n'en diminue pas le mérite, au contraire. Il en est de même de l'*Almanach du département de l'Indre*, de M. Cotard, à Issoudun, format elzévirien, de 142 pages, qui en est à sa cinquante-huitième année. On est une personne respectable à moins que cela.

*Le grand Astrologue national*, de M. Lecrêne-Labbey, de Rouen, format liégeois un peu allongé, sans pagination, ne compte pas encore parmi les vétérans des almanachs de province. Mais on peut croire que ce n'est pas sans orgueil qu'il met à la suite de son titre 24ᵉ année.

Enfin, l'*Almanach manceau*, de M. Monnoyer, du Mans, format liégeois de 96 pages; l'*Almanach de Lille*, de M. Lefort, onzième année, in-12 de 128 pages, et le *Double Almanach de*

*Sedan*, de M. Laroche-Jacob, format liégeois raccourci, de 64 pages, complètent cette partie des almanachs dits locaux qui ont été publiés en 1855.

Quelques almanachs ont aussi pour éditeurs des sociétés particulières, religieuses ou de bienfaisance. J'ai sous les yeux : l'*Almanach au profit des pauvres de la Société de Saint-Vincent-de-Paul*, in-12, 144 pages, édité par M. Fleury, à Rouen; l'*Almanach de la Famille*, format liégeois, de 216 pages, et l'*Almanach qui dit tout*, in-12 de 160 pages, édités par M. Collin de Plancy, au nom de la Société de Saint-Victor, pour la propagation des bons livres; l'*Almanach des bons Conseils*, par L. S. D. T. R. *de Paris*, grand in-12 de 84 pages, non compris les foires qui ne sont point paginées, imprimé à Paris, chez M. Marc-Duclou, et vendu au bureau de l'almanach, rue Rumfort, n° 11. C'est un almanach protestant.

Il y a enfin la Bibliothèque des *Almanachs perpétuels*, publiée par M. Passard. C'est un recueil varié, souvent instructif, quelquefois amusant, convenablement écrit et très-proprement imprimé[1]. Le nom d'*Encyclopédie* pourrait être le nom de ce recueil. Tout y est en effet, ou tout y doit être. Économie domestique, jardinage, agriculture, industrie, commerce, opérations de Bourse, jeux de société, contes, romans, modèles de compliments à l'usage des enfants, de placets à l'usage des pétitionnaires, d'actes à l'usage des plaideurs; rien n'y est omis. Pour *cinquante centimes*, on peut apprendre là à spéculer à la Bourse, sans jamais y perdre, à planter des poiriers qui ne craignent pas la lune rousse, à écrire des pétitions qui attendrissent les ministres et leur ôtent le courage de rien refuser, à donner de belles reparties sans avoir d'esprit, à gagner son procès sans avoir raison, sa partie d'écarté avec un mauvais jeu, etc., etc. Tout cela, j'en conviens, n'est pas neuf, et néanmoins a toujours l'attrait de la nouveauté.

---

[1] Il compte aujourd'hui (1865) plus de quarante espèces.

Après cette longue énumération des almanachs liégeois et de ceux qui sont établis sur ce modèle, des almanachs locaux et de ceux qui ont pour fondateurs des sociétés ou des corporations, je viens aux almanachs in-12, format d'invention parisienne et toute moderne, et devenus trop fameux sous le nom d'*Almanachs rouges*, dans les jours de propagande démocratique et sociale. Aujourd'hui, déchus de leur puissance révolutionnaire et destructive, et réduits à un nombre infiniment petit, comparativement à ce qu'ils étaient, il n'y a pas encore deux ans[1], ils ont, autant qu'il est en eux, renoncé à empoisonner les âmes par leurs abominables doctrines, et n'outragent plus guère que la langue française, crime non prévu par le Code pénal[2].

Tels qu'ils sont actuellement, on peut diviser ces almanachs in-12 en cinq catégories : 1° ceux qui se proposent de faire rire, bon gré mal gré, les lecteurs; 2° ceux qui n'ont d'autre vue que de leur être utiles; 3° les prophétiseurs ou cabalistes; 4° les impérialistes; 5° ceux qui sont destinés aux enfants.

La première catégorie comprend *le Bon Vivant, almanach de France et de Savoie* ou *de France et des Antipodes*, publié par M. Hinzelin, de Nancy, cet infatigable fabricateur d'almanachs pour la France et pour l'étranger; *le Joyeux, almanach magique, comique et burlesque*, sans pagination, par le même; l'*Almanach comique, pittoresque, drôlatique, critique et charivarique*, 12ᵉ année, 192 pages, de M. Pagnerre, d'abord éditeur de simples *Liégeois*, comme on l'a vu ci-devant, et qui nous donne ici la fine fleur du journal *le Charivari*; l'*Almanach facétieux, récréatif, comique et proverbial*, 175 pages, et l'*Almanach du baron de Crac*, 176 pages, publiés tous deux par

---

[1] On écrivait ceci en 1853.

[2] Quelques nouveaux éditeurs de *Liégeois* se sont produits, depuis dix ans, avec une certaine distinction. Je me contenterai de nommer madame veuve Rodet, à Châtillon-sur-Seine, M. Devin, à Mézières, M. Chenel, à Caen, M. Desrosiers et M. Martial-Place, à Moulins, M. Matot-Braine, à Reims, M. Ch. Gallot, à Auxerre, et M. B. Renault, à Paris.

M. Hilaire Le Gai[1], pseudonyme qui oblige, ou je ne m'y connais pas. Je citerai aussi du même auteur, quoique le format soit bien différent, l'*Almanach bouffon, ou la Fleur des Calembours*, in-32 de 80 pages. Le genre de cet almanach explique ce rapprochement.

Le contingent de la seconde catégorie est fourni, pour la plus grande partie, par M. Lebœuf, de Châtillon-sur-Seine, déjà nommé, lequel n'a pas craint, du fond de sa petite ville, de faire concurrence à la librairie parisienne, dans le format, aujourd'hui frappé d'anathème, des almanachs rouges. Il est l'éditeur de l'*Almanach du bon Laboureur, ou les Veillées du village*, 5ᵉ année, 128 pages, non compris le calendrier; du *Campagnard*, même pagination; du *Coin du feu*, idem, 4ᵉ année, et de l'*Almanach journalier*, idem. Le titre d'*Almanach du bon Laboureur*, in-12 raccourci, de 36 pages, a été pris également par M. Mégard, de Rouen. Il faut que ce titre soit bon, et il l'est, parce qu'il est simple. Mais peut-être que M. Mégard l'a gâté, en y ajoutant *ou pronostications perpétuelles*. M. Lebœuf a supprimé cette addition qui partout ailleurs est de rigueur; en quoi il fait voir qu'il a meilleure opinion que M. Mégard de la classe à laquelle il s'adresse. Ne laissons pas M. Pagnerre réclamer contre l'omission que j'ai faite de son *Almanach du Cultivateur et du Vigneron, par les rédacteurs de la Maison rustique du XIXᵉ siècle*, et édité par lui. Cet almanach en est à sa dixième année[2] et a 176 pages : son format est entre l'in-12 et l'in-18. M. Hilaire Le Gai reparaît ici dans son *Almanach des Jeux*, 190 pages, et M. Ragonot est l'auteur d'un *Almanach manuel du Jardinage*, 187 pages. Je citerai enfin l'*Almanach des Métiers*, 95 pages, édité par M. de Gonet, et par M. Martinon, à Paris, almanach qui n'en vaudrait que mieux, s'il n'était pas si badin.

---

[1] C'est le pseudonyme de P. Al. Gratet-Duplessis, ancien proviseur du collège d'Angers, ancien recteur des académies de Douai et de Lyon, mort le 24 mai 1853, à Paris, dans sa soixante et unième année.

[2] En 1853.

A la troisième catégorie appartiennent *le Dragon rouge, almanach cabalistique et prophétique*, sans pagination; *l'Almanach des Songes*, idem; *l'Almanach des Prophéties*, idem; *l'Almanach magique et anecdotique*, idem; *le Grand Grimoire, almanach astrologique des Sorciers*, idem; *le Grand Oracle, almanach féerique*, idem; tous du fécond M. Hinzelin, de Nancy. M. Pagnerre ne lui oppose que son *Almanach astrologique*, 6ᵉ année, 192 pages, et son *Almanach prophétique, pittoresque et utile*, 192 pages; ce dernier de compte à demi avec M. Aubert.

Les idées napoléoniennes ont fourni quatre almanachs de ce format, à la quatrième catégorie: *l'Almanach de Napoléon en Égypte*, 148 pages, de M. Lebœuf, de Châtillon-sur-Seine; *l'Almanach des Souvenirs de l'Empire ou Bonapartiana*, 179 pages, par M. Hilaire Le Gai; *le Vœu de la France*, 144 pages, par M. Hilaire Le Gai; *le Vœu de la France*, 144 pages, de madame Bréau, de Paris; et *l'Aigle impériale*, 187 pages, de M. Anner-André, de Troyes. Mais, quoique ces almanachs indiquent par leurs titres qu'ils sont exclusivement consacrés à la propagation des idées napoléoniennes, il n'y a presque point d'almanachs, parmi ceux dont j'ai parlé, et ceux dont je vais parler encore, où ces mêmes idées ne trouvent de nombreux échos, et où n'abondent les anecdotes relatives à Napoléon.

Je réduis la cinquième catégorie à deux espèces d'almanachs, les seuls qui vaillent la peine d'être notés: l'*Almanach des Enfants, recueil de compliments et de modèles de lettres*, 188 pages, par M. Hilaire Le Gai, et *la Mère Gigogne*, très-joli petit livre qu'on doit à M. Pagnerre, qui compte quatre ans d'existence[1], 63 pages, et a les plus belles illustrations du monde.

Si maintenant j'arrive aux almanachs in-4, je suis tout

---

[1] En 1855.

d'abord frappé du petit nombre d'éditeurs qui fabriquent de ces almanachs. Ils ne sont que deux, trois tout au plus, le bagage du troisième consistant dans un exemplaire unique, *le Grand Messager boiteux de Strasbourg*, qui a pour éditeur M. Leroux, libraire de cette ville[1]. Quant aux deux autres, M. Hinzelin, de Nancy, et MM. Deckherr et Barbier, de Montbéliard, ils sont d'une fécondité intarissable, entretenue par une concurrence ardente, et rendue obligatoire par le succès. Il ne sort pas du cerveau de M. Hinzelin un titre d'almanach que M. Deckherr ne se l'approprie, en le parant ou en le défigurant, et, à son tour, M. Deckherr n'a pas plutôt découvert une formule applicable à un livre de la même nature, que M. Hinzelin la fait sienne, en l'allongeant ou en l'abrégeant. MM. Baudot et Lebœuf, MM. Pagnerre et Boucquin nous ont donné ci-dessus le spectacle d'une émulation pareille; mais il s'en faut qu'elle ait la grandeur et l'opiniâtreté de celle qui anime les deux champions Hinzelin et Deckherr! En veut-on la preuve?

M. Hinzelin édite *le Lutin, almanach prophétique et cabalistique*[2], M. Deckherr publie *le Nouveau Lutin, almanach cabalistique, prophétique et diabolique* : lequel a emprunté à l'autre? Je soupçonne M. Hinzelin, vu que M. Deckherr ajoute à son titre 5ᵉ *année*, et que M. Hinzelin omet ce détail important. Serait-ce que son almanach est comme les femmes qui, passé la trentaine, et avant même qu'elles y soient arrivées, ne disent plus leur âge? Même observation au sujet de l'*Almanach chantant* de celui-ci, et du *Nouvel Almanach chantant* de celui-là. Si le premier donne *le Véritable Postillon*, *le Véritable Almanach de Napoléon*, *l'Almanach des Fantômes*, *le Grand Conteur* et *le Double Messager de France et d'Alger*; le second lui riposte fièrement par *le Nouveau Messager de France et d'Alger*, *le Grand Conteur*, *le Revenant, almanach des*

---

[1] Le même libraire est éditeur d'autres almanachs du même format, mais ils sont en allemand.

[2] Aucun de ces almanachs in-4 n'a de pagination.

visions, l'*Almanach de Napoléon*, et le *Postillon de la Paix et de la Guerre*. M. Hinzelin publie-t-il *l'Anabaptiste des Campagnes*, M. Deckherr ne manque pas d'éditer un *Nouvel Anabaptiste ou l'Agriculture pratique*, sans que ni l'un ni l'autre aient la complaisance de nous dire ce qu'on entend par ce titre bizarre, et s'ils le savent eux-mêmes.

Arrivés à ce point-là, nos deux rivaux, las apparemment de donner le spectacle d'une concurrence si effrénée à propos d'un objet de si mince valeur, se séparent tout à coup, chacun suivant l'impulsion de son propre génie, et créant des œuvres que l'un permet à l'autre d'appeler comme il veut, sans penser à lui faire écho. M. Hinzelin est celui des deux qui profite le moins discrètement de la permission, car il a vingt almanachs de cette catégorie, et M. Deckherr n'en a que six. Encore, n'a-t-il su inventer pour eux qu'un seul titre, à peine diversifié par quelques qualificatifs peu colorés. Ainsi, nous lui devons *le Véritable Messager boiteux de Bâle*, *le Véritable Messager boiteux à la Girafe*, *le Véritable Messager boiteux de Berne*, *le Grand Messager boiteux algérien*, *le Grand Messager boiteux conteur*, et *le Grand Messager boiteux des Cinq parties du monde*. Tous ces *Messagers*, d'où qu'ils viennent et où qu'ils aillent, grands ou petits, véritables ou faux, ne sont au fond que des *Messagers boiteux*.

Au contraire, ce qui distingue les titres de M. Hinzelin, c'est leur incontestable variété. Il paye encore un petit tribut à la concurrence dans son *Almanach des Cinq parties du monde*, et ses deux almanachs de *Berne* et de *Bâle*; mais il reprend son originalité dans *le Grand Messager des Familles*, *l'Almanach du crime*, *le Gaillard*, *le Bon cultivateur*, *l'Almanach chantant*, *le Juif errant*, *l'Almanach de Nancy* et *le Messager lorrain*. Et, non content d'éclipser son rival par le nombre et le mérite de ses inventions, il l'accable sous le poids de huit autres almanachs, in-4 réduit et approchant de l'in-8, et le force à demander merci. Cette espèce d'almanachs in-8 consiste en *l'Almanach du grand Napoléon*, le *Grand Almanach comique, fantastique et véridique*, l'*Almanach des Rieurs*, le *Nouveau Conteur amusant*, l'*Almanach des Guerriers*, le *Conteur des veillées*, l'*Almanach des Amants* et l'*Almanach diabolique*. Je ne vois pas trop comment M. Deckherr pourrait se relever de cet accablement ; mais il lui restera, je pense, la gloire de succomber sous un ennemi plus de trois fois supérieur en nombre à son adversaire.

Telle est la nomenclature des almanachs, tantôt plus, tantôt moins nombreux, selon les temps, mais éternellement les mêmes, à très-peu d'exceptions près, qui se colportent annuellement en France, et probablement dans les colonies et chez nos voisins qui parlent notre langue. J'en ai toutefois omis quelques-uns comme l'*Almanach des Bergers*, le *Dieu soit béni* et le *Caveau des Muses*. C'est que ces almanachs ont quelque chose de particulier qu'on ne peut bien faire connaître sans entrer dans quelques détails. J'en remets l'examen au chapitre suivant.

Il est un autre genre d'almanachs dont je me contenterai de faire mention en deux mots, tant ils sont dépourvus de toute originalité ; ce sont les almanachs de bureau, imprimés sur carton, et plus ou moins historiés. Ils s'impriment dans toutes nos grandes villes, mais principalement à Paris. Ils ne ressemblent que par la forme, et encore y aurait-il à redire, à ces anciens almanachs de cabinet que Gaignières avait rassemblés, et qui, pour être gravés quelquefois d'une façon un peu sauvage, n'en étaient pas moins très-curieux, et très-utiles au point de vue historique. C'étaient de grandes pancartes où le calendrier occupait très-peu de place, et laissait le reste de la feuille à une vaste composition représentant un ou plusieurs sujets de l'histoire de l'année précédente [1]. Quatre ou cinq artistes exécutaient tous les ans de ces almanachs, et il en paraissait une vingtaine par année [2].

[1] Voyez *Causeries d'un curieux*, par M. Feuillet de Conches, t. II, p. 460 et suivantes.

[2] La plupart des critiques que je faisais il y a dix ans, sur l'exécution

# CHAPITRE II

## SUITE DES ALMANACHS

Qu'était-ce que Matthieu Lænsberg, et pourquoi son nom donné aux almanachs liégeois et à leurs variétés? Deux questions qui paraissent toutes simples, mais auxquelles il n'est pourtant pas si aisé de répondre qu'on pourrait se l'imaginer. En effet, l'existence même de ce Matthieu Lænsberg est assez problématique,

typographique et littéraire du plus grand nombre de ces almanachs, n'ont presque plus d'objet aujourd'hui. Soit qu'elles aient été prises en considération par les éditeurs, soit autrement, les almanachs publiés ces dernières années, et principalement ceux de 1864, ont reçu de notables améliorations. C'est dans le type dit *Liégeois*, c'est-à-dire le moins cher et le plus populaire, qu'elles se manifestent avec le plus d'évidence. La pagination y est rétablie; il y a même des gravures qui ne sont pas trop mauvaises. Au rebours de ce qui a lieu chez nous en politique, c'est la province qui a fait cette révolution, où Paris n'a pas l'esprit de la suivre. M. Hinzelin, de Nancy, est celui qui s'est le plus distingué à cet égard. Après lui ce sont MM. Anner-André et Baudot, de Troyes, M. Mégard, de Rouen, etc. MM. Pagnerre, Boucquin et Moronval, de Paris, sont toujours enchaînés à la routine, et s'ils aiment le progrès, ce n'est pas en fait d'almanachs. M. Hinzelin, et M. Barbier, successeur de la maison Deckherr et Barbier, de Montbéliard, ont également opéré de salutaires réformes dans la composition de leurs almanachs in-4.

et quand elle serait prouvée, il ne l'est nullement qu'il soit l'auteur du premier *Liégeois*. Il m'est pénible de heurter aussi violemment les convictions des gens qui se sont fait une habitude de croire en lui; mais, qu'ils abjurent cette croyance ou qu'ils y persistent, je n'ai à me préoccuper ici que de la vérité.

Matthieu Lænsberg, au témoignage d'un biographe de cet astrologue [1], était chanoine de Saint-Barthélemy de Liége, vers l'an 1600. Il passe pour le premier auteur de l'*Almanach liégeois*. C'est du moins une tradition conservée dans la famille de l'imprimeur Bourguignon, héritier et descendant des Straels, anciens imprimeurs de cet almanach. Il est possible qu'il y ait eu dans cette collégiale un chanoine de ce nom, qui ait prétendu, dans un temps où l'astrologie judiciaire était en vogue, régler, au moyen des mathématiques et de l'astronomie, le cours des astres, signaler leurs influences, et prédire les événements; ce qui, après sa mort, aura engagé le libraire à publier un almanach sous son nom avec ses prédictions. Le malheur est qu'on n'a pu trouver dans la liste des chanoines de Saint-Barthélemy le nom de Matthieu Lænsberg. On conserve à Liége, chez un amateur, un ancien portrait parfaitement dessiné qu'on croit être le sien. Il est assis dans un fauteuil près d'une table, la main gauche appuyée sur une sphère, tenant de la droite un télescope, et ayant à ses pieds différents instruments de mathématiques. C'est à peu près ainsi qu'on le voit encore aujourd'hui sur le frontispice d'un très-grand nombre d'almanachs liégeois et non liégeois. Au bas du portrait, on lit : *D. T. V. Bartholomæi canonicus et philosophiæ professor*. Il faudrait être bien fin pour reconnaître là notre Matthieu Lænsberg.

Quoi qu'il en soit, poursuit le biographe, le plus ancien exemplaire que l'on connaisse de l'*Almanach de Liége*, est de 1636; mais on n'est pas assez sûr que ce soit le premier. Il a pour titre : *Almanach pour l'année bissextile de Notre-Sei-*

---

[1] *Biographie universelle*

gneur, 1636, *et supputé par Matthieu Lænsberg*. On y trouve les douze signes célestes gouvernant le corps humain. On y voit quel est le temps le plus favorable pour couper les cheveux, pour prendre médecine, etc. Les médecins, fâchés de voir le pronostiqueur liégeois aller sur leurs brisées, firent ôter ce morceau curieux qui ne se voit plus aujourd'hui que dans l'*Almanach des Bergers*[1]. Cela est suivi de *Pronostications* et de *Prédictions* générales et particulières sur les variations du temps et sur les événements. C'est ce que Gresset a dépeint dans sa *Chartreuse*, où il compare son domicile au

> Sublime siége,
> D'où flanqué de trente-deux vents,
> L'auteur de l'almanach de Liége
> Lorgne l'histoire du beau temps,
> Et fabrique avec privilége
> Ses astronomiques romans.

On lit, dans les *Anecdotes sur madame Dubarry*, que cette dame ayant été obligée de quitter la cour, lors de la maladie de Louis XV, se rappela l'almanach de Liége qui l'avait si fort intriguée, et dont elle avait fait supprimer, autant qu'elle avait pu, tous les exemplaires, parce que, dans les prédictions du mois d'avril, il contenait ceci : « Une dame des plus favorisées jouera son dernier rôle. » Elle répétait souvent : « Je voudrais bien voir ce vilain mois d'avril passé. » Elle jouait effectivement son dernier rôle, car Louis XV mourut le mois suivant.

Tout cela nous apprend sans doute ce qu'était l'*Almanach liégeois*, il y a plus de deux siècles, et nous voyons aujourd'hui que la tradition en a été à peu près conservée ; sa faculté divinatrice approximative est même assez bien constatée par l'anecdote à laquelle on la rattache ; mais enfin nous ne trouvons là qu'incertitudes et obscurités sur l'auteur de ce livre, et si cet

---

[1] Il sera parlé tout à l'heure de cet almanach

auteur est vraiment Matthieu Lœnsberg, je ne puis m'empêcher de remarquer qu'il aurait dû prévoir, avec le succès qui semble devoir suivre son œuvre jusque dans la postérité la plus reculée, l'embarras où il nous jetterait en ne se nommant pas.

On est mieux renseigné sur les deux autres personnages qu'on lui associe dans l'almanach qui porte son nom, mais seulement pour la partie qui regarde les prédictions ; je veux dire Nostradamus et Moult.

« Un médecin, dit l'abbé d'Artigny, dans ses *Mémoires d'histoire*, etc. [1], pour charmer les ennuis de sa solitude, s'avise de publier des Éphémérides, où il parle des temps propres pour l'agriculture, où il annonce le dérangement des saisons, les maladies épidémiques, la mort des grands, les révolutions d'États, et mille choses semblables qui arrivent journellement dans quelque partie de notre hémisphère. L'événement suit de près la prédiction. Dès lors, il est regardé comme un personnage extraordinaire à qui l'esprit de Dieu dévoile sans réserve la ruine ou la félicité des empires, et même celle des particuliers. Surpris agréablement qu'on veuille l'ériger en prophète malgré lui, il met à profit l'ignorance et la crédulité publiques. Il abandonne la profession peu honorable de faiseur d'almanachs, et jetant sur le papier tout ce que son imagination échauffée lui suggère, il en fait un composé monstrueux et ridicule, et le donne au public comme un recueil de prophéties où tous les secrets que s'est réservés la Providence, sont clairement manifestés. Cet ouvrage, qui aurait dû assurer à son auteur la première place parmi les imposteurs ou les visionnaires, met le sceau à la gloire de l'astrologue. Ses *Centuries* sont plus vénérées que ne le furent autrefois les oracles des Sibylles. Catherine de Médicis, superstitieuse par goût et par politique, engage son époux, Henri II, à faire venir à la cour ce grand homme, et ils le consultent sur la destinée de leurs enfants. L'astrologue, comblé d'honneurs

---

[1] Tome II, p. 298.

et de bienfaits, retourne dans sa patrie où il publie de nouvelles *Centuries*, et jouit paisiblement d'une réputation qu'il n'avait ni prévue ni méritée. »

> Comme avec irrévérence
> Parle des dieux ce maraud !

Il ne s'agit en effet de rien moins que du fameux Nostradamus, l'auteur des *Centuries*, à qui Dieu communiquait ses grâces les plus extraordinaires, « et montroit par ses divines lumières l'état futur de son Église, ses persécutions et ses victoires, aussi bien que les autres événements qui arriveront dans tout l'univers, depuis l'année 1555 jusqu'à la fin du monde[1]. »
Michel Nostradamus ou de Nostredame, naquit en 1503 à Saint-Remi, en Provence, d'une famille juive. Il étudia la médecine à Montpellier, s'établit à Agen et s'y maria. Quelques années après, il perdit sa femme et deux enfants qu'il en avait eus. Pour dissiper son chagrin, il parcourut la Guienne et le Languedoc, voyagea en Italie, et revint, après douze ans d'absence, dans sa patrie où il se remaria et se fixa à Salon. Ses succès à Aix et à Lyon, pendant une maladie contagieuse qu'il combattait au moyen de remèdes secrets, lui attirèrent l'envie des autres médecins. Ceux-ci même le tracassèrent assez pour le contraindre à leur quitter la partie, à rompre avec la société et à vivre dans la retraite. Il paraît que sa tête s'y échauffa et qu'il crut lire dans l'avenir. Il commença par faire des almanachs. On en cite un de 1550 à 1567 qui fut contrefait de son vivant. Bientôt, plus ambitieux, il écrivit des *Prédictions*, en forme de quatrains, dont il publia sept *Centuries* à Lyon, en 1555. Elles eurent un grand succès; car, comme on n'y comprenait rien, on croyait y trouver tout ce qui arrivait. En-

---

[1] *Concordance des prophéties de Nostradamus avec l'histoire, depuis Henri II jusqu'à Louis le Grand*, par le sieur Guynaud, écuyer, ci-devant gouverneur des pages de la Chambre du roi, in-12, Paris, 1693.

## CHAPITRE II.

couragé par ce premier sourire de la fortune, Nostradamus publia successivement trois nouvelles *Centuries*, et les dédia au roi Henri II, et à la reine Catherine de Médicis, à laquelle il les présenta en personne. Il fut reçu à la cour avec une grande distinction. On voulut qu'il tirât l'horoscope des princes; il obéit et communiqua ses conjectures à Catherine de Médicis, qui ne voulut jamais dire en quoi elles consistaient, mais qui en parut satisfaite et a protesté toute sa vie qu'il avait rencontré juste. Il se hâta de repartir pour Salon avant la mort de Henri II, qu'on dit qu'il avait prévue, aussi bien que les troubles qui la suivirent. Il vécut encore quelques années à Salon, où il eut l'honneur d'être visité par plusieurs souverains, entre autres Charles IX. Il mourut en 1566.

Il est certain que la mort de Henri II, arrivée en 1559, est assez clairement exprimée dans le 35e quatrain de la 1re *Centurie* de Nostradamus, et que cependant cette centurie a été imprimée dès 1555. Il en est de même du massacre de la Saint-Barthélemy arrivé en 1572, quoique le prophète fût mort en 1566. Mais serait-on damné pour croire que ces prédictions ont été arrangées ou faites après coup? Pour moi, je me risque. Tout le reste n'est qu'un amas de rêveries, d'inepties et d'extravagances, où il est aussi facile de découvrir que tous les événements possibles y ont été prédits, que de découvrir le contraire.

Jean-Aimé Chavigny de Beaune, élève de Nostradamus, et qui l'avait vu mourir, résolut de soulever le voile qui dérobait à l'intelligence du public le sens des *Centuries* du divin astrologue, et après vingt-huit ans d'application et de travail, on vit paraître enfin le fruit de ses veilles sous le titre de : *La première face du Janus françois, etc.... Le tout, fait en françois et en latin, pour le contentement de plusieurs, et dédié au roy;* in-4, Lyon, 1594. Il publia ensuite en 1605, puis en 1606, un second ouvrage ayant le même objet et pour titre : *Les Pléiades du sieur de Chavigny, Beaunois, divisées en VII livres, etc.*, Lyon, in-8 de plus de 900 pages. Quant au sieur

Guynaud, le même dont il est parlé dans la note précédente, il se félicitait, dans sa préface de la *Concordance des prophéties*, (page 10),. « d'avoir pu non-seulement trouver le sens des prophéties qui se sont déjà accomplies, mais aussi de celles qui ne le sont pas encore, et qui ne le seront peut-être que dans l'espace d'environ cinq mille trois cents et tant d'années que le monde finira. »

Mais, quel qu'ait été le succès de tous ces commentaires sur Nostradamus, ils furent, dit Naudé[1], « l'occasion qui émeut beaucoup d'esprits de se moquer de ces mensonges ; entre lesquels celui-là rencontra le mieux, à mon avis[2], qui sans faire des *contredits*[3], ou l'appeler *monstre d'abus* ou *monstra damus*, comme beaucoup d'autres, se contenta de lui envoyer ce distique :

    Nostra damus, cum verba damus, nam fallere nostrum est,
        Et cum verba damus, nil nisi nostra damus. »

Morhof, dans son *Polyhistor*[4], parle de Nostradamus avec une estime et une vénération qui ne donnent pas, observe judicieusement l'abbé d'Artigny, une grande idée de son jugement. Pour prouver que c'était un vrai prophète, il rapporte l'anecdote suivante, admirable, selon lui, et qu'il a tirée de l'auteur anonyme de l'*Eclaircissement des quatrains* :

« Nostradamus se promenait avec un gentilhomme nommé Florinville. Ils aperçurent deux cochons de lait, l'un blanc et l'autre noir. « Quel sera leur sort? » demande Florinville. Nostradamus répond sans hésiter : « Nous mangerons le noir ; le blanc sera dévoré par un loup. » Florinville, afin de rendre vaine la prédiction, ordonne en secret qu'on prépare le cochon

---

[1] *Apologie pour les grands Hommes*, in-4, p. 332.
[2] Étienne Jodelle.
[3] Allusion à un certain du Pavillon, qui a fait des *Contredits* à Nostradamus.
[4] Pages 95-96, deuxième édition, 1732.

blanc pour leur souper. Le cuisinier obéit ; mais ayant affaire ailleurs, il laissa le cochon sur une table. Un petit loup domestique profite de l'occasion et le mange; le cuisinier est contraint d'y substituer le cochon noir. » Ainsi s'accomplit la prophétie.

Passons maintenant à Joseph Moult. On ne sait rien ou à peu près sur ce personnage, qui n'a peut-être même jamais existé, et le peu de renseignements qui le concernent ne reposent que sur une conjecture. Il est vrai qu'elle est si ingénieuse, qu'elle offre tous les caractères de la certitude. Je la trouve dans le tome 1er du *Journal de l'Amateur de livres*. Il existe sous le nom de Joseph Moult un livret intitulé : *Prophéties perpétuelles, très-anciennes et très-certaines de Thomas-Joseph Moult, natif de Naples, grand astronome et philosophe.... qui ont commencé en* 1521... *vérifiées par le fameux Nostradamus... réimprimées pour la présente année*, grand in-12, 64 pages. Épinal, Pellerin, S. D. C'est de là qu'on a tiré les prédictions qui figurent dans tous les almanachs sous le nom de Joseph Moult. Or, il paraîtrait que ce nom n'est que le vieil adverbe français (*moult*) passé à l'état de nom propre. Pour comprendre ceci, il faut se rappeler qu'il parut au seizième siècle une *Prophétie de Thomas Illyric*, traduite de l'italien. Le titre aura pu s'altérer dans les réimpressions successives, et entre les mains d'un éditeur peu versé dans la langue du seizième siècle, les *Prophéties de Thomas J.* (Illyric) *Moult utiles...* ont bien pu devenir les *Prophéties de Thomas-Joseph Moult.*

Ces trois autorités en matière de prédictions sont, aux yeux du vulgaire du moins, si considérables, qu'il semble qu'une seule eût dû suffire pour accréditer un almanach. Aussi bien y a-t-il une grande quantité de ces opuscules qui ne se recommandent que par le nom pur et simple de Matthieu Lænsberg; mais il y en a beaucoup qui, tout en étant pleins de respect, j'imagine, pour la personne du chanoine de Saint-Barthélemy, n'ont pas laissé de croire que ses prédictions trouveraient des incrédules, si elles ne concordaient avec celles de son ancien;

Nostradamus, et celles de Joseph Moult. C'est ce qu'il est permis de conjecturer du titre où les noms des trois astrologues sont associés, comme si cette association eût été la suite naturelle et nécessaire de la concordance de leurs idées. Car de penser que les éditeurs ne les ont si bien réunis les uns aux autres en tête des almanachs, que pour que nous soyons d'autant plus surpris des contradictions où ils tombent les uns à l'égard des autres dans le texte même, cela n'est pas possible.

Et cependant si cela n'est pas possible par l'intention, cela est certain par le fait. J'en veux citer quelques exemples. Je prends d'abord deux *Almanachs liégeois* de 1853 et j'y trouve, aux Prédictions générales, ceci :

### JOSEPH MOULT.

#### PRÉDICTIONS GÉNÉRALES.

En cette année, le printemps sera doux et agréable, et les blés auront bonne venue.

L'été sera sec et chaud.

L'automne sera bien tempéré et profitable aux biens de la terre qu'on ensemencera, qui auront bon commencement.

L'hiver sera assez variable.

Il y aura beaucoup de blés en tous pays, et sera à grand marché.

Après l'août, les vendanges seront bonnes et plantureuses en beaucoup de pays, ce qui fera diminuer le vin [1].

En hiver, il fera bon acheter avoine et froment et les mettre au grenier.

#### PRÉDICTIONS PARTICULIÈRES.

Naissance illustre dans une grande cour de la catholicité.

Changement d'administration dans les affaires d'État.

Grande conspiration découverte.

Heureux combat.

---

[1] Notez qu'on fit très-peu de vin cette année (1853), et que le prix du vin des années précédentes augmenta au contraire.

## CHAPITRE II.

### NOSTRADAMUS.

#### PRÉDICTIONS GÉNÉRALES.

Le printemps sera, cette année, fort hâtif à tous biens à venir.

L'été sera chaud et donnera de grandes pluies.

L'automne sera humide, moite et contraire aux semences, qui seront difficiles à faire.

L'hiver sera fort long et froid; et il y aura de grandes gelées jusqu'à la fin.

Au commencement de cette année, qui sera la mi-mars, seront toutes semences constantes au printemps et bien requises.

Ceux qui auront avoine et autres menus grains, s'ils les vendent au mois de mars feront leur profit.

Les blés multiplieront en été, et il y aura perte à les garder.

Ceux qui auront de bon vin l'été, qu'ils le vendent; car il se vendra mieux en cette saison qu'après la récolte des vendanges.

#### PRÉDICTIONS PARTICULIÈRES.

Un grand roi distribuera de grands prix pour les sciences et les beaux-arts.

J'ouvre trois autres almanachs, et voulant me renseigner sur les pronostics journaliers pour la même année, je cherche à concilier les trois opinions suivantes :

### MATTHIEU LÆNSBERG.

##### JANVIER. *Le Verseau.*

Le 1, beau.

D. Q. Le 2, à 10 h. 9 m. du soir, gelée; les 3 et 4, continuation; le 5, vent; le 6, brouillard; les 7 et 8, pluie.

### NOSTRADAMUS.

##### JANVIER. *Le Verseau.*

Le 1ᵉʳ, froid.

D. Q. le 2, à 10 h. 4 m. du soir, petite pluie; les 3 et 4, gelée; le 5, vent; le 6, dégel; les 7 et 8, neige.

## JOSEPH MOULT.

#### JANVIER. *Le Verneau.*

Le 1, temps sec.

D. Q. le 2, à 10 h. 4 m. du soir (la ♎), froid; le 3, gelée blanche; le 4, pluie; le 5, vent; le 6, froid; le 7, neige, le 8, glace.

Un peu surpris de ces contradictions entre trois si grands maîtres, je poursuis néanmoins mes recherches et j'interroge les prédictions pour chaque mois de l'année :

## MATTHIEU LÆNSBERG.

#### JANVIER.

Une nation reconnaissante recevra de son chef les plus belles étrennes qui aient jamais été données à un peuple. — Enfants, ne perdez pas de vue que la meilleure chance pour être heureux toute une année, c'est de la commencer par une bonne action. — Grand sera le nombre des corbeaux; mais, ce qu'il y aura de plus singulier, c'est qu'ils voudront se faire passer pour des colombes. — Un magistrat fera une pêche vraiment miraculeuse, mais ce ne sera pas des poissons qu'il prendra. — De graves accidents seront occasionnés par la neige dans un pays où il en tombe ordinairement très-peu. — Singulière fortune d'un saltimbanque, qui lui-même sera fort étonné quand il apprendra qui il est. — Découverte d'une bande de malfaiteurs dans une petite ville célèbre par ses fromages.

## NOSTRADAMUS.

#### JANVIER.

Il y a toujours une moitié du genre humain dont la principale occupation est de tromper l'autre moitié. » Ce dicton sera, comme les années précédentes, d'une exacte vérité, le premier jour de ce mois. — Grand échange de cadeaux, à l'occasion du premier jour de l'an; combien saisiront cette occasion de donner un œuf pour avoir un bœuf! Il est juste d'ajouter que beaucoup se seront trompés dans leurs calculs et se verront déçus dans leurs espérances. — Bien des gens consulteront les somnambules et les tireuses de cartes, qui seraient au désespoir s'ils connaissaient réellement l'avenir qui leur est réservé.

Pourquoi donc se laisser aller à une curiosité qui donnerait souvent des regrets, si elle était satisfaite, que d'ailleurs il n'est au pouvoir de personne de satisfaire, et dont le résultat le plus certain est de faire un grand nombre de dupes au profit de quelques fripons [1] ?

### JOSEPH MOULT.

#### JANVIER.

Les modes changent souvent, mais celle de faire des compliments, des souhaits, des cadeaux et visites intéressées du jour de l'an n'est pas près de finir : elle durera encore bien longtemps et recevra, particulièrement cette année, une nouvelle impulsion. Bienheureux seront ceux qui verront accomplir leurs modestes vœux réglés sur leur bon cœur et par leur conscience ! Les plaisirs du riche tourneront au profit du pauvre. Un grand événement captivera l'attention du monde entier. Les relations du commerce deviendront de plus en plus actives. Aventure comique dans une réunion très-sérieuse. Naissance illustre. Grande découverte.

Il n'y a pas là, il est vrai, contradictions directes dans les faits ; mais il y a dans les formules un vague plus propre à irriter la curiosité qu'à la satisfaire, et parfois un ton badin, impertinent, qui est tout à fait indigne de personnages de cette gravité. J'allais donc cesser mon parallèle, lorsque je résolus de faire une nouvelle tentative sur les horoscopes. J'en expose ici le résultat :

### MATTHIEU LÆNSBERG.

#### JANVIER.

Ceux qui naissent sous cette étoile sont d'un tempérament délicat, d'une grande vivacité allant jusqu'à la colère, néanmoins sachant garder un secret, obligeants pour leurs amis ; ils joignent à la beauté de la figure et de la taille la subtilité et le génie.

### NOSTRADAMUS.

#### JANVIER.

Celui qui naîtra sous cette constellation aura un caractère violent et

---

[1] Qu'il vaut bien mieux consulter les almanachs !

colérique. Il sera bavard et léger. La femme qui naîtra sous cette constellation sera aimable, gaie, fidèle, sage, agréable, enjouée. Elle pourra s'attendre à de grands héritages.

## JOSEPH MOULT.

### JANVIER.

L'homme qui est né sous ce signe est ordinairement doué d'un beau physique, a de grandes aptitudes pour les sciences; la musique sera sa passion dominante.

La femme née sous le signe de ce mois sera douée de toutes les qualités d'une bonne mère de famille; elle sera aussi belle que vertueuse.

Je reconnais que les deux premiers s'accordent ici sur un point, qui est la colère; je le note avec plaisir, vu la rareté du fait, mais je m'indigne de voir chez l'un que l'homme né en janvier *sait garder un secret*, chez l'autre qu'il *est bavard et léger*, d'autant que, ayant l'honneur d'être né sous le signe du Verseau, je ne sais plus si je suis capable de recevoir des confidences, ou non. J'avoue qu'aucun doute ne pouvait m'être plus pénible. Mais la seule vengeance que je veuille tirer de ceux qui me l'ont suggéré est, après avoir pris ces honnêtes astrologues en flagrant délit de contradiction les uns avec les autres, de montrer chacun d'eux en contradiction avec soi-même. Pour n'en citer qu'un seul, voici les prédictions générales que Joseph Moult, ce prophète fantastique, donne pour la même année 1855, dans quatre almanachs de la même année, mais d'éditions différentes.

Premier almanach :

### PRÉDICTIONS GÉNÉRALES.

En cette année, le printemps sera doux et agréable...
L'été sera sec et chaud.
L'automne sera bien tempéré et profitable aux biens de la terre...
L'hiver sera assez variable...
Après l'août, les vendanges seront bonnes et plantureuses en beaucoup de pays, ce qui fera diminuer le vin.

Second almanach :

### PRÉDICTIONS GÉNÉRALES.

Le printemps, cette année, sera pluvieux jusqu'à la mi-avril. Il sera beau ensuite.

L'été sera chaud. Il y aura de forts orages.
L'automne sera humide. Les fruits passables.
La vendange sera ordinaire. Le bon vin sera cher et requis.
Quant à l'hiver, il ne sera pas rigoureux...

Troisième almanach :

### PRÉDICTIONS GÉNÉRALES.

Le printemps sera humide et froid...
L'été s'annoncera bien ; le cultivateur, qui déjà se livrait aux plus vives inquiétudes, verra avec une agréable surprise se manifester toutes les apparences d'une riche récolte.

L'automne ne tiendra pas toutes les promesses de l'été ; il y aura peu de vin et il sera d'une médiocre qualité...

L'hiver commencera tard et finira de bonne heure ; il sera accompagné de pluies et de neiges qui occasionneront sur plusieurs points de désastreuses inondations.

Quatrième almanach :

### PRÉDICTIONS GÉNÉRALES.

Le printemps, cette année, sera sec, froid et amer à tous arbres et biens terriens...

L'automne sera venteux.
L'hiver sera bien tempéré, et il ne fera pas de grands froids...
Les vendanges seront médiocres en tous pays, et les vins seront verts...

Quelque dédain qu'on ait pour les rêveries de Lænsberg, Nostradamus et Moult, il y aurait de l'injustice à les rendre, les uns comme les autres, responsables des prédictions qu'on leur prête ici, encore qu'il puisse fort bien s'en réaliser quelques-unes. Et d'abord ils se sont exprimés d'un autre ton ; ils ne plaisantaient pas, ou du moins ils n'avaient pas l'air de plaisanter, lorsqu'ils annonçaient l'avenir à un roi, à un peuple, à de simples particuliers. Ils savaient ensuite « qu'il y a beaucoup de cerveaux creux et propres à recevoir toutes sortes de resveries sans caution, qui ne manquent jamais de les avoir dans leurs poches, de les idolastrer ni plus ni moins que les humanistes idolastrent Pétrone, et les politiques Tacite, leur attribuant plus de vérité qu'à l'Évangile[1]. » Ils avaient vu, non pas peut-être l'accomplissement de leurs prophéties, mais des rois, des reines, les plus grands personnages de l'État, l'attendre avec des sentiments de crainte ou d'espérance, se régler là-dessus, et honorer de leur protection, de leurs visites, ceux qui semblaient être les dépositaires de leurs destinées. Tout cela obligeait les astrologues à une certaine tenue, qu'ils n'ont pas dans ces almanachs; d'où il faut conclure qu'ils n'y sont pour absolument rien. Ils n'en sont que l'enseigne, enseigne trompeuse, puisque, en supposant qu'une personne achète un *Almanach liégois* dans le seul but d'y chercher un échantillon du génie des trois astrologues, elle aura d'eux, à l'aspect des sottises qu'on leur impute, une plus méchante opinion qu'elle n'en aurait eue si elle eût cherché à se renseigner dans les œuvres mêmes qui portent leurs noms. Il ne faut donc accuser de cette prose que MM. Boucquin, Hinzelin, Baudot, Anner-André, Pagnerre, Moronval, etc., ou, ce qui est plus exact, les hommes de lettres qu'ils emploient à confectionner leurs almanachs [2].

[1] Naudé, *Apologie pour les grands hommes*, p. 335.
[2] Je m'exprimais ainsi sur le mérite et la vogue de ces trois astrologues, il y a dix ans. Pendant tout le temps qui s'est écoulé depuis, Matthieu Lænsberg, Nostradamus et Moult n'ont pas cessé d'être populaires, et de tenir le petit monde dans l'attente fiévreuse et presque constamment déçue de la réalisation de leurs prédictions. Bientôt, sans doute, il n'en sera plus de même. Un homme s'est rencontré, d'un regard plus perçant, d'une science plus positive, d'une autorité mieux établie, puisqu'elle est déjà consacrée par des succès éclatants, qui a osé leur faire concurrence, et qui menace de les éclipser; cet homme, c'est M. Mathieu (de la Drôme). Vers le milieu de dé-

## CHAPITRE II.

J'aime bien mieux M. Lecrène-Labbey, à Rouen, qui dans son almanach, à l'instar du *Liégois*, fait précéder ces prédictions générales météorologiques sur les variations du temps pour chaque jour de l'année, de cet avis qu'il nomme essentiel :

Les prédictions météorologiques qui suivent, ne sont pas données comme des temps certains, mais seulement comme des temps présumés de chaque mois et de chaque saison.

Quant aux prédictions particulières qui sont à la suite, elles sont puisées dans les événements probables qui peuvent avoir lieu chaque année.

Sans doute il circonscrit jusqu'à un certain point le débit de son almanach, en ne présentant ses prédictions que comme des probabilités ; mais du moins il ne s'expose pas à des démentis scandaleux, et surtout il ne compromet pas les grands noms à l'ombre desquels, pour donner du crédit à leurs chétives inventions, s'abritent les autres éditeurs.

J'aimerais encore assez la manière de M. Baudot, et je trouverais même dans ses prédictions quelque chose d'original, un pastiche avorté du style de Matthieu Lænsberg et de Nostradamus, s'il n'avait pas un peu l'air de prendre ses prédictions

cembre de 1863, plus de cent mille de ses almanachs, pour 1864, simples, doubles et triples, avaient, dit-on, été vendus. M. Mathieu (de la Drôme) avait-il prédit cela ? Je l'ignore. En tout cas, ses contradicteurs n'avaient rien négligé pour faire en sorte qu'à cet égard comme à celui de toutes ses autres prédictions, il reçût un bon démenti.

Pour moi, je me réjouis de ce changement de dynastie dans le royaume des prophètes. Aujourd'hui donc, il paraît assuré que c'est la science qui pronostiquera désormais, et non plus l'empirisme. Je ne crois pas cependant qu'on oublie tout à coup les prophètes, troublés si inopinément dans leur antique possession. Il y a dans notre pays, tout plein d'ailleurs de contradictions, un attachement superstitieux à la routine, mêlé à je ne sais quelle passion aussi inintelligente que fanatique pour le progrès. Aussi, verrez-vous longtemps encore Matthieu Lænsberg, Nostradamus et Moult faire la pluie et le beau temps dans notre hémisphère, et M. Mathieu (de la Drôme) n'est pas si près de les faire oublier qu'il en a l'air et qu'il en a le droit.

au sérieux, et si l'écrivain qui les a rédigées ne les faisait précéder également d'un avis qui n'est ni français ni modeste :

### PRÉDICTIONS POUR CHAQUE MOIS DE 1855.

*Voyez la prédiction de décembre 1854, les almanachs, lors des événements, étaient depuis onze mois dans vos foyers, peut-on douter de nos connaissances devinatoires?*

#### JANVIER.

Morsure en forme de baiser. — La rigueur de la saison cédera un moult… — L'attention sera fixée sur une innovation remarquable. — Action extraordinaire.

#### FÉVRIER.

Un grand se prononcera sur des dispositions d'intérêt dans lesquelles une secte prouvera beaucoup d'empiétement et d'arrogance. — Pluies abondantes et neiges…

#### MARS.

D'une grande confiance trompée, il résultera une discorde où la prudence sauvera tout. — Les eaux, un peu abondantes, n'auront pas de suites fâcheuses…

Il appartenait à M. Pagnerre de secouer la routine en matière de prédictions, et de montrer avec éclat que si, dans ses *Liégeois*, il croit devoir, à l'exemple de ses confrères, donner pour du vrai Matthieu Lænsberg et du vrai Nostradamus ce qui n'en est qu'une sorte de parodie, d'autre part, il leur attribue généreusement ce qu'il a pu trouver lui-même de plus excellent dans leur art, et leur donne ainsi plus d'esprit qu'ils n'en avaient vraisemblablement. Par exemple, on lit dans son *Almanach astrologique* :

#### JANVIER.

En janvier le facteur offrira
Aux citoyens français, aux citoyennes,
Un calendrier pour avoir des étrennes,
De ce plaisir chacun de nous jouira.

Mais ce premier mois de l'an de grâce 1853 sera témoin d'événements plus mémorables. Ces événements surprendront bien des gens, car ils seront imprévus, et rien ne pourra les faire pressentir.

Cette prédiction est contenue en la cent-sixième centurie du grand Nostradamus. Je vous donne mon autorité, croyez-y ou n'y croyez pas, à votre volonté. Je garantis la prédiction, je ne garantis pas sa réalisation, et pas plus les autres que celle-là.

### JUIN.

Un écrivain célèbre se battra en duel avec un critique non moins illustre. Le duel aura les résultats les plus funestes, ils se transperceront tous les deux... de leur plume, et mourront... enragés.

On inventera une machine à faire les feuilletons de théâtre et les comptes rendus de l'Académie française. — Le moteur de cette machine sera l'électricité, elle fera marcher simultanément toutes les plumes critiques. — Elle fera des feuilletons neufs avec les vieux feuilletons oubliés, ce ne sera pas neuf...

### SEPTEMBRE.

Le mois de septembre est regardé par tous les chiromanciens et astrologues comme un mois favorable... — Les enfants qui seront conçus en ce mois, seront d'une bonne venue et belle structure de corps; ils s'élèveront facilement, même au biberon. D'ailleurs, il sera inventé, ce mois-là, l'année prochaine ou la suivante, un biberon qui éclipsera tous les biberons passés et ne laissera plus rien à faire aux biberons futurs. Il sera en gutta-percha, s'adaptera directement aux mamelles des vaches, des chèvres, des ânesses, etc. — Les enfants, dans leur berceau, pourront téter les vaches qui se promèneront dans la prairie, au moyen d'un conduit infiniment extensible.

A le bien prendre, cela peut faire rire, et pourrait même se passer des illustrations qui l'accompagnent.

On voit que, dans tous ces petits et moyens almanachs, les prédictions forment une partie considérable. Dans les almanachs in-4 et in-8, c'est le contraire qui a lieu. On ne trouve là que de plats horoscopes et des pronostics pour chaque jour de l'année ; mais on ne saurait assez admirer les éditeurs qui, mettant sans malice aucune, j'imagine, ces pronostics en regard les uns des autres, ne semblent pas s'apercevoir du tort qu'ils font à leurs autorités, par la facilité qu'ils offrent aux lecteurs d'en remarquer les contradictions. Il est vrai que dans les *Liégeois* ces contradictions existent, ainsi que je l'ai fait voir tout à l'heure ; mais elles n'y existent que d'almanach à almanach, tandis qu'ici elles se montrent impudemment sous un seul point de vue et dans un seul et même tableau. Ainsi, dans tous les almanachs de Nancy, de Montbéliard et de Strasbourg, ce tableau est ainsi disposé :

| JANVIER. | TEMPS d'après SOUC [1]. | TEMPS d'après LÆNSBERG. |
|---|---|---|
| 1 | — vent, | — variable. |
| (1) | Lev. 7 h. 56 m. | Cou. 4 h. 15 m. |
| 2 | — beau, | — humide. |
| 3 | — variable, | — passable. |
| 4 | — nébuleux, | — bon. |
| 5 | — neige, | — chaud. |
| 6 | — nuageux, | — variable. |
| 7 | — humide, | — vent. |
| 8 | — pluie, | — brouillard. |
| (2) | Lev. 7 h. 54 m. | Cou. 4 h. 21 m. |
| 9 | — beau, | — pluie. |
| 10 | — fertile, | — passable. |
| 11 | — vent, | — variable. |
| 12 | — froid, | — humide. |
| 13 | — soleil, | — venteux. |
| 14 | — doux, | — inconstant. |
| 15 | — fertile, | — soleil. |
| (3) | Lev. 7 h. 50 m. | Cou. 4 h. 31 m. |
| 16 | — modéré, | — nuageux. |
| 17 | — inconstant, | — verglas. |
| 18 | — pluie, | — gelée. |
| 19 | — chaud, | — nébuleux. |

[1] Astrologue qui m'est tout à fait inconnu.

T. I.

## CHAPITRE II.

| JANVIER. | | TEMPS<br>d'après<br>SOUCI. | | TEMPS<br>d'après<br>LÆNSBERG. |
|---|---|---|---|---|
| 20 | — | bise, | — | bon. |
| 21 | — | varié, | — | obscur. |
| 22 | — | chaud, | — | neige. |
| (4) | | Lev. 7 h. 44 m. Cou. 4 h. 41 m. | | |
| 23 | — | brouillard, | — | sombre. |
| 24 | — | neige, | — | pluie. |
| 25 | — | sombre, | — | froid. |
| 26 | — | agréable, | — | nébuleux. |
| 27 | — | nuageux, | — | vent. |
| 28 | — | froid, | — | brouillard. |
| 29 | — | variable, | — | sec. |
| (5) | | Lev. 7 h. 56 m. Cou. 4 h. 52 m. | | |
| 30 | — | sec, | — | pluie. |
| 31 | — | froid, | — | bourrasque. |

Sous le rapport donc des prédictions, horoscopes, pronostics, etc., les almanachs liégeois ont une supériorité manifeste sur les almanachs in-4. Ils l'ont également sur les in-12, lesquels, en général, ou s'abstiennent complétement de sujets de cette nature, ou ne les traitent que comme matière à plaisanterie. Il en est parmi ces derniers deux ou trois, tout au plus, qui font exception à cette règle. Non-seulement ils se mêlent de prédictions, mais ils le prennent à cet égard sur un ton solennel et presque épique, protestant de leur respect pour la divination en termes dont se servirait un adepte, la première fois qu'il verrait une de ses prophéties se réaliser.

Voyez plutôt le début de l'*Almanach prophétique* de MM. Paguerre et Aubert :

### PRÉDICTIONS RÉALISÉES.

Si les recherches de ceux qui s'occupent de l'avenir sont encouragées par l'approbation de quelques penseurs sérieux, en revanche elles rencontrent bien des incrédules, toujours disposés à la négation, toujours prêts à fermer leurs yeux à la lumière. Le meilleur ou plutôt le seul moyen de convaincre ces sceptiques endurcis, c'est de leur prouver par des faits précis que la science prophétique n'est pas vaine, que ses calculs atteignent souvent leur but, et que les choses futures cessent d'être un mystère pour ceux qui les abordent avec une foi sincère et un esprit droit.

Qu'on parcoure la collection de l'*Almanach prophétique*, déjà composée de douze volumes, et l'on y trouvera, presque à chaque page, des prophéties clairement énoncées, concluantes, dont l'avenir s'est chargé de justifier l'exactitude....

Qu'on lise l'almanach de 1842, p. 18, 19 et 53; celui de 1843, p. 56; celui de 1844, p. 14 et 30; celui de 1846, p. 54, 35 et 56; celui de 1848, p. 41, 48 et suiv.; celui de 1850, p. 38 et 48; celui de 1851, p. 60, 85 et 86; celui de 1852, p. 33, 35 et 71, et il sera impossible de douter du caractère grave et utile des travaux de l'*Almanach prophétique*.

Ce même almanach ayant à signaler quelques impostures dans l'art divinatoire, et ayant, comme il dit, rassemblé à cet effet « quelques-uns des faits les plus saillants, » témoigne l'espoir que son but sera compris, « personne ne pouvant croire que son intention soit de jeter le moindre discrédit sur la science prophétique et sur les grands génies qui l'ont pratiquée avec tant d'éclat. » Et il ajoute :

Autant vaudrait dire que les hommes pieux qui ont repoussé les doctrines et les prétendues révélations des schismatiques, voulaient porter atteinte aux éternelles vérités de la religion.

C'est admirable! Mais enfin si le mérite de venger la divination des impostures qui la déshonorent est précieux aux yeux des personnes qui ont foi en elle, ces mêmes personnes ont peut-être le droit de demander au critique des prophéties d'autrui, qu'il daigne à son tour proposer les siennes. Mais notre *Almanach prophétique* s'en abstient prudemment. Il se borne à indiquer les différents moyens de prédire l'avenir, depuis l'antiquité la plus reculée jusqu'à nos jours, et la nomenclature en est savante peut-être, mais terriblement longue.

Un autre *Almanach des prophéties*, de M. Hinzelin, observe la même prudence; mais il nous donne une prophétie inédite sur la fin du monde, qui aurait bien son mérite, si on y comprenait quelque chose. On n'y aperçoit que la profonde érudition de l'auteur et son adresse à découvrir des manuscrits dont personne n'aurait certes soupçonné l'existence.

M. Hinzelin raconte donc que :

Au treizième siècle, dans une vallée profonde de l'ancienne Lorraine, s'élevaient deux rochers couverts de pins d'une hauteur prodigieuse. L'air que l'on respirait en ce lieu était glacial. Adossé à ces deux rochers, avait été construit un bâtiment long, à la structure gothique : c'était le monastère de Guilhem le Saint. Un morne silence régnait constamment autour de ce lieu, alors même que les trente cellules en étaient occupées, et ce n'était qu'à l'office du soir que l'on entendait des voix humaines psalmodier lugubrement des cantiques divins...

Le prieur de ce saint établissement de pénitence était un vieillard presque centenaire. Sa tête vénérable était un admirable tableau vivant de sérénité dans la vertu, de confiance en Dieu et de bonté pour tous.

Dans la solitude où il vivait, on ne trouvera pas étonnant que ce saint et vertueux moine eût de fréquentes visions, et même des entretiens avec Dieu ; aussi laissa-t-il des mémoires écrits de sa main, précieusement recueillis à sa mort, et qui ont aujourd'hui pour nous un immense intérêt.

Parmi ces visions, je remarque celle-ci, d'abord :

Je vois en Dieu que longtemps avant que l'Antechrist arrive, le monde sera affligé de guerres sanglantes; les peuples s'élèveront contre les peuples, les nations contre les nations, tantôt unies et tantôt divisées, pour combattre pour ou contre le même parti; les armées se choqueront épouvantablement, et rempliront la terre de meurtres et de carnage. Ces guerres intestines et étrangères occasionneront des sacrilèges énormes, des profanations, des scandales, des maux infinis.

Quoi ! il était nécessaire qu'une vision surnaturelle vînt lui garantir l'accomplissement de toutes ces choses, pour que le bon prieur y crût ! Ignorait-il donc que depuis que le monde est créé, les hommes ont assez l'habitude de s'entre-détruire les uns les autres, et qu'ils la conserveront aussi longtemps que Dieu laissera subsister le théâtre sur lequel ils s'escriment ?

Je remarque en outre cette autre vision :

« La France me fut représentée comme un vaste désert, une affreuse solitude ; chaque province était comme une lande, où les passants pillaient et ravageaient tout ce qu'ils pouvaient rencontrer. »

Vraiment, il n'a pas tenu aux réformateurs impatients de 1852 que cette vision ne se réalisât.

Cependant, comme s'il eût à la fois douté, et des choses que Dieu lui a révélées, et de la foi de ses lecteurs, le bon prieur a recours à des calculs cabalistiques. Selon lui, « la fin du monde arrivera dans l'année qui tombera sept fois deux lunes, et quatre lustres après sept siècles révolus. »

Du reste, ajoute-t-il :

Voici, en chiffres cabalistiques, le signe précurseur qui précédera de trois fois la venue d'une comète, sept fois deux lunes et douze lustres, la venue de l'Antechrist :

# CHAPITRE II.

| | | | | |
|---|---|---|---|---|
| 19 — s | 19 — s | 10 — j | 19 — s | 5 — e |
| 1 — a | 15 — o | 15 — o | 5 — e | 25 — x |
| 14 — n | 12 — l | 21 — u | | 16 — p |
| 7 — g | 5 — e | 18 — r | 3 — c | 12 — l |
| 12 — l | 9 — i | | 15 — o | 9 — i |
| 1 — a | 12 — l | 5 — e | 15 — m | 17 — q |
| 14 — n | | 20 — t | 2 — b | 21 — u |
| 20 — t | 19 — s | | 1 — a | 5 — e |
| 5 — e | 15 — o | 5 — c | 20 — t | 18 — r |
| | 2 — ' | 5 — e | 20 — t | |
| 1 — a | 19 — o | 14 — n | 18 — r | 1 — a |
| 21 — u | 3 — b | 20 — t | 5 — e, | 21 — u |
| 18 — r | 21 — s | | | 3 — c |
| 15 — o | 18 — c | 12 — l | 3 — c | 21 — u |
| 18 — r | 5 — u | 21 — u | 5 — e | 14 — n |
| 5 — e | 9 — r | 14 — n | | |
| | 18 — c | 5 — e | 17 — q | 1 — a |
| 2 — b | 1 — i | 19 — s | 21 — u | 19 — s |
| 15 — o | | | 5 — e | 20 — t |
| 18 — r | 16 — p | 5 — e | | 18 — r |
| 5 — e | 5 — e | 14 — n | 14 — n | 15 — o |
| 1 — a | 14 — n | 19 — s | 5 — e | 12 — l |
| 12 — l | 4 — d | 5 — e | | 15 — o |
| 5 — e | 1 — a | 13 — m | 16 — p | 7 — g |
| | 14 — n | 2 — b | 15 — o | 21 — u |
| 1 — a | 20 — t | 12 — l | 21 — u | 5 — e |
| 21 — u | | 5 — e | 18 — r | |
| 25 — x | 20 — t | | 18 — r | 4 — d |
| | 15 — o | 12 — l | 1 — a | 21 — u |
| 16 — p | 21 — u | 15 — o | | |
| 15 — o | 20 — t | 14 — n | 10 — j | 13 — m |
| 12 — l | | | 1 — a | 15 — o |
| 5 — e | 21 — u | 22 — v | 13 — m | 14 — n |
| 19 — s | 14 — n | 5 — e | 1 — a | 4 — d |
| | | 18 — r | 9 — i | 5 — e |
| 12 — l | | 18 — r | 19 — s | |
| 5 — e | | 1 — a | | |
| ——— | ——— | ——— | ——— | ——— |
| 358 | 585 | 582 | 535 | 595 |

Et, observe l'auteur,

Comme on connaît la clef des calculs cabalistiques, nous avons pu mettre la traduction littérale en regard des chiffres. Nos lecteurs sa-

vent, en effet, que chaque chiffre correspond en la manière suivante
aux lettres de l'alphabet :

a b c d e f g h i j k l m n o p q r s t
1 2 3 4 5 6 7 8 9 10 11 12 13 14 15 16 17 18 19 20

u v x y z
21 22 23 24 25

Nous trouvons donc la prophétie :

*Sanglante aurore boréale aux pôles; le soleil s'obscurcira pendant tout un jour, et cent lunes ensemble l'on verra se combattre; ce que ne pourra jamais expliquer aucun astrologue du monde!*

Et en additionnant les divers totaux partiels, nous trouvons l'année 1855, ce qui nous donne la possibilité de calculer, d'une manière certaine, l'époque précise indiquée par le saint prieur pour le Jugement dernier.

Pour moi, qui ne me pique pas de calculer d'*une manière si certaine*, j'avoue que j'eusse été fort curieux que l'auteur produisît son résultat; je ne suis plus assez jeune pour avoir le temps de le chercher moi-même.

Toutes ces balivernes sont reproduites plus ou moins dans *le Grand oracle*, l'*Almanach magique*, *le Grand grimoire* et l'*Almanach des songes*, du même éditeur. Je ne parlerais donc plus de ces almanachs, s'ils n'offraient d'autres manières de lire dans l'avenir, qui ont bien leur prix. Ainsi, il y est question du langage des fleurs, « petit recueil, dit galamment M. Hinzelin, destiné spécialement à nos lectrices; » de la divination par les songes, ou onéiromancie, et de la magie.

Voici comment s'expriment les fleurs :

*Colchique.* Mes beaux jours sont passés.
*Coquelourde.* Vous êtes sans prétention.
*Coriandre.* Mérite caché.
*Coucou.* Présage.
*Coudrier.* Réconciliation.
*Couronne impériale.* Majesté, gloire.

*Couronne de roses.* Récompense de vertu.
*Cuscute.* Bassesse.
*Cyprès.* Deuil, regrets.
*Ébénier.* Noirceur.
*Églantier.* Poésie.
*Ellébore.* Folie.
*Épine.* Flèche d'amour.
*Épine noire.* Mélancolie, difficulté.
*Épine-vinette.* Aigreur, désespoir.
*Feuille morte.* Mélancolie.
*Ficoïde glaciale.* Vos feux me glacent.
*Fougère.* Sincérité.
*Foulsapathe.* Amour humble et malheureux.
*Fraise.* Bonté parfaite.
*Frêne.* Grandeur.
*Fumeterre.* Fiel, crainte.
*Fusain.* Vos charmes sont tracés dans mon cœur.

Il n'y a point là, que je sache, d'attentat contre la morale ; la fantaisie et les analogies ont dicté ces interprétations, et ce n'est pas perdre son innocence que d'y ajouter foi. La même observation s'applique à l'onéiromancie, dont voici un échantillon :

CŒUR. — Désespoir et tristesse. — S'il est blessé et sanglant : affections rompues et bientôt renouées. — S'il est entouré d'une couronne d'épines : délabrement de santé, perte de sommeil, d'appétit, de repos. — Voir en songe le cœur sacré de Jésus-Christ : riche présent qu'une personne aimée va vous faire, et qui comblera tous vos désirs. — Songer qu'on retire le cœur de la poitrine d'un cadavre et qu'on en fait ensuite un festin délicieux : folie causée, chez une personne de votre famille, par la vue d'une exécution à mort.

ÉVÊQUE. — Songer qu'on vous apporte, d'une part inconnue, les insignes de la haute dignité d'évêque ou même de pape : signe assuré qu'à la suite de contestations de famille, vous allez vous trouver engagé dans des procès interminables ; les avoués, les huissiers et les expertises auront bientôt mangé tout l'héritage.

EAU. — Abondance, fertilité. — La boire : fausse sécurité. — Si elle est chaude : maladie courte, mais douloureuse. — Froide : haine déclarée. — Sale : persécution. — Tomber dans l'eau : amitié touchante. — S'enivrer d'eau : fortune à venir. — En répandre dans sa maison : incendie.

*S'enivrer d'eau!* La présomption est forte et risque d'être révoquée en doute, au moins par les ivrognes. Heureusement que cet accident ne se produit qu'en rêve, lequel ne peut être alors qu'un cauchemar. Quant à la magie de M. Hinzelin, je prends au hasard quelques-uns de ses plus merveilleux procédés :

### Pour se laver les mains sans se mouiller.

Prenez de l'hypicodium que vous mettrez dans l'eau; trempez vos mains dedans, elles ne seront pas mouillées.

### Pour empêcher un ivrogne de boire, un gourmand de manger.

Frottez avec de la coloquinte le bord du verre de celui que vous voulez attraper, ou bien son couteau ou sa fourchette, et vous rirez.

### Pour changer l'eau en vin.

De la poudre de bois de Brésil dans de l'eau imite parfaitement le vin rouge : rincez un verre avec du vinaigre et versez de la bouteille préparée, il paraîtra de l'eau-de-vie.

### Faire marcher des écrevisses cuites.

Il faut les mettre dans un pot avec du sel ammoniac délayé dans de l'eau, elles deviendront rouges.

### Pour passer un couteau à travers le poignet.

Il faut avoir un couteau dont la lame se sépare en deux, et dont les deux parties soient tenues par un fil de fer que l'on cache en l'enveloppant avec un linge.

### Pour que les personnes, en dansant, éternuent toutes à la fois.

Prenez de l'ellébore blanc bien pilé, et passé par un tamis de soie, comme du tabac d'Espagne, qu'on sèmera par la chambre, avant que l'on danse, sans que l'on en sache rien, et l'on éternuera par la poudre qui volera : celui qui pilera et tamisera doit bien se boucher le nez.

Je puis me tromper ; mais il me semble que la société n'a pas à s'alarmer de pareilles inventions, que l'ordre du monde n'en recevra pas de trouble, et que les révolutions politiques ne viendront pas de là.

En voilà assez sur cette branche de la littérature particulière aux almanachs, d'autant que j'y reviendrai tout à l'heure à l'occasion des ouvrages qui traitent exclusivement de la magie. Venons donc à une autre. Elle est considérable, et s'étend depuis le quatrain jusqu'aux romans.

Le quatrain qui était, dans les anciens almanachs, l'unique point par lequel ils touchaient à la littérature proprement dite, apparait à peine dans les almanachs modernes, ou, s'il y obtient par hasard un asile, c'est pour y occuper une place qu'il serait impossible de remplir avec autre chose. Ce qui signifie qu'il n'est là que comme pis aller. On le trouve encore en cet état dans quelques *Liégeois*. Dans ces mêmes *Liégeois*, mais dans tous sans exception, aussi bien que dans les almanachs in-12 et in-4, on lit quelques anecdotes, les unes morales, les autres grivoises, et auxquelles il ne manque que l'expression juste pour être tout à fait licencieuses. M. Lebœuf, de Châtillon-sur-Seine, a imaginé de mettre le titre de *Biribimoudroucrac*, à un recueil d'anecdotes, facéties, bévues, sottises, aventures et charges qu'il attribue aux habitants de Baroville, Corcelles-les-Arts, etc. C'est dans son almanach du *Coin du feu*. N'y a-t-il pas une intention malicieuse dans cette attribution? Il existe dans certaines provinces, de contrée à contrée, des préjugés qui, pour n'être pas l'effet d'une rivalité inadmissible à cause de l'éloignement où elles sont les unes des autres, n'en impliquent pas moins une arrière-pensée de mépris réciproque qui se transmet de générations en générations : *le Coin du feu* ne serait-il pas l'écho d'un préjugé de cette nature ? En Bourgogne, les Beaunois ont une réputation de naïveté, de simplesse, qui est certainement imméritée. Toutefois, elle ne laisse pas de donner lieu à une foule de plaisanteries qu'on ne se permet pas, il est vrai, toujours impunément. Je crois en apercevoir des traces dans les anecdotes du *Coin du feu*.

Après les anecdotes que renferment tous ces almanachs, viennent, sous les noms de *Variétés*, *Mélanges* et *Faits divers*, toutes sortes de choses puisées, soit dans des recueils connus de temps immémorial, soit dans les journaux, au chapitre des *canards*, soit à la police correctionnelle, soit à la justice de paix.

Puis viennent les contes, en général peu moraux, mais invraisemblables, fantastiques, absurdes et rarement plaisants. Dans certains almanachs parisiens, ils sont forcés, tendus, faux, écrits avec une insupportable prétention et un parti si bien pris d'être amusants, qu'il semble voir des gens se chatouiller eux-mêmes pour se faire rire, et n'en pas venir à bout. Je laisse à penser s'ils font rire les autres. Car enfin, ce n'est pas tout d'emprunter au *Charivari* son esprit et ses rédacteurs pour faire un almanach; il faudrait ne pas oublier qu'un almanach qui a environ 200 pages, dont 150 ou 160 de suite consacrées à ce même esprit, doit nécessairement perdre haleine à force de rire, tomber dans l'ennui de soi-même, et y entraîner son lecteur. Le format modeste qu'a pris le *Charivari* indique assez qu'il ne faut pas abuser même de l'esprit, et qu'il est bon de réserver le trop-plein pour le lendemain.

Ce n'est pas une raison non plus pour être gai et pour égayer les autres, que de s'intituler, comme certain almanach de M. Hinzelin, *le Joyeux*; ce mot imposait à M. Hinzelin plus d'une obligation qu'il a négligé de remplir, et la peur d'avoir trop d'esprit l'a empêché d'en avoir assez. Cependant, je ne voudrais pas être injuste à son égard; il y a dans son *Bon Vivant* d'assez bonnes plaisanteries. Je crois même qu'on ne me saura pas trop mauvais gré de citer la suivante, encore qu'elle ait le défaut de n'être pas nouvelle, et d'être un peu trop prolongée.

# CHAPITRE II.

## DÉCOUVERTES NAUTIQUES.

### ÉTRETAT.

Depuis qu'on a trouvé à Gibraltar, sur le rivage, une noix de coco renfermant un parchemin sur lequel étaient écrits ces mots, en caractères presque illisibles :

« Impossible de résister plus longtemps à la tempête. Nous sommes
« entre l'Espagne et les îles de l'Orient. Si la caravelle sombre, puisse
« quelqu'un trouver ce document !

« 1495, CHRISTOPHE COLOMB. »

d'autres découvertes du même genre ont eut lieu sur la côte de France.

On nous écrit d'Étretat :

« Un pêcheur de crabes, s'étant aventuré au milieu des rochers qui garnissent le bas de la falaise, a trouvé dans un petit bassin creux une bouteille qui avait été déposée par les eaux à la marée haute.

« Cette bouteille était soigneusement bouchée : brisée par le pêcheur de crabes, il y a trouvé un parchemin sur lequel étaient tracées les lignes suivantes :

« Voici déjà trente-huit jours que je flotte sur les eaux. Je me porte,
« Dieu merci, assez bien, et mes enfants aussi ; mais mes animaux
« me donnent beaucoup de tintoin. Le renard veut manger les poules,
« les loups donnent des coups de dents aux brebis, et le lion me lance
« de temps en temps des regards qui n'ont rien de bien rassurant.
« Je commence à avoir des inquiétudes.. J'ai eu tort de ne pas mettre
« dans l'arche un couple de Van-Amburgh. Hier j'ai envoyé le cor-
« beau pour avoir des nouvelles. Le gredin ne revient pas. Le lion me
« regarde en tirant la langue. Comment tout cela finira-t-il ? Si je suis
« mangé, puisse quelqu'un trouver ce document !

« NOÉ. »

On nous écrit de Cassis :

« Un descendant de notre célèbre compatriote, l'abbé Barthélemy, se promenait sur le rivage en lisant le *Voyage du jeune Anacharsis*, lorsque, tout à coup, son regard fut attiré par un objet de forme ronde, que la vague amenait peu à peu sur le sable, où le descendant de l'abbé Barthélemy put enfin le contempler.

« Cet objet, de forme ronde, était une amphore si hermétiquement bouchée, qu'il fallut la briser pour voir ce qu'elle contenait. On y trouva un papyrus sur lequel le descendant de l'abbé Barthélemy, qui sait le grec comme tous les habitants de Cassis, n'eut pas de peine à déchiffrer les phrases suivantes :

« Impossible de lutter plus longtemps contre Neptune en courroux.
« Notre galère *Argo* fait eau de toutes parts; pour la puiser, nous
« n'avons que nos casques et nos coupes à libations. D'autres, plus
« heureux, s'empareront de la Toison d'or. Si la galère sombre, puisse
« quelqu'un trouver ce document !

« JASON. »

On nous écrit de Saint-Malo :

« Une bouteille qui flotte sur l'Océan depuis des mille et des mille ans est venue échouer hier sur la dune. Voici ce qu'on a lu sur un bout de papier qu'elle renfermait :

« Parti, le 24 du mois dernier, du Pirée avec un chargement de co-
« lonnes en destination pour le détroit de Gibraltar, sur la bombarde
« *l'Aimable Déjanire*, de cent cinquante tonneaux, j'ai été assailli trois
« jours après par une tempête qui dure encore. Un autre dirait entre
« quels degrés de latitude; le diable m'emporte si je sais où je suis.

« La bombarde menace de couler; si la tempête dure, je vais être
« obligé de jeter mes colonnes à la mer. Si *l'Aimable Déjanire*
« sombre, puisse quelqu'un trouver ce document !

« HERCULE. »

Les grands journaux annoncent également qu'on a recueilli sur diverses plages des documents analogues signés de Marco Polo, Vasco de Gama, Améric Vespuce, Hariadan Barberousse, Gulliver, Sabord, Pamphile et autres navigateurs célèbres.

Évidemment, on a renoncé ici à mettre à l'épreuve la crédulité publique ; je crois néanmoins qu'il n'a pas manqué de gens pour prendre au sérieux ces anecdotes.

Je donnerais l'*Almanach facétieux* et l'*Almanach du baron de Crac* de M. Hilaire le Gai, et plusieurs autres encore, pour son seul *Almanach bouffon*, qui est quatre fois plus petit. Car, quoique les deux premiers tiennent assez honnêtement les promesses de l'affiche, le troisième les a certainement dépassées. L'histoire d'un tigre qui le remplit à moitié, et qui est une imitation de l'anglais de John S⸱ Cotton, faite par l'abbé de Savigny, est une de ces pièces qu'on rencontre rarement dans les almanachs, ou plutôt qu'on n'y rencontre jamais. Le grand mérite de cette histoire est de faire douter le lecteur s'il doit ou s'il ne doit pas y ajouter foi, et dans ce dernier cas de le forcer d'admirer l'art infini avec lequel la fiction y joue la vraisemblance. Je sais qu'on pourrait contester l'utilité de pareilles histoires ; mais, outre que celle-ci est tirée d'un almanach dont le titre seul implique qu'il n'a pas la prétention d'être utile, il y a néanmoins dans ce récit un sens moral aisé à saisir et que peuvent s'appliquer certains voyageurs qui ont plus d'imagination que de souvenirs.

Tous les almanachs dont je viens de parler, à très-peu d'exceptions près, se sont partagé dans des proportions plus ou moins inégales les matières suivantes :

Des biographies, des notices, des portraits de personnages fameux dans les sciences, les arts, les lettres, l'industrie, la religion, la politique et la guerre; des batailles; des voyages; des éphémérides; des maximes; des proverbes; l'histoire des monuments; l'histoire des principales inventions anciennes et modernes; l'histoire des animaux domestiques (elle est faite avec charme et avec intérêt, à l'usage des enfants, dans l'*Almanach de la Mère Gigogne* de M. Pagnerre); l'histoire des principaux événements de l'année précédente; l'histoire de la révolution de février; l'histoire du 2 décembre 1851; des récits partiels des campagnes de Napoléon I$^{er}$, ses lois, ses réparties, ses bons mots, comme dans l'*Almanach de Napoléon en Égypte*, par M. Lebœuf, où on lit une histoire simple et intéressante de la campagne d'Égypte; et dans l'*Almanach des Souvenirs de l'Empire*, par M. Hilaire le Gai, où le profond bon sens, la grandeur, la bienveillance et la finesse de Napoléon Ier se manifestent par des traits, des allocutions et des réponses d'où l'esprit et la grâce ne sont point exclus.

Ajoutez à cela : des biographies de Napoléon III ; des extraits de ses livres, de ses discours ; quelques-unes de ses pensées qui joignent au mérite de la justesse celui de la concision, et dont on trouverait des exemples dans le traité des *Dits Lacédémoniens* de Plutarque ; des statistiques de la population ; le tableau des souverains de l'Europe ; des conseils d'hygiène, de tempérance ; des exhortations au respect et à la crainte de Dieu, comme dans les excellents almanachs de la Société de Saint-Vincent de Paul, des *Bons Conseils* et quelques autres [1].

Je ne parle pas de choses de l'importance de celles-ci : le lever et le coucher du soleil et de la lune, le périgée, l'apogée, le nom, l'âge et les phases de la lune, l'étymologie du mois, les foires et les marchés. L'almanach qui en omettrait une seule croirait n'être pas un almanach, comme en effet il ne remplirait pas toutes les conditions en vertu desquelles il porte ce nom. C'est que ces choses indifférentes, ou peu s'en faut, à l'habitant des villes, intéressent au plus haut degré l'habitant des campagnes ; et quand, à tous ces renseignements de première nécessité, l'auteur d'un almanach est assez habile pour joindre de bons préceptes sur les travaux agricoles et horticoles, sur les bestiaux, les terres, les semences, l'usage des instruments et les procédés de culture, il peut se flatter de rendre plus de services à ses concitoyens que le meilleur des romans ne leur ferait de plaisir. A cet égard, on ne saurait trop louer quelques almanachs

---

[1] L'almanach *Bon jour, bon an*, publié à Dijon depuis plusieurs années, par une conférence de Saint-Vincent de Paul, est un modèle à cet égard. Il s'en est vendu, en 1854, vingt-cinq mille exemplaires, et ce nombre n'a fait que s'accroître depuis. Quant à l'almanach de la *Société de Saint-Vincent de Paul*, il s'en est vendu huit cent mille exemplaires en 1851, sans parler de ceux que publient les conférences de province, comme celle de Dijon.

de M. Lebœuf, de Châtillon-sur-Seine ; car, encore qu'il prodigue les plates anecdotes, les historiettes suspectes et les calembours, il ne laisse pas, principalement dans son *Almanach du Bon Laboureur* et dans son *Campagnard*, de montrer qu'il s'entend à tout ce qui regarde l'agriculture, et les conseils qu'il donne à ce sujet ne sont pas à dédaigner. Les *Veillées du père Abraham*, dans le premier de ces almanachs, sont écrites avec honnêteté, bon sens, simplicité et avec un grain de sel gaulois qui réjouit le cœur.

M. Pagnerre a droit aussi à des éloges pour son *Almanach du Cultivateur et du Vigneron, par les rédacteurs de la Maison rustique du dix-neuvième siècle*. Cela rachète bien des almanachs ayant pour *spécialité* de faire rire, quoique n'en ayant pas toujours le talent.

Enfin, l'*Almanach-Manuel du jardinage*, par M. Ragonot-Godefroy, est un traité complet sur la matière, qui semble, en empruntant la forme et le nom d'un almanach, s'être fait modeste, mais qui n'en sera que plus populaire.

Les annonces de remèdes secrets ou non secrets se sont malheureusement glissées dans quelques-uns de ces almanachs. Ainsi, M. Pagnerre, que je ne voudrais avoir qu'à louer toujours, a donné asile dans ses *Liégeois* au sirop de digitale, à l'huile de foie de morue, aux dragées de lactate de fer, au taffetas épispastique de Le Perdriel, aux pois à cautères en caoutchouc, à la guimauve, au garou ou sainbois, et autres panacées. M. Anner-André, de Troyes, n'a fait aucune difficulté de grossir ses almanachs d'un traité de l'*origine des Glaires*, qui n'a pas moins de soixante pages en très-petit texte, et qui est suivi d'*attestations authentiques de quelques médecins qui emploient journellement l'élixir tonique antiglaireux*. Enfin, M. Baudot, de Troyes, s'annonce comme étant le dépositaire de 1200 *secrets du père Salamech*, concernant la santé. Par bonheur, il ne nous en donne que quelques-uns, lesquels guérissent des boutons, de la brûlure, des clous, de la constipation, des contusions, des coupures et des engelures. Pour cette année du moins, nous l'aurons échappé belle.

En quittant les drogues et les remèdes de bonne femme qui gâtent certains almanachs, je passe, par une transition naturelle, aux romans qui en gâtent beaucoup d'autres, romans où se mêlent le sang et le musc, pleins d'actions invraisemblables, de caractères faux, de sentiments faux, tantôt écrits dans une langue molle, efféminée, grasseyante; tantôt de ce style qu'on a nommé *fantaisiste*, et qui est à la vraie langue française ce que les chinoiseries sont à la peinture ou à la sculpture grecque.

Tous les almanachs in-8 de M. Hinzelin sont farcis de ce genre de romans. Là, sur une quarantaine d'auteurs, c'est tout au plus s'il y en a une demi-douzaine qui aient un style intelligible au service d'une imagination féconde. Il y en a bien moins encore qui aient un talent délicat, distingué, et où se révèle la fréquentation de la bonne compagnie. On voit que tout ce monde-là n'a d'expérience et d'observation que celle qu'il a recueillie en lisant force romans, en étudiant l'esthétique auprès des femmes faciles, la littérature je ne sais où, et en éprouvant mille obstacles de la part de la société, pour avoir eu la prétention d'y occuper une place éminente, sans avoir rien fait pour la mériter [1].

Les almanachs in-4 ne valent guère mieux sous ce rapport que les précédents. Mais là, du moins, les romans sont en minorité et ne portent pas de signatures. En revanche, les histoires de revenants, les histoires burlesques, les scènes de tribunaux révolutionnaires, de cours d'assises et de somnambulisme; les récits de combats de terre et de mer, les aventures de brigands, les anecdotes sur l'Empereur, les descriptions de supplices infligés aux criminels sous l'ancien régime, les naufrages, les bons

---

[1] M. Hinzelin, j'aime à le répéter, s'est bien amendé depuis. C'est son

mots, les calembours, enfin tout ce que l'honnête *Messager boiteux de Strasbourg* résume sous le nom de variétés instructives, morales ou plaisantes, y foisonne. C'est le plan suivi pour l'almanach in-4, à Nancy comme à Montbéliard, à Strasbourg et à Mulhouse ; encore que dans ces deux dernières villes les almanachs de ce type soient en allemand.

Là aussi, tous les sujets que je viens d'énumérer sont entrecoupés de recettes thérapeutiques ou d'économie domestique. Ainsi, on lit, entre une *Entrevue solennelle* et *les Deux André*, la manière de guérir les piqûres d'araignées et de cousins ; entre le *Naufrage de l'Amazone* et l'histoire de la *Maison du capitaine Cook*, un entre-filet sur l'usage du café. Il y a peu de choses sur l'agriculture, le jardinage, l'éducation et le soin des bestiaux, et la médecine vétérinaire. Ces détails n'ont quelque importance et quelque utilité que dans *le Nouvel Anabaptiste* de M. Deckherr, à Montbéliard.

De fades romances, relevées çà et là par quelques spirituelles chansonnettes, ont donné à MM. Hinzelin et Deckherr le droit d'appeler un autre almanach, *Almanach chantant*. Mais ce qu'il y a de mieux n'est pas ce qu'il y a de plus nouveau, et c'est avec douleur qu'on y remarque combien la chanson, cet aimable genre de poésie qui a immortalisé jadis quelques esprits délicats et fins, a déchu en France depuis les Lafare, les Chaulieu et les Latteignant. Je ne vois rien ici qui rappelle ce genre, si ce n'est quelques pièces d'Amédée de Beauplan, pleines de gaieté, de bonhomie et d'esprit, et quelques autres qu'on chantait vers la fin du règne de Louis XV.

Je ne puis laisser là les almanachs in-4, sans dire quelque chose de ceux de ce format qui sortent des presses de Paris.

Il y a un genre d'esprit fort prisé des Parisiens, mais dont il semble que les provinciaux montrent suffisamment l'estime qu'on en doit faire, par la difficulté qu'ils ont à en comprendre le sel. C'est un produit essentiellement propre au terroir de Paris, et qui, à ce titre, rentre dans la catégorie des argots, ou, pour parler plus poliment, des dialectes. Cet esprit a des organes considérables, et qu'il serait dangereux de signaler, vu le crédit dont ils jouissent, la rapidité et l'opiniâtreté de leurs vengeances envers ceux qui n'ont pas la complaisance de les admirer. Mais il peut être permis de le définir. Cet esprit donc n'est pas de l'esprit, il n'en est que la caricature. Il consiste dans certains jeux de pensées, si l'on peut dire, qui excitent le rire par la bouffonnerie des comparaisons et la bizarrerie des contrastes, dans l'usage fréquent de l'allitération et de l'onomatopée, dans l'emploi de métaphores composées de mots contradictoires, et qui, appliquées à un seul et même objet, assimilent en même temps cet objet aux choses les plus dissemblables, d'où il résulte des effets absurdes, mais parfois très-plaisants ; dans un certain art de faire rire aux dépens des personnes, en tirant d'un nom ridicule qu'elles portent ou d'infirmités physiques dont elles sont affligées, des conséquences telles, qu'il semble que ces inconvénients appartiennent également à leur caractère ; enfin dans les équivoques qui sont l'origine des calembours et dans les calembours mêmes.

Je trouve quelque chose de cet esprit dans l'*Almanach lunatique* de M. Pagnerre, et dans l'*Almanach pour rire* de M. Aubert. Quoi de plus monstrueux, par exemple, et qui donne plus sur les nerfs que *les Pensées d'un emballeur*, empruntées par M. Pagnerre à M. Commerson? Et cependant, y a-t-il quelque chose qui fasse rire avec plus d'abandon?

Le *Grand Almanach illustré*, par une société d'artistes, n'a pas voulu avoir de cet esprit, ni de l'autre. Il rachète cela par des illustrations d'un goût douteux, et par un traité sur la *cartomancie*.

Quant à l'*Almanach de l'Illustration*, c'est le louer assez que de dire qu'il est un extrait du journal de ce nom.

Au reste, il est très-peu d'almanachs qui ne se recommandent par cet accessoire, l'illustration. Ceux qui sont publiés sous le nom de Matthieu Lænsberg, quel que soit le format, ont invariablement le frontispice ou le faux titre orné d'une gravure de ce genre :

Ce sont celles qui se reproduisent le plus souvent. En voici d'autres qui sont moins grossières, la seconde surtout :

Les almanachs in-12 offrent également, sur le frontispice ou sur le faux titre, tantôt un sujet qui correspond au titre même ; tantôt un sujet tiré du texte où ce même sujet est raconté ; tantôt, tous deux à la fois, l'un d'un côté de la couverture, l'autre de l'autre. Souvent enfin, l'intérieur du livre lui-même est orné de planches. Mais, outre que le soin de mettre chaque planche à sa place est rarement observé, il arrive la plupart du temps que les planches n'ont aucun rapport, non-seulement avec le sujet au-dessus ou au-dessous duquel elles se trouvent, mais encore avec aucun de ceux qui sont traités dans l'almanach. D'où je conclus que les éditeurs de ces almanachs ne font point tailler de bois appropriés à leurs sujets, mais qu'ils en ont de rebut dont ils font un emploi tel quel, ne cherchant pas même les planches plus ou moins correspondantes à certains passages de leur texte, mais les jetant littéralement au hasard, ou comme une poudre aux yeux des lecteurs qui ont la passion des images.

Ainsi, dans l'*Almanach magique et anecdotique*, de M. Hinzelin, au-dessous d'un portrait de M. Ledru-Rollin sortant des mains du coiffeur, ayant la lèvre dédaigneuse et le regard altier, on lit cette devise : « Je m'aperçus que ma femme avait une jambe de bois. » Or, il s'agit ici d'un certain Paul Legrand qui fait lui-même sa biographie, où il n'est pas plus question de M. Ledru-Rollin que s'il n'existait pas.

Sous le buste d'un personnage à l'air doux, calme et bénin, on lit : « Je m'élançai comme un tigre sur Mauclaire. »

Une scène représentant Louis-Napoléon au moment où il décore un paysan, a pour épigraphe : « Les officiers de police l'arrêtèrent. »

Enfin, un grand paysage représentant la chute d'une immense cataracte offre pour légende ces mots : « Son visage encore enfantin était déjà sillonné de rides. »

La même absurdité n'existe pas dans les almanachs parisiens, où les illustrations sont véritablement le principal. Tout le monde a vu ces illustrations dans *le Charivari*, ou dans *le*

*Journal pour rire*, ou dans *le Tintamarre*. MM. Pagnerre et Aubert n'ont fait que les puiser là, en y en ajoutant quelques autres dues aux crayons des spirituels artistes qui illustrent ces mêmes journaux. Elles sont toutes parfaitement à leurs places, et par conséquent très-intelligibles.

Le portrait de Louis-Napoléon est l'illustration principale de tous les *Liégeois* qui ont pour titre *le National* ou l'*Almanach national*. Ce portrait est le même dans les éditions de Nancy, de Troyes et de Châtillon-sur-Seine, les trois villes qui impriment à peu près exclusivement ce genre d'almanach. Je crois devoir donner le quatrain dont M. Baudot de Troyes fait suivre ce portrait:

> L'anarchie, triste suite des révolutions,
> Divisait notre France, l'entraînait à sa ruine.
> Louis vint, et son génie, sa modération
> Nous rendirent la paix et nos sages doctrines.

La poésie n'est pas très-conforme aux lois de la prosodie; mais cette négligence doit être attribuée sans doute à la vivacité du sentiment, qui est excellent d'ailleurs et le mien.

Les almanachs in-4 ont aussi leurs illustrations *intra muros* et *extra*, s'il est permis de parler ainsi. Ce sont, dans l'intérieur surtout, d'abominables planches où le noir domine, tant les traits creusés par le burin ont souffert du frottement et de la pression. Quelques-unes, d'une dimension plus grande que celle de l'almanach, se replient comme les cartes géographiques, et reçoivent sur le verso le texte de l'histoire qu'elles représentent. Les planches des faux titres sont un peu moins mauvaises, surtout dans les almanachs qui ont adopté des titres modernes, et elles représentent ce que les titres expliquent. Mais là se borne le rapport; car toute cette variété un peu fastueuse que MM. Hinzelin et Deckherr ont déployée dans les titres de leurs nombreux almanachs, n'existe que sur la couverture; le texte est presque en tout et partout invariablement le même.

Dans l'*Almanach du crime*, de M. Hinzelin, le faux titre représente un prétoire. L'avocat, un coquet avocat, plaide avec feu; le président dort; le greffier sourit en regardant l'avocat. L'accusé, assis entre deux gendarmes, baisse la tête.

Dans *le Postillon de la paix et de la guerre*, de M. Deckherr, on voit un postillon tenant d'une main une dépêche, avec un cor de chasse en sautoir, monté sur un cheval au galop, et tournant la tête en arrière, du côté de la ville qu'il vient de quitter, et qu'on voit dans le lointain dévorée par un incendie. Une Renommée vole au-dessus de lui, sonnant de la trompette et portant la couronne de la victoire.

Chez M. Hinzelin, le *Véritable Postillon* est sans doute le lieutenant général des armées du roi en Flandre, Rantzaw, depuis maréchal de France. Il est planté sur un cheval qui se cabre, et tient le bâton de commandement. Un bandeau noir couvre la place où fut jadis son œil droit. On dit qu'à sa mort il ne lui restait plus qu'un œil, une oreille, un bras, une jambe, un seul membre enfin de ceux que les hommes ont doubles, tant la guerre avait exercé sur lui de ravages.

On voit, sur *le Revenant* de M. Deckherr, Mandrin déguisé en diable, au milieu de ses compagnons habillés en satyres. C'est la répétition d'une gravure du texte.

*Le Lutin* de M. Hinzelin et *le Nouveau Lutin* de M. Deckherr ont chacun pour enseigne un magicien dans le costume traditionnel, à savoir, avec un bonnet en pain de sucre, la baguette divinatoire, la robe constellée, la sphère et le hibou. Il est debout au centre d'un cercle et entouré de badauds qui le regardent faire. Toutefois, les personnages ne sont pas groupés de même dans l'un et l'autre almanach.

M. Hinzelin dans *l'Anabaptiste des campagnes*, et M. Deckherr dans *le Nouvel Anabaptiste*, nous montrent, le premier un paysan coiffé d'un large feutre, tenant une faux d'une main, et allongeant l'autre main dans l'attitude d'un homme qui prêche. D'autres paysans sont autour de lui, qui semblent en effet l'écouter. Le second nous montre le même homme, mais seul et aiguisant sa faux.

J'ai dit plus haut que ces éditeurs auraient dû nous expliquer ce qu'ils entendent par le titre d'*anabaptiste*, et j'ai osé douter qu'ils l'entendissent en effet. J'essayerai donc de donner sur ce point ma conjecture. Cette conjecture, si elle est vraie, déterminera le motif en même temps que l'ancienneté de l'*Anabaptiste*. Je présume donc que ce titre nous reporte au temps de Jean de Leyde, dans les trente ou quarante premières années du seizième siècle; que les partisans de ce fanatique ou plutôt de cet imposteur faisaient de la propagande au moyen des almanachs, et que le titre seul de ces almanachs leur a survécu comme aussi aux dogmes impies dont ils étaient les propagateurs et le dépôt.

Les *Messagers boiteux* sont très-nombreux. Il y a, comme je l'ai fait voir plus haut, ceux de Berne, de Bâle, de Strasbourg, des Cinq parties du monde, de France et d'Algérie, et l'*Algérien*. Les figures qui représentent le fameux Messager y sont très-variées. Dans *le Grand Messager boiteux algérien*, c'est un juif en frac, avec une jambe de bois. Il présente sa dépêche à une espèce de mamelouk qui lui tend les bras, comme s'il s'apprêtait à y recevoir l'homme lui-même. Un monsieur et une dame en costume européen regardent cette scène, et un lancier, droit comme un piquet, salue, en portant la main au shako.

C'est encore un juif, je suppose, qu'on voit dans *le Messager de France et d'Alger*; mais il a un costume ou turc, ou maure, ou grec; je ne réponds pas de la vérité historique. Il tend d'une main son paquet à un Arabe, de l'autre il serre celle d'un officier français. Un négrillon, sur le devant du tableau, mène en laisse une tortue qui se cabre. Serait-ce qu'il peut être quelquefois opportun de rappeler à la tortue elle-même comme aux messagers, cette sage maxime qui est pourtant la sienne, et qu'elle semble ici avoir oubliée :

Rien ne sert de courir, il faut partir à point?

On pourrait faire la même remarque au sujet de l'escargot que l'on voit figurer dans quelques-unes des planches. Là, seulement, l'animal est libre, et il le fait bien voir à la manière dont il allonge les deux télescopes qui sont les organes de sa vue, et que le moindre contact ferait rentrer aussitôt.

Il y a vraisemblablement, cachée sous ces emblèmes, quelque intention maligne qui pourrait donner lieu à des commentaires fort intéressants; mais il me reste trop à dire pour songer seulement à l'entreprendre.

*Le Messager des Cinq parties du monde* paraît être un soldat de la première république française. Il porte un frac à revers, un tricorne et une cadenette. Il est devant un groupe de cinq individus qui représentent les cinq parties du monde. L'Europe y est figurée sous les traits d'un hussard ou lancier; l'Asie sous ceux d'un Turc vêtu à l'ancienne mode (c'est à l'Asie que le messager donne ses dépêches); l'Afrique sous ceux d'un nègre; l'Amérique, sous ceux d'un Péruvien, contemporain de Montézuma, et l'Océanie, sous ceux d'un homme tel à peu près qu'il est sorti des mains de la nature.

Les *Messagers*, en langue allemande, mais qui s'impriment sur le territoire français, principalement à Strasbourg, à Colmar, à Haguenau et à Mulhouse, suivent la même règle de composition que les *Messagers* français. Cependant ils sont pour la plupart mieux imprimés et sur du meilleur papier. Je citerai entre autres *Der grosse Strassburger hinkende Bote* (le Grand Messager boiteux de Strasbourg), publié par Leroux; *Marienthaler Kalender* (le Calendrier de l'Écu[1] de Marie), publié à Haguenau par Valentin Edler; *Der gute Bote* (le Bon Message), par Berger Levrault, à Strasbourg; enfin, et après ces trois éditeurs, *Der Colmarer hinkende Bote* (le Messager boiteux de

---

[1] Cet *écu* est sur la couverture; il représente l'image de Marie enveloppée d'une immense auréole rayonnante, et portant sur ses genoux le corps de son divin fils.

Colmar), publié par Deckherr, et *Der gute Alsässer* (le Bon Alsacien), par K. M. Hoffmann, à Colmar.

J'ai toujours été frappé du soin qu'apportent les éditeurs allemands dans la fabrication des livres à l'usage du peuple. C'est qu'ils consultent plutôt le goût du peuple que le leur, et que le peuple de ces quartiers a le goût difficile. En effet, l'instruction y étant relativement plus répandue qu'ailleurs, on y est sans doute exigeant sur la condition des livres en proportion du plaisir qu'on trouve à les lire. Ajoutez que l'almanach est, la plupart du temps, le seul livre qu'on y lise, et l'on paraît tenir à ce qu'il soit bon. « Ceux, dit Bayle [1], qui ont lu d'une façon vague toutes sortes de livres savent un peu de tout et ne possèdent rien à fond. Ils battent beaucoup de pays, et ne disent presque rien qui soit exactement vrai... Un homme qui n'a lu qu'un certain livre les peut relever à tout moment, et leur montrer qu'ils se trompent. » Malgré la supériorité de nos almanachs allemands, j'ose douter que les paysans d'Alsace y trouvent le moyen d'être si savants.

L'estampe des *Messagers* (en langue française) de Berne et de Bâle, ainsi que de Strasbourg, offre, indépendamment du personnage de rigueur, une circonstance particulière dont il m'est parfaitement impossible de donner l'explication au lecteur. Cette circonstance se reproduit sous des formes différentes dans les éditions de M. Hinzelin, de M. Deckherr et de M. Leroux de Strasbourg; mais au fond elle doit signifier évidemment la même chose. C'est un enfant qui pleure et qui s'essuie les yeux et la figure avec un mouchoir. Serait-ce que les enfants étant pour la plupart jaloux du bonheur d'autrui, la joie qu'éprouvent les personnes à qui l'on apporte des lettres, fait pleurer de jalousie notre marmot? Comme il peut sembler intéressant à quelques amateurs d'énigmes de ce genre de chercher la solution de celle-là, je mettrai sous leurs yeux les quatre planches où elle figure.

---

[1] *Lettres*. t. III. p. 884. Rotterdam, 1714. in-12.

## CHAPITRE II.

MESSAGER DE BALE.
Deckherr, à Montbéliard.

IDEM.
Hinzelin, à Nancy.

## CHAPITRE II.

### MESSAGER DE BERNE.
#### Deckherr, à Montbéliard.

## DES ALMANACHS.

IDEM.

Hinzelin, à Nancy.

## CHAPITRE II.

Dans *le Messager de Strasbourg*, dont il y a deux éditions, l'une en français, de M. Leroux, l'autre en allemand, de M. Silbermann, l'enfant pleure ici et rit là. Je suppose que cette contradiction de la part des éditeurs n'est pas un pur caprice, et que s'ils savent pourquoi d'une part on fait rire l'enfant, ils savent aussi pourquoi de l'autre on le fait pleurer. Pour moi, je confesse que je ne le devine pas, de même que je ne pousse pas l'indifférence au point de n'être pas curieux de l'apprendre. Mais est-ce bien aux éditeurs qu'on pourrait le demander?

Embarrassé de savoir quelle autre attitude il donnerait à cet enfant, et ne voulant pas sans doute copier ses concurrents, M. Verronais, éditeur du *Messager boiteux* de Metz, a pris le parti de le supprimer.

Parlerai-je maintenant du papier et de l'impression de tous ces almanachs? Dans le vrai *Liégeois*, le papier est hideux et les caractères analogues. On dit que, sans ces deux conditions, il serait moins vrai et ne se vendrait pas. A la bonne heure, la vérité n'a sans doute pas besoin de parure; mais ici, qu'elle soit nue ou en simple négligé, on doit convenir qu'elle n'est pas belle à voir. Quoi qu'il en soit, il n'y a rien de plus horrible que ces livrets, et je leur fais mon compliment de charmer par où toute autre chose repousse. Les almanachs in-4 ont droit aux mêmes éloges et pour le même motif. C'est toujours du papier d'un gris sale, chargé de pattes de mouches dont le ton noir a beaucoup de peine à se détacher sur un fond qui lui est à peu près identique. Ajoutez à cela que la pagination y manque généralement, ce qui donne aux éditeurs la facilité de grossir ou de diminuer à volonté leurs almanachs, sans qu'il y ait interruption réelle ou apparente dans le texte [1].

Cependant il faut faire une exception en faveur de quelques almanachs imprimés à Paris et en province. Les almanachs illustrés, les almanachs de M. Hilaire le Gai, qui ont pour édi-

---

[1] Les éditeurs de ces almanachs les ont depuis bien perfectionnés.

teur M. Passard, sont, les derniers surtout, imprimés sur beau papier blanc et en caractères très-lisibles. A Châtillon-sur-Seine, M. Lebœuf a perfectionné les variétés du *Liégeois*, de manière à faire honte à tous ses concurrents. Son papier est excellent, ses caractères d'une netteté irréprochable, et ses feuilles paginées. Je souhaite de tout mon cœur qu'il y trouve son compte ; mais j'en doute, si ce que je viens de dire des causes de la faveur qui s'attache au vrai *Liégeois* est authentique.

J'ai mis en réserve, pour la fin de ce chapitre, deux ou trois almanachs qui, à cause de la différence radicale qu'il y a entre eux et les autres, doivent être l'objet d'un examen particulier ; je veux parler du *Dieu soit béni*, de l'*Almanach des bergers* et du *Cadeau des Muses*.

Je commence par le plus jeune. Il n'a pas encore tout à fait soixante ans[1] et s'imprime à Falaise, chez Levasseur, sous le titre de *Cadeau des Muses, ou Almanach universel; Étrennes utiles et agréables*, in-32, 126 pages, par Brée l'aîné. Il a pour épigraphe :

    Et prodesse volunt et delectare Camœnæ.

Il se vend aussi à Paris, chez M. Pagnerre.

Les personnes qui avaient l'âge de raison au commencement du règne de Louis XVI (et j'en connais quelques-unes) se rappellent encore qu'il n'y avait pas alors un homme comme il faut qui n'eût son petit almanach de la cour, format in-32, oblong, couvert d'un papier jaune ou cuivré, avec gaufrures en or, imprimé en caractères très-menus, et contenant la maison du roi, la chronologie des rois, le sacré collége, les cours de l'Europe, les départements ministériels, le clergé de France, etc., et, à la fin, quelques petites pièces de vers. Eh bien, notre *Cadeau des Muses* s'est modelé sur ce format et sur ce plan. Il va sans dire

---

[1] Il les a aujourd'hui, et dix de plus.

qu'il a dû supprimer beaucoup de choses et les remplacer par quelques autres; mais tel qu'il est, il peut encore faire illusion aux contemporains de l'ancienne monarchie, et un collectionneur, le trouvant sur le quai et ne regardant pas tout d'abord à la date, pourrait y être trompé. On y voit la configuration des éclipses de soleil et de lune, de la rose des vents, des phases de la lune et du système du monde. Une gravure, représentant Apollon et les Muses réunis au pied du Parnasse, du haut duquel Pégase s'élance, fait face au titre. Le tout se termine par une vingtaine de pièces de vers douceâtres et languissants, ce qu'il ne faut attribuer sans doute qu'à la distance qui les sépare de la gravure, le souffle d'Apollon ne pouvant passer au travers de cent et quelques pages, pour aller les animer. Du reste, ce pauvre petit almanach me fait assez l'effet d'une rocaille ou d'une chinoiserie du XVIII$^e$ siècle, dépaysée au milieu des bronzes et des acajous du XIX$^e$; lui-même ne semble plus savoir ce qu'il fait ni ce qu'il dit. Par exemple, il indique, comme ministre de l'intérieur, M. FIALIN, M. de Maupas[1], comme préfet de police, et M. Dupin aîné, comme procureur général de la Cour de Cassation[2]; et cela en 1855! Cela sent fort son étourdi, ou plutôt son grand seigneur un peu brouillé avec les choses de ce siècle.

Le *Dieu soit béni* est le premier livre, je ne dirai pas que j'aie lu, mais que j'aie manié, lorsque je suis entré dans ce monde; et je date du commencement du siècle! C'est un produit essentiellement bourguignon et champenois, car Troyes et Châtillon s'en disputent l'impression. Quant à son extrait de naissance, il serait très-difficile de le donner, n'y ayant pas, dans ces contrées, de familles de laboureurs et de bourgeois où cet almanach ne soit adopté, de génération en génération, et consulté de temps immémorial. Aussi a-t-il toujours fait une vive concurrence au *Liégeois;* mais je doute que sa trop grande simplicité

---

[1] Ministre alors.
[2] Il ne l'a été que neuf ans plus tard.

lui permette de la soutenir plus longtemps. Il n'offre au lecteur ni anecdotes, ni contes, ni romans, ni calembours; il n'a pas l'ombre de littérature. Je tremble qu'il ne soit destiné à périr, encore qu'il ne coûte qu'un sou. Son format est un grand in-12, de 28 pages, chez M. Lebœuf, de Châtillon, de 36 chez M. Anner-André, de Troyes, couvertures comprises. Sur la première page on lit ces mots en grandes capitales, et ainsi disposés :

DIEU
SOIT
BÉNI!

Et sur la dernière :

SOLI
DEO
HONOR
ET GLORIA,

auxquels M. Lebœuf ajoute, avec raison, la vieille formule :

DEUS ASTRA REGIT;

que M. Anner-André a supprimée. Le reste se compose de quelques observations sur l'âge du monde, les fêtes mobiles, le comput ecclésiastique, etc.; de conseils hygiéniques pour chaque saison de l'année, du calendrier et des foires de sept ou huit départements. Il y a bien quelques légères différences entre les deux éditions, par exemple dans les pronostics de chaque jour du mois et dans les signes qui les expriment; mais cela n'altère nullement la physionomie générale du livre, lequel garde toujours l'empreinte de son antiquité, en dépit même des perfectionnements, selon moi regrettables, que M. Lebœuf a cru devoir apporter aux caractères et au papier. Ce n'était pas le lieu de se montrer *progressiste*.

Chaque jour du mois est suivi d'un signe dont l'explication est donnée au bas du verso de la couverture. Bon ventouser est représenté par une espèce de gourde assez semblable aux petites boules creuses de cristal, destinées à cet usage ; bon prendre pilule, par une pilule ; bon couper du bois, par une hache ; bon faire les cheveux, par une paire de ciseaux ; bon couper les ongles, par une main ; etc., etc.

« Je ne sçay pas, dit à ce propos Guillaume Bouchet, la raison des eslections de jours, ne pourquoy il fait meilleur coupper ses cheveux, faire sa barbe, rongner ses ongles en un temps qu'à l'autre ; ce qu'a observé l'empereur Tibère qui ne faisoit jamais faire ou défaire les cheveux ny la barbe que la lune ne fust en conjonction avec le soleil. Aussi, que Marcus Varro disoit que, pour garder de tomber les cheveux, qu'il les falloit tousjours coupper après la pleine lune : et de là les faiseurs d'Almanachs ont remarqué en leurs Diaires les jours ausquels il fait bon se faire tondre, de faire sa barbe et rongner ses ongles, la pluspart n'y touchant qu'à ces jours-là. Mesme j'en ay veu de si superstitieux qu'ils n'eussent jamais rongné leurs ongles à jours de foire ou de marché, et si faisoient grande conscience de parler quand ils se rongnoient les ongles, ou quand on leur rongnoit, commençans tousjours par une grande observation à se les rongner au premier doigt, laissant le poulce le dernier ; ce qu'ils disoient avoir apprins des anciens par une certaine caballe ; que s'ils eussent fait autrement, ils auroient eu opinion que cela leur eust apporté quelque malheur. Et aussi, adjoustoit-il, j'en ay veu plusieurs qui adjoustoient foy à un vers ancien qui est sans autheur [1], et se gouvernoient selon iceluy, ce vers nous apprenant à quel jour il faut faire sa barbe, coupper ses cheveux et rongner ses ongles. » (XXVII° Serée ; t. II, p. 475.)

Le même va nous apprendre le motif qui avait fait mettre dans un almanach de son temps, *bon battre sa femme* :

« Un autre va prendre la parolle et va conter une tragédie

---

[1] Ce vers est :

Ungues Mercurio, barbam Jove, Cypride crines.

Il est dans Ausone (*Eglogarium*), et n'est pas de lui.

qui se jouë tous les ans la vigile des Roys, qu'on fait le Roy-boit, entre un mari et une femme. Les joueurs, va il dire, sont un homme et une femme mariez ensemble il y a long temps. La femme est une diablesse, le mary est un bon homme qui ne luy fait rien, ne demandant que patience. De la battre, il n'ose, tant elle crie au meurtre, à l'ayde, ce bourreau me tue : tellement qu'en la voulant battre, il a esté luy-mesme en grand danger de l'estre par les femmes qui venoyent au secours, l'oyant aussi despiteusement crier. Parquoy il s'advisa que sans danger il la pourroit battre un tel jour qu'aujourd'huy qu'on crie le Roy-boit. Premièrement, les voisines ne viendront point au secours; crie tant qu'elle voudra, car elles penseront qu'on crie le Roy-boit; et tant plus elle criera, tant plus on estimera qu'on célèbre la feste des Roys, comme ont fait nos pères anciens, jugeant ceste année fertile dans laquelle on trouve facilement la febve au gâteau. Secondement, les voisins n'en entendront rien, à cause du bruit que chacun fait en sa maison, en criant le Roy-boit. En l'asseurance de tout cela, ce mary ne faut point tous les ans à ce jour-là de payer à sa femme les arrérages de toute l'année. Lors un drolle va dire qu'il avoit esté en grand'peine jusques à cette heure icy, de sçavoir que vouloit dire ce qu'on avoit mis en un almanach, la vigile des Roys, où il y avoit *Bon battre sa femme,* et qu'il n'avoit esté en si grand' peine d'entendre que vouloit dire *Plie le coude* qu'on avoit mis la vigile de Saint Martin, ni *Garde les yeux,* le jour des Cendres. » (IVe Serée, t. I, p. 80.)

Les conseils hygiéniques dans le *Dieu soit béni,* consistent : au printemps, à être sobres et *réguliers* dans le boire et le manger, à éviter tous les excès qui épuisent la vie, à ne pas se purger sans nécessité; en été, à se baigner souvent dans la rivière, en évitant les endroits dangereux, fût-on très-bon nageur; en automne, à ne manger des fruits que lorsqu'ils sont mûrs; en hiver, à préférer l'exercice du corps au coin du feu, à ne pas coucher dans des chambres basses et humides, de peur des rhumatismes. Voilà des conseils où il ne serait pas aisé d'apercevoir de la subtilité; ils auraient bien plutôt de l'affinité avec les aphorismes de M. de la Palisse : mais en sont-ils pour cela moins bons? Assurément non. Rappelons-nous seulement que nos pères et mères n'en avaient pas d'autres à notre usage, et que nous n'en avons pas d'autres nous-mêmes à l'usage de nos enfants.

Il me reste, et j'en aurai fini avec les almanachs modernes et avec les anciens qui se réimpriment, à parler de l'*Almanach des Bergers*, ou *Nouveau calendrier des Bergers*, par Melchior Grieffer (selon M. Anner-André), ou Griesser (selon M. Baudot), astrologue. Je ne sache pas qu'il y ait quelque chose au monde de plus bizarre, de plus original. Figurez-vous un almanach sans texte, ou du moins sans celui pour lequel un almanach est particulièrement fait, c'est-à-dire l'indication des jours et des quantièmes du mois. Ces renseignements si essentiels sont donnés en caractères hiéroglyphiques, de telle sorte que, s'il est vrai, comme on est fondé à le croire d'abord, que ce livre est destiné aux gens qui ne savent pas lire, il faut nécessairement que, pour parvenir à deviner et à savoir par cœur ces caractères, ils fassent cent fois plus d'efforts d'intelligence et de mémoire, qu'ils n'en feraient pour apprendre seulement à lire l'écriture vulgaire. Aussi, ne puis-je être de l'avis de ceux qui estiment que cet almanach a été inventé pour l'usage exclusif des gens tout à fait illettrés; d'autant que, indépendamment des éclipses, des fêtes mobiles, de la chronologie du monde et de quelques fêtes de saints nommés en toutes lettres dans le corps de l'almanach, on trouve au commencement l'explication des signes par lesquels les noms des jours et les quantièmes ont été remplacés. Cette explication ne peut avoir d'autre but que celui de guider le *lecteur*, sans quoi elle serait inutile; elle est de plus assez compliquée, même un peu obscure, notamment à l'endroit où elle marque les *Guides pour conduire les fêtes aux jours qu'elles arrivent*. D'où il résulte évidemment que, non-seulement il faut savoir déchiffrer les hiéroglyphes pour comprendre cet almanach, mais encore savoir distinguer, assembler les vingt-quatre lettres de l'alphabet, lire enfin pertinemment et se servir de toute son intelligence, pour bien entendre le mystérieux langage dont l'éditeur de l'almanach en question essaye de nous donner la clef.

Pour rendre ces observations plus sensibles, je donne ici un spécimen, et des signes tels qu'ils sont disposés dans chaque mois de l'année, et de l'explication :

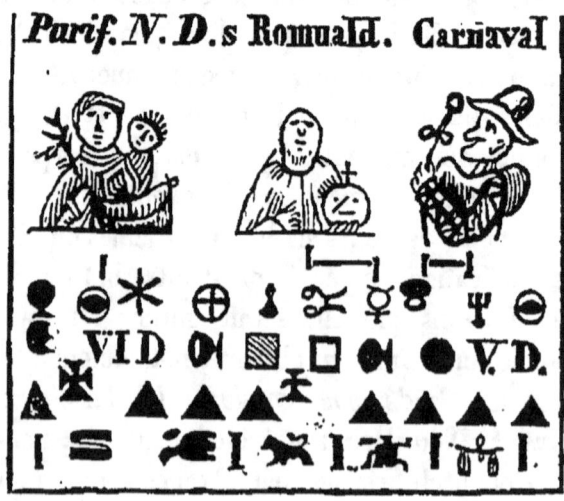

## CHAPITRE II.

**EXPLICATION DES SIGNES.**

| | |
|---|---|
| Nouvelle lune. . . . . . . . . . . . . . | ● |
| Premier quartier, *rouge étant lumineux*. | ☽ |
| Pleine lune. . . . . . . . . . . . . . . | ☺ |
| Dernier quartier. . . . . . . . . . . . | ☾ |
| Lune montante. . . . . . . . . . . . . | ☽ |
| Lune descendante. . . . . . . . . . . | ☾ |

## DES ALMANACHS.

Jour de dimanche. . . . . . . . . . . .
Jour de fête. . . . . . . . . . . . . . .
Jour ouvrable. . . . . . . . . . . . . .
Bon saigner. . . . . . . . . . . . . . .
Très-bon saigner. . . . . . . . . . . .
Bon ventouser. . . . . . . . . . . . .
Bon prendre médecine. . . . . . . . .
Bon prendre pilules. . . . . . . . . .
Bon sevrer les enfants. . . . . . . . .
Bon faire les cheveux. . . . . . . . .
Bon couper les ongles. . . . . . . . .
Bon traiter les yeux. . . . . . . . . .
Bon fumer la terre. . . . . . . . . . .
Bon semer et planter. . . . . . . . . .
Bon couper du bois [1]. . . . . . . . .

D signifie *devant midi*, A signifie *après midi*, et le chiffre romain marque l'*heure de la lune*.

Guides pour conduire les fêtes aux jours qu'elles arrivent. . . . 11 —

### CONSTITUTION DE L'AIR.

Jour de beau temps. . . . . . . . . .
Chaud et étouffant. . . . . . . . . . .
Tonnerre ou éclairs. . . . . . . . . .
Pluie et humidité. . . . . . . . . . . .

[1] Voyez dans Ausone (*Eclogarium*) des prescriptions de la même nature, selon les mois de l'année :

Mercurius furti probat ungues semper acutos, etc.

Jour de soleil. . . . . . . . . . . . .
Brouillard et nébuleux. . . . . . . .
Froid. . . . . . . . . . . . . . . . .
Temps venteux. . . . . . . . . . . .
Neige et gelée. . . . . . . . . . . .

LES DOUZE SIGNES CÉLESTES.

Le Verseau. . . . . . .          Le Lion.. . . . . . . . .
Les Poissons. . . . .           La Vierge. . . . . . . .
Le Bélier. . . . . . . . .       La Balance. . . . . . .
Le Taureau. . . . . .           Le Scorpion. . . . . .
Les Gémeaux. . . . .           Le Sagittaire . . . .
L'Écrevisse. . . . . .          Le Capricorne. . . . .

On voit assez par là que si véritablement cet almanach s'adresse à ceux qui ne savent pas lire, il ne regarde pas moins les membres de l'Académie des sciences, qui savent quelque chose de plus. Quoi qu'il en soit, en prenant le mois de février pour type, je vois, le 1ᵉʳ, une espèce de tête de nègre dont les traits sont noyés dans l'encre; c'est ou un signe défiguré, ou un signe de fantaisie; le 2, bon traiter les yeux; le 3, bon saigner; le 4, bon prendre pilules; le 5, bon prendre médecine; le 6, bon faire les cheveux; le 7, bon sevrer les enfants; le 8, bon ventouser; le 9, bon fumer la terre, etc., etc., ainsi de suite jusqu'au 28, chaque prescription quotidienne étant toujours représentée par un signe qui a plus ou moins de ressemblance avec la chose prescrite.

Il n'y avait pas jadis un seul almanach qui ne reproduisît tous ces signes et pronostics, sous la forme exacte où on les voit ici, et avec l'interprétation laconique dont ils sont précédés. Aujourd'hui je ne les retrouve plus guère que dans les *Messagers boiteux*, postérité plus directe des almanachs du xvıᵉ siècle, mais postérité dégénérée, et toutefois s'estimant fort au-dessus de ses auteurs. Plus révolutionnaires, la plupart des *Liégeois* se sont tout à fait dispensés de cette reproduction, ou, s'ils l'ont acceptée, c'est en en modifiant la forme, c'est même en en changeant le but, enflammés à cet égard de la même passion du progrès qui brûlait la Convention nationale, lorsqu'elle *perfectionnait* le calendrier grégorien, donnait congé aux saints du paradis, et canonisait les sans-culottes, les tricoteuses et les navets.

Voilà, me dira-t-on, des regrets bien pompeux à propos d'un bien mince objet : j'en conviens; mais j'ajoute que je ne parle ici que pour les bibliophiles. Or, il faut savoir qu'il est tels bibliophiles capables de répandre autant de larmes sur les *perfectionnements* introduits dans les nouvelles éditions de certains vieux livres, que Jonas en versa sur les ruines de Ninive.

Je reviens. Quant aux *Guides pour conduire les fêtes aux jours qu'elles arrivent*, j'avoue qu'il m'est impossible de m'orienter, même avec eux. D'ailleurs, j'aime mieux rester à cet égard dans une ignorance qui me laisse le repos, que de chercher à les comprendre en me fatiguant à les suivre. Plus heureux que moi, le lecteur les comprendra ou les devinera. Je lui quitte cette gloire, et poursuis mon examen.

La figure qui est au recto de la première feuille n'a rien de commun non plus avec celle dont le *Liégeois* est invariablement orné. Ce n'est plus ici la figure monotone de Matthieu Lænsberg ni le masque de Nostradamus, l'un et l'autre également propres à servir d'épouvantail aux enfants et aux moineaux; c'est un vrai tableau de genre, une vue d'intérieur. L'astrologue Melchior Grieffer, assis dans un fauteuil, enveloppé dans sa robe de chambre à fourrure, et coiffé d'un bonnet babylonien, applique le compas sur une sphère, et montre du doigt le résultat de cette opération à un homme qui semble le consulter.

Par Melchior GRIEFFER, astrologue.

L'antépénultième page nous offre la figure d'un homme nu et qui a quelque ressemblance avec Gulliver enchaîné par les Lilliputiens. Cependant là est tout le mystère des sensations animales, comme des mouvements de l'intelligence et du cœur; là est la négation du libre arbitre de l'homme, et le témoignage qu'il ne fait rien sans une impulsion extérieure au pouvoir de laquelle il ne lui est pas possible de se dérober.

DÉSIGNATION DES PARTIES QUE CHAQUE SIGNE GOUVERNE.

En ces signes ne saignerez
Quand la lune y sera entrée.

On ne croirait pas que cette figure, la première fois qu'elle parut dans un almanach, excita la plus grande émotion parmi les médecins, et qu'ils y virent, comme aussi dans la légende qui la termine, une usurpation de leurs fonctions également attentatoire à leur honneur et à leurs honoraires, et justiciable du Parlement. Rien n'est plus vrai cependant, et il ne serait pas difficile d'en apporter des preuves. Mais ce qui n'est pas moins vrai, c'est que, bien que la susceptibilité des fils d'Esculape en cette occasion eût quelque chose de risible, elle devint très-naturelle du jour où les almanachs furent autant de dispensaires où les remèdes les plus fantastiques furent indiqués comme des panacées, et obtinrent des paysans une confiance que les médecins n'en obtiennent pas eux-mêmes. Aujourd'hui encore cet inconvénient n'a pas disparu, et il y aurait beaucoup à dire sur les recettes curatives de certains almanachs plus philanthropes qu'éclairés ; mais ce n'est pas de mon sujet.

On voit enfin à l'avant-dernière page de notre almanach le même Melchior Grieffer, mais beaucoup plus jeune que tout à

l'heure. Il est debout et porte un grand chapeau à plumes et un sabre de garde national de réforme qui repose dans le fourreau.

Il tient à la main un compas, dont il s'apprête à mesurer le soleil. L'astre montre sa face dans un coin du tableau, d'où il darde ses rayons sur le téméraire qui le regarde fixement, et où il ressemble assez à une araignée qui tend sa toile.

Tous ces almanachs, comme il a été dit surabondamment, appartiennent à 1855. On me reprochera peut-être d'en avoir trop nommé, et, parmi eux, d'éphémères qui ne vivront pas au delà de l'année pour laquelle ils ont été composés; on me dira que j'aurais dû m'en tenir aux *Liégeois*, aux *Messagers boiteux*, c'est-à-dire aux almanachs qui remontent à une époque très-reculée, qui, chaque année, se renouvellent sous les mêmes titres et formats, et qui sont de véritables livres dont les réimpressions fréquentes feraient perdre de vue la généalogie, si les bibliographes ne s'occupaient de temps en temps de la rappeler ou de la rétablir. L'observation est fondée : toutefois, si j'ai cru devoir faire aux almanachs de fraîche date l'honneur d'une mention particulière, ç'a été après avoir reconnu en eux un certain but d'utilité ou d'agrément, et conclu de là qu'ils pourraient durer[1]. Il y a un commencement à tout, aux almanachs aussi bien qu'aux empires, et quand il se trouve un de ceux-là qui promet, il est juste d'en remarquer la date.

On me saurait mauvais gré si, au moment de prendre congé des almanachs, je ne parlais de celui qui a servi de fondement à tous les autres. Il est indiqué, au *Manuel* de M. Brunet, comme la plus ancienne édition connue de ce bibliographe, sous le titre de : *Cy est le Compost et Kalendrier des Bergiers, nouvellement refait et aultrement compose que nestoit par avant....* — *Finit le compost et kalendrier des Bergiers imprimé à Paris par Guiot Marchant.... lan* M. CCCC. IIII. XX *et* VIII *le*

---

[1] Ils ont duré en effet, et tous ceux dont je viens de parler et tous ceux que j'ai omis. Ils sont en 1864 ce qu'ils étaient il y a *dix* ans; il n'y a de changé que le millésime et les sujets *littéraires*, là où ils sont spécialement admis.

xviiiᵉ *iour dauril*, in-fol. goth. de 90 ff. signat. A-N. fig. en bois. Il a été réimprimé plusieurs fois depuis avec des variantes. Outre un exemplaire du commencement du xviiiᵉ siècle (1705), que j'ai sous les yeux, j'en possède un de 1633, non mentionné par M. Brunet, et dont le titre est ainsi conçu :

*Le grand* CALENDRIER *et* COMPOST DES BERGERS, *composé par le Berger de la Grand'-Montagne, fort utile et profitable à gens de tous estats, reformé selon le Calendrier de N. S. Père le pape Grégoire XIII. Nouuellement reueu et corrigé, et mis en meilleur ordre que toutes les precedentes impressions. Le contenu se voit en la page suivante. A Lyon, chez Lovys Odin, en ruë Tupin, au Quarré verd, à la Licorne gerbée*, in-4, 120 pages, figures. La date 1633 est à la page 7.

Il se divise en trois parties.

On voit d'abord ce frontispice où le Berger de la Montagne

semble donner à ses confrères une leçon d'astronomie pastorale.

Au verso est la table des matières.

Puis, la première partie s'ouvre par un *Prologue de l'auteur qui a mis par escrit ce calendrier des Bergers.*

Vn Berger (y est-il dit), gardant brebis aux champs, qui n'estoit point clerc nullement, et si n'avoit aucune cognoissance des Escritures, mais seulement par son grand sens, naturel, et bon entendement, disoit : Combien que viure et mourir soit au plaisir et volonté de nostre Seigneur, si doit l'homme naturellement viure jusques à septante-deux ans, ou plus : et disoit en cette manière par ces raisons : Autant de temps que l'homme est à venir en sa force, vigueur et beauté, autant on doit mettre par raison pour enueillir, affoiblir, et retourner à néant : mais le terme de croistre, et venir l'homme en beauté, en grandeur, force et vigueur, est l'aage de trente-six ans, dont il luy convient autant pour enueillir et tourner à néant, s'il vit aage d'homme : et sont septante-deux ans, que doit viure par le cours de nature et sans inconuénient.

Il établit ensuite, dans un morceau distinct du prologue, que l'homme change douze fois dans un intervalle de soixante-douze ans, c'est-à-dire une fois par chaque sizaine d'années. Il assimile chacune de ces sizaines à l'un des mois de l'année, et trouve que les six premiers ans de l'homme correspondent à janvier, dont ils ont l'engourdissement et l'inertie; les six autres à février, où les jours croissent d'une manière sensible et où l'enfance croît également; les six autres à mars, où la terre est ensemencée et plantée, comme l'esprit de l'homme est cultivé et porte des germes ; et ainsi de suite jusqu'à décembre,

Plein de froidures, de neiges et vents, si, qu'on tremble de froideur, et ne peut-on labourer : le Soleil est plus bas qu'il peut descendre ; arbres sont couuerts de bruine blanche ; n'a aucune chaleur, force est de se tenir auprès des tisons, et dépendre les biens amassez en automne : ainsi est l'homme autre six ans enfroidi, que membres luy tremblent, les cheueux blancs et chenus ;... veut tost coucher, tard leuer, cognoist que le temps de son aage est passé : car il a des ans septante-deux.

Dans le temps où cet almanach fut composé, la médecine partageait, comme elle le fait, dit-on, encore aujourd'hui, la vie de l'homme en périodes ou phases critiques de sept ans. Cette théorie est sans doute en médecine la part de l'imagination ou de la poésie, outre que, ayant du crédit principalement chez les hypocondres, elle les rend effectivement malades au retour de chaque période septénaire, et nécessite l'appel du médecin. Le *Compost* ne diffère que d'un an avec la Faculté; mais il justifie cette différence par des motifs assez originaux, et, superstition pour superstition, j'aime autant la sienne.

Le chapitre qui suit a pour objet d'indiquer *Comme on doit entendre ce Compost et Calendrier des Bergers*. L'autre apprend la manière de se servir du *Calendrier sur la main, pour sçavoir les festes et en quels jours elles sont*. Cette science, assez délicate, était, au témoignage de l'auteur, connue des bergers de son temps; elle l'est aussi des bergers du nôtre, mais comme une science dégénérée, et qui s'en va tous les jours.

Qui veut sçavoir le calendrier
Sur la main comme le berger,
Quant et quel iour il sera feste,
Ce qui s'ensuit mette en sa teste,
Avant toute heure sans songer
A, b, c, d, e, f, g.
Les iours de l'an tous par ces sept
Lettres sont cognus, chacun sçait :
Une est pour dimanche tousiours,
Six autres sont pour les six iours,
Et ès ioinctures doiuent estre
Assises à la main senestre.
Des quatre doigts, c'est tout à point,
Toucher on les doit de la main
Dextre, pour estre plus certain.

A, b, c, sont hors main : g, sus,
D, e, f, dedans sont inclus.
Après tantost conuient sçavoir
Quel lieu chacun mois doit auoir :
A petit second dam de g, b,
E, g, c, sont au moyen doigt,
F, a, mots au médecin,
D, f, au petit prennent fin.
Janvier est sus a, du petit
Doigt assis à son appétit :
Février et Mars sont, si me semble,
Sur d, du second doigt ensemble.
Avril sur g, sur le b, May,
Qui tout temps est joyeux et gay ;
Juin est sur c, du doigt milieu,
Juillet sur g, c'est son droit lieu,
Et Août sur e ; puis après vient
Septembre que loger convient
Sur f, du quatriesme doigt ;
Octobre sur a, c'est pour soy ;
Après il faut mettre Novembre
Sur d, et sur f, Décembre
Du petit doigt, pour abréger
Douze mois, faut ainsi loger.

Voilà bien un calendrier à l'usage des personnes qui ne savent pas lire ; mais elles seront bien habiles si, même à l'aide d'un truchement, elles peuvent, comme le poëte les y exhorte, *se mettre* la théorie *en la teste.*

Nous arrivons enfin au calendrier proprement dit. Chaque mois se compose : 1° d'un quatrain latin qui en indique les diverses propriétés, ou les accidents; 2° de la liste des jours et des saints; 3° d'un tercet latin sur le Signe; 4° d'un quatrain français *pour trouver les festes;* 5° d'un autre *de l'estat de l'homme humain;* 6° de la *devise* du mois. On voit de plus, à la marge, d'une part, les médaillons des principaux saints du mois; de l'autre, trois vignettes.

Voyez en regard de la présente page, la représentation exacte de l'un des mois [1]. Le nom de chaque principal saint y est en lettres italiques.

Telle est la contexture de chaque mois, et qui en voit un en voit douze. A la fin des douze mois, il y a une table des fêtes mobiles calculées pour dix ans, l'indication des éclipses pour 1633, une ballade que j'ai certainement lue dans un de nos vieux poëtes, dont le nom se dérobe à ma mémoire, enfin un *Epilogus omnium tam supradictorum quam postea dicendorum*. Cet épilogue est en vers latins; il y en a trente-sept. Voici la ballade :

> Tost est perdu, avoir mal conquesté,
> Tost est décéu, penser d'homm' outrageux,
> Tost est vaincu, homme peu courageux,
> Tost est repris, qui fait déloyauté.
>
> Tost est saoulé, apétit dégoûté,
> Tost est lassé, amy de plaisir faire,
> Tost est déprisé, qui a cher coûté,
> Tost est défait, qui autruy veut défaire.

---

[1] Je dois dire cependant que j'ai retranché trois des médaillons latéraux qui, dans le texte original, servent d'encadrement à ce mois. J'ai admis les moins laids qui donneront une idée suffisante des autres. J'ai cru devoir également corriger les fautes d'impression et de ponctuation qui fourmillent dans le quatrain et dans le tercet latin, et qui les rendaient inintelligibles Par exemple, le quatrain est ainsi imprimé :

> Hoc tibi scire datur, quod reuma Novembri curatur,
> Quoque rocina vita sua sunt preciosa dicta.
> Balnea cum Venere tunc nullum constat habere;
> Potio sit sana atque munitio bona.

Il ne faut pas tenir compte, bien entendu, des fautes de quantité. On n'y regardait pas alors de si près, et d'ailleurs, les lois de la rime et de l'assonance les imposaient. Ç'a été assez de corriger les fautes qui sont du chef de l'imprimeur, et encore n'ai-je pas pu les corriger toutes. Ainsi, il m'a été impossible de deviner ce que signifie le mot *rocina*. Peut-être qu'il s'agit ici du cheval ou du roussin, en bas latin *roncinus* et *rocinus* (la jument *rocina*), et que c'était principalement au mois de novembre qu'il fallait redouter les coups de pied de cet animal. Le lecteur jugera.

Ie fais cuire mes pastez.

*Hoc tibi scire datur, quod rheuma Nouembre curetur :*
*Quæque rocina vita, tua sint preciosa dicta :*
*Balnea cum venere, tunc nullum constat habere,*
*Potio sit sana, atque munitio bona.*

NOVEMBRE a 30. iours, et la Lune 29.
La nuict a 16. heures, et le iour 8.

| | | | | | | | |
|---|---|---|---|---|---|---|---|
| xxj | d | La Toussaincts | 1 e | vj | e | s. Eleuthere conf. | 16 t |
| xx | e | Les Trespassez | 2 f | v | f | s. Gregoire | 17 v |
| xix | f | s. Marcel Euesq. | 3 g | iv | g | s. Romain | 18 u |
| xviij | g | s. Clair mart. | 4 h | iij | A | s. Elizabeth | 19 x |
| xvij | A | s. Zacharie Proph. | 5 i | ij | b | s. Estienne | 20 y |
| xvj | b | s. Lienard | 6 k | j | c | s. Colombe | 21 z |
| xv | c | s. Veullebort conf. | 7 l | * | d | s. Cécile vierge | 22 & |
| xiv | d | Les 4 Couronnez | 8 m | xxix | e | s. Clement Pape | 23 |
| xiij | e | s. Vrsin conf. | 9 n | xxviij | f | s. Grisogon mart. | 24 a |
| xij | f | s. Martin Pape | 10 o | xxvij | g | S. Catherine | 25 b |
| xj | g | S. Martin Euesque | 11 p | xxvj | A | s. Marcel | 26 c |
| x | A | s. Leon conf. | 12 q | xxv | b | s. Agricol | 27 d |
| ix | b | s. Brice conf. | 13 r | xxiv | c | s. Sostene | 28 e |
| viij | c | s. Serapion mart. | 14 f | xxiij | d | Vigile | 29 f |
| vij | d | s. Macut conf. | 15 s | xxij | e | S. André | 30 g |

Sagittarius, chaud et sec, bon.

*Luna nocet femori, per partes mota Sagittæ ;*
*Vngues vel crines, poteris præcindere tute :*
*De vena minuas, et balnea citius intres.*

### Pour trouuer les Festes.

Saincts, Morts, sont, gens, bien, heureux,
Com, dit, Mar, tin, Bri, cieux,
Lots, Ai, gnent, vint, de, Mi, lan,
Cle, ment, Ca, the, rine, sainct, An, dré.

(*Saint Martin.*)

(*Saint André.*)

### De l'estat de l'homme humain.

A soixante ans quand l'homme vient,
Representez par le mois de Nouembre :
Vieil, et caduc, et maladif deuient,
Lors de bien faire est temps qu'il se remembre.

### Deuise de Nouembre.

Ie fais allumer maint tison,
Nouembre suis qui regne à plain.
Toute personne de façon,
Doit penser d'auoir vin, et pain,
Et doit prier au souuerain
Roy des Cieux pour son sauuement ;
Car en mon temps, il est certein,
Que tout meurt naturellement.

La seconde partie, comme la première, s'ouvre par un *Prologue*, et par cette invocation :

Au nom du Père, et du Fils, et du benoist Saint-Esprit.

Elle est consacrée tout entière à « l'arbre des vices et miroirs des pécheurs, » ou à la description des péchés capitaux et de tous ceux qui en découlent. Les péchés capitaux sont figurés par des souches d'où sortent une foule de petites branches, filles elles-mêmes ou variétés de ces mêmes péchés. Ainsi, l'Orgueil a dix-sept branches; l'Envie en a treize; l'Ire, dix ; la Paresse, dix-sept; l'Avarice, vingt [1] ; la Gloutonnie, cinq; la Luxure, cinq. Vues d'abord en détail, toutes ces souches, à la fin de la pièce, sont réunies les unes aux autres et forment l'arbre complet. L'Orgueil, « racine de tous maux, » est au bas, et la Luxure au sommet. Les autres vices remplissent les intervalles.

Ensuite on lit la description des *Peines d'Enfer pour les Pécheurs, telles que le Lazare (après qu'il fut ressuscité) dit y avoir veu bailler, et qu'il apparoist par les figures suivantes d'ordre l'une après l'autre.*

Nostre Sauveur et Rédempteur Jésus-Christ, vn peu deuant sa passion, estant en Bétanie, entra en la maison d'vn nommé Simon, pour prendre sa réfection corporelle, et comme il estoit à table auec les Apostres et Disciples, et le Lazare, frère de Magdelaine, qu'il auoit ressuscité, de laquelle chose doutoit ledit Simon, Nostre Seigneur commanda audit Lazare qu'il dist deuant la compagnie ce qu'il auoit veu en l'autre monde. Adonc le Lazare raconta comme il auoit veu en Enfer en grand" peines les orgueilleux et orgueilleuses, et conséquemment les autres entachés de péchés, comme s'ensuit :

[1] Elle en a bien davantage, et tous les jours on en découvre de nouvelles. Elle vit de la mort de toutes les autres passions; « elle se nourrit et s'enflamme, comme dit Massillon, par les remèdes mêmes qui les guérissent et qui les éteignent; » elle pousse sur leurs débris d'innombrables rameaux. Si l'auteur n'en donne ici que vingt, ce n'est pas qu'il ignore l'extrême fertilité de ce vice, c'est qu'il lui fallait loger les autres sous le même toit, et son arbre envahit plus de trois pages.

En premier lieu, le Lazare disoit :

*J'ay veu des rouës en enfer trés-hautes
situées en une montagne,
en la manière des moulins,
continuellement en grande impétuosité tournantes,
lesquelles rouës avoient crampons de fer,
où estoient
les orgueilleux et orgueilleuses
pendus et attachez.*

En second lieu, le Lazare disoit :

*J'ay veu un fleuue engelé auquel les enuieux et enuieuses
estoient plongez jusques au nombril,
et par dessus les frappoit un vent
très-horriblement froid;
et quand ils le vouloient éviter,
ils plongeoient en la glace du tout.*

En troisiesme lieu, le Lazare disoit :

*J'ay veu une caue et lieu très-obscur
plein de tables et d'étaux,
où les ireux estoient transpercez de glaives tranchans
et cousteaux aygus.*

94 CHAPITRE II.

En quatriesme lieu, le Lazare disoit :

*I'ay veu une horrible et ténébreuse sale,*
*où avoit des serpents gros et menus,*
*où les paresseux*
*estoient assaillis de diuerses morsures et naurez*
*en diuerses parties du corps*
*iusques au cœur.*

En cinquiesme lieu, le Lazare disoit :

*J'ay veu des chaudrons et des chaudières
pleines d'huile bouillante,
de plomb et d'autres métaux fondus,
esquels estoient plongez les auaricieux,
pour les saouler de leurs mauuaises auarices.*

## CHAPITRE II.

En sixiesme lieu, le Lazare disoit :

*J'ay veu en vne vallée vn fleuue ord et très-puant,*
*au rivage duquel estoit vne table,*
*auec bouillons deshonnestes,*
*où les gloutons et gloutonnes estoient repus de crapaux*
*et autres bestes venimeuses,*
*et abreuuez de l'eau dudit fleuue.*

En septiesme et dernier lieu, le Lazare disoit :

*J'ay veu en une pleine campagne des puits profonds,*
*pleins de feu et de soufre,*
*dont issoit fumée trouble et puante,*
*esquels les luxurieux et luxurieuses*
*estoient tourmentez*

Chaque planche est suivie de réflexions sur les péchés capitaux, qui ne manquent ni de justesse, ni de profondeur, ni d'éloquence. Ainsi on dit de l'orgueilleux : « Et parce que l'orgueilleux se veut élever sur les autres hommes, le diable en fait comme l'oyzeau fait de la coquille d'une noix dure qu'il ne peut casser de son bec; lequel la porte en haut et la laisse cheoir sur une pierre sur quoy se rompt, et adonc descend et la mange. Ainsi le diable élève les orgueilleux pour les faire cheoir et trébucher en enfer. »

La troisième et dernière partie est la plus considérable. On y lit d'abord la *Science salutaire et Iardin ou Champ des vertus*.

Puis donc que cy-deuant a esté dit des vices, combien que grossièrement et légèrement, conuient après dire des vertus en ceste tierce partie du présent liure, laquelle sera comme vn petit iardin plaisant, plein de fleurs et arbres auquel la personne contemplative se pourra ébatre.

Les premiers principes de cette *science salutaire* consistent dans l'oraison. L'auteur donne donc ici les prières qui sont la première instruction du chrétien ; il en donne aussi la paraphrase, laquelle il appelle *déclaration*. Ce sont la Patenostre, la Salutation angélique, le Credo, les Dix commandements de Dieu et les Cinq (sic) commandements de l'Église. Je ne parle pas d'une quantité de vignettes charmantes de naïveté qui se mêlent à ces prières et qui en rappellent l'institution.

Vient ensuite le *Iardin des vertus*, par opposition à l'*Arbre des vices*. Comme nous sommes ici dans un jardin, l'auteur, à l'exemple des disciples d'Aristote qui, pérorant avec plus ou moins de gravité, arpentaient les salles et les portiques du Lycée, en attendant leur maître, l'auteur, dis-je, croit devoir égayer la promenade, où il nous invite à le suivre, par de prolixes définitions des vertus, et par des conseils pour les pratiquer ; puis il nous chante la *Chanson d'un berger qui n'estoit point maistre*.

et à qui sa cognoissance ne profitoit point, et la *Chanson d'une bergère qui bien se cognoissoit et sa cognoissance lui profitoit.* Cela tranche agréablement sur la monotonie de sa morale péripatéticienne. Mais tout en chantant, et conformément à ce principe que l'esprit est surtout frappé par les contrastes, il nous conduit sournoisement aux portes de l'enfer, et nous fait voir du seuil les *peines d'enfer pour ceux qui gardent les commandements du Diable.* Après ce spectacle, il nous ramène à l'*Eslite et fleurs des vertus*, qui sont les vertus théologales. Enfin, changeant tout à coup et de place et d'enseignement, il nous transporte dans une espèce d'amphithéâtre de dissection, où il nous développe l'*Anatomie du corps humain.*

Aucuns bergers (dit-il) disent que l'homme est un petit monde à part soy, pour les conuenances et similitudes qu'il a au grand monde, qui est aggrégation des neuf cieux, quatre élémens et toutes choses qui y sont. Premièrement l'homme a telle similitude au premier mobile qui est le souuerain ciel et principale partie du grand monde : car ainsi comme en ce premier Zodiac divisé en douze parties, lesquelles sont les douze signes, ainsi l'homme est divisé en douze parties qui sont dominées ou regardées d'iceux signes; chacune partie a son signe propre, comme l'histoire le montre... Desquels il y en a trois de nature de feu, qui sont Aries, Leo et Sagittarius; trois de nature de l'air, qui sont Gemini, Libra et Aquarius; trois de nature d'eau, qui sont Cancer, Scorpio et Pisces; et trois de nature de la terre, qui sont Taurus, Virgo et Capricorn [1].

On voit dans la gravure ci-après les parties du corps que gouverne chaque signe, et dont chacune d'elles semble, pour ainsi dire, prise d'assaut par eux.

[1] Nous avons hérité ces visions des païens; tous les livres en sont pleins, comme dit Hadrianus Junius : *Anilis et frivolæ gentilium superstitionis plenissimi sunt libri omnes : at illud insigniter ridiculam eorum opinionem testatam facit, quod singulas corporis particulas singulos deos obtinere existimarent.* (*Animadvers.*, l. IV, c. xii.)

100    CHAPITRE II.

L'auteur explique ensuite la nature de ces signes et leur influence. Quoiqu'on trouve cette explication dans un très-grand nombre d'almanachs, je la reproduis cependant telle qu'elle est donnée dans celui-ci (pages 9 et 10), en vers latins barbares suivis de la traduction. Je me borne à en corriger les fautes grossières d'impression.

> Ut cœlum signis præsurgens ex duodenis,
> Sic hominis corpus assimilatur eis.
> Nam caput et facies Aries sibi gaudet habere,
> Gutturis et colli jus tibi, Thaure, datur.
> Brachia cum manibus Gemini sunt apta decenter,
> Naturam Cancri, pectoris aula, geris.
> At Leo vult stomachum, renes sibi vendicat idem,
> At intestinis Virgo præesse petit.
> Ambas Libra nates, ambas sibi vendicat hanchas,
> Scorpio vult anum, vultque pudenda sibi.
> Inde Sagittarius in coxis vult dominari,
> Amborum genuum vim Capricornus habet.
> Regnat in Aquario crurum vis apta decenter,
> Piscibus est demum congrua planta pedum.
> Saturnus niger; Jupiter viridis, Mars rubeus est,
> Sol croceus, Venus albus, Mercurius, Luna varii, (*sic*)
> Et dum quisquis regnat nascitur puer sic coloratus. (*sic*)

#### DÉCLARATION DU LATIN CY-DESSUS.

C'est-à-dire que les douze signes dominent sur le corps de l'homme divisé par douze parties, ainsi comme est par iceux signes le firmament divisé, et chacun signe regarde et gouverne la partie du corps, ainsi qu'il est dit cy-dessus, et après sera démontré par figure, et déclaré plus amplement; comme : Aries gouverne le chef et la face. Taurus gouverne le col et la gorge. Gemini gouverne les bras et les mains. Cancer regarde et gouverne la poitrine. Leo, l'estomac et les reins. Virgo gouverne les entrailles et le petit ventre. Libra gouverne les deux anches et les fesses. Scorpio domine sur les parties honteuses. Sagittarius, les cuisses. Capricornus, les deux genoux. Aquarius a les jambes et Pisces la plante des pieds. Aussi faut entendre que Saturnus est de couleur noire; Jupiter retient la verde; Mars, la rouge; le Soleil, la jaune; Vénus, la blanche; Mercure et la Lune sont divers,

## CHAPITRE II.

c'est-à-dire participans de toutes les couleurs. Durant le règne desquels l'enfant qui vient de naistre porte leur mesme couleur.

Nous venons de voir l'homme revêtu de son enveloppe de chair, et se dérobant en quelque sorte à nos regards, sous les signes du Zodiaque, comme un de nos maréchaux romanciers se cache derrière les innombrables décorations dont il est ombragé. Nous allons le voir maintenant dépouillé de son double fardeau et, réduit à l'état de squelette, frappé directement dans quelques-uns de ses organes essentiels, par les principaux signes auxquels ils sont subordonnés.

En flanc, et perpendiculairement à elle-même[1], la figure porte cette légende :

On peut contempler par celle figure les parties du corps humain sur lesquelles les planètes ont regard et domination, pour garder d'y attoucher de ferrement, ni faire incision aux veines qui en procèdent, pendant que la planette d'icelle partie seroit coniointe avec une autre planette maligne, sans auoir égard à bonne planette qui puisse empescher sa mauuaisetie.

---

[1] C'est encore une des singularités de cet almanach que, toutes les fois que la largeur de la page n'est pas remplie par la largeur de la planche, on a imprimé le texte qui s'y rapporte, de chaque côté de cette même planche. C'est selon moi, une méthode excellente, et il est bien regrettable que l'exiguité de nos formats d'aujourd'hui, et le peu de goût que nous avons pour les méthodes surannées, nous empêchent d'observer celle-ci. Outre qu'on y trouverait l'agrément du coup d'œil, on pourrait en quelque sorte, et si je puis m'exprimer ainsi, *lire* la figure elle-même en même temps que le texte qui lui sert d'encadrement. Ainsi, dans la figure ci-contre, on remarque tout de suite ce qu'il y a de contradictoire entre la manière dont certains signes y sont appliqués et le texte latin qui indique leur fonction. Ce texte dit entre autre que « Aries gouverne le chef et la face, » et cependant, nous voyons par la figure que c'est la Lune. Et parce que la place étant déjà occupée près de la tête par le Soleil, manquait à la Lune, l'artiste a dû tirer, à partir du sinciput, une ligne qui aboutit à une place libre, et à l'extrémité de laquelle il a attaché la face de la Lune. Le rapport de cet astre avec la tête n'est donc pas douteux et la légende qui l'explique est une précaution inutile.

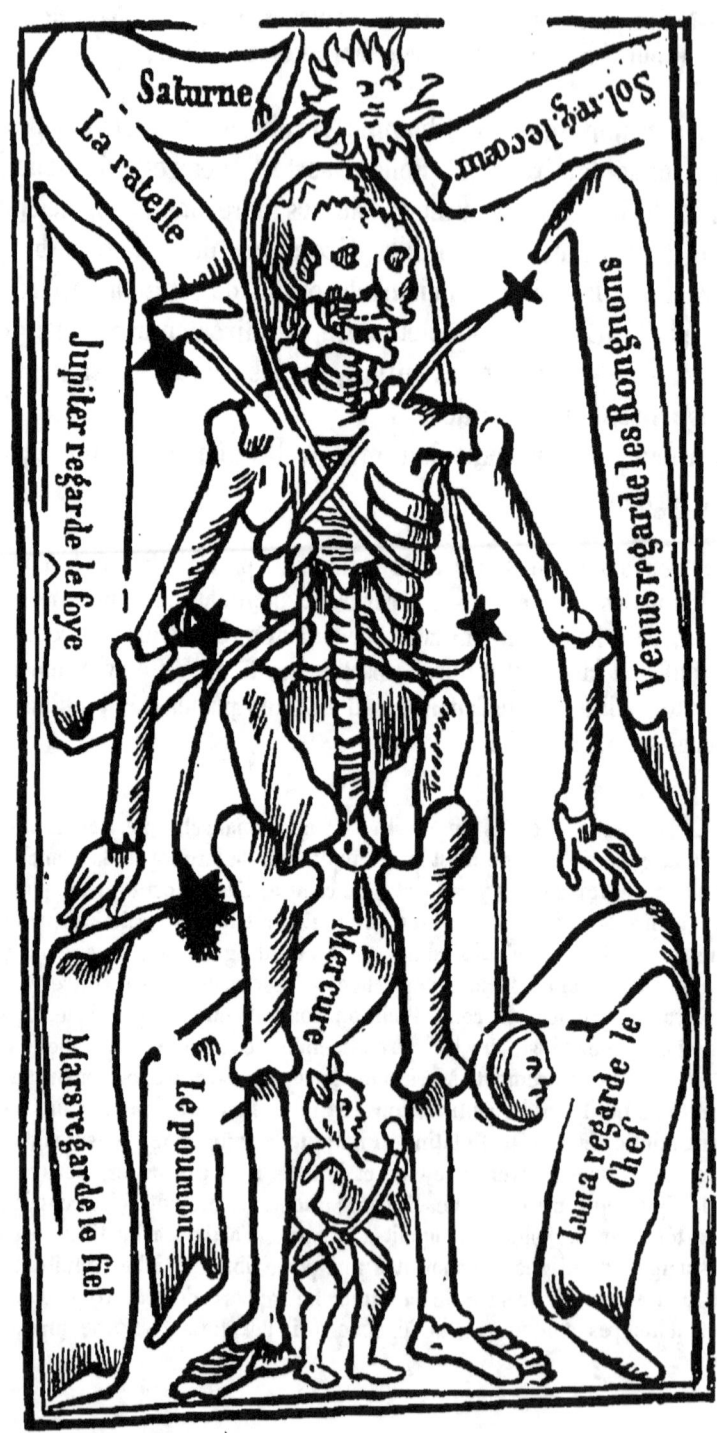

Enfin, par la figure qui suit, espèce de cadavre déjà entamé par le scalpel, que l'auteur a mis en tête d'un chapitre intitulé : *S'ensuit la fievbothomie,*

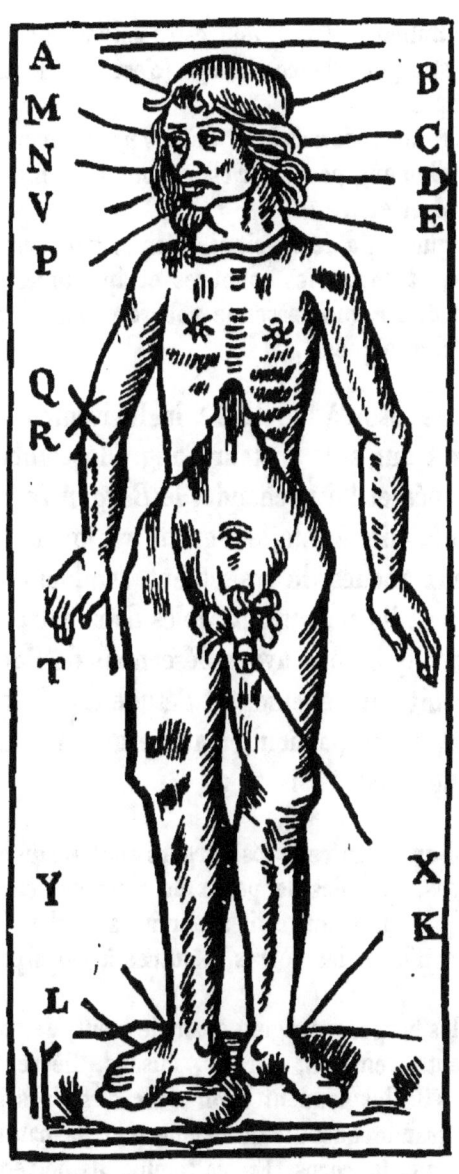

On peut cognoistre le nombre des veines, et les places du corps où elles sont, esquelles on peut faire saignées et non ailleurs, posé qu'il soit bons iours pour saigner, que la Lune soit nouvelle, ny pleine, ny en quartiers, et qu'elle soit en aucun signe deuant nommé pour saigner, sinon que tel signe fut celuy qui domine le membre auquel on veut saigner lors, car adonc n'y conviendroit toucher, aussi que ne fut le signe du Soleil.

A, la veine du milieu du front veut estre saignée pour les douleurs et maladies de teste, pour fièure, litarge (c'est sans doute léthargie), pour goutte et migraine.

B, dessus les oreilles, derrière, a deux veines qu'on saigne pour donner clair entendement, pour ouïr clair, pour l'haleine engrossie, et pour crainte de ladrerie.....

D, dessus la langue il y a deux veines qu'on saigne pour une maladie nommée éqinance, et contre les enfleures et apostumes de la gorge, et contre équinance, car une personne pourroit mourir soudainement par faute d'une telle saignée...

Et ainsi de suite jusqu'à la lettre X inclusivement.

Par où l'on voit que si le docteur Sangrado combat les maladies avec la saignée et l'eau chaude, le *Berger de la Montagne* n'y emploie que la saignée. Je le regrette vraiment, tant, depuis Gil Blas, ces deux modes de traitement semblent cadrer l'un avec l'autre, et tant ils sont inséparables dans notre esprit !

La connaissance que nous avons désormais de l'anatomie humaine nous conduit naturellement à l'étude du régime qui convient à l'homme, et en particulier au berger. L'auteur prescrit ce régime pour les quatre saisons :

En hyuer (dit-il entre autres), les bergers sont vestus de robbes de laine bien espesses, fourrées de peaux de renards; car c'est la plus chaude fourrure qu'ils puissent vestir : fourrures de chats sont bonnes, comme aussi les conils et les lièvres et autres à longs poils qui sont espesses.

En ces temps, les bergers mangent chair de bœuf, de porc, de cerfs, de biche et de toute venaison, perdris, faisans, lièvres, oiseaux de riuière et autres, s'ils les peuuent avoir; car c'est la saison que nature souffre plus grande quantité de viande pour la naturelle chaleur qui est retirée dedans le corps. En ce temps, ils boiuent vins forts, vins bâtards ou maluoisie, deux ou trois fois la sepmaine, et vsent d'épices en leurs viandes, parce qu'alors c'est le plus sain de toute l'année, auquel ne viendra maladie, si ce n'est par mauuais gouuernement.

C'est plus substantiel que le régime d'aujourd'hui, où le pain de seigle, la soupe aux choux, le lard et le fromage composent l'entrée, l'entremets, le rôti et le dessert du berger ; mais c'est moins patriarcal. Au surplus, ces conseils, dignes d'un suppôt d'Épicure, sont vraisemblablement de pures plaisanteries, et l'on s'étonne de rencontrer à leur suite des observations qu'on penserait tirées d'un recueil d'expériences faites par Hippocrate même.

### SIGNES PAR LESQUELS LES BERGERS COGNOISSENT L'HOMME ESTRE SAIN.

Le premier signe à quoi les bergers cognoissent l'homme estre sain et bien disposé en son corps, est quand il boit et mange bien selon la conuenance de la soif et faim qu'il a sans faire excès. Quand il digère bien tost, et ce qu'il a mangé et beu n'efforce point son estomach. Quand il treuve bonne saveur en ce qu'il mange et boit. Quand il a faim et soif aux heures de son repas. Quand il s'éiouyt auec ceux qui sont ioyeux. Quand il iouë volontiers à quelque ieu de récréation auec ses compagnons. Quand il s'ébat aux champs pour prendre l'air. Quand il mange de bon appetit du beurre, fourmage et laict de brebis. Quand il dort bien sans resver ny songer. Quand il se sent leger et qu'il chemine bien. Quand il ne suë tost et n'éternuë point. Quand il a bonne couleur au visage et que ses sens sont bien disposez pour faire son opération, comme ses yeux à regarder, ses oreilles à ouïr, son nez à sentir, iouxte la conuenance de l'aage et de la disposition de son corps et aussi du temps.

### SIGNES PAR LESQUELS LES BERGERS COGNOISSENT QU'ON EST MALADE.

Quand on ne peut manger ni boire et qu'on n'a point d'appetit à l'heure du repas, ou quand on ne treuve bonne saveur à ce qu'on boit et mange, ou quand on a faim et on ne peut manger. Quand on ne va pas à chambre modérément comme on doit. Quand on est triste. Quand on ne peut dormir. Quand les membres sont pesans. Quand on ne peut cheminer légèrement et qu'on ne sue point souuent. Quand on a la couleur pasle ou iaune. Quand les sens, comme les yeux, oreilles et autres membres ne font bien leurs opérations. Quand on ne peut trauailler. Quand on crache souuent ou que les narrines abondent en superfluité d'humeur. Quand on est paresseux en ses œuvres. Quand on a le visage, les iambes ou les pieds enflez, ou quand on a les yeux chassieux.

Arrêtons-nous là.

Ici nous quittons la médecine, et tout ce qui s'y rattache, pour entrer dans le domaine de l'astronomie. Autant l'auteur suppose aux bergers de science dans la première, autant et plus même il leur en attribue dans la deuxième. Il est vrai que les conclusions qu'il donne comme le résultat de leurs observations, sont pour la plupart très-médiocrement raisonnables et très-peu logiques, qu'elles sentent fort l'astrologue et le charlatan ; néanmoins elles ne laissent pas d'être très-originales souvent, et quelquefois très-ingénieuses.

Nous lisons d'abord une explication fort longue du *Mouvement des cieux et des planettes*, de l'*Equinoctial et Zodiaque qui sont au neuuiesme ciel*, des *Deux grands cercles, c'est à sçavoir Méridien et Orison*, et des *Quatre petits* ; de la *Diuuision de la terre qui est habitable*, des *Estoiles fixes*, de la *Déclaration des Planettes*, et de leurs propriétés exposées sous forme d'*Enseignement du père au fils*, et en vers de huit syllabes. Après quoi nous trouvons un procédé, à l'usage des bergers, pour connaître le nombre des étoiles, un autre pour connaître les heures de la nuit, et quelles *impressions* ils voient pendant la nuit, en l'air et sur la terre.

Dans le premier cas, la question est discutée entre deux bergers et résolue par une affirmation qu'on pourrait presque appeler dogmatique :

Aucuns bergers se récréent et passent leur temps en faisant diuerses

questions l'vn à l'autre touchant la multitude des estoiles, dont l'vne
des questions est telle : Vn berger dit à l'autre : Ie demande combien
d'estoiles sont sous vne des douze parties du zodiaque? C'est sous vn
signe seulement, respond l'autre berger : Soit trouuée une pièce de
terre en plat pays, comme en la Beauce, en Champagne, et que celle
pièce de terre aye trente lieuës de long et douze de large : après,
qu'on aye des cloux à teste grosse, comme cloux à ferrer rouës de
charrettes, tant qu'il suffise, et soyent iceux cloux fichez iusques à la
teste d'icelle pièce de terre à quatre doigts l'un près de l'autre, si
que toute la pièce soit pleine. Ie dis qu'autant comme sont de cloux
fichez en icelle pièce de terre, autant sont d'estoiles sous le contenu
d'vn signe seulement, et autant sous chacun des autres, et à l'équi-
pollent sous les autres endroits de tout le firmament. Le premier berger demande : Comme le prouuerois-tu? Le second respond que nul
n'est obligé ny tenu à prouuer choses impossibles, et qu'il doit suffire
au berger (touchant cette matière), croire simplement, sans s'enquérir
trop de ce que les prédécesseurs bergers ont dit et exposé.

A un argument de cette force il n'y a pas à répliquer.

Dans le second cas, les *Bergers practiquent leurs quadrants
de nuit cy-après figurez en la manière que voyez :*

Par la figure cy-après[1] on peut cognoistre les heures de la nuict en
la manière qui s'ensvit : Soit cognuë l'estoile que nous appelons le
Pommeau du ciel, et droit dessous est le soleil à l'heure de la minuict;
et l'endroit de l'estoile sur la terre nous appellons angle de la terre, lequel, quand nous voulons voir l'heure, nous regardons nostre Pommeau
comme je fais sous une corde; lors le bout du bas de ma corde est
angle de la terre, et le soleil est droict dessous : les grandes lignes qui
trauersent l'estoile de la figure qui est le Pommeau des cieux, seruent
pour deux heures, et les petites pour une heure chacune, quand on
veut sçavoir des heures. Mais encore seruent lesdites lignes à autre
chose : c'est au changement de l'estoile qui dénote la minuict, et après
les autres heures : car les grandes lignes seruent à vn mois, et les petites lignes à quinze jours, etc., etc.

[1] Pour *cy-auprès*, parce que cette explication dans le texte, est imprimée
de chaque côté de la figure.

Je livre cette expérience à la critique de l'Observatoire.

110  CHAPITRE II.

Dans le troisième cas, enfin : « Les bergers qui couchent de nuit aux champs voyent plusieurs impressions en l'air et sur la terre que ceux qui couchent dans leurs lits ne voyent pas. » Telles sont :

*Le Dragon, Chevres de feu sautant,
le Chemin de S. Iacques.*

*Lance de feu, Chandelles,
Feu montant, Estincelles ardentes,
Feu fol.*

*Estoiles barbues,*
*Estoile volant, Commette en queue, Estoile chevelue,*
*Estoile clouée.*

En parlant des astres et de leurs influences sur les individus, il est d'obligation stricte de parler des prédispositions que chacun de nous apporte à ces influences ; en d'autres termes, des tempéraments. C'est ce que fait le *Compost* dans un article qui a pour titre : *S'ensvit la figure des quatre complexions.*

Le colérique est de nature du feu, chaud et sec : naturellement est maigre, greslé, convoiteux, choléré, hastif, escervelé, fol, large, décevant, malicieux, subtil où il applique son sens : a vin de lion, c'està-dire quand il a bien beu, veut tanser, quereller et battre, et volontiers ayme estre vestu de belle couleur, comme de drap gris. Le sanguin a nature de l'air, moite et chaud : il est large, plantureux, attrempé, aimable, ioyeux, chantant, riant, charnu, vermeil de visage et gracieux ; il a vin de singe ; tant plus il a beu, tant plus il est ioyeux ; se tire près des dames, et naturellement aime ses habits de belle couleur. Le flegmatique a nature d'eau froide et moite ; il est triste, pensif, paresseux, pesant et endormy, caut, ingénieux, abondant en flegmes, volontiers crache quand il est esmeu ; est gras au visage et a vin de mouton. Le mélancolique a nature de terre, sec et froid ; il est triste, pesant, convoiteux, mesdisant, soubçonneux et paresseux, et a vin de pourceau[1].

C'est charmant, plein de verve, de coloris, de force, et presque en tout conforme à la vérité. Il y a une grande profondeur dans la remarque qui touche les habits; elle est digne de Balzac, et lui, qui a laissé un livre posthume sur la *Démarche*, cet acte par lequel l'homme se décèle parfois si naïvement, en eût fait un autre sur l'habit, s'il y eût pensé et s'il en eût eu le temps.

Quant aux signes auxquels on reconnaît le caractère ou le

[1] Dans un recueil manuscrit de l'ancienne abbaye de Saint-Germain, sous le n° 658 (Bibliothèque Impériale), est un poëme d'Alars de Cambray, qui a pour titre: *Moralitez des philosophes*, ou plutôt: *Cy commence li livres estrais de philosophie et de moralité*. Or, il se trouve à la suite de ce poëme quelques pièces de poésies morales d'origines diverses, parmi lesquelles on remarque: *Les IIII complexions de l'oume*, dont l'auteur se nomme dans les derniers vers : c'est Pierre de Maubeuge.

tempérament des individus, le *Compost* indique, entre autres, les yeux gros, qui sont des marques de paresse, d'effronterie, de désobéissance et d'orgueil; les yeux « ratez, gâtez et estendus, » qui signifient « malice, vengeance et trahison; » les grands yeux et à grandes paupières, qui dénotent « folie, dur entendement et mauuaise nature, » et « les yeux blanchards et charnus, qui décèlent une personne encline à vice, à luxure, et qui est pleine de fraude. »

Touchant le visage, quand est petit, maigre, menu, le né aquilin et long, et le col d'une longueur médiocre, signifie la personne estre courageuse, hastive et cholère. Aussi le né long et haut par nature signifie pronësse et hardiesse. Le né camus signifie hastiveté, luxure, hardiesse et estre entrepreneur. Le né bègue, qui descend iusques à la lèure de dessus, signifie la personne malicieuse, déceuante, desloyale et luxurieuse. Le né gros et haut au milieu signifie homme sage et bien parlant. Le né qui a grandes narines et ouuertes, signifie gloutonnerie et ire.

Et ainsi pour toutes les parties du visage.

Une pièce en vers vraiment délicieuse fait suite à cette singulière et pittoresque physiologie. Elle a pour titre : *S'ensuiuent les dicts des oyseaux, comme les pasteurs, gardant les brebis, les oyent chanter et parler en leur langage.* Ce n'est pas précisément un concert, puisque chaque oiseau y chante tour à tour; c'est plutôt une espèce de lutte à l'issue de laquelle il serait difficile de décider à qui des concertants appartient la supériorité. La poésie en est naïve autant pour le moins qu'elle est piquante; chaque strophe, comme dans l'épigramme, y est terminée par un trait, mais ce trait est une pensée morale et religieuse tirée des mœurs même de l'oiseau et parfaitement applicable à la conduite de l'homme. Enfin, on y trouve quelque ressemblance éloignée avec les tercets gaulois, où l'amour et la nature sont toujours mêlés aux sentiments de la plus pure morale[1].

La pièce est précédée de la gravure ci-dessous :

En voici quelques couplets :

PREMIÈREMENT

L'AIGLE.  De tous oyseaux ie suis le roy,
Voller ie puis en si haut lieu
Que le soleil de près ie voy;
Heureux sont ceux qui verront Dieu !

LE CHAT-HUANT. Chasque oyseau me chasse et déboute,
Parquoy me faut voller de nuict;
De mes yeux de iour ne vois goutte;
Qui fait péché, péché luy nuit.

LA CAILLE. Charnalité est tant en moy
Que ie ne peux m'en abstenir,
Ie fais ce que faire ne doy;
Luxurieux doit mal finir.

[1] Cette pièce a été tirée de quelque bestiaire latin ou français, espèce d'écrit à la fois didactique et moral, et très-commun au moyen âge. Il en a été publié *dix-sept* couplets dans un livret qui a pour titre : *Les dicts des bestes et aussi des oyseaulx, nouuellement imprimé à Paris, en la rue Neufue-Nostre-Dame, à l'Escu de France*, in-8° goth., livret réimprimé dans le t. I, p. 256, des *Anciennes poésies françaises*, édition Jannet.

## DES ALMANACHS.

LA HUPE. Manger ne veux sinon ordure,
Car on punaisie ie me tiens,
Si ie suis de belle figure,
Beauté sans bonté ne vaut rien.

LE ROSSIGNOL. Quand ce vient le beau temps de may,
Ie suis ioly et amoureux,
Et ie n'ai soucy ny esmoy,
Qui craint Dieu il est bienheureux.

LE PINSON. Le temps d'hyuer m'est fort contraire,
Car il me faict grand froid avoir;
Pour m'en garder que dois-ie faire?
Rien ne me vaudroit le sçavoir.

L'ARONDELLE. Mes petits ie guéris des yeux,
Et fais qu'ils voyent clairement.
Qui voudra voir le Roy des cieux
Luy convient viure loyaument.

L'ESTOURNEAU. Point ne voys en (la) Normandie,
Pour ce qu'il n'y croist nuls raisins.
Rien n'est si bon, quoy qu'on (en) die,
Que d'estre près de bons voisins.

LE PAON. Quand je voys ma belle figure,
Orgueilleux suis hautain et fier,
Mais telle beauté peu me dure:
On ne doit autruy despriser.

L'ORIOL. Quand cerises sont en saison,
Ie dis *Confiteor Deo*;
Mais rien ne vaut confession
Qui ne fait satisfaction.

L'OYE. l'aime mon maistre et ma maistresse,
Sur ma plume dormant en lict;
Après auront ma chaire et gresse,
Ce leur sera très-grand profit.

LA CANETTE. Ie vais, ie viens par ces ruisseaux,
Ie barbotte comment qu'il aille,

Si on laue trippes et boyaux,
M'en demeure quelque vituaille.

LE CHAPON. A plusieurs gens vauldroit trop mieux
Qu'ils fussent chastrez comme moy;
Meilleurs seroient, moins vicieux,
Et plus en grâce du haut Roy.

LE GAY. On n'oit que moy au verd bocage,
Braire, crier, mon bec n'arreste;
Celuy qui a trop de langage,
En lieu de bien ne peut point estre.

LE GAY EN CAGE. Mon ventre fait que ie babille,
Encor que sois emprisonné;
Qui ne veut estre ruiné,
Doit sçauoir un mestier utile.

LE PIGEON RAMIER. Ie suis un sergent qui amasse,
Car i'adiourne tous mes voisins;
Quand ie voy que l'hyuer ne passe,
Qu'ils paissent choux par les iardins.

LE MONNEAU. Aucun ne doit son corps saouler,
N'accoler femme, ni baiser,
S'elle n'est sienne et s'elle desplait;
Tousiours n'est pas temps de danser.

La pièce a soixante-dix-huit couplets. Je ne me détermine qu'à regret à ne pas la donner tout entière; mais il faut se borner.

Il me reste, et j'en aurai fini avec cet almanach, à faire mention de deux pièces : l'une que je reproduirai intégralement; l'autre dont je ne citerai que le titre et pour cause.

La première est *le Débat des gens-d'armes et d'vne femme contre un lymasson.* Elle est plaisante, bien que quelques vers en soient estropiés.

DES ALMANACHS. 117

Elle est précédée de cette planche :

Et voici le texte :

LA FEMME
A HARDY COURAGE. Vvide ce lieu, très-orde beste,
Qui des vignes les bourgeons mange,
Soit arbre, ou soit buisson,
Tu as mangé iusques aux branches.
De ma quenouille, si tu t'auances,
Ie te donrray tel horion,
Qu'on l'entendra d'ici à Nantes.

LES GENS-D'ARMES. Lymasson pour tes grandes cornes,
Le chasteau ne lairrons d'assaillir,
Et si pouuons te ferons fuyr
De ce beau lieu où tu reposes :
Oncques Lombard ne te mangea,
A telle sauce que nous ferons.
Nous te mettrons dans un beau plat,

> Au poyvre et aux oignons :
> Serres tes cornes, nous te prions,
> Et nous laisse entrer dedans.
> Autrement nous t'assaudrons
> De nos bastons qui sont tranchans.

LE LYMASSON. Ie suis de terrible façon,
> Et si ne suis qu'un lymasson.
> Ma maison porte sur mon d'os,
> Et si ne suis de chair ny dos.
> I'ay deux cornes dessus ma teste,
> Comm' un bœuf qui est grosse beste ;
> De ma maison je suis armé,
> Et de mes cornes embastonné ;
> Si ces gens-d'armes là s'approchent,
> Ils en auront sur leurs caboches :
> Mais ie pense en bonne foy
> Qu'ils tremblent de grand' peur de moy.

Maintenant pourquoi ce limaçon? Je réponds : C'est ici l'image d'un factionnaire ou d'une sentinelle; j'y ai même trouvé l'étymologie du mot *escargot*[1].

On appelait autrefois *escargaite*, mot dont la forme définitive est *échauguette*, la petite tour ou guérite où se tenait la sentinelle chargée de surveiller les abords de la place, et d'avertir le poste en cas d'événement. Le même mot devint aussi communément le nom de la sentinelle elle-même. L'escargot ou plutôt le colimaçon ne réunit-il pas toutes les conditions nécessaires pour être un observateur excellent? Il est à la fois la guérite et le factionnaire; de plus, il est muni de deux télescopes qu'il gouverne dans tous les sens avec une incroyable facilité, et qui passent dans le peuple pour être doués d'une finesse particulière. Aussi, la position qu'il occupe ici sur la tourelle, le langage des soldats qui le somment de les laisser entrer dans le château, la réponse de la bête qui s'y refuse et menace d'appeler la garnison

---

[1] *Curiosités de l'étymologie française.* Paris, 1863, in-12, p. 56 et suiv.

au secours contre les assaillants, enfin l'organisation particulière du colimaçon qui l'oblige à adhérer fortement aux objets sur lesquels il rampe, et à y rester immobile jusqu'à ce qu'il en soit chassé par la force ou par le besoin, tout indique qu'on a fait de lui jadis l'emblème de la sentinelle, et que le mot *escargaite*, modifié en celui d'*escargot*, lui en est resté.

La seconde pièce a pour titre : *Secrets admirables sur les maladies qui peuuent arriuer au sexe féminin, qui procèdent de l'acte de Vénus : adiousté par M. G. Rasemollin, Dauphinois.* Ce titre en dit assez, et je ne saurais aller au delà. On pourrait croire peut-être que cette pièce est une réclame de quelque Charles Albert du temps, si à côté des maladies elle n'en indiquait le remède : or, un médecin qui traite les *spécialités* secrètes et honteuses ne livre pas ses ordonnances au public en même temps qu'il fait un appel aux clients. C'est donc, ou une consultation gratuite, ou un morceau de pure littérature pharmaceutique et médicale que le *Compost* nous offre là. Une foule d'almanachs l'ont donnée depuis, et pour s'être exprimés avec plus de décence, n'ont pas été moins indiscrets.

Maintenant, un mot sur l'origine de notre *Compost*. On lit à la page 7 l'indication suivante :

« Lan que ce présent Compost et Calendrier a este imprime et commence. Le premier iour de ianvier 1410, auquel court pour nombre 10. »

Il y a dans le chiffre de la date une faute d'impression manifeste. D'abord, l'imprimerie n'était pas inventée en 1410, puis le nombre de cette même année était 5. J'ai trouvé ce nombre en consultant l'*Art de vérifier les dates*, et de plus, que le nombre 10 appartient à l'année 1510, époque à laquelle l'imprimerie était en pleine activité depuis environ soixante ans. C'est donc 1510 qu'il faut substituer à 1410, et l'ancienneté de notre *Compost* sera encore assez respectable.

D'un autre côté, le *Manuel* de M. Brunet, parmi les éditions anciennes du *Compost* qui ont encore de la valeur, en indique deux portant la date de 1510, et imprimés à Lyon, l'un sans nom d'imprimeur, l'autre chez Cl. Nourry. L'un ou l'autre est probablement celui auquel se rapporte l'indication ci-dessus. Dans tous les cas, notre *Compost* a pris certainement pour modèle une édition de Genève, 1497, dont le titre, qui est très-prolixe, ainsi qu'on peut le voir dans le *Manuel* de M. Brunet, annonce, à peu de choses près, les mêmes matières que celles que l'on retrouve dans le *Compost* de 1635 [1].

Je crains qu'on ne me reproche d'avoir mis trop de complaisance à analyser cet almanach, qu'on ne trouve à redire à cette espèce de dissection d'un cadavre enterré depuis plus de deux siècles, et dont aucun arrêt de juges en bibliographie n'avait ordonné l'exhumation pour en vérifier l'identité. Je ne disconviens pas de tout cela, mais on m'accordera du moins que le sujet n'était pas tout à fait indigne d'être *remis en lumière*, et que, puisqu'il ne m'était pas possible de le faire voir dans son intégrité, il a pu m'être permis d'en exposer au moins les parties les plus essentielles. J'ajoute que son droit de paternité, droit qu'il est en mesure de faire valoir au même titre que trois ou quatre autres almanachs un peu plus anciens, lui donnait peut-être celui d'obtenir une place au sein de sa famille, encore qu'il ait plutôt lieu de rougir de ses enfants qu'ils ne l'ont de se préva-

---

[1] M. Lenient, dans son livre *de la Satire en France au moyen âge* (p. 231), dit que le *Compost* est une imitation évidente d'un petit livre qui a pour titre : *le Vray régime et gouvernement des Bergers et Bergères, composé par le rustique Jehan de Brie, le bon Berger* (1379). L'analyse que fait de cet ouvrage M. Lenient donne quelque vraisemblance à cette opinion. Cependant Le Duchat, dans ses notes sur Rabelais (t. I, p. 89), dit que le *Compost* est la traduction française du traité intitulé : *Liber Aniani qui* Compotus *nuncupatur, cum commento*. Il est vrai que M. Brunet (*Manuel*, au mot Compotus) semble contredire Le Duchat : « Le *Compotus*, dit-il, n'était pas l'original du *Compost* français. » Mais la moindre preuve à cet égard n'eût pas été superflue, surtout en présence de l'assertion toute nouvelle de M. Lenient.

loir d'une si noble origine. D'ailleurs, on ne le réimprimera très-certainement jamais, et quand le peu d'exemplaires qui survivent auront payé leur dernier tribut à la destruction, j'aurai du moins eu l'honneur, et puisse-t-on m'en savoir quelque gré! d'en sauver un débris.

# CHAPITRE III

## SCIENCES ET ARTS

**I. — Sciences occultes : Magie noire, Magie blanche, Cabale.**

On ferait un livre énorme de tout ce qui a trait à ces différentes matières; mais Dieu me préserve de le tenter; il y en a déjà bien assez; il y en a trop. Jean Albert Fabricius, dans sa *Bibliotheca antiquaria*, a donné un ample catalogue alphabétique de toutes les superstitions dont ils sont remplis, et quantité d'écrivains ont travaillé depuis à le grossir considérablement. Je serai donc à cet égard le plus bref possible; mais je ne puis me dispenser de parler de l'origine de la magie [1].

[1] J'ai consulté, pour ce résumé, et reproduit plus ou moins textuellement, Bayle et l'abbé d'Artigny; le premier dans sa *Réponse aux questions d'un provincial*, ch. xxxvi; le second, dans les *Nouveaux mémoires d'histoire et de critique*, t. I, ch. v. Je ne saurais trop regretter de n'avoir pu mettre à profit, dans cette circonstance, *la Magie et l'Astrologie dans l'antiquité et au moyen âge*, par M. Alfred Maury, membre de l'Institut; mais cet ouvrage excellent, et tout plein d'une érudition aussi profonde que délicate, n'a été publié qu'il y a trois ans, c'est-à-dire, sept ans après la publication de ma première édition.

La magie consiste dans l'art de conjurer les démons, d'évoquer les morts, et dans tous les procédés superstitieux dont les magiciens, les sorciers, les enchanteurs, les nécromanciens, les astrologues, les devins, les interprètes des songes, les diseurs de bonne aventure et les tireurs d'horoscope se servent, soit pour nuire aux hommes, soit pour leur procurer la richesse, la santé ou d'autres avantages.

Quelques-uns en font remonter l'origine jusqu'au paradis terrestre, avant la chute d'Adam ; selon eux, le discours du serpent qui tenta Ève, n'était qu'un acte de magie [1]. D'autres la font dater de la corruption et des crimes qui précédèrent le déluge [2], et disent que Cham en conserva les dogmes qu'il fit revivre après cette catastrophe [3]. D'autres encore la font commencer deux ou trois siècles après cette époque, et, comme elle était bien établie en Égypte du temps du patriarche Joseph [4], ce sentiment n'est pas destitué de vraisemblance. Contentons-nous de n'aller pas au delà des premiers temps dont les écrivains profanes ont donné l'histoire, et nous y trouverons que l'inventeur de la magie fut Zoroastre [5], contemporain de Ninus, roi d'Assyrie, et lui-même roi de la Bactriane. Ils combattirent l'un contre l'autre tout à la fois par les armes et par la magie [6]. Il est vrai, comme l'observe le savant Prideaux [7] d'après Diodore de Sicile (liv. II), lequel l'avait recueilli dans Ctésias, que le roi de la Bactriane avec lequel Ninus fut en guerre, s'appelait Oxyartre, et qu'on lit même ce nom dans quelques anciens manuscrits de Justin ; mais on conjecture que celui de Zoroastre se sera glissé dans le texte par une erreur de copiste, ou autrement. Il est certain d'ailleurs que

---

[1] Pererius, *de Magia*, cap. XIII.
[2] Bochart, *Geogr. sacr.*, IV, cap. I.
[3] Cassien, *Collat.*, VIII, cap. XXI.
[4] *Genèse*, ch. XLIV, v. 15.
[5] Justin, ch. I.
[6] Arnob., I, p. m. 5.
[7] *Hist. des Juifs*, I, p. 284.

Zoroastre ne fut jamais roi, que sa naissance était obscure, et que lui-même ne dut tout son éclat qu'à son adresse à débiter ses impostures. Si donc il ne fut pas l'inventeur de la magie, il fut au moins le restaurateur de cette science qui, pendant plusieurs siècles, avait été la religion dominante des Mèdes et des Perses.

Il serait superflu de rechercher par quelles voies la magie pénétra chez les différents peuples de la terre et finit par les gagner tous. La Palestine, au siècle de Joseph, en était infectée, car l'Écriture déclare que c'est une des raisons pour lesquelles Dieu voulait exterminer les habitants de ce pays[1]. L'ordre que Moïse donna aux Israélites de ne point souffrir de telles abominations n'empêcha pas qu'elles ne se glissassent parmi eux. Plus tard, le roi Manassé s'abandonna aux magiciens[2] et autorisa leurs prédictions et leurs sortiléges. Samarie paraît avoir été le siège de deux fameuses écoles de magiciens[3]. Nabuchodonosor, roi de Babylone, cherchant l'interprétation d'un songe, fait venir à sa cour les devins, les magiciens, les sorciers et les Chaldéens[4]. Ceux-ci, selon Diodore de Sicile, tenaient parmi les Babyloniens le même rang que les prêtres parmi les Égyptiens, présidant au culte des dieux, étudiant surtout l'astrologie et s'attachant à prévoir l'avenir[5]. La magie n'était donc qu'une extension de la religion, et ceux qui faisaient profession d'évoquer les mânes, parmi les Chaldéens, les Égyptiens et les Grecs, avaient l'intendance des sacrés mystères[6].

Mais nulle part la magie ne fut plus honorée que chez les Perses, lesquels comprenaient sous ce nom plusieurs bonnes disciplines. Il est sûr cependant que la mauvaise magie n'en était pas exclue. Osthanès la répandit par le monde après le roi Xer-

---

[1] *Deutéron.*, ch. xviii, v. 9 et suiv.
[2] *Chronic.*, II, ch. xxxiii.
[3] Del Rio, *Disq. magic.*, I, cap. ii.
[4] Livre du prophète Daniel, ch. ii, v. 2.
[5] Diod. de Sic., II, ch. xxix.
[6] Æn. Gazæus, *in Theophr.*, p. 24.

xès¹; un autre Osthanès fit de même sous Alexandre le Grand². Les manières de deviner et d'entrer en communication avec les morts, dont parle l'un d'eux, ne permettent pas de douter qu'il n'enseignât la magie noire³. L'Osthanès qui suivit Xerxès en gâta tous les lieux par où il passa, et les Grecs se passionnèrent pour elle, encore qu'ils la connussent depuis longtemps. L'*Odyssée* en est remplie. Orphée, Tirésias, qui vivaient avant la guerre de Troie, professaient l'art magique et évoquaient les âmes. Ulysse, au onzième livre de l'*Odyssée*, fait plus; il va consulter les morts; en quoi il fut imité par Énée⁴ et par Scipion l'Africain⁵. Le père et la mère de Jason, au premier livre des *Argonautiques*, interrogent non pas même une prophétesse ou une sibylle, mais une vieille sorcière⁶.

Mais, dira-t-on, ce sont là autant de fables poétiques. Voici donc de l'histoire. Pausanias, roi des Lacédémoniens, alla tout exprès à Héraclée pour y évoquer, dans un temple destiné à cet effet, une âme dont il était persécuté⁷. Pour apaiser les mânes de ce même Pausanias, qui hantaient le temple où ils l'avaient fait mourir de faim, les Lacédémoniens firent venir d'Italie ou de Thessalie, selon le scholiaste d'Euripide, des gens qui faisaient métier d'évoquer ou de renvoyer les âmes⁸. Plutarque cite plusieurs autres traits de ce genre⁹, ajoutant qu'il y avait une loi touchant ces cérémonies, lesquelles par conséquent étaient autorisées.

Pythagore, Empédocle, Démocrite et Platon furent si éperdus de la magie, dit Bayle, à qui j'ai emprunté la plus grande partie

---

¹ Pline, XXX, cap. 1.
² *Id., ibid.*
³ *Id., ibid.*
⁴ *Enéide*, VI.
⁵ Sil. Italic., XIII.
⁶ Val. Flaccus, I, v. 736.
⁷ Plutarq., *Vie de Cimon*.
⁸ *Id., de Sera numinis vindicta*.
⁹ *Id., ibid., et de Consolat. ad Apollonium*.

de ces détails, que pour l'amour d'elle, ils se rendirent chevaliers errants, leurs longues courses ayant été plutôt un exil qu'un simple voyage. Étaient-ils de retour, ils la louaient magnifiquement et la conservaient comme un mystère. Démocrite seul ne cacha point ce dépôt, et expliqua les écrits de quelques anciens magiciens[1]. Nous avons en outre des vers d'Empédocle[2], où il nous apprend qu'il se faisait fort d'exciter les vents ou de les apaiser, de faire le beau temps ou la pluie, et même de ressusciter un homme. Platon emprunta des Thraces, c'est-à-dire de Zamolxis, esclave et disciple de Pythagore, les formules d'enchantement qui guérissaient les malades[3]. Épiménide était fameux par son art de deviner et par la discipline des expiations. Athènes le fit venir pour qu'il en chassât la peste. On veut qu'il soit le premier auteur des cérémonies par lesquelles on purifiait les maisons et la campagne, et apparemment qu'il composa plusieurs exorcismes que les vieilles femmes, la mère d'Épicure entre autres, allaient lire dans les maisons[4].

La Thessalie était si féconde en sorcières, que le nom de *Thessalienne* était celui qu'on donnait en Italie à une femme qui exerçait cette profession. Il y a beaucoup d'apparence que ce fut Médée, femme de Jason, roi de Thessalie, qui enseigna aux Thessaliennes la sorcellerie, dont elle avait appris elle-même le secret aux extrémités du Pont-Euxin.

Les Romains connurent également la magie; Horace rend compte de plusieurs de ses opérations. Ovide offre quelques-unes de ses formules et recettes. En voici une infaillible pour les fractures, tirée du traité *de Re rustica* de Caton le Censeur, chapitre CLX : « Prenez un roseau pendant qu'il est vert; fendez-le en long par le milieu, jetez le contenu en l'air, rejoignez les deux parties du roseau, attachez-le sur la partie fou-

---

[1] *Réponses aux questions d'un provincial*, I, p. 338.
[2] Dans Diogène Laërce, VIII.
[3] Clém. d'Alex., *Admon. ad gentes*.
[4] Diog. Laërce, I, *in Epimenide*, et les notes de Ménage.

lée ou fracturée, et dites : *Motas Vœta Daries Dardaries Astartaries Drissunapiter*, ou bien : *Huat, Hanat Huat, Ista Pista Sista, Domiabo, Damnaustra*. »

Pline observe que les Gaules avaient été infectées de la magie, et qu'elle régnait tellement dans la Grande-Bretagne qu'on pourrait croire que les Perses l'avaient tirée de là. Il dit aussi que Tibère en avait purgé les Gaules, en supprimant les Druides et tels autres devins et médecins, et il admire, dans une réflexion digne de remarque, que, malgré la différence d'humeur qui distinguait les uns des autres tous les pays du monde, et quoique ces pays ne se connussent même pas, ils se soient cependant accordés tous à cultiver la magie [1].

Martin del Rio, dans ses *Disquisitiones magicæ* [2], dit que les Mahométans ont été fort adonnés aux sortiléges, et que, pendant que les Sarrasins dominaient en Espagne, on enseignait publiquement la magie à Tolède, à Séville et à Salamanque. On lui montra l'espèce de salle souterraine (*crypta profundissima*) où se faisait ce singulier enseignement. La reine Isabelle de Castille l'avait fait fermer.

Le christianisme, qui imposa silence aux oracles des païens, n'a point arrêté les progrès de la magie. Mais tous les pays de la chrétienté ne sont pas également atteints de cette superstition. Elle fleurit surtout dans les contrées septentrionales, en Islande, en Norwége et en Laponie ; elle exerce aussi son empire en Livonie, en Lithuanie et même en Pologne ; il s'en faut qu'elle soit éteinte partout ailleurs. C'est ce que prouve invinciblement le grand nombre de réimpressions qui se font tous les jours, des livres où s'en perpétuent ses traditions.

Quant à la cabale ou kabbale, comme quelques-uns l'écrivent, elle paraît avoir pour origine les travaux des Esséniens sur l'interprétation des mots et des lettres de l'Écriture. C'est

---

[1] XXX, cap. I.
[2] *In Proloquio*.

une opinion adoptée généralement ; c'est celle à laquelle se range le *Journal de l'amateur des livres,* en la faisant suivre de développements que je demande la permission de reproduire.

« La kabbale fut définitivement érigée en système vers le commencement du II<sup>e</sup> siècle de notre ère[1]. Elle s'appuya sur plusieurs séries d'esprits qu'elle faisait émaner de Dieu à différents degrés. Elle attachait une grande puissance à certaines lettres isolées et à certaines combinaisons de lettres. Les mots *Sabaoth, Adonaï,* avaient un pouvoir irrésistible sur les démons. De là nous viennent ces étranges formules d'évocation ou de conjuration ; de là encore les *abraxas,* les talismans de toute espèce. De là la théorie de la vertu des nombres qu'on a attribuée à Pythagore, mais qui paraît être réellement l'œuvre des kabbalistes du II<sup>e</sup> siècle, lesquels cherchèrent à l'étayer sur des écrits faussement attribués à Hippocrate. Quoi qu'il en soit, cette théorie conserve encore de nos jours une grande autorité. On connaît des jours heureux ou malheureux. Plus d'un homme qui passe pour un esprit fort refuserait de s'asseoir treizième à un dîner. Les nombres *trois, neuf,* le nombre *sept* surtout et leurs multiples sont doués d'une grande puissance. Il y a des *jours critiques* dans les maladies ; la constitution de l'homme se modifie tous les *sept* ans, et la soixante-troisième année de son âge, qui accomplit la *neuvième septenaire,* la grande *année climatérique,* lui est ordinairement fatale[2]. »

Cette vertu magique, attribuée aux lettres et aux nombres, on l'attribuait aussi, dans une antiquité très-reculée, aux astres, aux animaux, aux plantes, aux minéraux, à toutes les choses de la création. La même croyance subsiste aujourd'hui, quoique affaiblie, et je vais démontrer, par l'examen des livres les plus popu-

---

[1] Springel, II, 177.
[2] Richerand, *Erreurs populaires,* p. 77.

laires sur ce sujet, que ce n'est pas faute d'enseignement si elle
ne s'affermit et ne se propage pas davantage.

Parmi ces livres, le *Grand Grimoire* et l'*Enchiridion Leonis papæ* ont droit de réclamer la première place. L'un et l'autre sont proprement le rituel et le bréviaire des magiciens. Le premier a pour titre : *le Grand Grimoire ou l'art de commander aux esprits célestes, aériens, terrestres, infernaux, avec le vrai secret de faire parler les morts, de gagner toutes les fois qu'on met aux loteries, de découvrir les trésors cachés*, etc. Imprimé sur un manuscrit de 1522, in-12, 108 pag. Paris, Renault, 1845. Le nom de *grimoire* vient, dit-on, de l'italien *rimario*, comme qui dirait *recueil de vers* [1]. Les anciens étaient persuadés que les vers ajoutaient à la force des opérations magiques ; c'est pourquoi ils les appelaient *incantationes*, d'où nous avons formé le mot *enchantements*, parce qu'on y employait la poésie et le chant.

Aucun grimoire ne paraît avoir été imprimé en français au XVI<sup>e</sup> siècle. Mais le marquis de Paulmy croit pouvoir affirmer que les manuscrits de ce livre qu'il possédait, avaient été copiés et traduits pour la reine Marguerite de Valois, première femme de Henri IV, qui tenait de sa mère, Catherine de Médicis, le goût de la magie, de l'astrologie et de la divination.

Le *Grand Grimoire* a été puisé à différentes sources et extrait de différents auteurs, entre autres de *la Sacrée magie que Dieu donne à Abraham, Moïse, Aaron, David, Salomon et autres prophètes, laissée par Abraham à Lameth, son fils, et traduite de l'hébreu en 1458*, puis des *Clavicules de Salomon, Claviculæ Salomonis ad filium Roboam*. Ce dernier ouvrage a été traduit de l'hébreu, au témoignage du copiste même d'un des exemplaires appartenant au marquis de Paulmy ; mais le copiste d'un autre exemplaire convient qu'il ne l'a traduit que de l'italien, d'un juif de Mantoue nommé Abraham de Colorno.

---

[1] D'autres le donnent comme une corruption du mot *grammaire*.

L'ouvrage lui-même, attribué à Salomon, est l'œuvre de deux Juifs, dont l'un s'appelait Rabbi Salomon, cabaliste fameux, et l'autre Armadel, qui n'est pas moins illustre [1]. Le premier de ces deux extraits aurait été composé en 1228.

Notre édition est divisée en deux parties.

La première comprend quatre chapitres précédés d'un *Prélude* et suivis d'une allocution au lecteur, qui est une espèce de post-face.

Le prélude est court et vaut la peine d'être cité :

L'homme qui gémit sous le poids accablant des préjugés de la présomption, aura peine à se persuader qu'il m'ait été possible de renfermer dans un si petit recueil l'essence de plus de vingt volumes, qui, dans leurs dits, redits et ambiguïtés, rendaient l'accès des opérations philosophiques presque impraticable; mais que l'incrédule et le prévenu se donnent la peine de suivre pas à pas la route que je leur trace, et ils verront la vérité bannir de leur esprit la crainte que peut avoir occasionnée un tas d'essais sans fruits, étant faits hors de saison, ou sur indices imparfaits. C'est encore en vain qu'on croit qu'il n'est pas possible de faire de semblables opérations sans engager sa conscience, il ne faut, pour être convaincu du contraire, que jeter un clin d'œil sur la vie de saint Cyprien.

Les deux premiers chapitres consistent en instructions préliminaires au moyen desquelles on se rendra propre aux opérations magiques; le troisième contient *la Véritable composition de la baguette mystérieuse ou verge foudroyante*, et le quatrième donne *la Véritable représentation du grand cercle cabalistique*. Ce dernier chapitre qui, à lui seul, est plus que le double des trois autres, contient en outre les formules *d'offrande* et *d'ap-*

---

[1] L'abbé d'Artigny (*Mémoires d'histoire*, etc., t. I, p. 33) assure qu'un homme d'esprit, mais fort entêté du *Grimoire*, poussa la folie jusqu'à lui offrir vingt-cinq louis de son exemplaire des *Clavicules*. Cet homme d'esprit s'en procurerait un facilement aujourd'hui pour vingt-cinq ou cinquante centimes tout au plus.

pellation à l'esprit, avec les réponses de l'esprit et les *promesses de l'esprit*, en italien.

La seconde partie comprend *le Véritable* SANCTUM REGNUM *de la Clavicule, ou la Véritable manière de faire les pactes*, avec prières et oraisons en français et en latin à ce sujet; enfin, *les Secrets de l'art magique du Grand Grimoire.*

Voici les noms et signes des principaux esprits infernaux, et la nature de leurs fonctions :

*Leurs signes et caractères.*

LUCIFER, empereur. . . . . .

BELZÉBUT, prince. . . . . .

ASTAROT, grand-duc . . . . .

Ensuite viennent les esprits supérieurs qui sont subordonnés aux trois nommés ci-devant.

## CHAPITRE III.

*Leurs signes et caractères.*

LUCIFUGÉ, premier ministre.. . .

SATANACHIA, grand général.. . .

FLEURETTY, lieutenant général.. .

NEBIROS, maréchal de camp.. . .

Les six grands esprits que je viens de nommer ci-devant dirigent, par leur pouvoir, toute la puissance infernale qui est donnée aux autres esprits. Ils ont à leur service dix-huit autres esprits qui leur sont subordonnés.

SAVOIR :

1 Baël.
2 Agares.
3 Marbas.
4 Pruslas.
5 Aamon.
6 Barbatos.
7 Buer.
8 Gusoyn.

## SCIENCES ET ARTS.

9 Botis.
10 Bathim.
11 Pursan.
12 Abigar.
13 Loray.

14 Valefar.
15 Forau.
16 Ayperos.
17 Nuberus.
18 Glasyabolas.

Après vous avoir indiqué les noms des dix-huit esprits ci-devant, qui sont inférieurs aux six premiers que j'ai décrits aussi ci-devant, il est bon de vous prévenir de ce qui suit :

SAVOIR :

Que LUCIFUGÉ commande sur les trois premiers, qui se nomment Baël, Agares et Marbas.

SATANACHIA, sur Pruslas, Aamon et Barbatos.

AGALIAREPT, sur Buer, Gusoyn et Botis.

FLEURETTY, sur Bathim, Pursan et Abigar.

SARGATANAS, sur Loray, Valefar et Forau.

NÉBIROS, sur Ayperos, Nuberus et Glasyabolas.

Et quoiqu'il y ait encore des millions d'esprits qui sont tous subordonnés à ceux nommés ci-devant, il est très-inutile de les nommer, à cause que l'on ne s'en sert que quand il plaît aux esprits supérieurs de les faire travailler à leur place, parce qu'ils se servent de tous ces esprits inférieurs comme s'ils étaient leurs ouvriers ou leurs esclaves; ainsi, en faisant le pacte avec un des six principaux dont vous avez besoin, il n'importe quel esprit qui vous serve ; néanmoins, demandez toujours à l'esprit avec lequel vous faites votre pacte, que ce soit un des trois principaux qui lui sont subordonnés qui vous serve.

Voici précisément les puissances, sciences, arts et talents des esprits susnommés, afin que celui qui veut faire un pacte puisse trouver dans chacun des talents des six esprits supérieurs ce dont il a besoin.

Le premier est le grand LUCIFUGÉ ROFOCALE, premier ministre infernal; il a la puissance que LUCIFER lui a donnée sur toutes les richesses et sur tous les trésors du monde. Il a sous lui Baël, Agares et Marbas, et plusieurs autres milliers de démons ou d'esprits qui lui sont tous subordonnés.

Le second est le grand SATANACHIA, grand général; il a la puissance de soumettre à lui toutes les femmes et toutes les filles, et d'en faire ce qu'il souhaite. Il commande la grande légion des esprits : il a sous lui Pruslas, Aamon et Barbatos, etc.

AGALIAREPT, aussi général, a la puissance de découvrir les secrets es plus cachés dans toutes les cours et dans tous les cabinets du monde ; il dévoile aussi les plus grands mystères ; il commande la seconde légion des esprits : il a sous lui Buer, Gusoyn et Botis, etc., etc.

FLEURETTY, lieutenant général, a la puissance de faire tel ouvrage que l'on souhaite pendant la nuit : il fait aussi tomber la grêle partout où il veut. Il commande un corps très-considérable d'esprits : il a sous lui Bathim, Pursan et Abigar.

SARGATANAS, brigadier, a la puissance de vous rendre invisible, de vous transporter partout, d'ouvrir toutes les serrures, de vous faire voir tout ce qui se passe dans les maisons, de vous apprendre tous les tours et finesses des bergers. Il commande plusieurs brigades d'esprits : il a sous lui Loray, Valefar et Forau.

NEBIROS, maréchal de camp et inspecteur général, a la puissance de donner du mal à qui il veut ; il fait trouver la main de gloire ; il enseigne toutes les qualités des métaux, des minéraux, des végétaux et de tous les animaux purs et impurs. C'est lui qui a aussi l'art de prédire l'avenir, étant un des plus grands nécromanciens de tous les esprits infernaux. Il va partout ; il a inspection sur toutes les malices infernales ; il a sous lui Ayperos, Nuberus et Glasyabolas, etc.

Tel est le personnel qui constitue l'état-major de la milice infernale. Maintenant, pour se faire obéir de toute cette diablerie,

La première qualité requise est de savoir composer la verge foudroyante et le cercle cabalistique dont il est parlé dans le livre précédent. Ils ne peuvent, dis-je, venir à bout de forcer aucun esprit de paraître, s'ils n'exécutent de point en point tout ce qui est écrit ci-après, touchant la manière de faire des pactes avec quelque esprit que ce puisse être, soit pour avoir des trésors, soit pour avoir la jouissance des femmes et des filles, et en avoir telle faveur que l'on souhaite ; soit pour découvrir les secrets les plus cachés dans toutes les cours et dans tous les cabinets du monde ; soit de dévoiler les plus impénétrables secrets ; soit pour faire travailler un esprit pendant la nuit à son ouvrage ; soit pour faire tomber une grêle ou la tempête partout où l'on souhaite ; soit pour vous rendre invisible ; soit pour se faire transporter partout où l'on veut ; soit d'ouvrir toutes les serrures, de voir tout ce qui se passe dans les maisons, et d'apprendre tous les tours et finesses des bergers ; soit pour acquérir la main de gloire et pour connaître les qualités et les vertus des métaux et des minéraux, des végétaux et de tous les animaux purs et impurs, et pour faire des choses si surprenantes, qu'il n'y a aucun homme qui ne soit dans la dernière surprise de voir que, par le moyen de faire pacte avec quelques esprits, l'on puisse découvrir les plus grands secrets de la nature, qui sont cachés aux yeux de tous les autres hommes. C'est par le moyen de la grande Clavicule du grand roi Salomon que l'on a découvert la véritable manière de faire les pactes, dont il s'est servi lui-même pour acquérir tant de richesses, pour avoir la jouissance de tant de femmes, et pour connaître les plus impénétrables secrets de la nature.

Quand on saura sur le bout du doigt, comme on dit, la verge foudroyante et le cercle cabalistique (et pour cela on n'a qu'à se bien pénétrer du chapitre III et du commencement du chapitre IV), on sera en état de conclure un pacte avec tel esprit qu'on voudra, et on y procédera conformément à l'avis suivant :

Vous commencerez, l'avant-veille du pacte, d'aller couper, avec un couteau neuf qui n'ait jamais servi, une baguette de noisetier sauvage qui n'ait jamais porté et qui soit semblable à la *verge foudroyante*, telle que celle qui est déjà décrite, et dont vous avez la figure dans le premier livre [1], positivement au moment où le soleil paraît sur notre horizon : cela étant fait, vous vous munirez d'une pierre *ématille* et de cierges bénits, et vous choisirez ensuite un endroit pour l'exécution, que personne ne vous incommode ; vous pouvez même faire le pacte dans une chambre écartée, ou dans quelque masure de vieux château ruiné, parce que l'esprit a le pouvoir d'y transporter tel trésor qu'il lui plaît. Cela étant fait, vous tracerez un triangle avec votre pierre *ématille*, et cela seulement la première fois que vous faites le pacte : ensuite vous placerez les deux cierges bénits à côté et tels qu'ils sont placés vers le triangle des pactes que vous voyez ci-après [2], y plaçant le saint nom de Jésus derrière, afin que les esprits ne vous puissent faire aucun mal : ensuite vous placerez au milieu dudit triangle,

---

[1] Cette figure n'y est pas du tout.
[2] Ce triangle n'existe pas dans le texte.

ayant en main la baguette mystérieuse, avec la grande appellation à l'esprit, la clavicule, la demande que vous voulez faire à l'esprit, avec le pacte et le renvoi de l'esprit, tel qu'il est marqué ci-après, au modèle du triangle cabalistique des pactes [1].

Ayant exécuté exactement tout ce qui est marqué ci-devant, vous commencerez à réciter l'appellation suivante avec espérance et fermeté.

### GRANDE APPELLATION DES ESPRITS AVEC LESQUELS L'ON VEUT FAIRE PACTE, TIRÉE DE LA GRANDE CLAVICULE.

Empereur LUCIFER, maître de tous les esprits rebelles, je te prie de m'être favorable dans l'appellation que je fais à ton grand ministère [2] LUCIFUGÉ ROFOCALE, ayant envie de faire pacte avec lui; je te prie aussi, prince Belzébut, de me protéger dans mon entreprise. O comte Astarot! sois-moi propice, et fais que dans cette nuit le grand LUCIFUGÉ m'apparaisse sous une forme humaine, et sans aucune mauvaise odeur, et qu'il m'accorde, par le moyen du pacte que je vais lui présenter, toutes les richesses dont j'ai besoin. O grand LUCIFUGÉ, je te prie de quitter ta demeure, dans quelque partie du monde qu'elle soit, pour venir me parler, sinon je t'y contraindrai par la force du grand Dieu vivant, de son cher fils et du Saint-Esprit; obéis promptement, ou tu vas être éternellement tourmenté par la force des puissantes paroles de la grande clavicule de Salomon, et dont il se servait pour obliger les esprits rebelles à recevoir son pacte : ainsi parais au plus tôt, ou je te vais continuellement tourmenter par la force des puissantes paroles de la clavicule : *Agion, Tetagram, vaycheon stimulamaton y expares retragrammaton oryoram irion esytion existion eryona onera brasim moym messias soler Emanuel Sabaot Adonay, te aduro et invoco.*

Vous êtes sûr que d'abord que vous aurez lu les puissantes paroles indiquées ci-dessus, que l'esprit paraîtra, et vous dira ce qui suit :

#### Apparition de l'esprit.

Me voici : que me demandes-tu? pourquoi troubles-tu mon repos : réponds-moi.     LUCIFUGÉ ROFOCALE.

---

[1] Même remarque.
[2] C'est ministre qu'il veut dire.

### Demande à l'esprit.

Je te demande pour faire pacte avec toi, et enfin que tu m'enrichisses au plus tôt, sinon je te tourmenterai par les puissantes paroles de la clavicule.  
N. N.

### Réponse de l'esprit.

Je ne puis t'accorder ta demande qu'à condition que tu te donnes à moi dans vingt ans, pour faire de ton corps et de ton âme ce qu'il me plaira.  
LUCIFUGÉ ROFOCALE.

Alors vous lui jetterez votre pacte, qui doit être écrit de votre propre main, sur un petit morceau de parchemin vierge, qui consiste à ce peu de mots ci-après, en y mettant votre signature avec votre véritable sang.

Voici le pacte :

*Je promets au grand Lucifugé de le récompenser dans vingt ans de tous les trésors qu'il me donnera. En foi de quoi je me suis signé.*  
N. N.

Je ne puis t'accorder ta demande.  
LUCIFUGÉ ROFOCALE.

Alors, pour forcer l'ennemi à vous obéir, vous relirez la grande interpellation avec les terribles paroles de la clavicule, jusqu'à ce que l'esprit reparaisse et vous dise ce qui suit :

### Seconde apparition de l'esprit.

Pourquoi me tourmentes-tu davantage? Si tu me laisses en repos, je te donnerai le plus prochain trésor, à condition que tu me consacreras une pièce tous les premiers lundis de chaque mois, et que tu ne m'appelleras qu'un jour de chaque semaine, savoir : depuis les dix heures du soir jusqu'à deux heures après minuit. Ramasse ton pacte, je l'ai signé; et si tu ne tiens pas ta parole, tu seras à moi dans vingt ans.  
LUCIFUGÉ ROFOCALE.

### Réponse à l'esprit.

J'acquiesce à ta demande, à condition que tu me feras paraître le plus prochain trésor que je pourrai emporter tout de suite.  
N. N.

ID# CHAPITRE III.

Réponse de l'esprit.

Suis-moi et prends le trésor que je vais te montrer.
LUCIFUGÉ ROFOCALE.

Alors vous suivrez l'esprit par la route du trésor qui est indiquée au triangle des pactes[1], sans vous épouvanter, et jetterez votre pacte tout signé sur le trésor, en le touchant avec votre baguette ; vous en prendrez tant que vous pourrez, et vous vous en retournerez dans le triangle, en marchant à reculons ; vous y poserez votre trésor devant vous et vous commencerez tout de suite à lire le renvoi de l'esprit, tel qu'il est marqué ci-après.

CONJURATION ET RENVOI DE L'ESPRIT AVEC LEQUEL ON A FAIT PACTE.

O grand LUCIFUGÉ ! je suis content de toi pour le présent ; je te laisse en repos et te permets de te retirer où bon te semblera, sans faire aucun bruit ni laisser aucune mauvaise odeur. Pense aussi à ton engagement de mon pacte, car, si tu y manques d'un instant, tu peux être sûr que je te tourmenterai éternellement avec les grandes et puissantes paroles de la clavicule du grand roi Salomon, par lesquelles l'on force tous les esprits rebelles d'obéir.

PRIÈRE AU TOUT-PUISSANT EN FORME D'ACTION DE GRACES.

Dieu tout-puissant, Père céleste, qui a créé toutes choses pour le service et l'utilité des hommes, je te rends de très-humbles actions de grâces de ce que, par ta grande bonté, tu as permis que, sans risque, je puisse faire pacte avec un de tes esprits rebelles, et le soumettre à me donner tout ce dont je pourrai avoir besoin. Je te remercie, ô Dieu tout-puissant, du bien dont tu m'as comblé cette nuit : daigne accorder à moi, chétive créature, tes précieuses faveurs : c'est à présent, ô grand Dieu ! que j'ai connu toute la force et la puissance de tes grandes promesses, lorsque tu nous as dit : cherchez, et vous trouverez ; frappez, et l'on vous ouvrira ; et comme tu nous as ordonné et recommandé de soulager les pauvres, daigne, grand Dieu, m'inspirer de véritables sentiments de charité, et fais que je puisse

[1] Voir ce triangle, page 143.

répandre sur une aussi sainte œuvre une grande partie des biens dont
ta grande divinité a bien voulu que je fusse comblé : fais, ô grand
Dieu! que je jouisse avec tranquillité de ces grandes richesses dont je
suis possesseur : et ne permets pas qu'aucun esprit rebelle me nuise
dans la jouissance des précieux trésors dont tu viens de permettre que
je sois le maître. Inspire-moi aussi, ô grand Dieu! les sentiments
nécessaires pour pouvoir me dégager des griffes du démon et de tous
les esprits malins. Je me mets, grand Dieu le Père, Dieu le Fils et le
Saint-Esprit, en votre sainte protection. Amen.

Ce contrat ne serait que ridicule, si les actions de grâce au
Tout-Puissant, qui le suivent, ne semblaient être un hommage
rendu à l'intervention directe de Dieu dans l'exécution, et ne le
rendaient par conséquent complice de ces abominations. Là est
le vrai danger de ces petits livres. Ils habituent à invoquer Dieu,
non plus comme le seul être qui ait tout pouvoir sur les démons,
mais comme une sorte d'intermédiaire officieux entre eux et
nous, ou comme ayant tout au plus un droit de véto contre les
décrets diaboliques qui contrarieraient nos désirs insensés.

Les secrets de l'art magique qui terminent le *Grimoire* s'obtiennent sans l'intervention des esprits, et consistent, entre autres, dans la composition de mort ou la pierre philosophale, qui
est la recette d'un poison violent ; dans la fabrication de la baguette divinatoire ; dans le moyen de charmer les armes à feu,
de se faire aimer de telle fille qu'on voudra, de faire danser les
gens tout nus, de se rendre invisible, et dans la composition de
l'encre pour écrire les pactes. Enfin, la post-face est ainsi con-
çue :

Lecteur bénévole, pénètre-toi bien de tout ce que le grand Salomon
vient de t'enseigner par mon organe. Sois sage comme lui, si tu veux
que toutes les richesses que je viens de mettre en ton pouvoir puissent faire ta félicité. Sois humain envers tes semblables, soulage les
malheureux; vis content. Adieu.

C'est à l'historien Josèphe que Salomon est obligé de toutes les sottises de ce genre, imprimées depuis quatre siècles, sous son nom ou avec son attache. Josèphe rapporte en effet [1] que Salomon se servait de la connaissance qu'il avait des choses naturelles pour composer divers remèdes, et, entre autres, d'assez puissants pour chasser les démons. Sur ce fondement, des imposteurs publièrent, comme étant de sa façon, plusieurs ouvrages de secrets de médecine, de magie et d'enchantements. Le *Grand Grimoire*, qui est le plus populaire, n'est peut-être pas le plus célèbre. Cet honneur reviendrait plutôt au *Vinculum spirituum*. Il n'y a, dit-on, aucun démon qui puisse résister à la force des exorcismes dont il est rempli. On y voit que Salomon trouva le secret d'enfermer dans une bouteille de verre noir un million de légions d'esprits infernaux, avec soixante et douze de leurs rois, dont Bileth était le premier, Bélial le second et Asmodée le troisième. Salomon jeta ensuite la bouteille dans un grand puits qui était à Babylone. Les nécromans sont persuadés que ce fut l'orgueil insupportable de ces esprits qui obligea Salomon d'en venir à cette fâcheuse extrémité. Heureusement pour les prisonniers, les Babyloniens, espérant trouver quelque trésor dans ce puits, y descendirent, brisèrent la bouteille, et les démons délivrés retournèrent dans leur séjour ordinaire. Le seul Bélial jugea à propos d'entrer dans une statue. Il y rendait des oracles : ce qui détermina les Babyloniens à lui offrir des sacrifices [2].

Un livre de la même espèce que le *Grimoire*, est celui dont le titre (les six premières lignes et l'approbation en lettres rouges) est ainsi conçu :

[1] *Antiq.*, VIII, ch. II.
[2] *Mémoires* de d'Artigny, t. I, p. 29, art. IV.

# LE VÉRITABLE
# DRAGON ROUGE,
## OU L'ART DE COMMANDER
### LES
# ESPRITS CÉLESTES,
### AÉRIENS, TERRESTRES ET INFERNAUX,

Avec le Secret de faire parler les morts ; de gagner toutes les fois qu'on met aux loteries ; de découvrir les trésors cachés, etc., etc. ;

### SUIVI DE
# LA POULE NOIRE,
Cabale qui était restée inconnue jusqu'ici.

*Approuvé par ASTAROTH.*

**1521.**

Tout, dans ce livret, a été combiné de manière à frapper de terreur les imaginations faibles, à épouvanter l'esprit comme à éblouir les yeux. La plupart des figures y ont des formes ou bizarres ou monstrueuses, et elles sont imprimées en rouge. On y respire une atmosphère imprégnée de feu, de soufre et de bitume; on y apprend à parler une sorte d'argot infernal, mélange indigeste de mots hébreux, latins et grecs affreusement estropiés, dans le genre des « puissantes paroles de la Clavicule » citées plus haut; on y admire longtemps, avant d'en être indigné, l'audace avec laquelle les arrêts y sont prononcés et les oracles rendus, et l'on est presque obligé de faire, à chaque instant, un appel à sa raison, pour n'être pas, je n'ose dire séduit par l'éloquence diabolique du suppôt d'enfer qui a rédigé ce livre, mais seulement pour n'en être pas ému.

On y trouve de plus que dans le précédent le secret de la *Poule noire*, comme le titre l'indique; on y trouve surtout représentée la fameuse verge foudroyante et le triangle des pactes, auxquels renvoie inutilement le *Grimoire*, et qui sont restés dans la casse de son imprimeur.

Voici d'abord le dessin de la verge foudroyante.

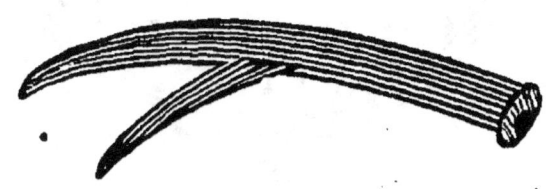

Cela ne ressemble pas mal à la tige d'un poireau, et est peu imposant. Quant au triangle des pactes, c'est autre chose; sa couleur et les ornements dont il est chargé en font une amulette infernale des plus distinguées :

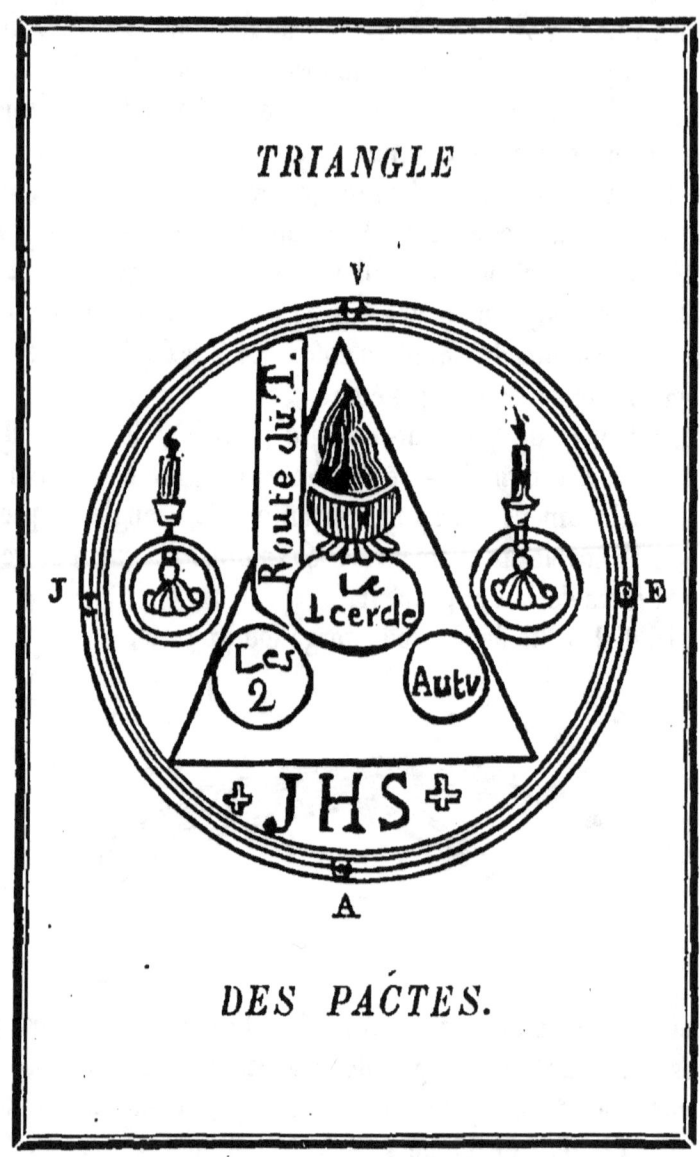

Les demandes à l'esprit qui, dans le *Grimoire*, sont signées NN, sont signées ici Salomon. Mais ce qu'il y a de plus curieux dans le *Dragon rouge*, et qui manque à l'autre, c'est une approbation donnée au livre par Lucifugé Rofocale, et revêtue de la *griffe* de Lucifer. On me reprocherait, avec raison, de ne pas la reproduire :

J'approuve aussi ton livre et te donne ma véritable signature en parchemin, que tu y attacheras à la fin, pour t'en servir au besoin; me soumettant de comparaître devant toi toutes les fois que j'y serai appelé, lorsque tu ouvriras le livre, que tu seras purifié, que tu auras la terrible baguette foudroyante, que tu auras composé le grand cercle cabalistique, et que tu prononceras le mot de *Rofocale*...

Je m'engage aussi à te livrer le trésor que tu me demandes, pourvu que tu gardes le secret pour toujours, que tu sois charitable envers les pauvres et que tu me donnes une pièce d'or ou d'argent tous les premiers jours de chaque mois; si tu y manques, tu seras à moi pour toujours.                      LUCIFUGÉ ROFOCALE.

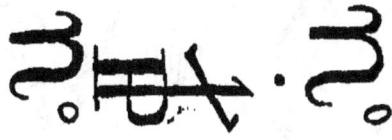

Réponse à l'esprit.

J'acquiesce à ta demande.
SALOMON.

Les pièces qui émanent de la chancellerie de Satan ne sont pas très-connues généralement, et je me flatte qu'on me saura gré d'avoir tiré copie de celle-là. J'eusse aimé mieux, sans doute, offrir au lecteur l'original, mais il est nécessaire à ma collection d'autographes. J'ajoute qu'il ne porte l'estampille d'aucun dépôt public, que les bords du parchemin sur lequel il est écrit sont purs de toute lacération, qu'on ne peut donc pas dire qu'il ait été détaché d'une souche quelconque, ni qu'aucune bibliothèque publique soit recevable à le revendiquer. Seulement, il sent un peu le roussi.

Maintenant, un mot de la *Poule noire*[1]. Comme elle est asso-

---

[1] Il existe une édition plus complète de la *Poule noire*, que je n'ai point, et dont voici le titre : *Les précieuses qualités et propriétés de la Poule noire, pour la découverte des trésors cachés, ainsi que la manière simple*

ciée au *Dragon rouge* dans le titre, elle l'est également dans le frontispice qui le précède, et que voici :

et composée de la faire éclore et d'utiliser son instinct. Suivi de la description de la baguette divinatoire, de la pierre philosophale, et l'histoire des animaux cités en justice pour délits et crimes. Ouvrage échappé à la destruction des anciennes chroniques de l'Egypte, et publié à Paris, en 1843, in-18, 108 pages.

## CHAPITRE III.

Or, apprenez quel est son secret :

Le fameux secret de la Poule noire, secret sans lequel on ne peut compter sur la réussite d'aucune cabale, était perdu depuis longtemps; après des recherches multipliées, nous sommes parvenus à le retrouver, et les épreuves que nous avons faites pour nous assurer qu'il était effectivement celui que nous cherchions, ont parfaitement répondu à notre attente; aussi ne nous reste-t-il aujourd'hui rien à désirer, et c'est pour faire partager notre bonheur à tous ceux qui auront le courage de nous imiter, que nous le transcrivons ci-après :

« Prenez une poule noire qui n'ait jamais pondu et qu'aucun coq n'ait approchée; faites en sorte, en la prenant, de ne la point faire crier, et pour cela vous irez à onze heures du soir, lorsqu'elle dormira, la prendre par le cou, que vous ne serrerez qu'autant qu'il le faudra pour l'empêcher de crier; rendez-vous sur un grand chemin, dans l'endroit où deux routes se croisent; là, à minuit sonnant, faites un rond avec une baguette de cyprès, mettez-vous au milieu et fendez le corps de la poule en deux en prononçant ces mots par trois fois : Éloïm, Essaïm, *frugativi et appellavi*. Tournez ensuite la face vers l'Orient, agenouillez-vous et dites l'oraison page 85; cela fait, vous ferez la grande appellation page 85; alors l'esprit immonde vous apparaîtra vêtu d'un habit écarlate galonné, d'une veste jaune et d'une culotte vert d'eau. Sa tête, qui ressemblera à celle d'un chien à oreille d'âne, sera surmontée de deux cornes; ses jambes et ses pieds seront comme ceux d'une vache. Il vous demandera vos ordres; vous les lui donnerez comme vous le jugerez bon, car il ne pourra plus se refuser à vous obéir, et vous pourrez vous rendre le plus riche, et par conséquent le plus heureux de tous les hommes. » Ainsi suis-je.

Il est bon que vous sachiez qu'avant de commencer tout ce qui est dit ci-dessus, il faut que vous ayez fait vos dévotions et que vous n'ayez plus rien à vous reprocher. Ceci est d'autant plus essentiel, que, s'il n'en était pas ainsi, vous seriez plutôt aux ordres de l'esprit malin, qu'il ne serait aux vôtres.

Ne faites pas attention au barbarisme *frugativi*. Il m'est démontré, par l'examen de ces petits livres, qu'encore que les démons parlent naturellement toutes les langues, ils ne laissent pas que d'estropier le latin autant au moins que le français.

A la description qu'on fait ici de l'esprit immonde répondant à l'évocation, il est assez facile de s'en représenter la figure. Elle déroge sans doute à la coutume qui veut que le diable ait des jambes et une barbe de bouc avec une longue queue; mais du moins on avouera qu'elle est assez originale. J'ajoute que le costume, assurément très-élégant, dont elle est parée, donne à son personnage je ne sais quel air de chambellan ou de laquais, propre à qui reçoit des ordres d'un maître puissant et qui est appelé à l'honneur de les exécuter.

Mais il me semble que j'abuse un peu de la description. Il sera plus tôt fait et il m'en coûtera moins de donner ici cette figure telle qu'on la voit dans le livre même :

# CHAPITRE III.

Après les *Grimoires* que la fourberie ou l'imbécillité ont mis faussement sous le nom du fils de David, il y en a deux autres, attribués aussi mal à propos à des papes. Ce qu'il y a de singulier, c'est que l'un de ces papes, Honorius III, surnommé le Grand, fut celui qui établit l'inquisition, prêcha la croisade contre les Albigeois, et, par-dessus le marché, fulmina une bulle terrible contre les sorciers et les enchanteurs. L'idée de faire de ce pape l'auteur d'un livre de sorcellerie n'est pas sans malice. Le premier de ces opuscules a pour titre :

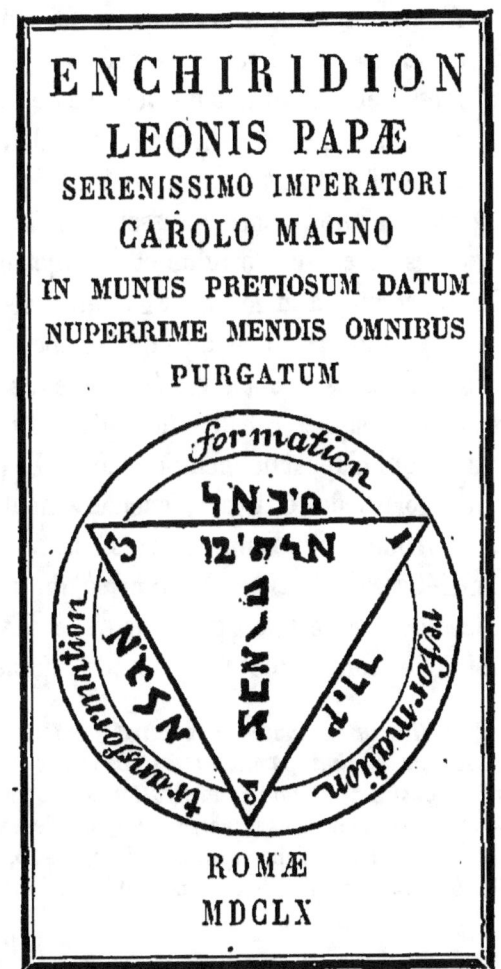

in-12, 160 pag., fig. Paris, de l'imprimerie de Pommeret et Guénot, S. D.

C'est un recueil des prières de l'Église, la plupart tournées et appliquées d'une façon fort indécente à toutes sortes d'opérations magiques. Le pape, sous le nom duquel on a osé mettre cet affreux recueil, est Léon III, qui vivait du temps de Charlemagne, et que cet empereur maintint sur le trône pontifical. On a supposé que, en témoignage de reconnaissance, ce pape lui communiqua des secrets merveilleux pour opérer toutes sortes de prodiges et se préserver de tous maux. Ces secrets sont la matière de l'*Enchiridion*. Mais il est certain que cet ouvrage est apocryphe. Il fut imprimé, pour la première fois en latin, à Rome, en 1525, in-32 [1], et a été souvent reproduit dans cette langue. Des cinq mots hébreux qui, dans le titre de notre édition, sont en dehors du triangle, ceux-là seuls du dedans ont pu être déchiffrés: c'est *Eloïm* et *Sabaoth*, ou le *Dieu des armées*.

Le livre commence par une préface adressée *Aux sages cabalistes*, où sont exposés la cause, l'origine et le sujet du livre. Viennent ensuite le commencement de l'Évangile selon saint Jean et les vertus des Sept psaumes de la pénitence; puis les mystérieuses oraisons. Celles-ci sont adressées à Dieu, aux anges et aux saints, farcies de signes cabalistiques, de mots tirés de toutes les langues ou qui n'appartiennent à aucune. La première est « contre toutes sortes de charmes, enchantements, sortiléges, caractères, visions, illusions, possessions, obsessions, empêchements, maléfices de mariage, et tout ce qui peut nous arriver par maléfices des sorciers, ou par l'incursion des diables; et aussi très-profitable contre toutes sortes de malheurs qui

---

[1] Avec le titre de : *Hoc in enchiridio manualive, pie lector proxime sequenti habentur septem Psalmi pœnitentiales, Oratio devota Leonis papæ, Oratio beati Augustini; aliquot item Orationes adversus omnia mundi pericula.* — La plus ancienne traduction française de cet ouvrage paraît être celle de François de Taboet, Lyon, 1579, in-16, indiquée par du Verdier. M. Brunet donne le titre d'une autre édition de Lyon, 1584, in-24.

peuvent être donnés aux chevaux, juments, bœufs, brebis et telles autres espèces d'animaux. » Charlemagne l'avait fait écrire en lettres d'or et la portait toujours sur lui « avec grand soin et le dernier respect et dévotion. » Aussi personne ne pourrait exprimer les vertus de cette oraison. L'auteur pourtant l'a essayé dans une espèce d'introduction qu'il a mise au-devant, et je ne puis qu'exhorter le lecteur à en faire son profit.

Si les hommes connaissaient l'excellence et la vertu de cette oraison, ils la réciteraient chaque jour avec grande dévotion, et ne la quitteraient jamais de dessus eux, d'autant qu'il ne se trouve personne au monde, qui, l'ayant récitée, ait été abandonné de Dieu dans tous ses besoins et nécessités, et qu'il ne soit venu à son but, en finissant heureusement ses jours. L'expérience incontestable l'a fait connaître à plusieurs. Ainsi, celui qui la récitera chaque jour avec dévotion, et la portera sur soi avec honneur et respect, sans aucune altération de corps, à la gloire et louange de Dieu tout-puissant, de la glorieuse Vierge Marie sa mère, et de toute la cour céleste, sera préservé, pendant ce jour, du fer, de l'eau, du feu, et d'une mort subite. Le diable même n'aura aucun pouvoir sur lui, et ne mourra point[1] sans confession; son ennemi n'aura aucun avantage sur lui, soit en dormant, ni dedans ni dehors du chemin, ni en aucun lieu que ce puisse être; il ne sera jamais vaincu, ni fait prisonnier. Elle est merveilleuse aussi contre les tempêtes, la foudre et le tonnerre: si on la récite sur un vase d'eau bénite, dont on asperge l'air en forme de croix, aussitôt la tempête et le tonnerre cesseront. Si on est sur mer et qu'on la récite trois fois, il n'arrivera aucun fâcheux accident ni tempête ce jour-là. Étant aussi dite trois fois sur une personne possédée du malin esprit, soit pour lui-même ou pour quelque autre, avec une chandelle bénite allumée, il[2] sera délivré d'abord. Si quelque femme est en péril dans le travail, et qu'on récite trois fois avec une chandelle bénite allumée ladite oraison, elle sera délivrée à l'instant; et si quelqu'un veut se rendre en voyage, qu'il la dise aussi trois fois avant de partir, ou la porte sur soi durant le voyage, il sera délivré de tout accident et de tout péché; et s'il vient à mourir de quelque maladie, il sera sauvé.

[1] L'homme et non le diable; on pourrait aisément s'y tromper.
[2] C'est-à-dire cette personne.

Quant à l'oraison elle-même, elle est si démesurément longue que je m'en tiens au titre rapporté ci-dessus.

En voici d'autres plus courtes et aussi curieuses :

### Exhortant envers Jésus-Christ.

Hagios, Seigneur invisible, délivrez-moi, je vous supplie humblement, de la mort, je vous en conjure par votre Nom ; Oston, daignez me secourir, pauvre pécheur qui n'a recours qu'en vous †; Tetragrammaton, vous êtes le Roi des rois, Dieu le Père, le Seigneur des seigneurs, et c'est en vous seul que je mets mon assurance, vous qui gouvernez et réglez les choses du ciel et de la terre ; je vous conjure d'avoir compassion et pitié de moi, qui suis pécheur ; je vous en supplie derechef, moi N., de me délivrer de tous mes ennemis. Seigneur, que Geban, Suth et Sutan en aient aussi pitié, au nom du Père †, et du Fils †, et du Saint-Esprit. Ainsi soit-il. Le premier nom de Dieu est Oston, le second Otthon. Et quand Dieu a dit que la lumière soit faite, elle l'a été sur-le-champ : le troisième est Lophias †. Au nom du Seigneur et de l'indivisible Trinité †, Antaciton †, Ituriensis grin Adonay, sauvez-moi, Chèdes et Ei, et Dotheos Adonay. Ainsi soit-il.

On croirait difficilement à l'existence de la pièce singulière qui suit, si on ne la voyait imprimée. La prière serait trop facile, si elle ne faisait que s'exhaler ainsi en une longue série d'invocations dépourvues de toutes pensées pieuses qui les lient entre elles, et traduisent nettement les sentiments de celui qui prie :

*Voici les noms de Jésus-Christ ; quiconque les portera sur soi en voyage, tant sur la terre que sur la mer, sera préservé de toutes sortes de dangers et de périls, qui les dira avec foi et dévotion.*

Trinité †, Agios †, Sother †, Messie †, Emmanuel †, Sabaoth et Adonay †, Athanatos †, Jésus †, Pentagna †, Agiagon †, Ischiros †, Eleison †[1], ô Theos †, Tetragrammaton †, Ely †, Saday †, Aigle †,

---

[1] A l'office du Vendredi Saint, dans le culte catholique, deux prêtres chan-

grand Homme †, Vue †, Fleur †, Source †, Sauveur †, Alpha † et Oméga †, premier Né †, Sagesse †, Vertu †, Consolateur †, Chemin †, Vérité † et Vie †, Médiateur †, Médecin †, Salut †, Agneau †, Brebis †, Veau †, Espérance †, Bélier †, Lion †, Ver †, Bouche †, Parole † ou Verbe †, Splendeur †, Soleil †, Gloire †, Lumière †, Image †, Pain †, Porte †, Pierre †, Époux †, Pasteur †, Prophète †, Prêtre †, Saint †, Immortel †, Jésus-Christ †, Père †, Fils †, Homme-Saint †, Dieu †, Agios †, Résurrection †, Mischios †, Charité †, Éternité †, Créateur †, Rédempteur †, Unité †, Souverain Bien †, Évam †.

Parmi tous ces noms donnés à Dieu, et où l'hébreu, le grec et le latin, défigurés par l'ignorance, ont fourni, conjointement avec le français, chacun son apport, on est surpris de ne pas trouver le nom de *Jéhova*. Il y est cependant, mais sous la forme mystique de *Tetragrammaton*. On sait que, dès les temps les plus anciens, les juifs, par un pieux respect pour le nom propre de Dieu, n'osaient pas prononcer ce nom. C'est par un scrupule de ce genre que, dans son *Guide des Égarés*, l'illustre Moïse ben Maïmoun, dit Maïmonide, le premier peut-être des théologiens philosophes, au lieu d'écrire ce nom sous sa véritable forme, épelle les quatre lettres dont il se compose, et écrit *yod, hé, wâw, he*. Le même auteur, à l'exemple d'autres théologiens de sa religion, croit devoir isoler ce nom *tetragrammate* de tous les autres noms de Dieu, ceux-ci, selon lui, n'exprimant Dieu que par ses attributs, celui-là au contraire étant son nom propre et n'ayant pas d'étymologie connue[1]. Les Juifs, les Samaritains du moins, évitent encore aujourd'hui de prononcer

---

tent en grec : *Agios ô theos! Agios ischiros! Agios Athanatos! eleison imas*. Cette formule est appelée le *Trisagion;* on ne la dit que cette seule fois de l'année, avant l'adoration de la croix; mais elle est d'un usage journalier dans l'Église grecque.

[1] Voyez tout le chapitre 61 et aussi le 54e du premier volume du *Guide des Égarés*, dans l'excellente traduction française qu'en a donnée M. S. Munk, en 1856. Cette traduction suffirait seule à la gloire du docte et modeste académicien, si d'ailleurs il n'y avait déjà pourvu autrement.

ce nom sacré. Ainsi, M. l'abbé Bargès racontait un jour que dans une visite qu'il fit aux Samaritains de Naplouse, lors de son voyage en Palestine, il vit, en entrant dans la synagogue, le nom divin brodé sur le voile du temple en caractères samaritains. Il pria le rabbin qui l'accompagnait de le lui lire, afin d'en apprendre la vraie prononciation. Il ne put jamais l'obtenir. Le rabbin lisait toujours obstinément *Schemô* (son nom), expression souvent usitée dans les livres liturgiques juifs et dans les lectures qui ont lieu dans le temple.

Je poursuis :

Ici sont les noms de la sainte Vierge.

Vie †, Vierge †, Fleur †, Nuée †, Reine †, Theotokos †, Toute †, Silencieuse †, Impératrice †, Pacifique †, Maîtresse †, Terre †, Naissance †, Fontaine †, Puits †, Chemin †, Femme †, Aurore †, Lune †, Soleil †, Porte †, Maison †, Temple †, Bienheureuse †, Glorieuse †, Pieuse †, Cour †, Principe †, Fin †, École †, Échelle †, Étoile fervente †, Grappe †, Vigne †, Tour †, Vaisseau †, Rédemptrice †, Libératrice †, Arche †, Lit †, Cinnamome †, Génération †, Femme †, Amie †, Vallée †, Vallon †, Trompette †, Épine ††, belle Pierre †, Mère †, Alana †, bien Faite †, Rose †, Porte bénie †, Libur †, Ville †, Colombe †, Grenade †, Tabernacle †, Grande †, Marie †. Ainsi soit-il †. Ainsi soit-il †.

En l'honneur de Dieu et du bienheureux saint Cyprien. Rendons grâces à Dieu. Ainsi soit-il.

Je crois que la première idée de ce genre d'appellations appliquées à la sainte Vierge, appartient à Richard de Saint-Laurent, pénitencier de l'Église de Rouen, au milieu du treizième siècle. Il est l'auteur présumé d'un écrit (car on a imprimé cet écrit avec les œuvres d'Albert le Grand, Lyon, 1651, 20 vol. in-fol.) intitulé : *De laudibus beatæ Mariæ, alias Mariale*, et divisé en douze livres. Le premier est une explication de tous les termes de la Salutation angélique. Le sujet du second est ainsi indiqué

*Quomodo Maria servivit nobis in singulis membris et sensibus suis.* On pourra se rendre compte de la façon singulière dont cette proposition est développée, par l'extrait d'un petit opuscule examiné ici même, au tome II, de cette édition, et qui a pour titre : *La sainte Association de l'amour sacré de Marie,* etc. Dans le troisième livre, Richard traite de toutes les dignités et prérogatives attachées à la virginité de la mère de Dieu; dans le quatrième, de ses vertus; dans le cinquième, de sa double beauté, corporelle et spirituelle; dans le sixième, des motifs pour lesquels elle est appelée mère, sœur, fille, épouse, princesse, reine et servante. Les trois livres suivants rendent raison des noms de Marie empruntés des choses célestes, où terrestres, ou aquatiques : d'une part, firmament, soleil, lune, aurore, étoile du matin, etc.; de l'autre, champ, mont, vallée, désert, pierre, pré, pâturage, etc.; ou bien fontaine, fleuve, torrent, lac, étang, piscine, puits, citerne, etc. Cette nomenclature est, sauf l'interprétation, textuellement celle qui est donnée par notre *Enchiridion.* Une nouvelle série de noms correspond, dans le dixième livre, aux détails des habitations humaines, trône, tribunal, chaire, lit, tente, grenier, fournaise, etc., et même bibliothèque. Les appellations recueillies dans le onzième livre sont celles que la guerre et l'art nautique ont fournies : château, citadelle, tour, place forte,... navire, ancre, port, arche de Noé, etc. Quantité de ces noms ont passé dans les litanies. L'expression *hortus conclusus* appliquée à la sainte Vierge a seule servi de texte au commentaire qui remplit tout le douzième livre [1].

Je reviens et je rencontre ce talisman :

*Ce sont les paroles que dit Adam lorsqu'il fut en enfer ou aux limbes, sur le bord de l'Achéron; si quelqu'un les porte en guerre*

---

[1] Voy. la notice de Richard de Saint-Laurent, par Daunou, dans l'*Histoire littéraire de France,* t. XIX, p. 26.

## SCIENCES ET ARTS.

sur soi, il n'y sera pas tué par aucun que ce soit; ainsi sera-t-il du voyageur qui les portera l'espace de soixante-dix jours; il ne sera pris en chemin, ni attaqué par les voleurs, et aura le temps d'avoir un prêtre pour être ouï de confession, et avoir rémission de ses péchés : elle est aussi de grande vertu pour ceux qui voyagent sur mer. Elle évite du péril celui qui la portera avec grande dévotion.

Valcam da Zazac †, Adonay N. † † † † †. Commencement † et Fin †, Onction †, Sagesse †, Vérité †, Espérance †, Consolateur †, c'est moi qui suis la Fontaine †, le Médiateur †, Agios †, la Brebis †, le Lien †, le Pied †, le Lion †, le Pain †, Telos †, la Main †, le Caillou †, la Pierre †, etc., etc.

Honni soit qui mal y pense! Mais je ne tiens pas quitte le lecteur, à moins de ces dernières citations :

### Pour la brûlure.

Notre Saint-Père s'en va par une voie, trouve un enfant qui crie. Père, qu'a cet enfant? Il est chu en braise ardente. Prenez du sain de porc, et trois fascines de votre corps, et le feu en sera dehors.

### Pour le mal caduc.

Soufflez en l'oreille droite du tombé du mal caduc ces mots : *Gaspar fert myrrham, thus Melchior, Balthasar aurum* : il se relève sur l'heure; et pour le guérir radicalement, il faut avoir trois clous de fer, de la longueur de son petit doigt; enfouissez-les profondément au lieu de sa première chute, et sur chacun nommez le nom du malade.

### Contre les renards.

Dites trois fois la semaine : au nom du Père †, et du Fils †, et du Saint-Esprit †. Renards ou Renardes, je vous conjure, au nom de la très-sainte et sur-sainte, comme Notre-Dame fut enceinte, que vous n'ayez à prendre ni écarter aucun de mes oiseaux, de mon troupeau, soit coqs, poules ou poulets, ni à manger leurs nids, ni sucer leur sang, ni casser leurs œufs, ni à leur faire aucun mal, etc.

### Contre les loups.

Récitez la même oraison, et dites, au lieu de renards et renardes, le nom des bestiaux que vous voulez préserver des loups et des louves.

### Pour être dur.

Écrivez sur deux billets, avec votre sang, ce qui suit : Ranuc †, Malin †, *Fora, consummatum est, in te confido, Satana* †; vous en avalerez un, et porterez l'autre au cou.

Je ne comprends pas, je l'avoue, le but de cette dernière oraison. *Pour être dur*, comment, quand et pourquoi? Je ne vois ici de dur que ce qui est à avaler.

Albert le Grand [1] dut ce surnom, non pas à sa taille qui était d'une extrême petitesse, mais à ses connaissances étendues en toutes sortes de matières, dans un siècle ignorant et grossier. Il naquit, selon quelques-uns, en 1195; selon d'autres, en 1205, à Lawingen, sur le Danube, dans la Souabe. Il était gentilhomme, et, dit-on, de la famille des comtes de Bolstadt. Il fit ses études chez les dominicains, dont il prit l'habit, avec plus d'application que de succès, ayant l'esprit lent et l'intelligence peu développée. Néanmoins, il ne laissa pas d'être en état d'enseigner la philosophie à trente ans, par l'effet, dit-on, d'un miracle de la sainte Vierge. Elle lui apparut au moment où, désespéré de la difficulté qu'il trouvait à apprendre les sciences, il allait s'ôter la vie, et elle lui promit de le rendre habile dans la théologie ou dans la philosophie, à son choix. Il se décida pour la dernière. Il alla, par ordre de ses supérieurs, l'enseigner d'abord à Cologne, puis dans plusieurs autres villes d'Allemagne, et enfin à Paris (1245). Là, il eut une si grande quantité d'auditeurs, qu'il fut obligé de faire son cours en plein air. La place qu'il avait choisie à cet effet en a retenu son nom; c'est la place

---

[1] *Mélanges d'une grande bibliothèque*, t. XV.

*Maubert*, par corruption du nom de maître Albert. Le plus fameux de ses disciples fut saint Thomas d'Aquin.

Après avoir professé à Paris durant plusieurs années, il devint provincial de son ordre en 1254. Il alla ensuite en Pologne comme missionnaire apostolique, et, lorsqu'il en fut revenu, le pape Alexandre IV l'attira à Rome, où il lui donna la charge de maître du sacré collège. Il avait mérité cette distinction, en combattant Guillaume de Saint-Amour qui accusait les dominicains de croire à l'avénement prochain d'un nouveau Messie, et en déployant dans cette lutte beaucoup de savoir et d'éloquence. Après avoir exercé assez longtemps sa charge de maître du sacré palais, il fut nommé à l'évêché de Ratisbonne, qu'il occupa pendant plusieurs années, et où il mourut à quatre-vingt-sept ans, au commencement du quatorzième siècle. Ses ouvrages ont été recueillis au milieu du dix-septième siècle, en vingt et un volumes in-folio.

« Comme beaucoup de savants de ces temps éloignés, dit M. Dumas [1], c'était un homme universel, et il avait à la fois des connaissances très-étendues et très-approfondies; ce qui faisait dire qu'il était *magnus in magiâ, major in philosophiâ, maximus in theologiâ*. Ses ouvrages montrent qu'il possédait des connaissances précises de diverses natures et, en particulier, sur les propriétés chimiques des pierres, des métaux et des sels, connaissances qu'on trouverait difficilement chez d'autres savants de cette époque. Il ne faut pas compter parmi ses œuvres les *Secrets du Petit Albert*, ouvrage dont la composition est si peu en rapport avec la nature des devoirs d'un évêque, et dans lequel personne ne pourrait sérieusement reconnaître le style d'Albert, du maître de saint Thomas d'Aquin. Il faut de même en écarter un certain traité d'alchimie, le *Traité des secrets du Grand Albert*, postérieur à son époque... Le traité *De mineralibus et rebus metallicis* offre plus de réserve et de sagesse qu'on n'en

---

[1] *Leçons sur la philosophie chimique*, p. 19 et 22. Éd. 1836.

devrait attendre de l'époque. L'auteur y expose et y discute les opinions de Géber et des chimistes de l'école arabe; il admet leur façon de voir sur la nature des métaux, sur la génération de ces corps; mais il y ajoute des observations qui lui sont propres, et surtout de celles que l'habitude de voir des mines et des exploitations métallurgiques lui a permis de faire. Ce qui caractérise le traité *De rebus metallicis*, que j'ai étudié davantage, c'est l'exposition précise et souvent élégante des opinions des anciens et de celles des Arabes; c'est leur discussion raisonnée où se décèle l'écrivain exercé en même temps que l'observateur attentif. »

Un jugement si bien circonstancié et parti de si haut, ne permet donc pas d'attribuer à Albert le Grand, tels du moins qu'ils se réimpriment aujourd'hui, ces livrets impurs, niais et superstitieux que l'on colporte sous son nom, et dont je vais parler immédiatement.

Le premier a pour titre : *Les admirables secrets du Grand Albert contenant plusieurs traités sur la conception des femmes et sur les vertus des herbes, des pierres précieuses et des animaux; édition augmentée d'un abrégé curieux de la science de la physionomie et d'un préservatif contre la peste, les fièvres malignes, les poisons et l'infection de l'air; traduits sur des anciens manuscrits de l'auteur qui n'avaient pas encore paru; ce qu'on verra plus amplement dans la table*, in-18, 217 pag., fig. col. Lyon (Paris), chez les héritiers de Beringos, S. D.

C'est le plus célèbre, et, comme on l'a dit avec raison avant moi, le plus absurde et le plus dangereux des livres de cette classe. La première partie, de 57 pages, est divisée en treize chapitres, non compris l'*Épître à son cher confrère en Jésus-Christ, N....., clerc*, et l'*Avis au lecteur*. Elle comprend tout ce qui a rapport à la génération, et l'exprime d'une façon tellement obscène, qu'il est bien difficile d'en donner des extraits dont on ne soit pas révolté. De l'aveu même de l'auteur, quelques-uns de ces sales détails lui ont été révélés en confession. J'essayerai toutefois d'en reproduire certains passages, en cherchant à concilier les droits de la décence avec la curiosité du lecteur. Il est dit, par exemple, au chapitre ii :

> Il faut cependant remarquer après les philosophes, que chaque individu est composé des quatre éléments, en sorte que la matière terrestre sert à la composition des os, de même l'aqueuse contribue à celle qui lui convient, et ainsi des autres. Ensuite la nature en dix-huit jours a soin de former le visage, et de donner au *fœtus* sa longueur, sa profondeur; et depuis ce temps-là le *fœtus*, jusqu'à la sortie hors du ventre de sa mère, prend de plus en plus de nouvelles forces.

Le chapitre iv traite de la diversité des animaux : et, après en avoir donné une cause dont l'Académie de médecine s'amuserait beaucoup, il y est dit que :

> Si certains animaux sont grands, longs, déliés, et d'autres sont petits, cela vient de la diversité de l'humide. Celui qui est chaud, sec et bilieux forme un corps long, mince et menu, par le moyen de la chaleur qui l'étend; celui qui est froid et flegmatique, fait l'animal court et large, à cause de l'eau qui s'écarte et du froid qui resserre; mais celui qui a la couleur du sang et qui est chaud, engendre l'animal ni trop petit ni trop grand, à cause du mélange tempéré du chaud et de l'humide. L'humide mélancolique rend l'animal fort petit et resserré, parce que la sécheresse et la froideur l'empêchent de s'étendre et de s'allonger. L'animal enfin qui est formé d'un humide bilieux, mêlé par hasard avec du chaud, est long et fort menu, à cause de la chaleur qui l'étend extrêmement, et de la sécheresse tempérée qui le délie. Et il faut remarquer que le bilieux est de couleur jaune, le sanguin est rouge, le mélancolique noir, et le flegmatique blanc. Il n'y a point de doute que de ceux dont la nature est mêlée, la qualité et la couleur ne le soient aussi. On a montré dans ce chapitre de quelle manière s'engendrent les animaux parfaits et imparfaits; on y a fait voir comment se forment plusieurs fœtus, et on a donné la raison pourquoi un animal est court ou long, et d'où vient qu'il est d'une telle couleur....

Passons donc au chapitre v, ou plutôt sautons-le, et venons au chapitre vi. On y voit comment se forment les monstres de nature, les bicéphales, les hermaphrodites, etc. Mais

Albert dit que s'il y a des monstres de corps, il y en a aussi d'esprit; car il parle de deux jumeaux, dont l'un avait dans son côté droit une vertu avec laquelle, en quel endroit qu'on le portât, il ouvrait toutes les serrures qui étaient fermées, lorsqu'on les opposait à son côté; et l'autre, par une puissance contraire qu'il avait dans le gauche, fermait toutes celles qui étaient ouvertes, quand on les approchait de lui (cela s'entend d'ouvrir et de fermer les serrures qui sont aux portes des maisons). Il n'y a pas de doute que cela ne vient pas de la matière, ni même seulement d'une constellation spéciale du ciel, mais encore d'une disposition particulière de la matière pour un tel effet; parce que les actifs n'agissent que sur une matière bien disposée, et sur un sujet préparé comme on l'a dit ci-devant.

Je ne parlerai pas des marques pour connaître si une femme est enceinte d'un garçon ou d'une fille (chap. viii), ni des empêchements de la conception et d'où ils viennent, ni des secrets pour faire concevoir une fille ou un garçon à une femme (chap. xii); cela dépasse les limites possibles de l'absurde, et n'est pas propre à faire revenir les adversaires du moyen âge de leurs préjugés contre une époque où les plus savants avaient de ces imaginations.

Les chapitres xiv, xv et xvi, traitent de la vertu de quelques herbes, pierres et certains animaux.

On avait pensé jusqu'ici que le gui de chêne n'était bon qu'à faire de la glu; on ne rendait pas justice à cette plante merveilleuse, car,

Étant jointe avec une autre que l'on nomme *sylpiun*[1], elle ouvre toutes sortes de serrures. Que si on la pend à un arbre avec une aile d'hirondelle, tous les oiseaux s'y assembleront de deux lieues et demie; ce que j'ai expérimenté et éprouvé moi-même plusieurs fois.

---

[1] C'est le *silphion* ou *silphium*, arbrisseau qui produit le laser.

*Experto crede Alberto.* La rose n'a pas non plus le seul mérite de produire le parfum exquis qu'on en extrait à Constantinople, et que, en France, on communique au savon, à la pommade, et à tous les cosmétiques imaginables :

Prenez-en un grain (un grain de rose est original) avec un grain de moutarde, et le pied d'une belette, pendez-les à un arbre, il est sûr qu'il deviendra stérile, et ne portera jamais de fruit. Que si on met ce composé dans des filets, tous les poissons y viendront : ou bien si on jette cette composition au pied d'un choux sec et mort, il reverdira l'espace d'un demi-jour après. De plus, si on la met dans une lampe allumée, tous ceux qui seront présents sembleront être noirs comme des diables. Que si on mêle cette poudre avec de l'huile d'olive et du soufre vif, et qu'on en frotte une maison pendant que le soleil luit, il semblera qu'elle sera tout en feu.

Voici un secret que je recommande aux maris inquiets et aux voleurs qui sont en chômage :

Si un homme veut savoir si sa femme est chaste et sage, qu'il prenne la pierre que l'on appelle *aimant*, qui a la couleur du fer, et qui se trouve dans la mer des Indes, et quelquefois dans la Theutonie, à présent la France orientale, qu'il la mette sous la tête de sa femme ; si elle est chaste et honnête elle embrassera son mari, sinon elle se jettera aussitôt hors du lit. De plus, si on met cette pierre, après l'avoir réduite en poudre, sur des charbons, aux quatre coins d'une maison, tous ceux qui y seront couchés en sortiront et abandonneront tout ; et pour lors les larrons y pourront faire ce qu'ils voudront sans crainte.

D'autre part,

Si une femme a donné quelque chose à un homme pour se faire aimer, et qu'il s'en veuille défaire, il prendra sa chemise et pissera par la têtière et par la manche droite : aussitôt il sera délivré de ses maléfices.

Tout cela est d'une profondeur à donner des vertiges.

## CHAPITRE III.

Je continue :

Les dents du *serpent*, qui ont été arrachées pendant qu'il vivait encore, étant pendues au col, guérissent de la fièvre quarte. Si on met un *serpent* sur une personne qui a mal aux dents, il l'apaise; si on le présente à une femme enceinte, elle est en danger de se blesser; et si elle est en mal d'enfant, il facilite l'accouchement. On dit que le lion craint un coq blanc et le feu; et celui qui se frotte avec de la graisse des reins d'un lion, peut aller sans crainte parmi toutes les sortes d'animaux, qui appréhendent tous cet animal. Pour faire peur aux loups, on s'oindra le corps avec de la fiente de *lièvre*.

Je fais grâce des secrets pour se faire aimer. On y acquiert le bonheur à trop bon marché, et les moyens qu'on nous indique n'accordent pas assez à notre mérite personnel.

Les gravures de ce livre, qui sont coloriées, n'ont rien de remarquable, et pour moi sont à peu près incompréhensibles. J'y distingue seulement des magiciens, dont quelques-uns sont vêtus à la romaine, des syphons, des alambics, des étoiles, des bustes d'Évax, d'Aaron, d'Avicenne et d'Aristote, et un crocodile empaillé suspendu à un plafond. C'est la boutique d'un marchand de bric-à-brac aussi bien que d'un nécroman.

Il existe une autre édition de ce livre, moins la partie qui traite de la génération : le titre en est ainsi conçu : *Secrets merveilleux de la magie naturelle et cabalistique du Petit Albert, traduits sur l'original latin intitulé :* ALBERTI PARVI LUICI (sic) *Libellus de mirabilibus naturæ arcanis; enrichis de figures mystérieuses avec la manière de les faire. Nouvelle édition, corrigée et augmentée;* in-18, 176 pages. Lyon (Paris), chez les héritiers de Beringos fratres, à l'enseigne d'Agrippa, S. D.

Tous les secrets que contient le *Grand Albert* sont reproduits dans cette édition avec une infinité d'autres qui ne sont pas dans la première, et qui ne sont pas les moins plaisants, témoin celui-ci :

Si vous voulez prendre corneilles et corbeaux vivants, vous ferez des cornets de papier fort, qui soit gris bleu, vous les frotterez en dedans avec de la glu, et y mettrez quelques morceaux de viande puante pour les attirer; en sorte que fourrant leur tête dans ces cornets, la glu s'attachera à leurs plumes, et en étant affublés comme d'un capuchon qui leur bouchera la vue, quand ils voudront s'envoler ils ne le pourront, et il sera facile de les prendre.

Je ne connais que le grain de sel mis sur la queue d'un moineau, secret, comme chacun sait, infaillible pour prendre cet oiseau, qui soit supérieur à celui-là.

On recommande les talismans de Paracelse et les différents procédés pour faire des parfums cabalistiques et même de l'or :

La grande réputation que Paracelse s'est acquise dans le monde par sa profonde science, donne beaucoup d'autorité à ce qu'il a laissé par écrit. Il assure, comme une chose indubitable, que si l'on fait des talismans suivant la méthode qu'il en donne, ils produiront des effets qui surprendront ceux qui en feront l'expérience, et c'est ce que j'ai éprouvé moi-même avec grande admiration et un très-heureux succès.

Voici ces talismans :

FIGURES DES SEPT PLANÈTES POUR GRAVER SUR LES TALISMANS
DE PARACELSE

Le dernier de ces talismans paraît représenter un scorpion, et je crois en avoir lu la légende sur quelque médaille de Louis XIV. Au revers de chacun d'eux on trouve un carré composé d'un

## SCIENCES ET ARTS.

certain nombre de lignes de chiffres, dont l'addition s'opère du haut en bas de chaque ligne.

Ce qui est mystérieux en cela, et dont on doit être informé, c'est que les nombres qui seront marqués dans tous les talismans ou sceaux des planètes, sont les nombres des grandes étoiles qui sont sous la domination de chaque planète, et que Dieu leur attribue comme leurs sujets; et c'est pour cela que ceux qui sont versés dans l'astrologie appellent les planètes précurseuses ou étoiles premières, et ils concluent de là qu'ils ont les autres sous leur direction pour la distribution de leurs influences.

Le nombre de lignes de chiffres pour le talisman du Soleil ou dimanche, est de *six* :

| 9  | 32 | 1  | 32 | 25 | 19 |
|----|----|----|----|----|----|
| 7  | 11 | 27 | 18 | 8  | 30 |
| 19 | 14 | 16 | 15 | 23 | 24 |
| 18 | 20 | 22 | 21 | 17 | 13 |
| 22 | 29 | 10 | 19 | 26 | 12 |
| 36 | 5  | 33 | 6  | 12 | 13 |

Dans chaque ligne additionnée l'on trouve le nombre mystérieux *cent onze*. Ces mêmes lignes de chiffres sont au nombre de *neuf* pour le talisman de la Lune ou lundi ; de *cinq* pour le talisman de Mars ou mardi, etc.

Les propriétés du talisman du Soleil consistent en ce que « celui qui le portera deviendra agréable aux puissances de la terre, abondera en richesses et en honneurs, et sera estimé de tout le monde; il doit être de l'or le plus exquis et le plus pur, qui est celui d'Arabie ou de Hongrie. » Le talisman de la Lune doit être

« du plus pur argent qu'on pourra trouver ; il préservera des maladies épidémiques, des coups de main des voleurs et sera favorable aux laboureurs et aux négociants. » Celui de Mars doit être « du meilleur fer de Carinthie ; il rendra invulnérable ; donnera une vigueur extraordinaire, et assurera la victoire dans tous les combats. » Celui de Mercure doit être « de mercure fixé ; il rendra discret, éloquent, savant en toutes sortes de sciences, et, infusé une heure seulement dans un verre de Malvoisie, il donnera une mémoire qui retiendra tout avec la plus grande facilité. Il peut même guérir toutes sortes de fièvres, et, mis sous le chevet du lit, procure des songes où l'on voit tout ce qu'on veut savoir. » Celui de Jupiter doit être « du plus pur étain anglais ; il aura la vertu de multiplier les choses dans lesquelles on l'enveloppera, rendra fortuné dans le négoce, dissipera les chagrins, les soucis importuns et les terreurs paniques. » Celui de Vénus doit être « de cuivre bien purifié et bien poli. En le portant avec révérence, on s'assurera d'être aimé ardemment, tant des femmes que des hommes. Il a aussi la vertu de réconcilier les ennemis mortels, en leur faisant boire quelque liqueur où on l'aura mis. » Enfin, le talisman de Saturne « doit être de plomb bien affiné et purifié. »

Il est d'un grand secours, premièrement pour les femmes qui sont en mal d'enfantement, car elles n'y souffrent presque point de douleur : c'est ce qui a été éprouvé plusieurs fois avec un heureux succès par des personnes de qualité, qui étaient sujettes à faire de mauvaises couches. Il multiplie aussi et augmente les choses avec lesquelles on le met. Si un cavalier le porte dans sa botte gauche, son cheval ne pourra être aucunement blessé. Il a tous les effets contraires à ceux-ci lorsqu'on le forme dans le temps que la constellation de Saturne est dans une situation funeste, et la lune rétrograde dans les signes susdits.

Un marchand de biblots, de petits dunkerques, de magots de la Chine, de poudre virginale, d'eau de Jouvence, de lait de Vénus, etc., qui aurait sa boutique approvisionnée de talismans du genre de ceux qu'on voit ci-dessous, ferait peut-être aujourd'hui une fortune avec les lorettes, les dames de la finance affectées de mélancolie, les grosses bourgeoises retirées du commerce, les femmes de fonctionnaires, que la vanité rend malades, et celles que l'absence de leurs maris laisse livrées à toutes les mauvaises inspirations de la solitude. Il y a dans ces talismans « formés des caractères que les anciens cabalistes ont appropriés aux sept planètes, » de quoi s'occuper toute la journée, ne fût-ce qu'à les ranger et à les déranger ; il y a surtout à faire l'expérience des vertus propres à chacun d'eux, et cette expérience doit prendre du temps, pour peu qu'on ne se décourage pas.

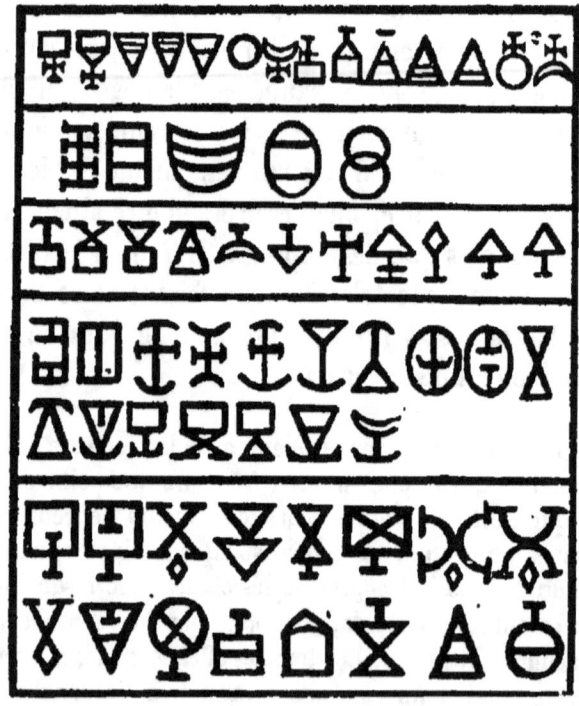

Que dirai-je de la *Main de gloire*, autre talisman ? Si j'avais l'honneur d'être gouverneur de la Banque de France ou garde du Trésor public, je vivrais dans un état de transes et d'insomnie perpétuel, en considérant à combien peu de chose il tiendrait qu'on ne dévalisât ma caisse, et l'impossibilité où je serais de m'y opposer. La garde elle-même qui veillerait à mes portes, se composât-elle de plusieurs bataillons, ne me rassurerait nullement, puisque ce talisman, au moyen duquel on déjouerait sa surveillance, la forcerait d'assister l'arme au bras à l'enlèvement de mes lingots. Je viens au fait.

*De la Main de gloire dont se servent les scélérats voleurs pour entrer dans les maisons, de nuit, sans empêchement.*

J'avoue que je n'ai jamais éprouvé le secret de la Main de gloire; mais j'ai assisté trois fois au jugement définitif de certains scélérats, qui confessèrent à la torture s'être servis de la Main de gloire dans les vols qu'ils avaient faits; et comme, dans l'interrogatoire, on leur demanda ce que c'était, et comment ils l'avaient eue, et quel en était l'usage, ils répondirent premièrement que l'usage de la Main de gloire était de stupéfier et rendre immobiles ceux à qui on la présentait, en sorte qu'ils ne pouvaient non plus branler que s'ils étaient morts; secondement, que c'était la main d'un homme mis à mort en suite d'une condamnation juridique; troisièmement, qu'il fallait la préparer en la manière suivante : On prend la main droite ou la gauche d'un pendu ou d'un décapité, qu'on achète du bourreau ou du gardien de l'amphithéâtre où le corps aura été déposé après l'exécution; on l'enveloppe dans un morceau de drap mortuaire, puis on la met dans un vase de terre avec du zimat, du salpêtre, du sel et du poivre long, le tout bien pulvérisé : on la laisse pendant quinze jours dans ce pot; puis, l'ayant tirée, on l'expose au grand soleil de la canicule, jusqu'à ce qu'elle soit devenue bien sèche; et, si le soleil ne suffit pas, on la met dans un four qui soit chauffé avec de la fougère ou de la verveine, puis l'on compose une espèce de chandelle avec de la graisse de supplicié, de la cire vierge et du sésame de Laponie, et l'on se sert de cette Main de gloire comme d'un chandelier pour tenir cette chandelle allumée; et dans tous les lieux où l'on va avec ce funeste instrument, ceux qui y sont demeurent immobiles. Et, sur ce qu'on leur demanda s'il n'y avait point de remède pour se garantir de ce prestige, ils dirent que la Main de gloire devenait sans effet, et que les voleurs ne pourraient s'en servir, si on frottait le seuil de la porte de la maison, ou les autres endroits par où ils peuvent entrer, avec un onguent composé du fiel de chat noir, de graisse de poule blanche et du sang de chouette, et qu'il fallait que cette confection fût faite dans le temps de la canicule.

Cette main terrible, la voilà !

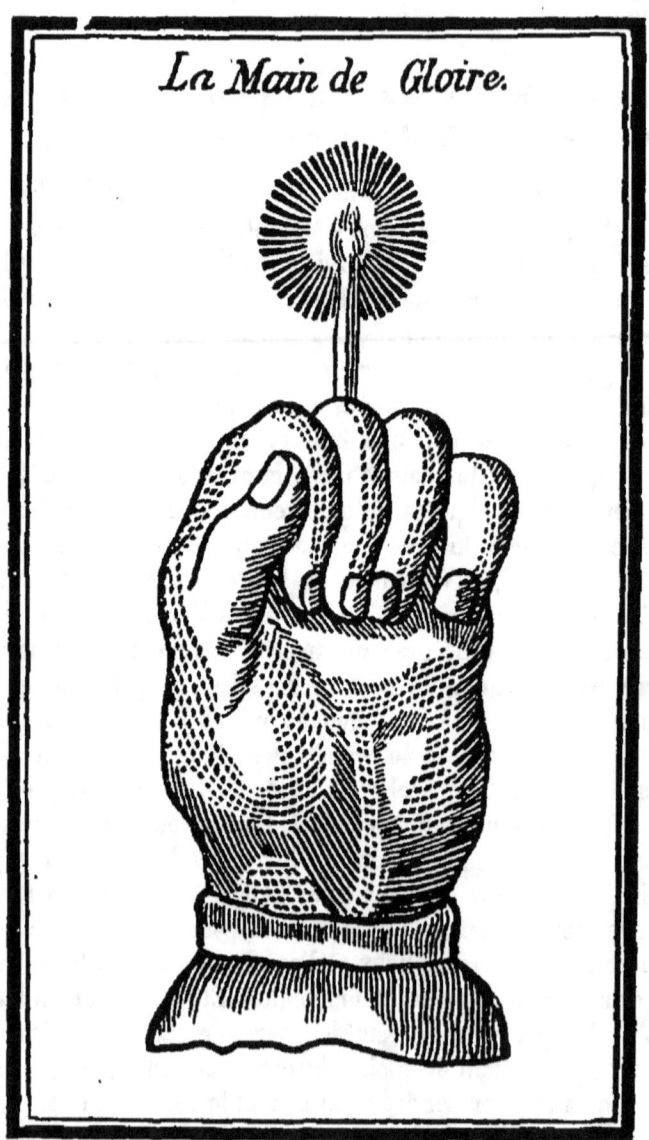

Je doute fort qu'elle soit de l'invention d'Albert, puisqu'il était trop honnête pour révéler, s'il l'eût connu, un pareil secret. C'est évidemment l'œuvre d'une civilisation plus avancée, et on raconte des traits de Cartouche et de Mandrin qui feraient croire volontiers que ce talisman ne leur était pas inconnu.

Au reste, les pertes que j'aurais faites par la grâce de cette main, je les réparerais facilement au moyen d'un autre secret, « révélé par Cardan. » Il s'agit de la découverte d'un trésor.

Il faut, dit-il, avoir une grosse chandelle composée de suif humain, qu'on se procure dans les amphithéâtres des hôpitaux où l'on étudie l'anatomie, et qu'elle soit enclavée dans un morceau de bois de coudrier fait en la manière qui est représentée dans la figure suivante :

et si la chandelle, étant allumée dans le lieu souterrain, y fait beaucoup de bruit en pétillant avec éclat, c'est une marque qu'il y a un trésor en ce lieu, et plus on approchera du trésor, plus la chandelle pétillera, et enfin elle s'éteindra quand on sera tout à fait proche. Il faut avoir d'autres chandelles dans des lanternes, afin de ne pas demeurer sans lumière. Quand on a des raisons solides pour croire que ce sont des hommes défunts qui gardent les trésors, il est bon d'avoir des cierges bénits au lieu de chandelles communes, et les conjurer de la part de Dieu de déclarer si l'on peut faire quelque chose pour les mettre en lieu de bon repos, et il ne faudra jamais manquer d'exécuter ce qu'ils auront demandé.

Ou bien je procéderais incontinent à l'opération suivante :

Vous prendrez du soufre vif, du sel de nitre, du salpêtre, de chacun même quantité, c'est-à-dire environ quatre onces de chacun ; le tout étant bien pulvérisé sera mis dans une bosse ou grande cornue de verre fort, bien lutée et garnie de terre grasse ; on la mettra auprès d'un feu lent l'espace de deux heures, puis vous augmenterez le feu jusqu'à ce qu'il ne fasse aucune fumée. Après la fumée sortira une flamme, hors du col de la bosse, le long des côtes, et cette flamme étant cessée, on verra le soufre précipité au fond, de couleur blanchâtre et fixe ; on le tirera, et y joignant autant de sel ammoniac, on pilera et pulvérisera le tout ensemble bien subtilement, et on le fera sublimer en commençant par un feu lent, et augmentant toujours peu à peu, jusqu'à ce qu'il monte l'espace de quatre heures ; puis, on retirera du vase tout ce qui sera sublimé, aussi bien que les lies qui se trouveront au fond. Vous incorporerez le tout ensemble, et sublimerez derechef, continuant cette manière de sublimation jusqu'à six fois ; après quoi, le soufre, étant au fond du vase, sera recueilli et pilé sur un marbre, en lieu humide, et il se convertira en huile, duquel (*sic*) vous mettrez six gouttes sur un ducat d'or fondu au creuset, et il se fera une huile qui, étant mise sur un marbre, se congèlera. Et, si vous mettez une partie de cette huile sur cinquante de mercure préparé et purgé, vous aurez un or très-excellent.

En voilà assez, en voilà trop peut-être pour faire connaître ce pendant du *Grand Albert,* non moins absurde et aussi dangereux que lui. Je me suis étendu sur tous les deux d'autant plus volontiers, que si on les réimprime, c'est clandestinement, et que la police correctionnelle est chargée d'appliquer contre ceux qui les débitent, un ou deux des plus sévères articles du Code pénal. Il serait donc à peu près impossible à la plupart des lecteurs de se les procurer ; mais ils les connaîtront assez aux fragments que j'en ai détachés.

On tolère pourtant encore, je le suppose du moins, la vente d'une édition du *Petit Albert,* qui a pour titre : *Les secrets merveilleux du Petit Albert, traduits exactement sur l'original latin intitulé :* ALBERTI PARVI LUCII ; in-18, 144 pages, figures ; Paris, chez les marchands de nouveautés, 1852. C'est l'abrégé du précédent. Il y a en tête deux gravures. La première est assez confuse. Autant que j'en puis juger, cependant, elle paraît représenter le roi Salomon, revêtu d'une espèce de chlamyde et coiffé de la mitre orientale. D'une main il tient son glaive, dont la lame repose dans le fourreau, et il étend l'autre dans la direction d'un groupe de personnages que, à leur costume, on prendrait pour des prêtres juifs. Il est placé sur les marches d'un palais, et derrière lui s'élève un tourbillon de fumée, comme il s'en élève avant ou après une évocation du diable. La seconde gravure représente deux talismans. Ce sont deux affreux diables, dont la tête est toute hérissée de serpents, qui dansent sur la pointe d'un triangle, tenant d'une main une bourse pleine, et, de l'autre, une carte qui porte le nombre cabalistique 77. Entre ces deux diables on voit une vieille femme assise, occupée à friser les cheveux d'un autre diable couché à ses pieds. Au-dessus d'elle un magicien, à cheval sur un dragon ailé, traverse les airs. Le texte renferme aussi quelques vignettes analogues.

*Le Monde enchanté, traité complet de Démonomanie, extrait des ouvrages de Bodin, de Lancre, de Loyer, Cabales* (sic) *Becker, etc., suivi du Grand sabbat des Sorciers*, in-18, 108 pages, figures ; Paris, Renault, 1844, est un abrégé des notes de l'*Histoire de M. Oufle*, dont il sera parlé tout à l'heure. Les trois premiers mots seuls du titre sont ceux du titre même de l'ouvrage du fameux Bekker, traduit du hollandais, Amsterdam, 1694, 4 vol. in-12. Ce Bekker, qui était ministre du culte protestant à Amsterdam, disait que le diable ne se mêlait ni des oracles, ni des prodiges du paganisme ; que tout ce qu'on en raconte n'était que des fraudes humaines, où il n'y avait rien de surnaturel ; que, au regard des passages du Nouveau Testament, où se trouvent les mots de démon, de possédés du démon, les évangélistes ayant écrit en grec, langue alors la plus usitée, ils se sont servis des mots grecs dans le sens qu'on leur donnait chez les Grecs, et par conséquent chez les païens, et que les païens qui ont embrassé le christianisme n'ont pas changé la signification de ces mots. Lors donc qu'il est marqué dans l'Évangile que Jésus-Christ chassait du corps des possédés les démons ou les esprits immondes, cela voulait dire seulement (telle est du moins la conséquence forcée du système de Bekker) qu'il guérissait certaines maladies qui infectaient le cerveau et troublaient l'imagination, une espèce de folie épileptique, d'où il résultait quelquefois des accidents terribles.

Ce système alarma les théologiens de Hollande; une foule de plumes s'exercèrent à le réfuter; les synodes s'en mêlèrent. Mais bien qu'écrasé par eux, l'auteur ne laissa pas de persister jusqu'à la mort dans ses premiers sentiments, sur une matière qu'il disait avoir examinée à fond pendant vingt-cinq ans. Il craignait si peu le démon qu'il dit lui-même, dans la préface de son premier volume : « Ce qu'on trouvera de plus surprenant, c'est le peu d'état que je fais du diable, et le peu de pouvoir qu'on lui attribue... » Et plus loin : « Mais je crains encore beaucoup moins celui qui n'a puissance ni sur le corps, ni sur l'âme, et je me mets aussi peu en peine du jugement de ceux qui plaident sa cause et qui prennent son parti. S'il est un dieu [1], qu'il se défende lui-même et qu'il vienne m'attaquer tandis que je renverse ses autels au nom du Seigneur, le Dieu des armées. J'en viens aux mains avec ce Goliath; voyons qui lui prêtera du secours. »

Ce fier défi n'intimida point les Consistoires. Bekker fut déposé et n'eut d'autre consolation que d'avoir les rieurs de son côté. On fit plusieurs médailles en son honneur; une entre autres dont parle Bayle dans ses *Lettres* [2], représentait un diable habillé en ministre, monté sur un âne, et portant une bannière, pour servir de monument du triomphe qu'il avait remporté sur les synodes.

---

[1] C'est-à-dire : si le diable est un dieu, etc.
[2] T. II, p. 472, édit. 1729.

« Bekker, à en juger par son portrait, qu'on voit à la tête de son livre, était d'une laideur affreuse; c'est ce qui a donné lieu à ce quatrain de La Monnoye :

> Oui, par toi de Satan la puissance est bridée ;
> Mais tu n'as cependant pas encore assez fait :
> Pour nous ôter du diable entièrement l'idée,
> Bekker, supprime ton portrait.

« Au reste, il faut s'armer de patience pour lire les quatre volumes du *Monde enchanté*. C'est un ouvrage écrit sans ordre, sans méthode, d'un style diffus et chargé de répétitions : défauts que la traduction française, approuvée par Bekker, a scrupuleusement retenus [1]. »

Quant au livret qui nous occupe, lequel, comme je l'ai dit, n'a emprunté de Bekker que le titre, c'est une nomenclature assez détaillée de toutes les espèces de diables, de leurs fonctions, de leurs puissances et de leurs métamorphoses. Je cite :

Pour montrer que rien n'est plus commun que les diables, c'est qu'il est constant (car de grands hommes l'ont écrit, et puisque ce sont de grands hommes, on doit avoir une grande confiance dans ce qu'ils disent) que ces mauvais esprits se multiplient entre eux comme les hommes [2], qu'il y en a tant dans l'air qu'on peut dire qu'il en est plein [3]; et qu'ainsi il arrive sans doute que par la respiration, et pour mieux dire, par l'aspiration, nous en attirons plusieurs dans notre corps : méchants hôtes que nous avons chez nous, et que nous n'avons pas intérêt de garder ! Comme ils sont extrêmement portés à mal faire, ils ne tiennent pas alors leur malignité oisive. Ils travaillent de leur mieux : mais à quoi ? A nous causer des maladies qui nous impatientent et qui nous font beaucoup souffrir, à nous donner des songes qui nous troublent et qui nous inquiètent, à nous inspirer leurs ma-

---

[1] *Mémoires* de d'Artigny, t. I, p. 62 et suiv.

[2] Grégoire de Nice tient que les démons multiplient entre eux comme les hommes. (*Note de l'auteur.*)

[3] Saint Anastase dit, dans sa Vie de saint Antoine, que l'air est tout plein de démons. (*Idem.*)

lices et à nous les faire pratiquer, afin de nous rendre aussi criminels qu'ils le sont eux-mêmes.

Quoiqu'il y ait un si grand nombre de diables qu'il paraisse impossible de le fixer, un homme qui s'était particulièrement appliqué à le connaître est enfin parvenu à cette connaissance ; il sait combien il y en a aussi sûrement que s'il les avait tous comptés un à un, les faisant passer en revue devant lui. Il assure donc qu'il en a trouvé sept millions quatre cent cinq mille neuf cent vingt-six [1], sauf l'erreur de calcul, ajoute-t-il : ils sont composés des quatre éléments, et c'est pour cela qu'ils en disposent souvent comme ils veulent. Mais il est vrai que quelquefois ils sont terriblement ballottés par ces mêmes éléments, et que tel diable s'attend de demeurer tranquillement sur la terre, qu'à l'heure qu'il y pense le moins, elle le renvoie si loin qu'il se trouve tout d'un coup porté dans la région du feu, de là dans l'air, et ensuite sur les eaux : enfin, voyant qu'on le rejette de tous côtés, il prend le parti de se mêler dans les tourbillons, et de s'insinuer dans les vents : et là, il fait des fracas épouvantables pour se venger de ces éléments ; des eaux, par exemple, en y excitant des tempêtes et leur donnant des agitations effroyables ; de la terre, en déracinant ses arbres et détruisant autant qu'il peut les fruits qu'elle produit : en quoi, certes, on n'a pas sujet alors de le reconnaître pour le directeur de cet élément, qualité que quelques-uns ont attribuée aux démons. Et s'il est vrai, comme d'autres l'ont pensé, que les étoiles n'ont été placées au lieu où elles sont que pour empêcher les diables de monter jusque dans les cieux, qui nous empêchera de croire que ces mauvais anges, poussés encore par un esprit de vengeance, se mêlent dans les influences des astres, afin de les corrompre, et de nous apporter ensuite avec elles tant de maux dont on ne ressent que trop les effets, mais dont on ne peut pas comprendre la cause ?

De bonne foi est-il croyable que, si les diables n'apparaissent point, tant d'habiles gens auraient si affirmativement assuré qu'ils apparaissent, dans quel temps ils apparaissent, et donné des détails si circonstanciés de toutes les différentes manières de leurs apparitions ? On apprend d'eux que les diables se montrent ordinairement les nuits

---

[1] Jean Wier, dans son livre *de Præstigiis*, a mis l'inventaire de la monarchie diabolique, avec les noms et surnoms de soixante et douze princes, et de sept millions quatre cent cinq mille neuf cent vingt-six diables, sauf l'erreur du calcul, ajoutant leurs qualités et propriétés, et à quoi ils pouvaient servir pour les invoquer. (*Note de l'auteur.*)

d'entre le vendredi et samedi, ou à midi; que, pour se former la figure sous laquelle ils veulent se faire voir, ils choisissent un vent favorable, et la lune dans son plein; que quand c'est la figure d'un homme, elle est toujours effroyable et mal proportionnée; par exemple, très-noire, extrêmement grande, ou très-petite; si c'est celle d'une femme, qu'elle aura, au lieu de pieds, des têtes de dragons, ou qu'elle sera, comme une veuve, vêtue de noir, mais cruelle, rompant bras et jambes à ceux qu'elle rencontre; qu'ils se métamorphosent en ormes, en fleuves, en chiens, en chênes, en oiseaux qui prédisent l'avenir, étant enfermés dans des cages, en avocats, en brins de paille, en truies, en masses d'or, en laitues, en arbres gelés, en moines, en ânes, en roues, en chevaux, en dragons, en gueux; et que même ils ont osé se revêtir de l'apparence du grand législateur des Juifs. Ces auteurs ont encore remarqué qu'on n'a jamais vu les diables paraître en colombes, en brebis ou en agneaux.

Après un si grand nombre d'histoires rapportées par tant de différents auteurs, qui peut être encore incrédule? Osera-t-on dire : « tout cela est faux, » quand ces grands hommes qui, après s'être appliqués avec toute l'attention possible à bien connaître les diables, ont poussé leurs soins et leurs bontés jusqu'à vouloir bien prendre les moyens de nous faire part de ce qu'ils ont connu?

Qui n'a entendu parler des diables *Incubes* et *Succubes*, c'est-à-dire de ceux qui couchent avec les femmes et qui en abusent (ce sont les *Incubes*), et de ceux qui, après avoir pris la figure d'une femme (ce sont les *Succubes*), excitent les hommes à commettre des crimes, que l'on conçoit sans qu'il soit nécessaire de les déclarer?

Il est constant que les diables n'aiment rien tant que de faire commettre les plus grands crimes; cette proposition étant incontestable, nous ne devons donc point douter qu'ils n'aiment beaucoup mieux abuser d'une femme mariée que d'une fille; et c'est aussi ce que les démonographes nous apprennent, étant persuadés qu'on ajoutera foi à leurs histoires, puisqu'elles sont fondées sur la malignité des démons, que tout le monde reconnaît, et dont personne ne doute.

Si l'on ne craignait de salir l'imagination du lecteur, on rapporterait ici ce qu'ils disent des douleurs que souffrent les femmes quand elles ont habitude avec les diables, et pourquoi elles souffrent ces douleurs; mais, par pudeur, on veut taire ces circonstances, et ne point rapporter ici les pages 154, 224 et 225 du livre de l'*Inconstance des diables*, par de Lancre. A Dieu ne plaise qu'on salisse cette histoire par de telles ordures ! Nous nous bornons à dire qu'il est si vrai que les diables font des enfants, qu'on les reconnaît et qu'on les distingue dans le monde parfaitement bien des autres; on leur donne même un nom particulier pour marquer cette distinction, afin que l'on ne s'y trompe point. On sait, par ce que l'on a remarqué bien des fois, que ces enfants sont fort criards, si affamés qu'ils épuisent plusieurs nourrices, si pesants qu'à peine peut-on les porter ; cependant si maigres que les os leur percent la peau, et qu'heureusement pour les pays où ils naissent, leur vie est très-courte. On dit heureusement : car, étant la production de si mauvais esprits, quels maux ne feraient-ils pas dans le monde, s'ils vivaient aussi longtemps que les autres hommes? Il y a eu pourtant quelques-uns de ces enfants d'iniquité qui ont passé au delà du terme qu'on donne au cours de leur vie : un certain Merlin, par exemple[1], et quelques autres qu'on n'a pas vus mourir, parce qu'ils ont disparu, et sont apparemment allés vivre ailleurs.

Mais tous ces diables ne sont que les suppôts, ou, si l'on veut, les sujets du grand diable d'enfer. Cependant ils ont pouvoir suffisant pour présider, par exemple, au sabbat; ils y figurent au moins à titre d'assesseurs. Par exemple,

Imaginons-nous à présent (dit l'auteur) que tous les sorciers et magiciens, toutes les sorcières et magiciennes sont assemblés, et qu'ainsi le sabbat commence.

Volontiers; mais ne serait-il pas à propos de savoir d'abord comment on s'y transporte? — Qu'à cela ne tienne :

Les voitures ne manqueront pas ; le diable en fournira de plusieurs sortes. Aux uns il donnera ou un balai, ou un bouc, ou un âne, ou

---

[1] « Un certain Merlin! » L'expression est bien méprisante. Il s'agit en effet de rien moins que du fameux enchanteur, né, dit-on, au cinquième siècle, dans les montagnes de la Calédonie, et qui vécut à la cour du roi Arthur. Tous nos vieux romans sont remplis des exploits de ce prince des sorciers, ainsi qu'on le verra dans le dernier chapitre de cet ouvrage. On lui attribue un livre de *Prophéties*, qui a été traduit et commenté dans toutes les langues. Thomas Heywood a donné une *Vie de Merlin*, Londres, 1641. Le vieux roman français de *Merlin l'Enchanteur* a été mis en français moderne par Boulard. Paris, 1757.

un cheval. Il suffira aux autres de s'oindre d'un certain onguent, et de prononcer certaines paroles pendant cette onction.

C'est fort bien. Quand le monde est rassemblé, le diable arrive.

C'est par son ordre et particulièrement pour lui que la fête se fait ; il y commande avec une autorité absolue ; personne n'oserait lui résister ; son empire est alors tout à fait despotique ; aussi ceux qui y assistent se sont-ils entièrement donnés à lui. La principale forme qu'il y prend, sa figure favorite, sa représentation la bien-aimée, c'est celle d'un grand bouc, avec trois ou quatre cornes, ayant une longue queue, sous laquelle on voit le visage d'un homme fort noir ; et ce gracieux et agréable visage est placé là exprès, afin de recevoir des baisers : il ressemble alors à Janus, avec la différence que les deux visages de ce maître diable n'ont pas la même situation que ceux de ce faux dieu... Je l'appelle principale forme, parce qu'il ne se renferme pas de telle sorte sous cette forme qu'il n'en prenne de temps en temps quelques autres, selon que la fantaisie lui en vient et que ses desseins l'exigent. Il se transforme quelquefois en un grand lévrier noir, ou en un bœuf bien cornu, ou en un tronc d'arbre, ou en oiseau noir comme un corbeau, mais aussi gros qu'une oie, ou en petits vers qui courent et serpentent de tous côtés, ou en bouc blanc, ou en feu, ou enfin en cendres, dit-on, qu'on a bien soin de recueillir, parce qu'elles ont des propriétés admirables pour faire des maléfices.

De toutes ces figures, la plus ordinaire, et celle qui impose le plus, et qui lui donne un air plus magistral, est la première, c'est-à-dire celle d'un grand bouc, ayant trois cornes et deux visages. C'est sous cette forme ou sous celle d'homme qu'il se montre assis dans une chaire noire, avec une couronne de cornes noires, deux cornes au cou, une autre au front, dont il éclaire l'assemblée, des cheveux hérissés, le visage pâle et trouble, les yeux ronds, grands, fort ouverts, enflammés et hideux, une barbe de chèvre, la forme du col et de tout le reste du corps mal taillée, le corps en forme d'homme et de bouc, les mains et les pieds comme une créature humaine, sauf que les doigts sont tous égaux et aigus, s'apointant par les bouts, armés d'ongles, et ses mains courbées en forme d'oiseau de proie, et les pieds en forme de pattes d'oie, la queue longue comme celle d'un âne, avec laquelle il couvre ses parties honteuses. Il a la voix effroyable et sans ton, tient une grande gravité et superbe, avec une contenance de personne mélancolique et ennuyée. Quelquefois le diable se fait suppléer.

Deux démons notables président les sabbats, le grand Nègre qu'on appelle maître Léonard, et un autre petit diable, que maître Léonard subrogeait quelquefois en sa place, qu'ils appellent maître Jean Mullin.

On ne s'imaginerait pas qu'il y ait un maître des cérémonies dans l'assemblée du sabbat, toujours représentée pleine de désordres et de déréglements. Cependant on assure qu'il y en a un, tenant en sa main un bâton doré.

Pour moi, je ne fais pas difficulté de le croire. Il faut de l'ordre partout, même au sabbat. Le diable ensuite passe la revue des assistants :

Il les marque, ou aux paupières, ou au palais, ou aux fesses, ou au fondement, ou à l'épaule, ou entre les lèvres, ou à la cuisse, ou sous l'aisselle, ou aux parties les plus secrètes, ou à l'œil gauche. Ces marques représentent ou un lièvre, ou une patte de crapaud, ou un chat, ou un petit chien noir; et sont toutes si insensibles que de quelque instrument qu'on les perce, le sorcier n'en souffre aucune douleur. On leur attribue encore un autre privilége, c'est que, tant qu'on les porte, on ne peut rien révéler de ce que les juges souhaitent savoir [1]; c'est pourquoi les sorciers les prient de les démarquer, pour pouvoir se dénoncer eux-mêmes.

Outre ces marques que le diable imprime sur ceux qu'il enrôle dans sa milice, il leur donne encore à chacun un nom de guerre, pour les distinguer.

Voilà donc tous les conviés du sabbat marqués et nommés.

. . . . . . . . . . . . . . . . . . . . . . .

Le diable, pour les attirer plus aisément à renoncer à Dieu et à l'adorer, a coutume de leur faire toucher un livre qui contient quelques écritures obscures; puis il leur représente et fait voir un abîme et comme une mer d'eau noire, dans laquelle il fait semblant de les précipiter, si tout chaudement ils ne renoncent.

. . . . . . . . . . . . . . . . . . . . . . .

[1] On a vu plusieurs sorcières qui ont prié les juges de faire effacer les marques qu'elles portaient, disant qu'autrement il n'était pas possible de tirer d'elles aucune vérité ni secret de leur métier. (*Note de l'auteur.*)

Ceux-là mangent d'une pâte ¹, ou se font sucer par le diable le sang du pied gauche, afin de ne rien révéler de ce qu'il leur commande de taire. Les uns font provision de poison qu'on leur distribue, quand il ne leur en reste plus de celui qu'on leur a donné. Les autres s'occupent à passer la main sur le visage des enfants, dans le dessein de les rendre si troublés et si étourdis, qu'ils puissent voir tant d'horreurs sans crainte et sans inquiétude. D'autres, après avoir tué des enfants non baptisés, font de leur chair l'onguent dont ils se servent pour leurs voyages et leurs transformations.

En voici que de petits diables sans bras jettent dans un grand feu, et qui après quelque temps en sont retirés, sans y avoir ressenti aucune douleur et y avoir souffert aucun dommage ; et cela afin de leur faire croire qu'ils n'ont aucun sujet de craindre les feux de l'enfer, parce qu'on leur persuade que ceux-ci n'ont pas plus de force que ceux du sabbat. On en voit plusieurs qui rendent un compte exact des maux qu'ils ont faits ; plus ils ont été méchants, plus ils sont loués, estimés et applaudis.

La jolie chose que de voir des crapauds danser ! c'est ce qu'on voit toujours au sabbat. Mais le beau et l'admirable, c'est que ces crapauds parlent et font des plaintes contre ceux qui n'ont pas pris soin de les bien engraisser et de les bien nourrir ². Ces animaux sont fort considérés dans la magie ; les enfants sont chargés de les garder, de les conduire et de les mener paître.

Un sorcier veut-il mal à quelqu'un qui n'est pas enrôlé comme lui dans la milice du diable ? Étant au sabbat, il prend sa figure, afin qu'il y ait dans la suite des témoins qui assurent l'y avoir vu, et qu'ainsi il puisse aussi passer pour sorcier, et être, par conséquent, sujet à punition. Cela étant selon ce pouvoir de se transformer qu'on attribue aux sorciers, ils peuvent perdre les plus honnêtes gens. Est-il possible que Dieu le permette ?

Le festin suit ; mais quel festin ! les mets qu'on y sert convien-

---

¹ Pour ne jamais confesser le secret de l'école, on fait au sabbat une pâte de millet noir avec de la poudre de foie de quelque enfant non baptisé, qu'on fait sécher ; puis mêlant cette poudre avec ladite pâte, elle a cette vertu de taciturnité, si bien que qui en mange ne confesse jamais.
(*Note de l'auteur.*)

² Quelquefois les crapauds vont devant les sorcières, dansant avec mille sortes de figures, et accusant leurs maîtres et maîtresses de ne les avoir pas bien nourris. (*Idem.*)

draient mieux à des chiens qu'à des hommes¹. Que dis-je, à des chiens? ces mots feraient même horreur à ces animaux. Les plats, les assiettes, les tasses et autres vases qu'on y met en usage sont d'une matière si extraordinaire, qu'il ne m'est pas possible de la faire connaître.

Après le festin, il s'agit d'autres exercices. Quand les sorciers ignorent ce qu'ils ont à faire, ils n'ont qu'à prononcer certains mots; le diable vient sur-le-champ à eux, pour les instruire de leurs devoirs. Mais quels devoirs! devoirs exécrables, abominables, devoirs qui consistent principalement à rendre des hommages à cette détestable créature, à l'adorer avec je ne sais combien de postures différentes et odieuses; à lui présenter des offrandes; à faire en son honneur des aspersions², des signes; enfin à imiter³ à sa gloire tout ce qu'on fait pour celle de notre Dieu. Permettez, ô mon Dieu, de douter que de telles impiétés et abominations se puissent exécuter, jusqu'à ce que l'on connaisse évidemment que vous en donnez le pouvoir!

Après les impiétés, suivent les ordures, les caresses immondes, les prostitutions, les incestes, les danses les plus dissolues⁴ et les plus

---

¹ Au sabbat on s'assied à table, selon sa qualité, ayant chacun son démon assis auprès et parfois vis-à-vis. Ils bénissent leur table, invoquant Belzébuth... Aucunes de nos sorcières nous ont dit qu'on dresse des tables au sabbat, que la nappe semble dorée, et qu'on y sert de toutes sortes de bons vivres, avec pain, sel et vin. Mais le gros des sorcières, mieux entendues, disent qu'on n'y sert que crapauds, chair de pendus, charognes qu'on arrache des cimetières, fraîchement mises sous terre, chair d'enfants non baptisés, ou bêtes mortes d'elles-mêmes; que l'on n'y met jamais de sel. Le pain est fait de millet noir. (*Note de l'auteur.*)

² Au sabbat le diable urine le premier dans un trou, puis on en fait aspersion sur les assistants. (*Note de l'auteur.*)

³ Dans le sabbat, on baptise des crapauds, lesquels sont habillés de velours rouge ou noir, avec une sonnette au cou, et une autre aux pieds; un parrain qui tient la tête desdits crapauds, et une marraine qui les tient par les pieds. (*Note de l'auteur.*)

⁴ On adorait, au sabbat, le grand maître, et après qu'on lui avait baisé le derrière, ils étaient environ soixante qui dansaient sans habits, dos à dos, chacun un grand chat attaché à la queue de sa chemise, puis dansaient en rond. Ce maître Léonard prenant la forme d'un renard noir, bourdonnait au commencement une parole mal articulée, et après cela tout le monde était en silence — Les sorcières dansent au sabbat quelquefois nues, quelquefois en chemise, un gros chat attaché au derrière. (*Note de l'auteur.*)

extravagantes, aux chansons et au son des instruments; on y fait des culbutes; on y fait tout ce qu'on peut imaginer de plus fou, de plus horrible, de plus impudent, de plus infâme et de plus impie; du moins c'est ainsi que nous en devons juger, selon toutes les histoires qu'on en fait. Il s'agit de savoir si nous le devons croire.

..... C'est par cette réflexion que je juge à propos de finir la description du sabbat. Cependant, afin de la terminer conformément à ce que les démonographes nous en apprennent, je dis qu'un coq a chanté; car, selon eux, son chant dissipe cette diabolique assemblée et la fait disparaître.

Je ne sais trop ce que le lecteur pensera de la complaisance avec laquelle je m'étends sur ce livret, et du luxe de mes citations. Mais outre que j'estime que ce sont là des choses à peu près inconnues à quiconque ne fait pas de ce genre de livres l'objet de ses études particulières, je crois que l'interdiction qui pèse désormais sur eux, et qui est aussi bien du fait de l'administration que des tribunaux, devant avoir pour effet de les rendre de plus en plus rares, me faisait une obligation d'en donner le plus grand nombre d'extraits possible. J'ajoute que la classe de lecteurs à laquelle je m'adresse et qui seule me lira, si je suis lu, n'étant pas disposée à se laisser prendre à ces sottises, elles rentrent dans la catégorie des matières de pure érudition, et passent sous ce couvert sans porter d'atteinte à la morale publique.

Je passerai rapidement, et seulement pour les indiquer, sur une dizaine de livres de la même nature, qui sont un salmigondis de magie blanche et de magie noire, c'est-à-dire de secrets tirés de la physique et de la chimie, et de formules empruntées à la cabale. La plupart de ces secrets sont d'une saleté à donner des maux de cœur, ou d'une ineptie à révolter même le peu de bon sens que la nature aurait laissé à un imbécile. Aussi n'est-ce que la nécessité bibliographique, si je puis parler ainsi, qui me force à les nommer. Comme, d'ailleurs, ils constituent, dès l'origine du colportage de librairie, le fond principal, sinon primitif de la bibliothèque des colporteurs, à ce titre, ils ont au moins droit d'être signalés.

Dans ceux où le diable n'a rien à voir, il s'agit simplement de tours d'adresse, d'amusements tirés de la physique, de la chimie et des mathématiques. Mais l'application de tous les procédés que ces sciences fournissent, y est la plupart du temps burlesque, grossière ou ridicule. On y trouve des recettes pour *faire que toute une compagnie semble des morts; pour que tous les chiens viennent pisser sur les jambes d'une personne; pour qu'une chambre paraisse pleine d'eau; pour deviner l'inclination d'une demoiselle; pour rendre le visage de quelques personnes hideux et affreux à voir*, etc., etc. Cependant il en est au moins un, le Petit magicien, dont les problèmes qu'il propose et les tours qu'il enseigne sont assez bien choisis. On dirait presque qu'il est utile. L'explication des tours d'une magicienne, empruntée à Decremps et insérée dans ce livre, a bien pu jeter dans l'esprit de quelques lecteurs des doutes salutaires sur la puissance des sorciers et la science des devins.

Le premier de ces livres a pour titre :

*Le secret des secrets de nature, extrait tant du Petit Albert que d'autres philosophes hébreux, grecs, arabes, chaldéens, latins et plusieurs autres auteurs modernes; enrichi de plusieurs autres secrets de Cornélius Agrippa, Mérac, Trismégiste, d'Arnosa (sic), de Villeneuve, de Cardan, d'Alexis Piémontois, et de diverses figures pour l'instruction des subtilités de la main; vu et corrigé par C. Mallemans de Sacé.* In-18, 84 pages, à Rouen, chez Lecrêne-Labbey, S. D.

C'est un rajeunissement d'un vieux livre, le *Bâtiment des recettes* ou *les Secrets d'Alexis Piémontois* (Guillaume Ruscelli), si souvent réimprimé dans les *Bibliothèques bleues*. Les secrets concernant les arts, qui sont à la fin, sont extraits d'un livre en deux volumes in-12, publié au siècle dernier sous le titre de *Secrets des Arts*.

Le même livre a pour éditeurs Ch. Placé, à Tours, in-18, 61 pages, 1857, et 11 pages (c'en est l'abrégé), 1859; Buffet,

184 CHAPITRE III.

à Charmes, in-18, 40 pages, S. D.; Pellerin, à Épinal, in-18, 68 pages, avec cette gravure :

*Le Petit sorcier*, etc. ; *le Petit magicien*, etc. ; *le Petit escamoteur*, etc.; chacun d'eux in-18, de 108 pages, à Paris, chez Renault, 1844, 1846, 1847, sont le même ouvrage sous trois titres différents. Ils sont tirés de *la Magie blanche dévoilée*, de Decremps; Paris, 1784, 4 vol. in-8.

*L'Escamoteur de bonne société*, etc. ; *le Physicien savant*, etc., et *le Sorcier amusant*, etc. ; in-18 de 108 pages chaque, Paris, Krabbe, 1849, 1852, sont encore le même ouvrage sous trois titres divers, la première page seule de chaque exemplaire est changée. Ce sont aussi des extraits de Decremps, et de plus, des *Récréations mathématiques et physiques* d'Ozanam, Paris, 1778, 4 vol. in-8, et des *Nouvelles récréations physiques et mathématiques* de Guyot, Paris, 1772, 4 vol. in-8.

Decremps a encore fait les frais de *l'Adroit escamoteur*, etc., in-18 de 16 pages, Charmes, Buffet, S. D., et 22 pages; Épinal, Pellerin, S. D. Mais il a laissé à ce dernier le soin de l'illustrer.

S'il est un antidote possible contre les poisons de la magie et de la sorcellerie, on le trouvera peut-être dans l'*Histoire*

*de M. Oufle, ou l'Incrédulité et la mécréance aux sortilèges, aux diables, aux esprits malins, magiciens, loups-garous, revenants, spectres, fantômes,* etc., *pleinement convaincues par les écrits des anciens cabalistes et démonographes,* in-18, 108 pages; Paris, Renault, S. D., et Ruel aîné, 1852. C'est l'histoire des aventures étranges et divertissantes d'un homme à qui la lecture des livres de magie avait troublé la raison, et un abrégé de l'*Histoire des Imaginations extravagantes de M. Oufle,* etc., par l'abbé Bordelon, livre que j'ai rappelé ci-devant. Ce dernier ouvrage parut pour la première fois en 1710, 2 vol. in-12, et fut réimprimé dans le même format en 1755. Dans l'édition populaire actuelle, il y a des notes qui valent mieux que le texte. Malgré de nombreuses réimpressions, ce livre a moins de faveur et se vend moins que *le Petit Albert, le Grand Grimoire,* etc.

### II. — Divination.

Après la manie de communiquer avec les diables, de les interroger et d'en obtenir des grâces, vient celle de connaître l'avenir, qui n'est pas moins bizarre et qui est plus populaire. Car, outre que la faiblesse qui porte à consulter le démon est plus commune chez les gens doués des facultés même les plus élevées de l'esprit, que chez le peuple même, les moyens que l'on emploie pour deviner l'avenir n'engagent pas la conscience au même degré que ceux par lesquels on se lie au diable. Il arrive d'ailleurs quelquefois que le hasard donne raison aux devins, tandis qu'on peut toujours dire d'un homme qui prétend avoir vu le diable que sa seule imagination a fait tous les frais du spectacle. La simple énumération des procédés mis en œuvre pour soulever le voile de l'avenir remplirait non pas seulement des pages, mais peut-être bien des volumes, quand on ne ferait que mettre bout à bout les nomenclatures décrites dans chacun des livrets qui traitent de cette matière. J'en ai là environ une trentaine (et ce n'est pas tout), dont quelques-uns imprimés très-menu, et qui ont jusqu'à 500 pages. Aussi ne perdrai-je pas mon temps à les analyser, d'autant qu'ils se ressemblent tous parfaitement, sinon dans la forme, du moins dans le fond. Je me bornerai à indiquer autant que possible les sources où les auteurs de ces livrets ont puisé, et les différents moyens qu'ils prescrivent pour dérober ces secrets à l'avenir. Et afin de ne pas embarrasser ma marche ni transformer une partie de cet ouvrage en catalogue, je donnerai, en les abrégeant, les titres de la plupart de ces livrets[1] :

1° *Traité des songes*, d'après les plus grands philosophes et cabalistes, nouvelle édition, in-18, 53 p. *Tours, Ch. Placé*, 1839.

2° *Traité des songes*, etc., in-18, 108 p. *Paris, Chassaignon*, 1841.

3° *La Clef des songes, rêves et visions*, etc., in-18, 104 p. (suivi d'une Dissertation sur les songes, de 72 p.). *Paris, Librairie popul. des villes et campagnes*, S. D.

4° *Idem*, par Ebbark (nom retourné de l'éditeur), in-18, 176 p. *Paris, Krabbe*, 1850.

5° *La Clef des songes, rêves et visions*, etc., in-18, 104 p. (suivi d'une Dissertation sur les songes, de 72 p.). *Paris, Renauld*, 1843.

6° *Idem*, in-18, 104 p. (suiv. d'une Dissertation sur les matières traitées dans l'ouvrage, de 72 p.). *Troyes, Poignée*, 1848.

7° *Nouvelle Clef des songes*, etc., par l'auteur de l'*Oracle des Dames*, in-18, 108 p. *Paris et Limoges; Martial Ardant frères*, 1844.

8° *La Clef et l'explication des songes*, etc., in-18, 108 p. *Épinal, Pellerin*, 1850.

9° *Interprétation des songes et des visions*, tirée des auteurs anciens et modernes, par Em. Ch. in-18, 108 p. *Paris, T. Moronval*, S. D.

10° *Explication des songes et visions nocturnes*, avec leurs significations selon la doctrine des anciens, in-18, 96 p. *Montbéliard, Dekherr et Barbier*, S. D.

---

[1] Ces titres se ressemblent tous à très-peu de chose près.

11° *Explication claire et précise des songes, rêves et visions*, etc., in-18, 96 p. *Avignon, Offray aîné*, S. D.

12° *La grande explication des songes*, ou l'onéiromancie illustrée, in-18, sans pagination. *Nancy, Hinzelin*, S. D.

13° *La véritable explication des songes*, etc., in-18, 68 p. *Épinal, Pellerin*, S. D.

14° *Véritable explication des songes*, d'après les plus grands philosophes et cabalistes, gr. in-18, 37 p., sans nom d'éditeur (Buffet, à Charmes) ni date.

15° *Le Livre d'or*, Révélations des destinées humaines, au moyen de la Chiromancie transcendante, la Nécromancie, etc.; par Hortensius Flamel, in-18. *Paris, Lavigne*, 1842.

16° *Le vrai Panthéon des oracles*, etc., in-18, 108 p. *Épinal, Pellerin*, S. D.

17° *L'Oracle infaillible des dames et des demoiselles*, etc., in-12, 72 p. *Paris*, chez les marchands de nouveautés, 1848.

18° *Le véritable Oracle des dames*, ou le Prophète et le Moniteur du beau sexe, etc., in-12, 72 p. *Paris, Librairie popul. des villes et des campagnes*, S. D.

19° *Le Parfait Oracle des dames et des demoiselles*, etc., par mademoiselle L. Normand, in-12, 108 p. *Paris*, chez tous les marchands de nouveautés, 1856.

20° *Le grand et parfait Oracle des dames et des demoiselles*[1], par demandes et par réponses, ou la vérité obtenue suivant les règles de la divination ancienne et moderne sur tout ce qui peut intéresser le beau sexe dans les trois états de Fille, de Femme, de Veuve. Principaux objets auxquels se rapportent infailliblement les demandes et les réponses. — L'âge des premières amours : Espérances et regrets ; joies ; désirs ; tribulations depuis l'âge de quatorze ans jusqu'au lendemain des noces ; suite d'un premier amour ; peines et plaisirs ; dangers du premier pas ; le tempérament et le cœur ; faut-il céder ; être cruelle ou facile ? le choix d'un mari ou d'un amoureux pour le bon motif, etc. — Période conjugale jusqu'à quarante ans : Vicissitudes et catastrophes du mariage ; constance du mari : félicité et enfer du ménage ; conséquence d'une première faiblesse ; jalousie ; infidélité ; trahisons ; beaucoup, peu ou point d'enfants ; événements de la grossesse ; aurez-vous fille ou garçon ? chances de fortune ou de re-

---

[1] Le titre de celui-ci vaut la peine d'être cité intégralement.

vers ; à quand le veuvage ? les secondes noces, ou la séparation faute de divorce. — Age de retour : Deuil et regret du passé ; oh ! si c'était à recommencer ! les flammèches et premières étincelles de la volupté ; doux revenez-y ; aura-t-on un bon testament ? pourra-t-on bobiner son mari ? à tout péché miséricorde ; le chemin de la vertu, ou le retour à M. le curé et à dure lure portant l'autre ; adieu la jeunesse ; recours aux délices de la pénitence avec un bon directeur et les promesses de vieilles filles, etc., in-12, 144 p. *Paris, Librairie popul. des villes et des campagnes*, S. D.

21° *L'Art d'apprendre soi-même à tirer les cartes*, etc., fait par Bonsergent, Égyptien, in-12, 25 p. *A Memphis, en Égypte,* 1835.

22° *La grande Cartomancie*, etc., in-18, 108 p. *Paris, Librairie popul. des villes et des campagnes*, 1850.

23° *Le Tombeau des Sorciers*, ou la Cartomancie dévoilée, etc., par Halbert (d'Angers), in-18, 99 p. *Épinal, Pellerin*, S. D.

Et d'abord, tous ceux qui regardent les songes ont pour base les traités d'Artémidore qui vivait du temps de l'empereur Antonin ; d'Apomazar, philosophe arabe ou persan, qui fut attaché, dit-on, à la personne d'Almamoun, calife de Babylone ; d'Anselme Julien, médecin qui vivait au XVIe siècle ; d'Augustin Niphus, célèbre médecin et philosophe du même temps, etc., etc. La première édition grecque du traité d'Artémidore est de 1518, imprimée à Venise par Alde Manuce ; il y en a une seconde de 1539, et c'est sur celle-ci que Charles Fontaine a publié sa traduction.

Leunclavius ayant trouvé dans la bibliothèque d'un savant hongrois, nommé Sambuc, un manuscrit grec, apparemment traduit de l'arabe du traité d'Apomazar, en donna une traduction latine en 1577, laquelle fut traduite en français par Denis Durval et imprimée en cet état à Paris en 1581. Le traité d'Anselme Julien, qui a pour titre *de l'Art et jugement des songes et visions nocturnes*, dont les trois premières éditions sont de 1576, 1598 et 1612, et celui de Niphus, *de Auguriis*, traduit en français et publié en 1550 par Antoine Dumoulin, valet de chambre de la reine Marguerite, sœur de François Ier, ont avec les deux autres donné le jour à tous les *Traités* ou *Clefs des songes* modernes, desquels il n'est peut-être pas un seul qui connaisse son père, même de nom.

Les autres livrets qui, sous le titre général d'*Oracle des Dames*, ont surtout pour objet de dire la bonne aventure aux personnes du sexe, et procèdent à cet égard par demandes et par réponses, sont des extraits d'Etteilla (Alliette), de même que les traités de *Cartomancie*. Je ne trouve nulle part de notice biographique sur cet Alliette, si fameux sous son nom retourné. Weiss seul lui consacre cinq ou six lignes dans son *Dictionnaire historique et biographique*, et seulement pour regretter le mal que les écrits de ce personnage ont fait aux habitants des campagnes. On ne saurait qu'être de cet avis. Quoi qu'il en soit, le répertoire de sottises où ses plagiaires ont été puiser a pour titre : *Collection sur les hautes sciences ou Traité théorique et pratique de la sage magie des anciens peuples, absolument complet en douze livres, lesquels contiennent tout ce que Etteila a écrit sur la philosophie hermétique, l'art de tirer les cartes..., et notamment le sublime livre de Thot.* Paris, 1783-90, 4 vol. in-12, fig.[1]. On a de plus extrait de cette *collection* l'art de tirer les cartes, pour en faire un livret spécial sous le titre de *le Petit Etteila, véritable livre pour apprendre soi-même à tirer les cartes, tels* (sic) *que les Egyptiens, Egyptiennes, Bohémiens et Bohémiennes s'en sont servi jusqu'à ce jour*. Chez Baudot, à Troyes, S. D. in-24, 24 pages. On y donne l'explication et le sens des trente-deux cartes, « d'après la méthode des célèbres tireuses, » la manière de les tirer par sept, par quinze et par vingt et une ; enfin la signification des cartes, lorsqu'il s'en rencontre plusieurs d'égale valeur. On y a de plus (et c'est, pour ma part, ce que j'y vois de plus curieux) adapté la gravure qui suit, où le devin a plutôt l'air d'écouter ce que chante sa marmite que ce que disent ses cartes. C'est

---

[1] Voy. Quérard. t. I, p. 41.

sans doute la pronostication par le marc de café, art également enseigné par quelques-uns des mêmes livrets.

pronostic ordinaire

Une partie des choses qui, dans presque tous ces livrets, ont trait à la physiognomonie, a été tirée de Cardan, auteur de la *Métoposcopie*, ou art de juger des hommes par les lignes qui sont sur le front, et sans doute aussi d'Adamantius, le plus ancien auteur qui ait fait un livre sur la physionomie.

Les traités de chiromancie ont de grandes obligations à Dumoulin, cité plus haut, le premier de tous les docteurs français en chiromancie. Il a traduit son traité *de la Physionomie*, du latin de Jean *de Indagine*, ou Jean de Hagen, Allemand, qui vivait et écrivait en 1522. Ils en ont surtout à Jean Bélot, curé de Mil-Monts, né vers la fin du XVIe siècle, auteur de *l'OEuvre des œuvres*, publiée à Paris en 1623, livre qui est peut-être moins un manuel de sortiléges à l'usage des bonnes femmes de son temps, qu'un véritable traité scientifique où se déploie une connaissance profonde de la physiognomonie, de la géomancie, de l'astronomie, de l'astrologie judiciaire, de la médecine, de l'histoire, et des livres saints.

On a remarqué, et on l'a signalé, dans plusieurs opuscules

sur la Bibliothèque du roi, aujourd'hui Bibliothèque impériale, que cet établissement était surtout utile aux fabricateurs de livrets sur les sciences divinatoires. Il y a toujours là cinq ou six petits vieillards crottés et mal peignés, qui ne font autre chose que de rhabiller Bélot, Bordelon, Etteilla, etc.

Le système le plus accrédité pour l'interprétation des songes consiste à leur attribuer, tantôt une signification diamétralement contraire à leurs apparences, tantôt une signification directe. Mais cette méthode n'étant pas applicable à tous les objets vus en rêves et pouvant d'ailleurs à la longue cesser de paraître ingénieuse, les devins ont imaginé une foule d'explications bizarres, qui tranchent sur la monotonie de celles qui paraissent toutes simples, en même temps, que, par leur bizarrerie même, elles étonnent davantage et obtiennent plus de crédit sur les esprits crédules. Ainsi, rêver d'*enterrement*, c'est un mariage mal assorti; rêver de *noces*, c'est assister aux obsèques d'un ami; qu'on est *à l'Académie*, ennui, tristesse; qu'on reçoit des *étrennes*, espérances déçues; qu'on voit une *garde-malade*, santé, très-longue vie; un *gibet*, dignité, élévation prochaine (calembour à part); de *l'or*, perte dans ses affaires; qu'*on se porte bien*, mort imminente. Voilà pour les contrastes.

Pour les conséquences naturelles, rêver *coup d'épée*, c'est blessures graves; *foudre qui éclate*, avenir menaçant; *Furies*, dispute; *fumée*, fausse gloire, joie éphémère; *linceul*, mort assurée; *paille*, pauvreté, misère; *papillon*, inconstance, légèreté; *seringue*, commencement de constipation; *testament*, héritage prochain; *vol*, bien mal acquis que l'on perdra de même.

Quant aux conséquences bizarres, rêver *forêts*, c'est mœurs suspectes, infidélités; *poursuites judiciaires*, amourette future; *livres*, longévité; *marbre*, vengeance; qu'*on voit son nombril*, c'est être dans la bonne voie pour le royaume des cieux; qu'*on pisse au lit*, affaires qui s'embrouillent; *rats*, chute des cheveux, pourriture du corps; *renards*, séduction de sa femme par un inférieur, enfantement hors mariage ; *sauterelles*, fin de maladie, besoin d'un prêtre ; qu'*on voit le roi*, cocuage et profits ; qu'on est soi-même *roi d'Ivetot*, nouvelle mortuaire.

Je ne sais si, en expliquant la manière dont les dames doivent consulter l'oracle, je me ferai comprendre du lecteur ; je vais l'essayer toutefois, quitte à donner l'explication même du livre, si je ne suis pas satisfait de la mienne. Vingt-quatre questions sont posées auxquelles l'oracle est tenu de répondre. Ses réponses sont réparties sur un grand nombre de pages, lesquelles en contiennent chacune vingt-quatre. A ces questions et réponses est annexé un tableau divisé en vingt-quatre cases, depuis 1 jusqu'à 24. On pique le tableau avec une épingle et les yeux fermés, et le numéro de la case où on a planté l'épingle indique celui de la réponse de l'oracle.

Mais la meilleure interprétation d'une chose ne vaut pas cette chose même mise tout simplement sous les yeux. Je détache donc d'un des livrets qui traitent de cette sorte d'oracles, le fragment suivant :

### QUESTIONS AUXQUELLES L'ORACLE RÉPOND.

1. L'enfant auquel je pense est-il le fils de celui qu'il appelle son père ?
2. Laquelle est aimée, de moi ou de ma rivale ?
3. Comment finira l'affaire de cœur qui m'occupe ?
4. Mon amant me sera-t-il fidèle ?
5. Vivrai-je dans le célibat ?
6. Le mariage se fera-t-il bientôt ?
7. Quelles seront les suites du mariage ?
8. Quelle sera l'humeur de mon mari ?
9. Combien de fois me marierai-je ?
10. Aurai-je des enfants ?
11. Suis-je enceinte d'une fille ou d'un garçon ?
12. Vivrai-je longtemps avec mon mari ?
13. Mon veuvage doit-il durer toujours ?

14. Le songe que j'ai fait se réalisera-t-il?
15. Le secret que j'ai confié est-il bien gardé?
16. Dois-je me fier à la personne à laquelle je pense?
17. La personne à laquelle je pense reviendra-t-elle bientôt?
18. La personne à laquelle je pense existe-t-elle encore?
19. Que fait maintenant la personne à laquelle je pense?
20. De qui dois-je attendre la fortune?
21. Quel sera le succès de l'affaire à laquelle je pense?
22. Un changement de condition me serait-il avantageux?
23. La personne à laquelle je m'attache fera-t-elle son devoir?
24. Mourrai-je pauvre ou riche?

### MANIÈRE DE CONSULTER L'ORACLE.

Parmi les vingt-quatre questions numérotées ci-dessus, choisissez celle à laquelle vous désirez que l'oracle réponde; fermez les yeux ensuite, et piquez avec une épingle le tableau que voici :

| 1 | 7 | 13 | 19 |
| 2 | 8 | 14 | 20 |
| 3 | 9 | 15 | 21 |
| 4 | 10 | 16 | 22 |
| 5 | 11 | 17 | 23 |
| 6 | 12 | 18 | 24 |

Le numéro de la case dans laquelle vous aurez enfoncé l'épingle indiquera celui de l'oracle. Pour connaître la page qui renferme cet oracle, il suffit de partir du numéro de la question, en comptant vers le bas autant de points que vous en aurez marqué sur le tableau.

Supposons que vous ayez choisi la question 8ᵉ : *Quelle sera l'humeur de mon mari?* et que votre épingle ait marqué le n° 5, vous comptez sur la 8ᵉ question 1; sur la 9ᵉ, 2; sur la 10ᵉ. 3; sur la 11ᵉ, 4;

sur la 12e, 5. Votre réponse devra se trouver page 12, oracle 5; et, en effet, vous trouverez cette réponse : *Meilleure que la vôtre.*

Si vous avez choisi l'une des dernières questions, et que le nombre indiqué par l'épingle mène plus loin que 24, alors vous vous abstenez de compter; car le chiffre indiqué par l'épingle sera celui de la page, et le chiffre de l'oracle sera le même que celui de la question. Supposons que vous ayez choisi la question 19 : *Que fait maintenant la personne à laquelle je pense?* et que votre épingle indique le n° 7; comme en comptant 7 à partir de 19, vous dépasseriez 24, vous ne comptez pas; mais vous cherchez page 7, oracle 19, et vous trouvez : *Elle soupire après le jour qui vous réunira.*

Il est indispensable d'ajouter ici une page au moins de réponses, ne fût-ce que pour procurer au lecteur l'occasion de faire lui-même, s'il en est curieux, l'expérience dont il possède actuellement la clef.

### RÉPONSES DE L'ORACLE.

1. La loi dit oui, la mode dit non.
2. Ni l'une ni l'autre.
3. Pour finir bien, il faut que cela finisse bientôt.
4. Ce sera folie de le croire.
5. Pourquoi songer à l'hymen quand on se trouve si bien avec l'amour.
6. Il se fera quand le futur aura perdu la raison.
7. Des jours de bonheur, des années de chagrin.
8. Maussade et colère.
9. Le nombre de vos maris sera proportionné à celui de vos amants.
10. Un seul, qui sera l'enfant de l'amour.
11. D'une fille, si le père est blond.
12. Cela dépendra de votre conduite.
13. Oui, mais saurez-vous en charmer les ennuis?
14. Il ne faut pas en douter.
15. Votre confiance est bien placée.
16. Oui, si vous n'avez rien à perdre.
17. Plus tôt que vous ne le désirez.

18. Elle vivra assez pour vous désespérer.
19. Les plaisirs l'occupent plus que les affaires.
20. De l'homme que vous aimez.
21. Complet, si vous suivez de bons conseils.
22. Avantageux en apparence, désavantageux en réalité.
23. Oui, si vous vous conduisez bien.
24. Ce que vous laisserez ne sera pas lourd à porter.

A en croire l'un des auteurs de ces livrets [1], en 1750 on ne connaissait pas en France l'art de tirer les cartes; mais en 1751, 1752 et 1753, « trois personnes âgées se donnèrent pour les tirer. » Elles furent bientôt imitées par quelques autres. Alors « le fanatisme cria au sacrilége, et la police, pour sauver ces prétendus sorciers de la main des dévots, les fit enfermer, sans les entendre, à Bicêtre ou à la Salpêtrière. Cette tyrannie dura jusqu'en 1770. » Mais déjà, dès 1753, Etteilla avait débuté par *jeter en bas* l'art de tirer les cartes une à une, en le suppléant par l'art de lire dans l'ensemble des cartes étalées sur une table. Selon lui, tirer les cartes du jeu une à une, pour les expliquer une à une, c'était une sotte imitation de la manière de chercher les oracles dans l'*Odyssée* et dans les vers de Virgile.

Enfin (ajoute ce livret), notre savant professeur de cartomancie, en 1757, instruit par un Piémontais que le livre des premiers Égyptiens, livre nommé THOT ou TOUT, tracé en hiéroglyphes, et connu sous le nom et le jeu de *Tarots*, ou mieux THAROTH, renfermait toutes les sciences anciennes, en fit une sérieuse étude; et malgré les empêchements des censeurs royaux, de l'administration de la librairie et de la police, en 1782, il mit au jour en 1783 son ouvrage sur le THAROTH ou *Tarots*, qui lui avait coûté plus de dix ans consécutifs d'études et de réflexions.

Cet auteur, en rendant justice au génie et à la science de Court de Gébelin, terrassa ce que ce grave antiquaire avait transcrit dans son huitième volume du *Monde primitif*, d'après un amateur qui, lui-même, n'avait pu copier l'art de tirer les cartes dont il est question, que d'après sa cuisinière.

[1] Voy. l'ouvrage porté sous le n° 2 dans la note de la page 187.

Le livret continue encore quelques pages sur ce ton triomphant. Après quoi, il indique l'ordre des trente-trois cartes (y compris une carte blanche) par numéro avec leurs valeurs, lorsqu'elles sont droites ou renversées, suivant le célèbre Etteilla; la méthode de tirer les cartes, et de les agencer pour en obtenir des pronostics; l'explication de ce que signifient les trente-deux cartes, toujours « d'après les plus célèbres tireuses, » et enfin la manière de tirer les cartes par sept, quinze, etc. Ce sont là, je pense, les principales, les seules opérations enseignées et pratiquées par les maîtres ès arts en cartomancie, puisqu'il est démontré qu'il n'y a plus que les cuisinières, auxquelles, avec votre permission, il faut ajouter les portières, qui exercent « l'art méprisable de dire la bonne aventure, » en interrogeant les cartes une à une.

Donnons ici un exemple extrait de la méthode :

Lorsqu'on n'a pas encore consulté les oracles pour une personne, il faut absolument faire le premier coup de 12, afin de reconnaître l'esprit du bien ou du mal qui la domine.

Mais lorsqu'on a déjà travaillé pour une personne, si elle est pressée de savoir quelque chose, on peut faire simplement le coup des questions; mais il faut qu'elles soient *ouvertes*. Exemple dans ce dialogue :

« Dites-moi si je réussirai ? — En quoi ? — Dans une entreprise. — De quelle nature est cette entreprise ? — Je ne veux pas confier mon secret. — Vous avez raison ; mais, sans dire votre secret, vous pouvez dire si votre entreprise est de commerce, voyage, de mariage, d'emprunt, ou enfin si vous préméditez une action injuste.

— Mon entreprise consiste à engager une société à me fonder une maison de commerce, dont je serai le gérant, ou, si l'on veut, l'homme représentant, mais dont une société sera garante de tout.

Et, dans cette maison, il sera libre à qui le voudra, d'y faire valoir des fonds, en garantie de sa somme, à cinq pour cent, sauf l'excédant annuel du bénéfice général à partager, s'il en est, suivant les mises de fonds.

— Vous avez un projet de banque ou de commerce pour appuyer cette maison ? — Oui. — Eh bien ! votre moyen est votre secret ; et c'est ce que vous ne devez point me dire. »

Je prends les 55 cartes; je les mêle, les mettant à tête-bêche, je fais couper, et je tire les cinq premières cartes de dessus à la file l'une de l'autre, afin de répondre, non de ma tête, mais ce que dira la cartomancie. Voici les cinq cartes : *Saturne*, 9, 6, 24, 16. — Ne confiez pas votre pensée à une femme châtain blond, elle vous trahirait, et cela donnerait naissance au néant de votre entreprise.

La question n'étant pas résolue, sans rabattre les cartes j'en prends de file cinq autres, que voici : 2, 13, 7, *Mars*, 22; elles disent : — Ayez espérance, beaucoup d'occupations apporteraient des retards; mais, en cette ville, fixez votre attention sur un homme.

Cela ne définissant pas encore assez, je tire pour troisième et dernier tas les cartes qui suivent les dix déjà tirées. Les voici :

14, 26, 25, 1, 8.—Le chagrin va s'emparer de vous, volontiers absorbé. Vous parlerez à un garçon brun; il vous donnera une forte somme d'argent, sûrement pour cette entreprise dont vous aurez la victoire; ou, ce qui est le même, un garçon brun, par une somme d'argent, vous mènera à la réussite.

N. B. Si ces cinq cartes étaient venues les premières, je n'en eusse pas tiré d'autres; comme aussi si, dans les cinq premières, j'eusse vu la non-réussite.

Cela ne manque ni de rondeur, ni de verve. Il s'en faut qu'on trouve ces qualités dans les autres livrets de la même famille. On voit de plus que celui qui l'a écrit, ou était contemporain d'Alliette, ou a vécu dans le temps que la nouveauté des découvertes de ce cartomancien tournait encore toutes les têtes [1]; sa croyance (si pourtant il croit) s'y élève parfois jusqu'à l'enthousiasme. Je dois confesser d'ailleurs que son style, quoique souvent fort incorrect, est assez clair; autre avantage qu'il a incontestablement sur tous ses confrères.

La chiromancie se divise en deux branches, la *chiromancie physique* qui devine, à la seule inspection de la main, le caractère et la destinée des personnes, et la *chiromancie astrologi-*

---

[1] Cela n'empêche pas qu'il n'ajoute au titre de son Traité, *traduit de l'arabe*. Mais j'aime mieux croire que cette impertinence est du fait de l'éditeur moderne, qui a pris Etteilla pour un compatriote d'Abd-el-Kader.

que, qui recherche les influences des planètes sur les lignes de la main, et croit pouvoir déterminer le caractère et prédire ce qui doit arriver, en calculant ces influences[1]. La première est plus en usage que l'autre. Selon nos petits traités populaires, Job disait que le ciel a mis dans la main de chacun le secret de sa destinée, et Salomon, qu'on trouve dans la main droite des hommes les marques de la longueur de la vie; dans la gauche, les indices d'honneur et de fortune. Cependant, on n'interroge aujourd'hui que la main gauche, parce que la droite, étant plus fatiguée, présente quelquefois dans ses lignes, des irrégularités qui ne sont point naturelles.

Cette esquisse de la physiologie de la main ne sera pas lue sans intérêt :

Il y a dans la main plusieurs parties qu'il est important de distinguer : d'abord, la paume ou dedans de la main; le poing ou dehors de la main, lorsqu'elle est fermée; les doigts, les ongles, les jointures, les lignes et les montagnes.

Il y a cinq doigts : le pouce, l'index, le médius ou doigt du milieu, l'annulaire, et l'auriculaire ou le petit doigt.

Il y a quinze jointures : trois au petit doigt, trois à l'annulaire, trois au doigt du milieu, trois à l'index, deux au pouce, et une entre la main et le bras.

Il y a quatre lignes principales : la ligne de la vie, qui est la plus importante, commence au bout de la main, entre le pouce et l'index, et se prolonge au bas de la racine du pouce, jusqu'au milieu de la jointure qui sépare la main du bras; la ligne de la santé et de l'esprit, qui a la même origine que la ligne de la vie, entre le joint et l'index, coupe la main en deux, et finit au milieu de la base de la main, entre la jointure du poignet et l'origine du petit doigt; la ligne de la fortune ou du bonheur, qui commence à l'origine de l'index et finit sous la base de la main, en deçà de la racine du petit doigt; enfin, la ligne de la jointure, qui est la moins importante de ces lignes, se trouve sous le bras, dans le passage du bras à la main : c'est plutôt un pli qu'une ligne.

---

[1] Voy. le livret porté sous le n° 15, à la note de la page 188.

## CHAPITRE III.

Il y a encore une cinquième ligne qui ne se trouve pas dans toutes les mains : elle se nomme ligne du triangle, parce que, commençant au milieu de la jointure, sous la racine du pouce, elle finit sous la racine du petit doigt.

On compte aussi sept tubérosités ou montagnes qui portent le nom des sept planètes.

L'éminence qui se trouve à la racine du pouce et s'étend jusqu'à la ligne de la vie, se nomme *montagne de Vénus*. Quand cette aspérité est douce, unie, sans rides, agréablement élevée, c'est l'indice d'un heureux tempérament et de grandes dispositions pour les aventures amoureuses. Si cette montagne est ornée d'une petite ligne parallèle à la ligne de vie, et voisine de cette dernière ligne, c'est le signe d'un goût insatiable pour les plaisirs de Vénus ; c'est aussi le présage des richesses, etc., etc.

L'éminence qui se trouve à la racine de l'index se nomme *montagne de Jupiter*. Quand cette aspérité est unie et agréablement colorée, c'est le signe d'un heureux naturel et d'un cœur porté à la vertu. Si elle est chargée de petites lignes, doucement marquées, on recevra des honneurs et des dignités importantes. Si les plis que forme la seconde jointure de l'index sont larges et d'un rouge foncé, ils annoncent un homme impuissant en amour ; dans une femme, c'est le signe de quelque couche périlleuse, etc., etc.

L'aspérité qui s'élève dans la paume de la main à la racine du doigt du milieu, se nomme la *montagne de Saturne*. Si cette éminence est unie et naturellement colorée, elle marque la simplicité et l'amour du travail ; mais, si elle est chargée de petites rides, c'est le signe de l'inquiétude et l'indice d'un esprit prompt à se chagriner, etc., etc.

L'aspérité qui se trouve à la racine du doigt annulaire se nomme la *montagne du Soleil*. Si cette montagne est chargée de petites lignes naturellement marquées, elle annonce un esprit vif et heureux, de l'éloquence, des talents pour les emplois politiques et ecclésiastiques, peut-être un peu d'orgueil. Si ces lignes ne sont qu'au nombre de deux, elles donnent moins d'éloquence, mais aussi plus de modestie et plus de probité. Si la racine du doigt annulaire est chargée de lignes croisées les unes sur les autres, celui qui porte ce signe l'emportera sur ses rivaux, etc., etc.

La *montagne de la Lune* est l'espace qui se trouve sur le bord inférieur de la main, au-dessous de la montagne de Mercure, depuis la ligne du bonheur jusqu'à l'extrémité de la ligne de l'esprit. Quand cet espace est uni, doux, net, il indique la paix de l'âme et un esprit tranquille. Lorsqu'il est fort coloré, c'est le signe de la tristesse, d'un esprit chagrin et morose, et d'un tempérament mélancolique. Si cet espace est chargé de rides, il annonce des voyages et des dangers sur mer.

N'oublions pas les signes des ongles.

De petits signes blanchâtres sur les ongles présagent des craintes ; s'ils sont noirs, ils annoncent des piéges et des dangers ; s'ils sont rouges, ce qui est plus rare, des malheurs et des injustices ; s'ils sont d'un blanc pur, des espérances et du bonheur. Quand ces signes se trouvent à la racine de l'ongle, l'accomplissement de ce qu'ils présagent est éloigné. Ils se rapprochent avec le temps et souvent à la sommité de l'ongle, quand les craintes et les espérances se justifient par l'événement.

Enfin,

Pour qu'une main indique le parfait bonheur, il faut qu'elle ne soit pas trop potelée, qu'elle soit un peu longue ; que les doigts ne soient pas trop arrondis ; que l'on distingue les nœuds des jointures. La couleur en sera fraîche et douce, les ongles plus longs que larges ; la ligne de vie bien marquée, égale, fraîche, ne sera point interrompue et s'éteindra dans la ligne de la jointure. La ligne de la santé occupera les trois quarts de l'étendue de la main. La ligne de la fortune sera chargée de rameaux et vivement colorée. Heureux qui, avec ces lignes, avec une main ainsi conformée, portera aussi quelques-uns des signes bienfaisants que nous avons indiqués. Le caractère de cette personne fera son bonheur, le destin fera sa fortune, et son étoile lui amènera le génie qui donne la gloire.

De tous les secrets pour connaître son propre caractère et sa destinée, celui-là me paraît être sans comparaison le plus commode ; car, outre que l'enseignement en est des plus simples, le moyen qu'on a de le recevoir, est, qu'on me passe ce jeu de mots, *sous la main*. Que de gens, qui s'ignorent eux-mêmes ou qui sont inquiets de ce qu'ils deviendront, apprendront par là ce qu'ils sont ou à quel avenir ils sont réservés. Il y a une foule de circonstances dans la vie favorables à cette douce et facile étude de soi-même ; la solitude, l'oisiveté, l'ennui, que sais-je? On fait le pied de grue à quelque rendez-vous, on se morfond dans une antichambre, on attend au tribunal le jugement d'un procès où l'on est partie ; quoi de plus simple que d'ôter alors son gant et d'interroger la paume de sa main? Elle vous prédira incontinent le succès ou la ruine de vos espérances.

Cet oracle est plus sûr que celui de Calchas,

et la science de Dieu même ne pourrait s'acquérir à meilleur marché [1].

La divination par le marc de café est aussi très-populaire. C'est dire assez qu'il en est traité dans ces livrets conjointement avec l'art de tirer de bons numéros à la loterie [2]. Les vertus du marc de café étaient, à ce qu'il paraît, connues depuis longtemps des Italiens, auxquels un certain Thomas Tamponelli les avait enseignées [3].

---

[1] Le livre de M. Desbarrolles, intitulé : *les Mystères de la Main* (Paris, Dentu, 1862), menace de faire rentrer tous ces livrets dans la nuit de l'oubli.

[2] Voir le livret n° 22, page 189.

[3] L'auteur a voulu dire Thomas Campanella. Ce philosophe qui eut assez de bon sens pour voir les vices de la scolastique et pour les attaquer, n'en eut pas assez pour se défendre d'écrire sur la magie et sur l'astrologie, et pour y croire. Il y crut même si fermement qu'il a mérité qu'on l'accusât, comme on le fait ici, d'avoir cru à la vertu du marc de café. Peut-être même eut-il encore cette superstition et en a-t-il laissé des traces dans les écrits dont je parle. Quoi qu'il en soit, il en avait bien d'autres et de singulières, par exemple, sur les jours de la semaine. Aussi bien, étaient-elles jusqu'à un certain point justifiées. Tous les malheurs lui étaient arrivés le mardi et le vendredi, le bien, au contraire, le dimanche et le mercredi ; les choses moins importantes, le lundi et le jeudi. Le bien qui lui arrivait le samedi, se changeait bientôt en mal, le mal ordinairement en bien. Six fois il reçut la question ; ce fut toujours le mardi ou le vendredi ; six fois il fut emprisonné.

Cet homme célèbre (dit ce livret) vivait à Florence, sa patrie, il y a plus d'un siècle, et il a laissé des commentaires curieux sur *l'art de la divination par le marc de café.*

Notre auteur ayant eu confidence des manuscrits de Tamponelli, conçut aussitôt le projet d'expliquer les hiéroglyphes nombreux que le marc de café présente à l'œil, lorsque cette substance est versée sur une assiette. Il ne dissimule pas que cette science l'ait constamment bien servi dans les commencements ; mais il ne tarda pas à reconnaître que l'incertitude de quelques-unes de ses prédictions tenait à l'obscurité d'une phrase du manuscrit italien. Il se la fit expliquer, et il peut assurer aujourd'hui qu'il ne manque rien à ses connaissances sur ce point. Un sentiment honnête et généreux le détermine à les révéler.

Cessant d'exercer les arts prophétiques, et désirant prouver notre reconnaissance aux aimables Parisiennes qui nous ont enrichi, nous venons leur offrir un moyen infaillible de lire elles-mêmes leur destinée, et d'éviter par là l'indiscrétion des personnes qui deviendraient témoins nécessaires des oracles de l'assiette-sibylle.

On a déjà vu que ce dernier avantage, celui de déchirer le voile de sa destinée sans le concours d'un tiers, est essentiellement propre à la divination par les lignes et les montagnes de la main. En quoi on ne saurait trop admirer la délicatesse de Dieu qui, en même temps qu'il tolère en nous la faiblesse de vouloir deviner les choses dont il a seul le secret, nous épargne la pudeur de la confier à d'autres qu'à nous-mêmes, et nous fournit tant de moyens ingénieux et à bon marché de la contenter.

Après avoir indiqué la manière de préparer le marc et le

tourmenté ou forcé de fuir, et ce fut chaque fois un de ces mêmes jours. — Notre livret, en marquant le siècle où vécut celui qu'il nomme Tamponelli, marque en même temps et à peu près la date de sa composition, à savoir la seconde partie du siècle dernier.

temps où on peut y lire convenablement, l'auteur donne l'interprétation des signes qui se produisent à la surface, et qui sont des croix, des carrés, des angles, des triangles, des ovales, des ronds, des lignes, des couronnes, des losanges, des maisons, des fenêtres, des animaux, des chiffres, des lettres, des figures humaines, des fleurs et des arbres.

Si vous découvriez dans les dessins de votre assiette un chiffre très-distinct, vous pourriez le hasarder à la loterie. L'expérience prouve que le chiffre annoncé de cette sorte est toujours sorti dans l'un des trois premiers tirages de la ville où on se trouve, où près de laquelle on habite.

Que de portières, de grisettes et de cuisinières ont été, sur ce fondement, porter jadis leur dernière pièce de monnaie au bureau de loterie voisin !

Une croix, au milieu des dessins de l'assiette, promet une mort douce et éloignée; quatre croix qui se touchent presque annoncent que la personne mourra d'une maladie grave, si c'est une dame ; d'une chute, si c'est un homme. Trois croix présagent honneurs. S'il se trouve dans l'assiette un grand nombre de croix, on deviendra dévot après la fougue des passions, et on se tourmentera de diverses austérités dans sa vieillesse.

Je remarque que pas une de ces nombreuses croix ne présage celle de la Légion d'honneur. Il me semble pourtant que cela allait de soi. Je m'étonne même que l'idée n'en soit pas venue à l'homme de lettres, auteur ou traducteur de ce traité, lequel, à cause des services considérables qu'il rendait à la littérature et aux sciences, en agrandissant leur domaine, aurait dû naturellement songer pour soi-même à cette distinction. Mais je fais là une épigramme bien mal à propos. N'ai-je pas déjà dit que cet auteur était contemporain d'Etteilla, qu'il date par conséquent à peu près du milieu du xviii<sup>e</sup> siècle, et qu'alors ni la Légion d'honneur, ni celui qui l'a fondée n'étaient de ce monde?

Voici une grande obligation qu'on peut avoir au marc de café :

Si vous découvrez dans l'assiette la figure d'une maison à côté d'un cercle, attendez-vous à posséder cette maison. Elle sera à la ville, si vous voyez un X ou un H dans le voisinage. Elle sera à la campagne si vous distinguez auprès de ce signe la forme d'un arbre ou d'un arbuste, ou d'une plante quelconque. Cette maison vous sera donnée, ou vous l'aurez par héritage, si elle est accompagnée de quelques triangles. Vous y serez longtemps heureux si elle est dans le voisinage d'un demi-cercle.

Quoique la loterie publique soit supprimée, et qu'on ne voie plus chaque matin apparaître aux vitraux de quelques boutiques privilégiées les chiffres représentatifs de l'arrêt du destin, cependant les loteries particulières qu'on autorise de temps en temps, et surtout les loteries clandestines, laissent encore assez d'importance à cette industrie, pour qu'on réimprime les livrets où l'on enseigne la manière de l'exercer avec profit. Celui dont je vais parler a été écrit vers 1780, et a pour titre *la Clef d'or ou le véritable trésor de la fortune*. L'édition que j'ai sous les yeux est de 1841, et fait partie, avec les oracles du marc de café, du *Traité des songes* indiqué dans la note de la page 187 sous le n° 2. Le sentiment qui a inspiré l'auteur, le but qu'il se propose, l'explication qu'il donne de son système et du succès qui en est la suite, sont exposés en peu de mots. Le lecteur en jugera :

On peut au moyen de ce précieux livre, avec peu d'argent, gagner beaucoup d'or. J'en suis moi-même un exemple frappant [1].

Sans connaissance ni aucun principe sur la loterie, que d'imaginaires et formés au hasard, j'ai voulu savoir le cours ordinaire des chances que chacun met en usage pour faire une fortune rapide, espérant par ce moyen me la rendre favorable, et devenir par son secours le plus puissant de mon siècle ; mais je l'ai tentée en vain, l'in-

---

[1] C'est l'auteur de *la Clef d'or* qui parle.

grate n'a pas voulu sourire. Voyant que je n'avais pas le bonheur d'être de ses amis, j'ai pensé que peut-être les mathématiques pourraient me fournir un moyen sûr pour me réconcilier avec elle : en effet, après de longues recherches et beaucoup de travaux, je suis parvenu à trouver la clef de ses trésors, que j'avais recherchés jusqu'ici avec un soin tout particulier ; j'ai suivi en ceci ces paroles de l'Écriture sainte :

> Quærite et invenietis ;
> Pulsate et aperietur vobis.

Je puis dire, en effet, que j'ai eu lieu d'en être content ; car dans l'espace de deux ans et demi j'ai gagné plus de trois cent mille livres à la loterie.

L'amour de mes semblables m'engage à leur dévoiler mon secret. Une fortune rapide et prodigieuse sera le fruit de la confiance qu'ils m'accorderont. Voici mon procédé :

Chacun sait que la loterie est composée de quatre-vingt-dix numéros, dont cinq seulement sont tirés de la roue de fortune ; mais ce qu'on ne sait pas, et ce que j'ai découvert par un travail opiniâtre dans les mathématiques, c'est que chaque numéro a *cinq nombres sympathiques* qui sortent en cinq tirages après le numéro avec lequel ils ont rapport, c'est-à-dire qu'il faut le suivre pendant cinq tirages après la sortie de chaque numéro pour gagner, parce que telles sont les règles sur lesquelles ce jeu a été établi.

Il est bien rare, sur les cinq *numéros sympathiques* de chacun des cinq numéros gagnants par leur sortie tous les dix jours, d'en trouver un au cinquième tirage qui ne soit pas sorti ; chaque tirage en produit communément un ou deux ; souvent on les voit paraître trois à la fois ; quelquefois, mais plus rarement, quatre. On a même vu les cinq nombres sympathiques du même numéro sortir tous au même tirage. On peut s'assurer de tout cela en parcourant les différentes sortes de chaque numéro depuis l'établissement de la loterie. Les amateurs peuvent s'en rendre raison en faisant l'expérience eux-mêmes. Ils verront que jamais aucun de ces jeux n'a manqué jusqu'à présent ; mais, quand même ils viendraient à manquer quelquefois dans la suite, il ne faudrait pas s'en étonner, mes calculs m'ayant fait connaître que chaque jeu doit manquer cinq fois dans l'espace de quatre ans.

Pour mettre chacun à même de faire ces épreuves, je vais en faire une moi-même, et donner deux exemples de la prompte sortie de plusieurs nombres sympathiques de deux numéros dans les tirages qui ont suivi leur sortie.

### DÉMONSTRATIONS SUR LES DEUX NUMÉROS 50 ET 56.

*Exemple pour le 50.*

Nombres sortis au premier tirage de février 1777.

| 12 | 24 | 1 | 27 | 50 |

Cours de cinq tirages qui ont suivi.

| 29 | 25 | 85 | 42 | 25 |
| 51 | 63 | 17 | 82 | 52 |
| 2 | 6 | 33 | 24 | 18 |
| 65 | 58 | 14 | 82 | 78 |
| 24 | 47 | 52 | 68 | 40 |

Dans ces cinq tirages après la sortie du 50, on trouvera que dans ces cinq nombres sympathiques il en est sorti quatre au second, qui sont 63, 17, 82, 52; un au quatrième, 82, et un au cinquième, 52.

*Exemple pour le 56.*

Nombres sortis au premier tirage de mai 1779.

| 32 | 26 | 61 | 56 | 90 |

Cours des cinq tirages suivants.

| 11 | 88 | 90 | 27 | 54 |
| 75 | 16 | 30 | 88 | 56 |
| 65 | 7 | 69 | 90 | 76 |
| 4 | 56 | 42 | 7 | 50 |
| 20 | 63 | 89 | 75 | 75 |

Dans cinq tirages également après la sortie du 56, on trouvera que dans ces cinq nombres sympathiques il en est sorti deux au premier tirage, 88, 27; trois au second, 75, 50, 88; et un au cinquième, 75.

Viennent ensuite le tableau des quatre-vingt-dix numéros, avec les cinq nombres sympathiques de chacun; des dispositions générales sur les chances déterminées telles que l'extrait et l'ambe simple; enfin une pièce de vers intitulée *la Roue de fortune de la loterie, aux amateurs*.

Je me serais fait scrupule de reproduire ce monument de la folie ou de la fourberie humaine, si la loterie subsistait encore sur le pied où elle était autrefois. Il y a, en effet, dans les affirmations de l'auteur, un air de bonne foi, d'honnêteté, de candeur même qui n'imposerait pas seulement aux simples à l'égard desquels il n'est pas besoin de tant de façons, mais aux personnes habiles, pour peu que la passion de s'enrichir vite leur fît préférer les voies du hasard à celles du travail. Il n'est guère de jeux d'où l'adresse est exclue et où le hasard seul décide, auxquels on n'ait appliqué ce système de combinaisons : tels sont la roulette, le trente et quarante, le lansquenet, le creps, etc. On a aussi fait des livres là-dessus (sur quoi n'en fait-on pas?), et il y a eu des gens qui, un moment favorisés par le sort, ont cru fermement en être obligés à ces livres. La crédulité ne demande que des prétextes pour s'établir, et l'un des plus considérables est le papier imprimé. La preuve en est dans ces nombreux petits livres, tout pleins d'absurdités grosses comme des montagnes, mais qui ne laissent pas de se vendre par millions et de ne choquer point les acheteurs ; dans les journaux dont la parole écrite est, aux yeux de leurs abonnés, irréfragable, et qui forment l'opinion, bien plus qu'ils ne la représentent. En Turquie et dans tous les pays de la religion mahométane, quand un malheur est arrivé : C'était écrit, dit-on ; en France, on dit : C'est écrit, avant que le malheur arrive, et sur ce pied-là, on ne néglige rien pour le faire arriver.

### III. — Prophétie.

Je n'ai que peu de chose à dire des prophéties qu'on ne cesse de répandre parmi le peuple, au moyen des livrets du colportage. J'en ai d'ailleurs amplement parlé au titre des almanachs.

J'observerai seulement, au sujet de celles de Nostradamus, que, non contents de les torturer pour en extraire un sens quelconque, les interprètes, les commentateurs de ces fadaises les ont impudemment grossies, et, comme ils manquaient de l'habileté nécessaire pour, à l'exemple de Nostradamus, rédiger leurs propres inventions en style si obscur qu'on pût à la fois y trouver tout et n'y trouver rien, il semble qu'ils se soient piqués d'être clairs, précis, affirmatifs, quelque chose comme un Daniel, un Jonas ou un Isaïe : d'où il est résulté, non-seulement d'éclatants démentis infligés par l'événement à leurs propres prophéties, mais encore un surcroît de déconsidération pour celles de Nostradamus.

J'ai là quatre éditions des prophéties perpétuelles de Nostradamus[1]. La première qui est de Toulouse, chez Bonnemaisons et Fages, in-12 de 45 pag. S. D., a pour titre :

*Curieuses et nouvelles prédictions de Michel Nostradamus, pour sept ans, depuis l'année 1852, jusqu'à 1858 inclusivement; augmentées de l'ouverture du tombeau de Nostradamus, exactement supputées, calculées et mises en ordre, et plus amples que les précédentes.*

Elle est précédée d'une espèce de monologue en vers hexamètres, prononcés par la Vérité et ainsi conçus :

> Je suis la Vérité, de tout temps je suis reine;
> Et je ne mens jamais, étant ce que je suis,
> J'abhorre les menteurs, c'est moi qui les poursuis,
> Un jour je les perdrai, car je suis souveraine;
> Mes pères ont connu la pure vérité,
> Par une longue étude et par l'expérience,
> Tu le verras, lecteur, dans ce présent traité.

Ah, le bon billet! Les mots *Mes pères* ont trait évidemment aux astrologues.

[1] Voyez dans le *Manuel* de M. Brunet, au mot NOSTRADAMUS, le titre et la date de la première édition des prophéties de cet astrologue, et les nombreuses éditions revues et considérablement augmentées qui l'ont suivie.

Le meilleur morceau de tout ce livre, que j'ose même préférer à l'indication si grave, si importante du *temps où il faut couper les cheveux*, est le suivant :

RELATION NOUVELLE ET TRÈS-CURIEUSE DE L'OUVERTURE DU TOMBEAU DE NOSTRADAMUS.

Quel événement étrange et inopiné! Cent vingt-sept ans se sont écoulés depuis que Nostradamus s'est inhumé tout vivant dans un sépulcre en forme de mausolée, qu'il s'éleva chez les révérends pères Cordeliers de Salon, en Provence : il grava en caractères ineffaçables sur la pierre cette sentence aussi épouvantable que nouvelle : *Malheur à qui m'ouvrira!* sentence que les plus hardis n'avaient encore osé violer; mais enfin la curiosité surmonte tout obstacle; on va donner au public un sujet digne de mémoire, ce sont deux condamnés à la mort à qui on accorde leur grâce, au prix qu'ils ôteront la pierre; mais par un mouvement soudain ils sont déconcertés, et tombent à la renverse roides morts; car il faut que ses prédictions s'exécutent. On entendit un bruit épouvantable; de suite on vit le prophète Nostradamus sur une chaise de bronze, une plume d'airain à la main, au visage frais et pensif et un tableau d'ivoire où on lisait cette sentence : *Toi qui me vois, garde-toi de me toucher, car si tu le fais tu es perdu*. On remit la pierre en sa place. La peur inspira la fuite. Peu de temps après, quelques-uns plus hardis étant entrés, on a trouvé cette pierre réduite en poussière. Les magistrats, ayant avec eux le révérend père gardien des Cordeliers et quelques principaux du couvent, ont fait une perquisition exacte; ils ont trouvé quantité de manuscrits en caractères gothiques, qui sans doute ne manqueront pas de donner de l'émulation aux savants, qui jusqu'ici ont travaillé avec grand soin à pénétrer les sens des Centuries qu'il nous a laissées et qui sont assez connues en Europe pour éviter d'en faire ici un nouveau détail.

Après une pareille pièce, il ne resterait qu'à tirer, comme on dit, le rideau. Mais tout parle, tout est éloquent, tout a son prix dans ce livre, le titre, le texte, la couverture. Celle-ci porte sur le dos la figure ci-dessous, terrible Cerbère qui n'empêcha pas pourtant que le tombeau ne fût violé.

Si le bonhomme Nostradamus ne pèche pas par excès de modestie, il en est de même de Moult, son confrère. Voici comment il s'annonce : *Prophéties perpétuelles, très-anciennes et très-certaines de Joseph-Thomas Moult, natif de Naples, grand*

*astronome et philosophe. Ces prophéties si curieuses, si rares, si recherchées et si utiles au public, principalement aux laboureurs, vignerons, jardiniers, et à ceux qui commercent en grains et en vins, ont commencé en* 1521, *et dureront à jamais. Elles furent traduites de l'italien en français avec grande exactitude, environ trois cents ans après, et vérifiées par le fameux Nostradamus, prophète et philosophe. — Réimprimées pour la présente année, et de nouveau calculées, examinées et supputées par les plus fameux astronomes de ce siècle. Montbéliard, à la librairie de Henri Barbier,* in-12. S. D. 64 pages.

Suit un portrait de Moult, que vous pouvez voir à la page suivante. La tête de l'astrologue s'élève jusqu'au ciel, entre le soleil et la lune qu'elle surpasse par sa majesté, qu'elle éclipse par son tricorne.

Nous apprenons d'abord par le titre que Joseph Moult a précédé et de beaucoup dans la vie, le grand Nostradamus, puisque ses prophéties ont été vérifiées trois cents ans après sa mort par ce même Nostradamus. Il paraît en effet qu'il vivait du temps de saint Louis, et cela est dit d'ailleurs et en propres termes, à la fin du livret. C'est ainsi que des faits biographiques, ignorés jusqu'ici, se manifestent tout à coup et avec une précision mathématique, dans le temps où l'on s'y attend le moins, et là où l'on ne s'aviserait jamais d'aller les chercher. Mais passons. L'auteur débute ensuite par une invocation à la sainte Trinité. Après cela, il décrit la place qu'occupe le soleil, sa révolution, son passage par les douze signes, les époques où il détermine le commencement des saisons et celui de l'année. Il déclare que tout cela est véritable, « selon toutes les règles astronomiques, et l'étude consommée qu'il en a faite pendant quarante-cinq ans et plus. » S'il ne fallait s'en rapporter qu'aux règles, on ne se gênerait guère pour douter de leur infaillibilité; mais du moment qu'elles ont pour sanction quarante-cinq ans et plus d'un contrôle exercé par une des plus fortes têtes prophéti-

ques de la catholicité, il faut croire qu'elles sont irréfragables et qu'on n'y oserait contredire, même à l'Observatoire.

Viennent ensuite les *prédictions générales et partielles* pour 503 ans seulement (1521 à 2024). « Mais, y est-il dit, le lecteur trouvera que les prédictions générales et climatériques, et ce qui regarde l'abondance et la disette des bleds et des vins, dureront jusqu'à la fin du monde. » Je voudrais bien être ce lecteur-là. « Quant aux prédictions particulières portées seulement jusqu'à l'an 2024, on promet là-dessus être nommé astronome et philosophe certain. » C'est ce qu'à plus forte raison le même lecteur pourra voir, puisqu'il verra la fin du monde. Qui voit le plus, voit le moins.

Le livret finit ainsi :

Fait à Saint-Denis, en France, l'an de Notre-Seigneur 1268, du règne de Louis IX, notre très-pacifique roi, le quarante-deuxième, par Thomas-Joseph Moult, astronome et philosophe, natif de Naples.

DIEU SUR TOUT !

M. Pellerin d'Épinal publie le même livret avec un titre tout à fait semblable et le même nombre de pages, mais avec ce portrait de l'auteur, plus marqué, comme on dit, de la couleur locale :

Les autres livres de prophéties sont bien pâles à côté de ceux dont je viens de parler, et c'est leur rendre tout ce qui leur est dû que d'en citer le titre.

*Prophéties ou prédictions perpétuelles, composées par Pitagoras, Joseph le Juste, Daniel le Prophète, Michel Nostradamus, et plusieurs autres philosophes, pour l'utilité des marchands forains, laboureurs, vignerons, et autres personnes de commerce; avec un traité des jours heureux et non heureux, en la naissance de chaque personne. Montbéliard, chez Deckherr et Barbier.* In-18, 24 pages, S. D.

On doit ensuite à MM. Martial Ardant frères, de Limoges, les

*Prophéties perpétuelles, très-anciennes et très-certaines de Nostradamus, astronome, prophète et philosophe. Ces prophéties si curieuses, si rares, si recherchées et si utiles au public, principalement aux laboureurs, vignerons, jardiniers, et à ceux qui commercent en grains et vins, ont commencé en 1560, et dureront jusqu'à la fin des siècles. Nouvelle édition, par G. E. L..., astronome.* In-12, 108 pages, S. D. C'est la copie ou, si l'on veut, l'original de l'édition H. Barbier, décrite ci-dessus.

Enfin M. Placé, à Tours, débite au plus juste prix, j'aime à le croire, les

*Prophéties universelles de Nostradamus, annoncées à tous les peuples de l'Univers, pour dix-huit années, depuis 1840 jusqu'à 1857.* Grand in-12, 24 pages, 1840.

### IV. — Économie domestique.

Les sciences et les arts, parmi les habitants de la campagne, sont loin d'avoir l'importance dont ces termes pompeux donnent naturellement l'idée, et encore qu'il ne soit pas sans exemple de rencontrer sous le chaume des savants ou des artistes, toujours est-il que les enseignements du colportage ne sont pour rien dans ce phénomène, et que la nature seule y a mis la main. Je ne nierai pas cependant qu'ils n'aient pu quelquefois révéler à ces esprits d'élite leur propre existence et contribuer dans une certaine mesure à leur épanouissement; mais tel n'est pas certes le résultat auquel aboutissent en général ces enseignements, l'ignorance, la superstition et la grossièreté dont ils portent les marques étant plus propres à maintenir les esprits dans les ténèbres qu'à y faire pénétrer la lumière. Quoi qu'il en soit, les sciences et les arts ont des degrés, et les colporteurs n'ont pas la prétention de les avoir tous dans leur balle comme un académicien est censé les avoir dans sa tête ; ils n'en débitent que les plus humbles parties, celles dont la connaissance est indispensable aux laboureurs, aux bergers, aux petits industriels de village, et que ceux-ci cultivent déjà sans se douter qu'ils font de la science.

Un grand nombre de ces ouvrages ont pour objet la médecine vétérinaire. Je citerai parmi les principaux, le

*Recueil des principaux remèdes assurés et éprouvés, pour préserver et guérir les bœufs, vaches, veaux, moutons, chèvres et cochons, de toutes sortes de maladies ; avec des moyens de les bien élever, nourrir, faire profiter et engraisser à peu de frais en tout temps ; et des remarques pour connaître et choisir la meilleure qualité de différentes espèces de bétail. Ouvrage très-utile et très-nécessaire, tiré des meilleurs auteurs approuvés. Nouvelle édition revue et augmentée.* In-12, 72 pages. Épinal, Pellerin, 1857.

Il est précédé d'un avertissement tout plein de remarques fort sages, sur l'art de connaître et de prévenir les maladies des bestiaux, sur celui de les guérir, enfin sur le charlatanisme; de sorte que, après avoir lu cet avertissement, on se demande si l'auteur n'aurait pas dû commencer par montrer que ses remarques étaient bonnes à quelque chose, en supprimant son livre.

La plus importante de ces remarques est celle-ci :

Que penser des gens qui attribuent les causes naturelles des maladies aux maléfices, sortilèges et magies ? Que dire de ceux qui vont aux devins, et des devins qui les entretiennent dans leurs illusions diaboliques ? Peuvent-ils impunément ignorer que Dieu nous apprend dans l'Écriture sainte qu'il a créé les remèdes aux malades ? Pourquoi les a-t-il créés ?

Et il ajoute avec autant de raison que de malice :

Il périt une quantité prodigieuse d'animaux, faute de les secourir comme il convient : ce n'est pas manque de bonne volonté; car on sait qu'il y a des gens qui courraient plutôt aux remèdes pour un bœuf ou une vache malade que pour une personne.

Ces deux quatrains, sauf la poésie, ne sont pas non plus sans mérite :

> Garder et rendre la santé,
> Est-il un soin mieux employé ?
> Travaillez donc aux bons moments ;
> Après la mort il n'est plus temps.

> Plus vous lirez et pratiquerez,
> Plus vous aurez et profiterez :
> Prenez donc bien vos précautions,
> Vous serez sûrs en toutes saisons.

Tout cela n'empêche pas que ce livre ne soit un formulaire qui semble plutôt rédigé par quelque bonne femme que par un professeur de l'École d'Alfort. Il n'est pas permis, par exemple, d'indiquer, même sous la forme du doute, un remède, ou, comme l'auteur l'appelle, un antidote de l'espèce suivante :

On prétend qu'un crapaud vivant ou mort, enveloppé dans un linge avec du sel et de l'ail à moitié écrasé, du vif-argent et de l'assa-fœtida, pendu au cou, est un excellent préservatif; quand on s'en est servi quelque temps, il faut jeter le tout dans le feu.

Cette recette est évidemment tombée de la poche d'une sorcière, pendant qu'elle chevauchait au sabbat sur un manche à balai. J'en dirai volontiers autant de cette autre applicable au bœuf *qui pisse le sang :*

Dès qu'on s'en aperçoit, il faut lui retrancher toute boisson, excepté celle qui suit : on prend une chopine d'urine d'homme, autant d'huile d'olives, six œufs frais, et plein la main de suie de four, le tout battu ensemble, qu'on fait avaler au bœuf.

Voilà une sale et dégoûtante omelette, même pour un ruminant.

Tous les remèdes ne sont pas de cette force-là ; la plupart même ne sont pas trop extraordinaires et ne sont peut-être pas mauvais. Mais, pour les animaux comme pour les hommes, l'usage de la médecine, sans les conseils du médecin, ne peut être que dangereux. C'est pourquoi, on ne saurait se montrer trop sévère à l'égard des livres de l'espèce dont il s'agit, d'autant qu'ils prescrivent quelquefois les mêmes remèdes pour les hommes et pour les animaux. Aussi, ce n'est pas se tromper que de prendre à la lettre les termes dont se sert un paysan pour exprimer les effets violents d'une médecine qu'il aura avalée : C'était, dira-t-il, une médecine de cheval. Il est vrai que le maréchalferrant en avait dicté l'ordonnance. Presque tous les maréchauxferrants de la vieille roche font encore une concurrence sérieuse aux médecins de campagne.

Notre *Recueil* est une compilation qui ne remonte pas au delà de la seconde moitié du xviii<sup>e</sup> siècle. Il se compose d'extraits du *Dictionnaire économique* de Chomel, curé de Saint-Vincent de Lyon, revu, corrigé et augmenté par Marret, docteur en médecine, et imprimé à Commercy en 1741; de *la Nouvelle Maison rustique* de Liger, ouvrage de plusieurs médecins, imprimé à Paris en 1762; du *Manuel des Champs*, par M. de Chanvalon, prêtre de l'ordre de Malte, imprimé à Paris en 1764; etc.

*Le parfait Bouvier, trésor du Laboureur, contenant l'art*

de connaître, d'élever et de guérir le taureau, la vache, le bœuf et le veau, le bélier, la brebis, le mouton et l'agneau ; le bouc, la chèvre et le chevreau ; le verrat, la truie et le cochon. Traité renfermant des remèdes infaillibles et d'une exécution facile et peu coûteuse, pour les maladies des bêtes à cornes et à laine, in-12, 108 pag., Montereau, Moronval, S. D. ; Épinal, Pellerin, 1835, renferme les mêmes remèdes que le précédent, et une foule d'autres qui n'y sont point compris. Il y est question entre autres, *de fumigations avec des savates* (pag. 31) ; de breuvage fait de la propre urine de l'animal, quand l'animal a pris *un quarteron de beurre frais noirci au feu et mélangé avec une très-petite mesure d'eau-de-vie, et la même quantité de vinaigre de vin et deux liards de poivre blanc* (pag. 19) ; d'un remède contre l'enflure qui consiste *à placer dans le fondement du bœuf, trois ou quatre doigts en avant, une corne percée, et à promener l'animal jusqu'à ce qu'il rende des vents* (pag. 34).

Il y a moins de puérilités et plus de style dans le *Petit Manuel du Maréchal expert, contenant :* 1° *La manière de nourrir, panser et gouverner les chevaux ;* 2° *L'art de distinguer et de guérir leurs maladies ;* 3° *L'indication de leurs bonnes qualités et de leurs défauts ;* 4° *Plusieurs recettes utiles et peu coûteuses, etc., etc. Ouvrage indispensable aux laboureurs et à toutes les personnes intéressées à la conservation des chevaux.* In-12, 108 pages, Épinal, Pellerin, 1837 ; et Montereau, Moronval, 1854. On y sent davantage la main et la langue du praticien. Il n'y est pas question d'amulettes de crapauds, d'omelettes ou de potions à base urinaire, si l'on peut parler ainsi, de savates aromatiques, ni de cornes éoliennes. Il est mieux imprimé et sur un meilleur papier que les deux autres.

*Le Parfait Bouvier* et le *Petit Manuel du Maréchal expert* ont été réimprimés récemment par les frères Martial Ardant de Limoges, l'un sous le titre énorme de :

*Le Nouveau parfait Bouvier, Traité complet de l'élevage*

*des bestiaux, contenant le Parfait Bouvier ou l'Art de connaître, élever et soigner le taureau, le bœuf, la vache, le veau; le Parfait Berger, ou l'Art de connaître, élever et soigner le bélier, les moutons, les agneaux, le bouc, la chèvre, le porc, la truie, les chiens de berger, de fermier et de boucher, avec des instructions sur la manière de croiser, de propager, d'améliorer les races et d'utiliser les produits des animaux ; suivi de conseils sur l'administration d'une basse-cour, l'éducation des abeilles et des vers à soie, et d'un précis sur les chevaux et les bêtes de somme. Par M. Bertrand, ancien élève de l'École d'Alfort, etc. Troisième édition, augmentée du Répertoire du Laboureur et du Jardinier.* Grand in-12, 188 pages, S. D. : l'autre, sous le titre presque aussi complexe de :

*Le nouveau Maréchal expert, ou le Guide du Maréchal-ferrant, du vétérinaire, de l'écuyer, du propriétaire, et de l'amateur ; avec un précis de la connaissance et du choix des chevaux, des ânes et des mulets ; de leur éducation et conservation, de leurs maladies et moyens de les traiter. Par M. Delacroix, artiste vétérinaire.* Grand in-12, 192 pages, 1847.

Ces deux traités sont les mêmes que les deux autres, revus, corrigés et considérablement augmentés, principalement dans les titres. Ils sont aussi plus clairs, plus méthodiques; mais, en définitive, ils n'ont fait que ce que pourraient faire aujourd'hui les architectes, si, exhaussant ou modifiant les vieux hôtels pour les transformer en maisons locatives, ils mettaient leurs noms sur un des murs de l'édifice, et usurpaient ainsi, à la face des contemporains, l'honneur qui appartient aux premiers fondateurs.

*Le Trésor du laboureur, ou l'Art de guérir les chevaux et bêtes à cornes. Par Jacques Richelet, artiste vétérinaire de Lyon. Ouvrage approuvé des écoles vétérinaires de Paris, Lyon, Rouen, etc. Nouvelle édition, à laquelle on a ajouté* un *Traité sur la maladie des cochons.* Épinal, Pellerin, in-18, 70 pages, S. D.

Ce petit livre est bon, nonobstant que la science vétérinaire y soit un peu arriérée; mais tout charlatanisme en est exclu. On voit sur la couverture cette planche qui ne vaut pas le livre.

## CHAPITRE III.

Je ne parlerai que pour faire voir aux lecteurs malades par quel ingénieux et bruyant procédé il se recommande à leur attention, d'un livre qui sort des mêmes presses et qui a pour titre :

*Nouvelle médecine sans médecin, ou Remèdes simples, peu coûteux, faciles à préparer et à administrer, pour guérir la plupart des maladies qui attaquent le corps humain, conserver la santé et vivre longtemps. Ouvrage à l'aide duquel chacun peut se traiter soi-même ; par M. Landrain, docteur-médecin. Précédé d'une instruction sur la nature, le choix, la préparation des remèdes en général, traduit en partie de l'allemand sur la septième édition du docteur Burckard.* Cinquième édition, grand in-12, 215 pages, S. D.

Une encyclopédie médicale qui aurait pour préface un titre de ce style, s'offrirait déjà sous un aspect assez imposant ; mais notre livret, non content de se donner ces grands airs, dès son entrée en scène, embouche encore la trompette dans sa préface, et joue la cavatine que voici :

C'est surtout dans notre pays où l'on a vu de prétendus disciples d'Hippocrate imaginer des drogues propres à guérir toutes les maladies, et écrire de gros volumes pour faire vendre ces drogues, qu'il est important de répandre de bons livres. Grâce à eux, le bon sens de notre nation fera enfin justice de ces panacées appliquées à tous les maux, de ces remèdes effrontés qu'on fait louer à-tant la ligne dans les journaux complaisants, à côté de chapeaux imperméables et de souliers qui ne s'usent jamais.

Cela, sans doute, n'est pas une musique faite pour charmer les oreilles des médecins dont toute la science consiste dans la pompe et le charlatanisme de l'enseigne ; toutefois, intérêt personnel à part, ils ne sauraient qu'en trouver la mélodie charmante. Et ce qui ajoute à son prix, c'est le morceau final :

L'ouvrage du docteur Landrain n'est point une spéculation de médecin sans clients qui veut faire du bruit pour gagner de l'argent et tromper ces imaginations malades si faciles à séduire. Le docteur Landrain offre des remèdes vrais, simples, faciles, et appropriés aux genres divers des maladies.

Demandez, faites-vous servir, et vous dépêchez ; il n'est pas sûr que demain seulement il en reste un seul exemplaire.

Un détestable livre dont les villes et les campagnes ont été inondées, et qui cherchera toujours, cela n'est pas douteux, à s'y glisser sous le manteau; qui s'est fait tout petit, c'est-à-dire réduit en volumes faciles à soustraire à la surveillance d'un père ou d'un maître, est le *Tableau de l'amour conjugal*, 4 vol. in-12, figures : Paris, chez les marchands de nouveautés, S. D.

« Mauvais au point de vue de la science, dit le *Journal de l'amateur des livres*, puisqu'il fourmille d'erreurs, ce livre l'est encore plus sous d'autres rapports. Répandu en profusion parmi les classes les moins instruites, il contribue puissamment à leur démoralisation. Les tableaux licencieux qu'il présente, l'emploi des aphrodisiaques qu'il enseigne, les questions *de situ et modo*, et une foule d'autres tout aussi délicates sur lesquelles il s'étend avec complaisance, tout cela doit faire regretter de voir cet ouvrage au nombre de ceux qu'on fabrique à l'usage du peuple. »

Hélas! ce n'est pas seulement à l'occasion de ce livre qu'on a raison d'exprimer un pareil regret, on le doit aussi, quoique peut-être avec une justice moins rigoureuse, à propos de bien d'autres parmi ceux que j'ai déjà parcourus et qu'il me reste à parcourir encore. Il est triste de penser que des familles entières, imprimeurs, éditeurs et colporteurs, ont vécu du trafic de ces livres et s'y sont enrichies ; que les chefs de ces familles jouissent dans leur pays d'une considération proportionnée à leur fortune; qu'ils y trouvent des gendres, des brus auxquels il ne répugne nullement de toucher des dots acquises au prix de l'empoisonnement systématique des âmes, et que ces brus et ces gendres continueront le même commerce. Que dis-je, quand il s'agit d intercepter leurs drogues, n'est-on pas arrêté quelquefois par la crainte de les ruiner ?

Le *Tableau de l'amour conjugal* a eu des myriades d'éditions. Les presses d'Amsterdam, cette sentine de toutes les ordures émanées des écrivains français au xvii° et au xviii° siècles, ont donné le jour à la première, en 1686, pet. in-12, sous le nom de Salocini, Vénitien, et sous le titre de *Tableau de l'amour considéré dans l'état de mariage*. Les bibliophiles recherchent les anciennes éditions de Hollande ainsi que les exemplaires en grand papier de celle de Londres (Paris), 1751, 2 vol. in-12, sous ce titre : *la Génération de l'homme, ou Tableau de l'amour conjugal, par Nic. Venette ; nouvelle édition, augmentée de remarques importantes par M. F. P. D. E. M.* (François Plauque, docteur en médecine). Je déclare mon incompétence pour juger un tel livre, et j'ai une assez bonne opinion de la pudeur du lecteur pour espérer qu'il me pardonnera de ne l'avoir pas même lu.

MM. Pellerin, d'Épinal, et les frères Deckherr, de Montbéliard, ont publié et publient encore une espèce de répertoire de toutes les sciences populaires, sous le titre de :

*La nouvelle Science des gens de campagne, contenant la manière de dresser différents actes civils ; un Abrégé de l'Arpentage ; un Traité sur la culture des Jardins et des arbres fruitiers ; des Remèdes éprouvés pour diverses maladies ; un Traité d'Arithmétique ancienne et décimale, où l'on peut apprendre facilement, et même seul, à compter, chiffrer et calculer toutes sortes de sommes, et des Modèles de lettres sur toutes sortes de sujets.* Nouvelle édition, in-12, 64 pages, 1856.

Il y a là d'assez bonnes choses, entre autres le petit traité d'arithmétique, où les définitions sont aussi simples que claires, aussi courtes qu'exactes. Ce n'est pas un petit mérite. Il ne rachète pas néanmoins ce qu'il y a d'absurde, de dangereux et aussi d'inutile dans la partie qui traite les maladies et de leurs remèdes. Par exemple, avez-vous la migraine ?

Il faut prendre la tête d'une corneille, la faire cuire sur du charbon; étant cuite, vous prendrez la cervelle et la mangerez. Il n'y a point de douleur de tête, si grande qu'elle soit, qu'elle ne fasse cesser.

Aimez-vous la bonne chère, et craignez-vous la goutte? Mangez bien, buvez d'autant ; mais

Prenez une gousse d'ail, nettoyez-la bien, et avalez-en tous les matins durant tout le déclin de la lune,

et la goutte respectera vos orteils.

Si, nonobstant cette précaution, la goutte survient, appliquez-vous un cataplasme de racines de *brionia* cuites avec du saindoux, et de plus,

Le malade tiendra le lit, ayant la tête plus basse que les pieds; il faut qu'il boive toujours du vin; il faut aussi purger le malade avec une hydragogue.

Mais le plus efficace, comme aussi le plus charmant remède, sans doute, contre cette même maladie, est tout entier dans cette simple et courte ordonnance :

Prenez de la bouse de vache, telle quantité qu'il vous plaira, faites-la fricasser avec du beurre, et l'appliquez deux fois par jour sur le mal.

Telle est même la vertu de cette fricassée, qu'elle a raison, par-dessus le marché, de la *sciatique et des vieilles plaies et ulcères.*

Je laisse le lecteur sous l'impression de ces graves enseignements, et je poursuis.

Les comptes faits de Barrême [1] sont des petits livres très-utiles et consultés à tous moments dans les transactions commerciales

---

[1] François Barrême, né à Lyon vers le milieu du dix-septième siècle, mourut à Paris en 1703. Il donnait à Paris des leçons de tenue de livres en

et généralement dans toute affaire où il faut beaucoup de calculs d'intérêts, d'arrérages de rentes, d'escomptes de billets, de changes de monnaies, etc.; ils ne sauraient donc être exécutés avec trop de soin, et les instructions pour en faire usage rédigées avec trop de clarté. Ce sont deux qualités que n'ont point, à mon sens, les *Comptes faits de Barrème, en francs et centimes, depuis 1 centime jusqu'à 20 francs,* in-18, 47 pages, Montbéliard, Deckherr, et Épinal, Pellerin, S. D. Je n'ai pas perdu mon temps, bien entendu, à vérifier s'il n'y avait pas de ces fautes d'impression qui sont le fait de la négligence d'éditeurs plus pressés de copier le barrème primitif que d'en contrôler les chiffres; je n'ai été frappé que du jargon obscur, entortillé dont ils se servent pour enseigner la manière de chercher et d'obtenir les résultats. Heureusement qu'il se rencontre dans chaque village au moins un homme, le curé ou le maître d'école, en état de suppléer ce qui manque à ces instructions, et d'en donner la clef à ceux qui ne l'y pourraient pas trouver.

Un livre de la même espèce et du même titre, in-12 de 129 pages, imprimé à Saint-Gaudens, chez Tajan, 1846, porte des marques d'une exécution plus soignée. Ses calculs vont de 1 centime à 500 francs, et sont suivis des intérêts à demi pour cent par jour, par mois et par année.

Puisque le colportage a aussi l'ambition d'apprendre aux habitants des campagnes les différents jeux de carte, de dés, de dominos, d'échecs et de billard, etc., il est au moins nécessaire d'indiquer les titres sous lesquels on les a rassemblés, avec les noms des éditeurs. Le premier de ces recueils qui se présente est le

*Code et Académie des Jeux, contenant les règles des jeux de piquet, piquet à écrire, piquet à quatre, impériale, lans-*

---

partie double, et était protégé par Colbert. Il écrivit plusieurs *Comptes faits* qui attestent ses connaissances théoriques et pratiques dans la matière, et qui ont rendu à juste titre son nom proverbial.

quenet, écarté, triomphe, reversis, bouillotte, whist, boston, vingt-un, bête ombrée, hombre, brelan, brelan de valets, commerce, mariage, ferme et cul-bas ; règles entièrement révisées par les plus célèbres joueurs, et mises à la portée de tout le monde. Nouvelle édition, in-12, 104 pages, figures, Épinal, Pellerin, 1849.

Un autre, imprimé et édité par Martial Ardant, de Limoges, grand in-12 de 240 pages, figures, S. D., a pour titre :

*Le Musée des jeux, contenant les principaux jeux en usage dans la bonne société, recueillis et mis en ordre par Landrait, membre de l'Académie des jeux de Berlin.*

Un troisième, enfin, se recommande à la faveur par cette magnifique réclame :

*Ancienne et nouvelle Académie des jeux, contenant les règles des jeux anciens et modernes, en termes clairs et précis, d'après la décision de plusieurs auteurs. Ouvrage entièrement refondu, augmenté des règles des jeux nouvellement mis en vogue, tels que le lansquenet, bésigue, quarante de rois, petits paquets, loterie, etc. Seul Code adopté dans les Cercles les plus distingués, et généralement dans toutes les réunions où l'on se livre au plaisir du jeu. Par M. A. de Bercheville, secrétaire perpétuel de l'Académie parisienne.* Nouvelle édition, revue et corrigée par l'auteur. In-12, 108 pages, figures, Paris, Le Bailly, S. D.

J'avoue que je ne suis nullement propre à donner un avis sur pas un des jeux qui font partie de ces trois recueils ; mais, parce qu'on se propose dans tous ces livrets de les enseigner au peuple, et qu'ils sont pour la plupart des jeux de hasard, je n'hésite pas à les condamner.

# CHAPITRE IV

### FACÉTIES, BONS MOTS, CALEMBOURS

Le peuple français est si jaloux du droit qu'il s'est arrogé d'être le peuple le plus spirituel du monde, que si Dieu lui proposait d'échanger seulement un peu de son esprit pour beaucoup de bon sens, je crois qu'il refuserait. Il est persuadé que sa mission ici-bas est de rire et de faire rire les autres, et il y réussit assez. Comme on demandait à un Anglais, au retour d'un voyage à Paris, en quelle disposition il avait trouvé les Français : Ils riaient, répondit-il, en articulant à la manière de ses compatriotes; et, comme si ce rire était contagieux, l'Anglais, en disant cela, riait lui-même. Le peuple français est si fier de ce jugement que la plus grande partie de ceux qui se font imprimer, mettent toute leur ambition à représenter fidèlement ce côté particulier du caractère de la nation à laquelle ils appartiennent, ne témoignant pas moins à cet égard de leur propre penchant que de leur zèle à soutenir la réputation de leur pays. Aussi, voyez avec quelle ardeur ils concourent à cette œuvre importante! Les journalistes, les publicistes, les vaudevillistes, les avocats, et, Dieu leur pardonne! les prédicateurs; ajoutez-y les marchands, et à leur tête, l'incomparable M. Aymès[1], toutes ces personnes-là ne visent qu'à l'esprit, immolent tout à l'esprit, et usent de cette faculté jusqu'à faire rire, en effet, et quelques-uns parfois à leur dépens.

Mais il est, parmi ceux dont la plume est l'unique instrument de leur profession, une classe qui, avec la prétention de faire rire comme les autres, ne se donne pas la peine d'avoir de l'esprit à soi; elle le prend tout fait à droite et à gauche (en quoi elle a bien raison), et en forme de petits livrets qu'on vend aux ouvriers des villes et aux habitants des campagnes à peu près au prix du papier : ce qui est encore assez cher. Ces compilations d'esprit consistent en facéties, bons mots, calembours, etc., où il ne faut rien chercher de délicat, de fin, de relevé; cela est bon pour les palais bourgeois, lesquels, comme chacun sait, ont hérité du goût des grands seigneurs et pensent même être en tout plus difficiles qu'eux : mais le grivois, le salé, non pas celui qui assaisonne, mais celui qui emporte la bouche, le trivial, l'ordurier et quelquefois l'obscène, tel est en général le ton de ces livres jusqu'alors en possession des honneurs et du profit du colportage. Ils ne sont pas très-anciens et je ne crois pas que, à l'exception d'un seul, ils remontent au delà des premières années du règne de Louis XV. C'en est le libertinage raffiné passé à l'état de licence et exploité par des instruments plus grossiers. Les bibliophiles scrupuleux trouveront peut-être que mon indication est un peu vague et que j'aurais dû chercher et préciser les dates; je le reconnais, mais je tâcherai de les dédommager ailleurs, et au fur et à mesure que les ouvrages, objets de ma remarque, leur passeront sous les yeux.

Le plus ancien livre de ce genre aujourd'hui colporté a pour titre : *Les facétieuses rencontres de Verboquet, pour réjouir les mélancoliques; contes plaisans pour passer le tems.* In-18,

---

[1] Depuis qu'on a écrit ceci, M. Aymès a non-seulement été bien imité, mais incontestablement surpassé.

35 pag., Troyes, Vve Oudot, S. D. Malgré ce titre, c'est la deuxième partie d'un recueil autrefois célèbre, très-souvent réimprimé depuis 1625, date de la première édition et intitulé : *Les délices ou discours joyeux et récréatifs avec les plus belles rencontres et les propos tenus par tous les bons cabarets de France, par Verboquet le Généreux*, Paris, Jean de Bordeaux, 1650, 2 parties en 1 vol. L'édition de 1624, la plus ancienne connue porte : — Se vend au logis de l'auteur (à Rouen). — La deuxième partie, réimprimée seule ici et très-abrégée, a pour titre dans les vieilles éditions : *Les subtiles et facétieuses rencontres de J. B., disciple du généreux Verboquet, par lui pratiquées pendant son voyage tant par terre que par mer.* C'est aussi le disciple qui est en scène dans mon édition, mais disciple peu propre à donner de l'ombrage au maître, lequel, hélas ! ne valait pas lui-même grand'chose. On ne sait pas quel était ce Verboquet ; on suppose qu'un comédien de province se cachait sous ce pseudonyme, pensant qu'on irait bien l'y découvrir comme on découvre, au parfum qu'elle exhale, la violette cachée dans les herbes. Malheureusement, rien n'est plus inodore, rien n'est plus incolore que ces *facétieuses rencontres* ; rien n'est moins salé, plus plat ni plus niais. C'est à faire dormir debout. Il est vraiment inconcevable que ce recueil ait eu de la célébrité ; ou bien alors on s'était déshabitué de l'esprit en France, même dans les cabarets ; ou bien quelque révolution, dont l'histoire a omis de parler, l'avait détrôné au profit de la sottise. En France, toute nouveauté de ce genre est possible, et ne l'est pas seule. Le meilleur est de n'avoir d'opinion arrêtée sur rien, ni sur personne. Quoi qu'il en soit, il n'y a pas dans tout ce recueil un seul trait qui vaille la peine d'être remarqué ; et si le comédien qu'on en croit l'auteur jouait la comédie comme il écrivait, je ne doute pas que les sifflets ne l'aient reconduit chez lui plus souvent que les violons. Il n'y a donc pas moyen d'en donner un extrait. J'ajouterai seulement qu'un assez grand nombre de ces soi-disant facéties sont attribuées à des Espagnols.

C'est un témoignage que le goût bien connu de cette nation pour les mots grivois et même orduriers, avait pénétré en France avec ses armées, et y avait formé des prosélytes.

Un livret infiniment plus licencieux, et dont, à cause de cela, il est encore plus impossible de donner des extraits, a pour titre: *Vie et aventures galantes et divertissantes du duc de Roquelaure*, in-18, 108 pages, Troyes, Baudot, S. D.

Gaston-Jean-Baptiste, marquis, puis duc de Roquelaure, né en 1617, servit dans les armées françaises où il se signala par sa bravoure, et fut blessé et fait prisonnier au combat de la Marfée, en 1641, et à la bataille de Honnecourt, en 1642. Devenu depuis lieutenant général, il fut de nouveau blessé au siége de Bordeaux, et le roi, aussi content de ses services que charmé de ses plaisanteries, le fit duc et pair en 1652, chevalier de ses ordres en 1661, et gouverneur de la Guienne en 1676. Si donc les bons coups d'épée de Roquelaure ont aidé à sa fortune, ses bons coups de langue n'y ont pas nui. Il mourut en 1683, à soixante-six ans. C'est à lui que le peuple attribuait une foule de bons mots et de bouffonneries dont plusieurs n'étaient point délicates, et la plupart de la dernière obscénité. On en fit un recueil sous le titre de *Momus français*, publié pour la première fois à Cologne en 1727, in-12, et souvent réimprimé. Il fait partie de la *Bibliothèque bleue*. Dans cette étrange compilation dont l'exemplaire désigné plus haut est une copie, ce n'est pas la couleur qui manque, tant s'en faut; la toile du peintre en est chargée et comme empâtée; les tons y sont d'une crudité qui n'est adoucie par aucune nuance; le moindre trait y est d'une énergie à émouvoir les plus apathiques. Et pourtant, au milieu de toutes ces saletés, de ces obscénités, on ne peut disconvenir que le héros du livre ne montre souvent de l'esprit. Par exemple (et c'est la seule chose, ou à peu près, dont la reproduction soit possible), on y raconte ainsi la manière dont il se moqua un jour de l'archevêque de Lyon :

Roquelaure était toujours habillé comme un aigrefin ; un grand chapeau, une capote assez fripée étaient tout son équipage... Ayant un jour reçu l'ordre d'aller en Espagne, pour y négocier une affaire de conséquence, il prit la poste, fagoté comme je l'ai dit..., et arriva à Lyon. En passant devant l'archevêché au moment où l'archevêque montait en carrosse, ce prélat, curieux de savoir où allait ce courrier et d'apprendre des nouvelles, se mit à crier à pleine tête : « Holà ! hé ! hé ! mon ami, arrête. » Le duc, que cette manière d'appeler en petit-maître surprit un peu, ne demandant pas mieux que de se divertir un moment aux dépens de la curiosité indiscrète du prélat, arrêta tout court. Alors l'archevêque, se voyant à portée d'être ouï : « D'où viens-tu ? lui demanda-t-il ; qu'y a-t-il de nouveau ? » Le duc, sans s'embarrasser, répondit brusquement : « De Paris ; des pois verts. »

Le prélat, un peu surpris de cette réponse bouffonne, lui demanda ensuite : « Que disait-on à Paris, mon ami, lorsque tu en es parti ? — On disait vêpres, répliqua le duc. — Mais comment t'appelle-t-on ? reprit le prélat. — Les uns, dit le courrier, m'appellent : Holà, hé ; les autres : Hé, mon ami ; mais moi, qui me connais mieux que personne, je m'appelle comte de Roquelaure. Ho, hé ! fouette, postillon. »

Après cette historiette, assurément fort plaisante, si elle est vraie, il faut passer outre [1].

Ce livret, et la citation que j'en ai faite, me rappellent une anecdote dont je fus témoin étant au collége. Un élève fut surpris ayant en sa possession les *Aventures de M. de Roquelaure*. Le professeur le chassa de la classe, en attendant qu'il le fît chasser du collége. Mais il se ravisa, et, au sortir de la classe, il fit venir l'élève et lui demanda s'il avait lu le livre. L'élève répondit qu'il n'avait lu que les *pois verts*. Le professeur lut à son tour le passage, et, soit qu'il crût, soit qu'il feignît de croire à la véracité de l'élève, il conclut que celui-ci pouvait bien n'avoir été frappé que de ce qu'il y avait de plaisant dans le livre, sans avoir compris, ni peut-être même lu ce qu'il y avait d'immoral. Il ne poussa donc pas la chose plus loin et se contenta de brûler le livre. Je fus très-surpris alors de cette indulgence ; mais je le

---

[1] Elle est racontée presque dans les mêmes termes par Tallemant des Réaux, et appliquée au comte de Clermont-Lodève, lequel aurait répondu

FACÉTIES, BONS MOTS, CALEMBOURS.

suis moins aujourd'hui, ce professeur n'ayant pas été moins prudent, sans doute, qu'il n'était indulgent.

Des *Aventures galantes du duc de Roquelaure* je passe aux *Aventures plaisantes et tours bouffons de M. Briolet*, in-18, 67 pages : Épinal, Pellerin, S. D. Ce M. Briolet, dont voici le portrait

à peu près de même à M. d'Alincourt, gouverneur de Lyon. Puis, ajoute Tallemant, « Voyant qu'on ne parloit pas autrement de s'asseoir, il prend

20.

est une copie mal ressemblante de M. de Roquelaure, bien que l'auteur affecte de le nommer ici le Roquelaure du xviii° siècle. Il était fils d'un père qui était le personnage le plus important de la Fère Champenoise, et qui réunissait en sa personne les titres et fonctions de notaire, de procureur et de collecteur des contributions. Ce père, le regardant déjà comme l'héritier de ses charges, le mit à grossoyer, à minuter des actes, procès-verbaux, saisies, inventaires, etc., etc. ; mais il vit bientôt que les affaires contentieuses et l'accointance des huissiers n'étaient point le fait de ce garçon, et que le style de la chicane ne serait jamais sa langue favorite. En effet, M. Briolet fils remplissait les actes, les requêtes, etc., de lazzis, de calembours compromettants, et encore que M. son père y trouvât infiniment d'esprit, il dut reconnaître qu'il s'était en vain flatté de perpétuer le droit et la pratique dans sa race, et il abandonna le jeune homme à ses penchants, persuadé que le génie finit par trouver de lui-même son assiette et sa récompense.

Cependant il fallait que M. Briolet fils fît choix d'une profession. Aussi embrassa-t-il celle de manger, boire, dormir et ne rien faire. Il y ajouta celle de bouffon.

C'est (dit son historien) un métier commode, pour lequel il y a beaucoup d'appelés et peu d'élus ; car, s'il n'a guère besoin de la grâce qui fait les saints, il demande une part dans les dons que la fortune prodigue aux riches ; or l'héritage que M. Briolet, notre héros, reçut de son père, ne s'élevait pas au-dessus de neuf cent soixante-sept livres onze sous quatre deniers de rente annuelle. Heureusement il avait en lui-même de quoi y suppléer.

Il était donc bel homme, doué d'une agréable figure : il est tant de gens à Paris qui n'ont pas d'autre ferme ! Non, sans doute, à le juger

un fauteuil qu'il gâte un peu avec ses bottes crottées ; il en donne un autre à un gentilhomme qui étoit avec lui, se couvre, se met à se chauffer : c'étoit l'hiver. Il cause avec son compagnon, comme s'il n'y eût eu qu'eux deux dans la chambre, et quand il eut bien chaud, il tire sa révérence à M. le gouverneur, qui étoit si surpris, qu'il n'eut pas le mot à dire..... Alors il apprit (M. d'Alincourt) qui il étoit. » T. II, p. 102, Delloye, 1840.

d'après la manière ordinaire d'apprécier la beauté. Mais qu'est-ce qui a dit à messieurs les artistes qu'une forme est plus belle qu'une autre; qu'il faut, pour charmer les yeux, tel ou tel assortiment de formes droites et de formes arrondies? La nature, qui ne saurait avoir tort, s'était plu à multiplier les courbes dans les contours de tous les traits de M. Briolet, et elle les avait accouplés si bizarrement, qu'il en résultait un ensemble de la plus piquante originalité.

Sa tête, d'un volume énorme, paraissait avoir été formée aux épens de tant d'autres, si petites et si étroites. Ses cheveux, naturellement hérissés comme le houx, eussent pu résister à tout l'art du coiffeur. Ses yeux ne pouvaient donner accès qu'à un très-petit rayon de lumière, mais ils le renvoyaient, du fond de leur cavité, plus vif qu'ils ne l'avaient reçu; ils pouvaient d'ailleurs l'avertir de l'approche de deux ennemis venant de directions opposées. Les sourcils qui les couronnaient étaient touffus, et formaient, en se relevant, une rigole qui les eût garantis de toutes les douches qu'on eût fait pleuvoir sur lui. Son nez, imitant une pomme de terre allongée, semblait un aimable jeu de la nature; et sa bouche, placée entre lui et un menton pointu, était de dimension à escamoter la plus belle pêche des jardins de Montreuil.

Le reste de sa personne n'avait rien de très-remarquable. Son buste était doucement arqué par devant et par derrière; et, quand il parlait, on l'eût pris pour un coffre sonore. Dans la joie, son rire éclatant imprimait à tout son corps un mouvement de dislocation qui était lui-même très-risible; et, dans la douleur ou à la suite de quelque exercice pénible, il poussait des soupirs dont un seul eût suffi pour mouvoir les ailes d'un moulin.

Tels étaient les dons extérieurs dont M. Briolet se montrait orné à l'âge fortuné où on y attache tant de prix. Mais c'était du côté de l'esprit, surtout, que la nature l'avait libéralement pourvu; sa richesse, sous ce rapport, était telle, qu'il pouvait en faire une grande dépense journalière sans épuiser le fonds, et il ne le servait jamais sans l'assaisonner de gaieté. C'est ce dont nous espérons convaincre le lecteur, par la narration simple et fidèle de quelques-uns de ses faits et gestes facétieux.

Ce portrait ne manque pas d'esprit, et il n'y aurait qu'à louer et à recommander le livre, s'il continuait sur ce ton jusqu'au bout. Malheureusement nous entrons avec M. Briolet dans une série de farces, de bouffonneries, qui n'ont rien d'attique, et dont quelques-unes le rendraient justiciable au moins de la police correctionnelle. On voit, par exemple, comment M. Briolet sauve, devant des dames, l'honneur de son derrière, et comment il leur fait servir sa culotte dans un pâté; comment il se tire d'un déjeuner *à l'anglaise*, dont le premier service consistait en un clystère; comment il parie de faire voir et fait voir, en effet, au public ce qu'on ne montrait alors qu'à un maître Jacques; comment, enfin, il escroqua les faveurs d'une beauté galante.

Mais (dit en finissant son historien) il serait trop long de rappeler tous les bons mots, toutes les reparties ingénieuses de ce spirituel Champenois; il suffit de dire qu'il fournit une carrière longue et brillante, et qu'il fit les délices de tous ceux qui le connurent. M. Briolet, né plaisant, le fut toute sa vie et à l'heure même de sa mort. Étant dans ce dernier état, il jeta les yeux sur deux procureurs de ses amis qui étaient dans la chambre; il les appela et leur dit : « Placez-vous l'un à ma droite et l'autre à ma gauche. » Ses amis lui demandèrent pourquoi il exigeait cela d'eux. « Hé! ne voyez-vous pas, leur dit-il, que c'est pour mourir comme Notre-Seigneur, entre deux larrons? »

Il aurait manqué quelque chose à la gloire de M. Briolet, s'il n'eût pas laissé par écrit au moins un échantillon de son savoir-faire comme homme de lettres. Combien de grands hommes, dans des genres les plus étrangers aux lettres, ont eu cette faiblesse et s'en sont même assez bien trouvés! M. Briolet s'y essaya également et n'y réussit pas moins. Il écrivit donc plusieurs ouvrages, et, entre autres, à vingt-deux ans, le *Véritable portrait du baron de Pigeolet*. Comme cet ouvrage n'est pas si long que *la Pucelle* de Chapelain, et que nous avons le bonheur de le posséder tout entier, je me fais un devoir de le transcrire ici sans en retrancher un iota.

### VÉRITABLE PORTRAIT DU BARON DE PIGEOLET.

Le baron était fait au *tour du monde de l'amiral Anson*; il avait la tête *verte*, un front *de bataillon*, des yeux *d'écrevisse*, le nez *par-*

*tout*, une bouche *en cour*, une langue *de feu*, une gorge *de montagne* et un *magnifique* palais. Il avait en outre un beau râtelier *d'écurie* et une dent *contre vous*; un teint *sauvage*, une chevelure frisée en boucles de *rideau*, un ton *de mousquet*, une poitrine *farcie*, un cœur *de musique*, les entrailles *de la terre*, des boyaux *de communication*, un ventre *bleu*, deux bras *de mer*, des coudes *de rivière*, à la main droite le point *du jour*, et à la gauche le point *de la difficulté*, des mains *de papier*, à chacune desquelles il avait un pouce *d'avantage*, deux doigts *de vin* et deux doigts *de remontrance*. Il avait de plus des épaules *de bastion*, les reins *forts*, les côtes *de Provence*, des talons *de fusil*, un pied *d'estal*, un pied *de nez*. Il avait une voix *active et passive*, et l'âme *des grandes affaires*. Ses habits consistaient en un chapeau *vacant*, bordé *d'anchois*, avec un cordon *d'alouettes*, et au-dessus le nœud *de l'affaire*. Son habit était de drap *mortuaire*, avec des boutons *de rose* et des galons *d'or potable*; aussi était-il d'un prix *de l'Académie*; il avait fait faire des poches *de violons*, dans l'une desquelles il portait la bourse *de Bordeaux et de Marseille*, pleine *de Louis XII* et de pièces *d'artillerie*. Il avait toujours de beaux bas *de mulet*, une épée avec une garde *française* et une poignée de *farine*; quelquefois il portait un sabre de damas *cramoisi*, qui se terminait en pointe *d'épigramme*. Il portait ordinairement à la main une canne *d'étoffe* qui avait un bout *rimé* et une pomme *de reinette*, faite au tour *de la ville*, avec un nœud *gordien*. En temps de pluie il se couvrait d'un manteau *de cheminée* qui s'attachait avec un croc *en jambe*. Comme on a perdu son portrait, qu'un peintre avait tiré *à quatre chevaux*, on promet trois cents pistoles à celui qui en fera un au naturel sur ce que nous venons de raconter[1].

Après un pareil témoignage des rares qualités littéraires de M. Briolet, il serait superflu de parler de ses autres ouvrages. Je passe à d'autres sujets.

L'*Histoire des trois bossus de Besançon*, in-12, 44 pages,

[1] Ce style ridicule était fort à la mode au temps de la régence du duc d'Orléans. C'est tout à fait celui de *l'Homme inconnu, ou les Équivoques de la langue, dédié à Bacha Bilboquet*, imprimé avec le *Polissonniana*, à Amsterdam, chez Henry Desbordes, 1722, petit in-12 : deux écrits que je crois de l'abbé Cherier, auteur de quelques autres analogues et dont on a les *Équivoques et bizarreries de l'orthographe française*, Paris, 1766, in-12. Je dirai tout à l'heure quel était ce personnage.

Pellerin, à Épinal, S. D., et Ch. Deckherr, à Montbéliard, même format, 34 pag. S. D., est bien la chose la plus plate du monde, encore qu'il eût été de rigueur d'avoir au moins quelque esprit à l'occasion d'infirmes qui passent généralement pour en avoir beaucoup. Je suppose que l'auteur ayant à en donner à trois bossus, et ne sachant comment le partager entre eux, aura tout simplement gardé le tout pour lui. Cet égoïsme n'est pas sans exemple. Combien de livres ne manquent d'esprit que parce que les auteurs ont craint d'en faire la dépense! Du reste, voici en deux mots l'histoire des trois bossus :

L'aîné de ces bossus tue un homme à Besançon. Lorsqu'on vient le prendre pour le pendre, on hésite devant la ressemblance extraordinaire des trois frères qui s'avouent tous coupables, bien qu'au rapport des témoins un seul ait fait le coup. La justice, embarrassée et de peur de condamner à mort un innocent, leur enjoint seulement de vider le pays. L'un d'eux vient à Paris où il se marie et s'enrichit dans le commerce; les deux autres vont en Angleterre et courent le risque d'y mourir de faim; mais, apprenant que leur frère est riche, ils arrivent un jour chez lui pour implorer son aide. Il était alors absent; sa femme les reçoit avec courtoisie et leur fait donner à manger. Sur ces entrefaites le mari revient. Comme il était jaloux, sa femme, avant de lui ouvrir la porte, fait cacher les frères dans la cave où ils boivent jusqu'à tomber ivres morts. La femme, qui avait prévu le cas, promet de donner de l'argent à un crocheteur s'il consent à jeter à l'eau les deux ivrognes; ainsi fit-il. Au retour de cette expédition, comme il allait se faire payer, il rencontra l'autre frère. Le prenant pour un revenant, il s'empare du pauvre diable, le fourre dans un sac[1] et l'envoie rejoindre le premier dans la Seine. Il traite de même le mari qu'il rencontre à son tour, non sans s'indigner de l'obstination de ce bossu qui ressuscite à chaque instant et ne veut pas absolument être noyé[2].

[1] Voir la planche ci-contre.
[2] « Toutes ces noyades, venues de l'Orient (*Paraboles de Sandabar*;

Mais un pêcheur les repêche tous trois dans ses filets, en présence du roi qui se promenait par hasard en bateau sur la Seine.

Essais sur *les Fables indiennes*) et à qui, remarque spirituellement et justement M. V. Le Clerc, elles convenaient mieux, ont plu aussi aux conteurs italiens. Straparole, dans ses *Facétieuses Nuits* (Nuit V, fable III.), n'a pas égayé le sujet. L'ancienne rédaction anglaise des *Gesta Romanorum*, a changé quelques détails. Imbert, dans son imitation fort affadie, se contente, par humanité, de coups de bâtons pour le mari. » *Histoire littéraire de la France*, t. XXIII, p. 165.

Quoique les bossus aient été longtemps sous l'eau, ils ne laissent pas que de vivre encore. Le roi est naturellement très-surpris ; il demande des explications. Les deux ivrognes ne se rappellent rien ; mais le mari, qui était à jeun quand il fut précipité, dénonce le crocheteur. Celui-ci mandé, dit qu'il pensait avoir jeté à l'eau un mort et qui plus est un revenant. Le roi rit, d'autant que voyant les deux ivrognes vomir, avec l'eau qu'ils avaient avalée, une grande quantité d'eau-de-vie, il se douta, comme il était vrai, que leur ivresse avait fait croire qu'ils étaient morts. Il pardonna donc au crocheteur et donna de l'argent aux bossus.

On voit ici que le niais le dispute à l'invraisemblable. Aussi bien cela ne méritait-il guère la peine qu'on s'y arrêtât. Ce conte est une imitation platement défigurée d'un autre qui ne vaut pas beaucoup plus, c'est-à-dire des *Trois Bossus* de Durand, trouvère du XIII° siècle [1]. Il y en a d'autres imitations et même elles sont assez nombreuses. On le trouve, à quelques différences près, dans les *Contes tartares*, par Gueullette, lequel, dans sa préface, dit l'avoir pris de Straparole. On jouait aussi une farce, sous le nom des *Trois Bossus*, au théâtre de Nicolet.

Viennent maintenant les petits livres d'anecdotes détachées. *Sans-chagrin, ou le conteur amusant, recueil de contes nouveaux et récréatifs*, in-12, 56 pages, Épinal, Pellerin, S. D., offre sur le titre la figure de Robert Macaire, et les plaisanteries que contient le texte sont dignes de cet illustre personnage. Je m'étonne seulement qu'il y ait là quelques aventures fort lugubres qui ne cadrent nullement avec le titre. Mais ce qui est de la part de l'auteur une contradiction sera, je pense, pour le lecteur un agréable contraste.

Le *Facétieux Réveille-matin, ou choix de bons mots, contes à rire, pensées ingénieuses, rencontres plaisantes, aventures comiques, facéties agréables, historiettes galantes,* etc., etc.,

[1] On le trouve dans le tome III du recueil des *Fabliaux* de Barbazan, et il est traduit en prose dans la collection de Legrand d'Aussy, t. IV, p. 257

in-12, 60 pages, Épinal, Pellerin, S. D., est un livret qui promet beaucoup¹, à en juger par le titre qui est d'une assez belle longueur. Je regrette pourtant qu'il ne soit pas plus long, y ayant sans doute une foule de belles choses cachées sous ces *et cætera*, comme sous ceux des notaires. Quant au texte, il se compose en grande partie d'équivoques impertinentes et d'obscénités médiocrement gazées. La couverture est ornée de ce personnage.

¹ Il est imité du *Facécieux Réveille-Matin des esprits mélancoliques, ou le Remède préservatif contre les tristes*. Utrecht, Th. d'Ackersdyck, 1654, petit in-12; petit livre rarissime. Il y en a une édition de Rouen, chez J. B. Besongne, 1694, in-12.

## CHAPITRE IV.

Voilà (lit-on au bas de cette figure) l'homme sans pareil, qui donne des lavements et fait des envois dans l'intérieur; il rase, vend toutes sortes de confitures et de cire luisante; plaide les procès et ferre les ânes; enseigne la danse, raccommode la faïence et joue la comédie : le tout proprement et à bon marché.

On a toujours exploité dans notre pays ce genre de plaisanterie, soit en prose soit en vers, et on en a souvent abusé. Cette prétention de tout savoir et de tout faire est d'ailleurs si ancienne qu'elle était propre aux sophistes savants de la Grèce, comme elle le fut aux ménestrels vagabonds du moyen âge [1]. On la retrouve ensuite aux XVIe et XVIIe siècles où les poëtes en font le sujet de leurs moqueries [2], et les chansonniers qui écrivent aujourd'hui pour le peuple ont conservé précieusement cette tradition [3]. Il est sûr qu'elle n'est ici et là que l'exagération

---

[1] *Histoire littéraire de la France*, t. XXIII, p. 96.

[2] Voy. *le Vallet à tout faire*, dans la VII<sup>e</sup> livraison des *Joyeusetez* de Techener.

[3] Voy. *l'Homme sans pareil* dans la *Muse pariétaire et la Muse foraine*, par C. N. p. 266. Paris, J. Gay, 1863. Voici, entre autres professions, quelques-unes de celles que cet homme s'attribue :

> Je me nomme Sans Pareil;
>   Dans c' monde ici-bas,
> C'est moi qui conduis l' soleil;
>   Je suis d' tout état....
> J' suis graveur, marchand d'brioches,
>   Et j' fais des sabots,
> J' suis tourneur, fondeur de cloches,
>   Et j' vends du coco...
>
> Je connais bien la cuisine,
>   J' r'mont' les souliers,
> J' fabrique aussi d' la mouss'line,
>   J' suis mêm' tonnelier;
> Car vraiment, sans qu' ça paraisse,
>   J' connais un peu d' tout;
> J' suis bedeau dans not' paroisse
>   Et j' ras' pour un sou.
>
> J' suis caf'tier, j' suis ébéniste,
>   Je r'pass' les ciseaux,
> J' suis ramoneur et droguiste,
>   J' fabriqu' des chapeaux;

d'un fait dont on voit encore de nombreux exemples dans quelques villes et dans les campagnes. La pièce qui suit me paraît le chef-d'œuvre du genre :

### ENSEIGNE TROUVÉE DANS UN VILLAGE DE CHAMPAGNE.

Barbié, perruquer, sirurgien, clair de la paroisse, maître de colle, maraischal, aquoucheur, charcuitier et marchant de couleure ; rase pour un sout, coupe les jeveux pour deu soux, et poudre et pomade par desut le marchai les jeunes demoisel jauliment élevé, allument lampe à lanné ou par cartier. Les gentilshomme apprainent ossi leur langue de grand'maire de la manière la plus propre : on prans grand soins de leurs mœurt, il anseigne les devoirs de bon sitoyen aux jeunes garson, et montre les droits de l'ome au jeune fille ; anseigne l'autographe et à épeler, il apprand à janter le plin-champ, et férer les chevo de min de mètre. Il fait et racomode ossi les bote et souyés ; anseigne le hotbois et la guinbarde ; coupe les corps et pin les anseigne de boutike ; segne et met les vessie-catoire au plus bas prit. Il repace les rasoir, purge et donne des laveman à un sout la piesse ; anseigne aux logit les coutiyon et otre dance de caractaires, la friquassée, etc. Vent en gros et en détaille lais parfumeries dent toute sai bransse ; sir à décroter, arent salé, pin des pisse, brosse à froté, souricière de fille de richal et otre confiture ; racine cordiale, pome de taire, aricos blanc, socisse et étrille, biaire, ruban de fille et otre comestibles.

*Nota benet.* Il tient ossi autel garnit, ton les chien, coup les chat, coup les oreil des karlins, et de ceux qui lui donneron lheur pratike ; et vat en ville en lui écrivant d'avance par la pauste, et en afranssissant la laite.

La *Bavarde sans pareille, ou Recueil de traits singuliers, de bons mots, d'anecdotes, de saillies heureuses, de plaisanteries,* etc., etc., in-18, 68 pages, Épinal, Pellerin, S. D., ren-

Je raccommode les bottes,
Je suis marchand d' vin ;
De plus, je r'teins les capotes,
Et j' suis médecin.

244 CHAPITRE IV.

ferme à peu près les mêmes sujets que la brochure précédente. Il en est de même des *Contes à rire et aventures plaisantes*, in-18, 68 pages, même éditeur, S. D., avec ce portrait du conteur[1], et des *Amusements curieux, divertissants, et propres à*

---

[1] C'est une réimpression avec suppressions et changements des *Nouveaux Contes à rire, et Aventures plaisantes de ce temps, ou Récréations françoises*. Cologne, Roger Bontemps, 1702; petit in-8, avec figures à mi-page à chaque conte.

*égayer l'esprit*, in-12, 22 pages, Charmes, Buffet, S. D., et aussi avec ce portrait de Robert Macaire.

J'aime assez, dans ce dernier, l'exercice de la tabatière en douze temps :

1. Prenez la tabatière de la main droite.
2. Passez la tabatière de la main gauche.
3. Frappez sur la tabatière.
4. Ouvrez la tabatière.

5. Présentez la tabatière à la compagnie.
6. Retirez à vous la tabatière.
7. Rassemblez le tabac dans la tabatière, en frappant la tabatière de côté.
8. Pincez le tabac de la main droite.
9. Tenez quelque temps le tabac dans les doigts avant que de le porter au nez.
10. Portez le tabac au nez.
11. Reniflez avec justesse des deux narines et sans grimace.
12. Fermez la tabatière, éternuez, crachez, mouchez.

De bons et honnêtes sentiments ont inspiré les *Veillées du village*, livret dont voici trois éditions in-18; 1° celle d'Épinal, chez Pellerin, 45 pages; 2° celle de Montbéliard, chez Deckherr et Barbier, 35 pages; 3° celle de Troyes, chez Baudot, 48 pages; toutes sans date. Il a pour second titre, le *Livre des filles de campagne*.

Plusieurs filles d'un village (dit le préambule) se réunissaient le soir dans la maison d'un fermier, et racontaient, en travaillant, des historiettes d'amour, et elles passaient ainsi agréablement leurs veillées.

Plusieurs fois les garçons interrompent les filles pour conter aussi leurs histoires, et aussi ce que l'auteur appelle des *dayeries*. Ces dayeries consistent dans des questions plus ou moins bizarres à résoudre, dans des énigmes à deviner. Le tout, je le répète, n'offre rien qui ne soit décent et moral; mais cela manque un peu de sel. Ce n'est pas là une académie de beaux esprits, et n'est pas non plus une cour d'amour, bien que les sujets qu'on y traite n'aient rapport qu'à l'amour; mais c'en est à coup sûr une réminiscence, une imitation faible, décolorée. L'institution a passé des nobles châtelaines aux villageoises; la déchéance en est complète.

Voici le calendrier qu'on y consulte aujourd'hui pour les fêtes de chaque jour du mois :

| FÊTES DU MOIS. | NOMS DES FILLES. |
|---|---|
| 1 Des Brunes.. | Adélaïde. |
| 2 Des Blondes. | Amélie. |
| 3 Des Rousses. | Anastasie. |
| 4 Des Châtain-brunes. | Agathe. |
| 5 Des Grandes. | Aglaé. |
| 6 Des Petites.. | Angélique. |
| 7 Des Laides.. | Colombe. |
| 8 Des Grêlées.. | Constance. |
| 9 Des Inconstantes.. | Célestine. |
| 10 Des Borgnes. | Éléonore. |
| 11 Des Boiteuses.. | Émilie. |
| 12 Des Jolies. | Élisabeth. |
| 13 Des Bossues. | Eugénie. |
| 14 Des Grasses. | Euphrasie. |
| 15 Des Maigres. | Félicité. |
| 16 Des Manchottes. | Françoise. |
| 17 Des Tristes.. | Geneviève. |
| 18 Des Coquettes.. | Hélène. |
| 19 Des Prudes.. | Hortense. |
| 20 Des Cœurs. | Héloïse. |
| 21 Des Beaux yeux. | Julie. |
| 22 Des bien Amoureuses.. | Louise. |
| 23 Des Chanteuses. | Olympe. |
| 24 Des Pâles. | Pélagie. |
| 25 Des Belles couleurs.. | Rose. |
| 26 Des Blanches. | Reine. |
| 27 Des Noires.. | Rosalie. |
| 28 Des Délaissées.. | Sylvie. |
| 29 Des Fiancées. | Virginie. |
| 30 Des Capricieuses.. | Zéphirine. |
| 31 Des Amantes. | Zoé. |

Avant d'entamer un propos, on interroge ce calendrier, et la sainte du jour où l'on s'est réuni est choisie pour héroïne du conte.

M. Baudot a fait suivre son édition de *Rondes à baisers*. Ce sont des refrains qu'on chante dans les petits jeux innocents, à un âge où il n'y a pas encore lieu d'appréhender que les choses ne le soient pas toujours. Il y en a que je trouve charmantes. Peut-être est-ce parce que je me rappelle les avoir chantées dans mon enfance, ce qui est probable. Quoi qu'il en soit, je donnerai la suivante comme une des moins mauvaises, avec la manière de s'en servir :

L'OSEILLE. L'autre jour, plantant d'l'oseille,
J'ai rencontré mon berger,
Qui me dit bas à l'oreille :
Je voudrais vous embrasser.
Ah! vraiment! la drôle de mode!
Ce berger-là n'est point sot;
Il nous apprend la méthode
De nous aimer comme il faut.
En s'adressant à une dame.
Madame, entrez dans la danse,
Regardez-en la cadence,
Et puis vous embrasserez
Celui que vous aimerez.

La personne qui tient la main droite du maître de la ronde est celle que l'on invite par les mots ci-dessus : elle entre dans le rond, dès qu'on s'adresse à elle, et va présenter sa joue à un des danseurs; elle passe ensuite à la gauche du maître. Ensuite le couplet se répète, et pour tout changement on dit : *Monsieur, entrez,* etc., *et embrassez celle que vous aimerez.*

L'air en est très-gai et correspond admirablement aux bonds des danseurs.

Il ne faut pas dire de mal de ces rondes; elles nous ont endormis au berceau; elles ont amusé notre adolescence. Chantées sous les yeux d'un père ou d'une mère en l'honneur de quelque joyeux anniversaire, elles se rattachent aux souvenirs de famille les plus doux et à la fois les plus respectables. Arrivés à l'âge mûr, nous ne pouvons plus les entendre ni même les lire sans émotion.

Il y a je ne sais quoi qui rappelle le début d'*Alaric*,

Je chante le vainqueur des vainqueurs de la terre,

dans le titre de ce recueil : *L'Anecdotiana universel, contenant 1001 anecdotes, aventures et traits comiques, saillies, bons mots, gasconnades, scènes archidrolatiques et divertissantes de toutes les couleurs*, in-12, 108 pages, Paris, Renault, 1845.

Il n'y a de différence entre ce livret et les précédents que le classement des sujets par catégories ; il y en a qui regardent les médecins, les gens d'église, les femmes, les filous, les Gascons, etc., et beaucoup de lestes et d'impertinentes.

*L'Infatiguable Conteur contenant cent et une histoires amusantes et inédites, des relations curieuses, des contes, anecdotes et traits singuliers, des aventures plaisantes et facétieuses*, etc., etc., *recueillies et publiées par un amateur du gai savoir*, in-12, 180 pages, Paris, Librairie populaire des villes et des campagnes, 1847, n'offre rien de bien extraordinaire, si ce n'est la prétention de donner des choses *inédites* ; ce qui doit nécessairement faire bien présumer du livre, le mal se publiant plus vite que le bien et avant lui. Cependant il ne faut pas trop s'y fier.

*Boit sans soif*, ou *les petits bonheurs de la Grand' Pinte, scènes et anecdotes de la vie d'ivrogne*, in-12, 108 pages, Paris, Renault, 1845, est un petit livre assez dégoûtant. Croirait-on, qu'on a recueilli là près de deux cents anecdotes sur les ivrognes et sur l'ivrognerie ? c'est à en donner le hoquet. Sur la couverture on voit d'un côté un homme qui boit le vin à même la bouteille, de l'autre un homme qui le rejette dans une cuvette. N'est-ce pas bien engageant ?

*Les Soirées de ma tante Barbe*, ou *Nouveau recueil amusant de contes, historiettes divertissantes en société, bons mots, facéties.* etc., etc., *extrait de son portefeuille, et publié par* J. M. G., in-12, 108 pages, Paris, Derche, S. D., donne une idée peu honorable de la conteuse. Je veux bien que la tante Barbe ne radote pas tout à fait, qu'elle ne soit même pas sans quelque esprit ; mais la liberté de ses propos est d'autant moins excusable que la gravure qui précède le titre la représente lisant ses œuvres à un enfant.

*Le Chiffonnier grivois, ou le Mannequin plein de malices,* in-12, 108 pages, Paris, Librairie populaire des villes et des campagnes, 1847, est le titre convenable pour un ramassis d'ordures qui retourneront, il faut l'espérer, dans la hotte d'où l'auteur les a tirées.

Sous le titre général de *Bibliothèque instructive et amusante,* MM. Vialat et C¹ᵉ de Paris, publient dans le format in-12, 108 pages, 1849, et sous trois titres différents, trois opuscules qui renferment mot pour mot et dans le même ordre les mêmes sujets. L'éditeur n'a fait de dépenses d'imagination que pour les titres seuls, en quoi il a véritablement donné des preuves de fécondité. Ainsi 1° *le Conteur de gaudrioles, bons mots, calembours, péchés mignons, farces de carnaval, aventures cornues,* etc., *par Valentin Furet, surnommé le Brise-cœur des belles ;* 2° *le Véritable farceur de régiment : contes de casernes, aventures de corps de garde, rioles, cascades, coups de pointe,* etc., *par le même ;* 3° *le Farceur inépuisable, ruses et malices des deux sexes, accidents burlesques, aventures comiques, naïvetés, saillies, bons mots, bons tours, par le même,* sont autant d'étiquettes diverses attachées à un même sac, et un appât pour ceux qui, ayant du goût pour les calembredaines, achèteront ces trois recueils sur la foi du titre, et penseront grossir leur collection de trois chefs-d'œuvre différents.

Il faut croire que la spéculation est bonne, puisque Mme veuve Desbleds, de Paris, la fait également, et qu'elle a même trouvé quatre titres, et par conséquent quatre exemplaires, là où M. Vialat n'en a inventé que trois. Ainsi, la même marchandise est couverte, chez Mme Desbleds, par ces quatre pavillons de couleurs diverses : 1° *le Véritable farceur perpétuel, ou Propos*

## FACÉTIES, BONS MOTS, CALEMBOURS. 251

*comiques de M. Rit-toujours, nouveau recueil de farces, calembours, facéties et anecdotes de tout genre*, 108 pages, 1851 ; 2° *la Trompette de la blague, par M. Sonnefort, nouvelliste ambulant, recueil de facéties, propos grivois, saillies amusantes et reparties ingénieuses, à l'usage des réunions et rendez-vous pour rire*, 1844 ; 3° *le Roi de la gasconnade, ou le Héros des farceurs, aventures facétieuses, quolibets plaisants et répertoire des mots grivois débités par les nobles dames de la halle*, 1851 ; 4° enfin, *les Souvenirs d'une vieille moustache, par un grenadier de la garde impériale, histoires de vieux grognards, propos de caserne, fanfaronnades et récits lointains empruntés aux soldats qui ont figuré dans nos guerres passées*, 1851. C'est ainsi, comme dit Bayle, qu'on multiplie les êtres, et j'ajouterai, qu'on prépare des tortures aux bibliophiles.

Il faut comprendre nécessairement dans ce genre de livrets une quantité innombrable de recueils de *Calembours*, imprimés, soit en volumes, soit en cahiers, soit en plaquettes. Tous les formats, depuis l'in-18 jusqu'à l'in-72, y sont représentés. De ce dernier sont *les Calembourgs plaisants, facétieux et badins de M. de l'A-propos, recueillis et publiés par un Farceur*; Paris, Le Bailly, S. D. Il y a là de quoi s'amuser et rire pour ceux qui goûtent principalement ce genre d'esprit, et de quoi se bien meubler la mémoire pour ceux qui le pratiquent. Les calembours y sont tantôt par demandes et par réponses, tantôt en récits ; il y en a qui remontent jusqu'au temps de M. de Roquelaure et de M. de Bièvre, et ce ne sont pas les moins bons. Les autres, plus modernes, ont passé par le feu de la rampe, dans les théâtres de vaudevilles, et l'on en retrouve un certain nombre qu'ont illustrés tour à tour Potier, Odry et Arnal. C'est Voltaire, je crois, qui a dit que le calembour est le fléau de la conversation et l'éteignoir de l'esprit. Il en parlait bien à son aise.

M. Placé, de Tours, et M. Pellerin, d'Épinal, ont édité, l'un en 11 pages, l'autre en 22, *les Étrennes à messieurs les riboteurs, supplément aux Écosseuses, ou Margot la mal-peignée*;

## CHAPITRE IV.

reine de la halle et marchande d'oranges, in-18, S. D., avec les deux planches qui suivent. C'est extrait de Vadé. Il est peu

Le Farau marchande les oranges de M^lle Margot.

de mes lecteurs qui n'aient lu cet écrivain; ce ne serait donc pas leur donner du nouveau que de leur offrir cet échantillon de son savoir-faire. C'est d'ailleurs un petit filet d'eau assez malpropre, détourné d'un fleuve qui ne l'est pas moins. J'obser-

La Jacquelaine réclamant ses trois yards
à Maré-Jeanne.

verai la même réserve à l'égard du *Catéchisme poissard et la trompette du carnaval*, Tours, Ch. Placé, in-18, S. D., formé de bribes arrachées çà et là au même auteur.

Plus récent, quoiqu'aussi sans date, est le *Catéchisme du Carnaval, ou l'art de se dire des gros mots sans se fâcher, ni fâcher personne*, répertoire de gaieté à l'usage des amis de *la joie*, par le secrétaire perpétuel de *l'Académie des Badouillards, Flambards, Chicards, Braillards et autres sociétés buvantes*, Paris, Librairie populaire des villes et des campagnes, in-12, 108 pages. Si ce titre ne se fait pas lire, on ne lui reprochera pas de ne pas se faire entendre; c'est le bruit d'un tamtam mêlé à celui d'une crécelle. Le livre est une suite de récits des différentes scènes de carnaval qui avaient lieu jadis en pleine rue, et qu'on a interdites dans l'intérêt de la morale et de la salubrité. Lord Seymour qu'on écrit 7 *mours*, figure fréquemment dans ces scènes, honneur qui ne lui était pas dû, dit-on, quoique de son vivant il ne l'ait jamais publiquement répudié. Il y a d'ailleurs çà et là dans cet opuscule, de ce gros sel que le Français trop généreux honore du nom d'esprit, afin de justifier sans doute le dicton, que l'esprit court les rues en France. On penserait que de pareils livres, ne trouvant plus d'emploi, ont fait leur temps, et qu'on ne les réimprime plus; on se tromperait. Il y a des hommes de lettres pour les refaire, corrigés, il est vrai, et expurgés, et des éditeurs pour les publier; témoin : LECTURES POPULAIRES, *Le Carnaval, les Halles, Vadé et le Langage poissard,* publié par S. Henri Berthoud, Paris, Renault, S. D. (1863), in-12, 182 pages.

*La conquête d'Alger racontée par un sergent de Zouaves,* in-12, 108 pages, Paris, Renault, 1846, est un récit de caserne où il y a aussi plus de sel commun que de sel fin, et écrit dans cette sorte de langage militaire qui s'apprend comme on apprendrait un argot quelconque, si on passait sa vie avec ceux qui le parlent. En général, le soldat français a plus d'esprit que l'historien n'en fait ici paraître. Ce dernier, pour parler comme au régiment, n'y serait peut-être pas tout à fait un *malin*; ce serait plutôt un *loustic*, plus capable d'occuper la caserne par le bruit de sa langue que de l'amuser par le piquant de ses inventions. Cependant il ne faut pas médire de ce style qui ne laisse pas d'être plein d'images et de pittoresque. C'est par là, autant que par l'uniforme, que nos militaires font des conquêtes sur le cœur des cuisinières, des grisettes, et portent même leurs ravages dans des régions beaucoup plus élevées.

Pour en revenir à notre historien, il n'est pas un César, par le ton du moins ; il s'en faut : mais le début de ses commentaires n'est pas dépourvu d'originalité. On y voit assez plaisamment racontée la cause futile de la déclaration de guerre au dey d'Alger, et les dispositions du roi Charles X à ce sujet. Même après trente-trois ans de possession d'une si magnifique conquête, et alors que pas un seul des conquérants ne s'en rappelle peut-être, ou ne daigne en rechercher l'origine, il ne peut que leur être agréable qu'on leur en rafraîchisse la mémoire, et que l'historien soit un de leurs frères d'armes. Voici ce début :

### INSULTE DU DEY D'ALGER ENVERS LA FRANCE.

Alger, mes braves pékins, est un pays fièrement sain pour vous. Alger, il y a aujourd'hui quatorze ans (l'auteur écrit en 1844), sous prétexte de faire sa connaissance, je fus dirigé sur Toulon, où je m'embarquai avec mon régiment sur la frégate *la Médée* ; j'étais de la première colonne de cette escadre de guerre qui allait brosser le dey, pour lui apprendre à donner des coups d'éventail sur la figure de nos consuls lorsqu'ils venaient lui souhaiter une bonne année. Cet animal de dey, qui était un barbare, comme tous ceux qui n'ont pas l'honneur d'être Français, s'était permis d'user du chasse-mouche, à l'endroit du visage de notre agent, ni plus ni moins que s'il eût été couvert de maringoins. Une pareille insulte, après tant d'autres, ne pouvait pas se souffrir : le consul prit la mouche, le gouvernement prit la mouche, Charles X et son Polignac prirent la mouche, si bien que, quand la mouche fut prise, tout ce monde-là se dit : Ce dey est un particulier à qui il faut donner sur les ongles, on lui en a trop passé jusqu'à cette heure ; cependant demandons-lui encore quelle mouche le pique, et s'il met les pouces, l'affaire en restera là pour le moment.

Mais le dey, obstiné comme un âne rouge de musulman qu'il était, continua de faire sa tête, s'imaginant nous faire peur par ses crâneries ottomanes ; il se disait : Charles X, ce n'est pas Napoléon, on peut l'insulter jusqu'à la bride ; s'il regimbe, ce ne sera qu'une feinte, il n'y a pas de risque qu'il se fende à fond.

Ce cadet-là ne voyait pas qu'il se mettait dans la blouse : avec des lapins comme des Français, il n'y a pas de roi, si poule mouillée qu'il soit, qui ne puisse risquer le foutrot contre le plus malin des malins parmi les potentats de la terre. Charles X, qu'il prenait pour le plus mannequin des mannequins, se rebiffa au nom de l'honneur national outragé; lui, son Polignac et d'Angoulême montèrent sur leurs grands chevaux; la duchesse en riant dans sa barbe (c'était le seul homme de sa famille), leur dit : Courage, les amis ! Et son auguste oncle, ayant une dernière fois parlé des grosses dents à ce coquin de Hussein (Hussein était le nom du dey), s'écria : Pas de rémission; j'entends qu'il soit dégommé pour l'éternité, et que son Algérie soit jointe à ma couronne. Partez, Duperré, montez sur mes grands vaisseaux, et qu'on aille donner une chasse à ce gaillard-là. C'était à son amiral qu'il adressait ce discours. Partez, général Bourmont, et ne faites pas comme à Waterloo, ce ne serait plus de jeu. — Sire, il n'est pas toujours fête, répondit l'ancien traître, désormais devenu fidèle; je jure de mettre aux pieds de Votre Majesté la tête du dey, au cas où il me serait impossible de vous l'amener vivant.

— C'est ça, dit le roi, nous sommes tous des chevaliers français, enfoncez le dey, et la religion de nos pères est sauvée. Quand vous reviendrez on illuminera, et nous enterrerons la charte sous des lauriers.

Là-dessus Polignac ajouta : Allez et triomphez; quand nous nous reverrons, il y aura de l'ouvrage de fait; comptez là-dessus comme sur les bénédictions de MM. de Quélen et d'Hermopolis, Dieu et sa sainte Église catholique sont avec nous.

On jugera du reste du livre par ce morceau, qui est un des meilleurs. L'auteur y est goguenard, épigrammatique, sceptique et passablement irrévérencieux; mais il est passé en loi que le Français se moque de tout, et dans un soldat de cette nation, c'est une nécessité.

Toutes les plaisanteries qui, dans ce même livre, font corps avec un récit d'une seule et même teneur, sont données en détail, isolément, et sous une foule de divers prétextes, dans l'opuscule qui a ce titre ronflant : *le Farceur du régiment; ripailles et débordements de camp et de garnison, style de troupiers, bacchanales de tapageurs, assauts de bravoure et* crâneries militaires, etc., etc., in-12, 108 pages, Paris, Renault, 1842 ; et dans cet autre, dont le titre ne fait pas moins de tapage : *le Lit de camp, ou les Récits de la chambrée et de la tente, traditions des armées françaises de 1792 à 1847; histoires, anecdotes et aventures de guerre et de garnison, recueillies en campagne et dans les casernes; traits héroïques, combats, mutineries, maraudages, duels, amours, galanteries, etc.*, in-12, 179 pages, même éditeur, 1847.

Il faut le dire à l'éloge de ces trois petits livres, pour s'adresser à des soldats, ils sont moins orduriers que ceux dont il vient d'être parlé tout à l'heure, et qui se proposent de procurer des récréations agréables aux ouvriers et aux paysans. Néanmoins, ils méritent également d'être repris, en ce que, offrant, par exemple, des scènes de maraudage spirituellement conçues et audacieusement exécutées, ils font goûter du soldat un acte aussi indigne de sa bravoure que contraire à la morale, et tendent à perpétuer dans les armées modernes des habitudes qui révoltaient déjà dans celles du seizième siècle.

# CHAPITRE V.

## DIALOGUES ET CATÉCHISMES

Quoiqu'il n'y ait pas un de ces petits livres populaires qui ne vise à être plaisant, il s'en faut qu'ils le soient tous, et il est besoin d'en lire au moins une douzaine avant d'en rencontrer un qui atteigne tout à fait son but; mais j'avoue qu'alors on est parfois bien dédommagé : témoin *le Fameux Devoir des Savetiers, nouvelle édition, revue et augmentée du Congé des garçons cordonniers*, in-18, 10 pages, Charmes, Buffet, S. D.; Montbéliard, Deckherr frères, in-18, 11 pages, S. D.; et Cracovie (Tours), chez Jacques La Semelle, in-18, 11 pages, S. D. C'est un petit tableau de mœurs singulières qui n'existent plus, ou qui se sont profondément modifiées. Il date de la fin du dix-septième siècle. Souvent réimprimé à Troyes, chez la veuve Oudot, il a porté différents titres, entre autres : *l'Arrivée du brave Toulousain et le Devoir des braves compagnons de la petite manicle*, in-8, 16 pages, Troyes, Garnier, 1731. Il diffère aussi dans le fond et dans la forme, comme on le verra ci-dessous quand j'examinerai ce dernier. Il me serait difficile de dire lequel des deux a servi de modèle à l'autre; mais comme je citerai les deux pièces, le lecteur pourra de soi-même décider la question.

## LE DEVOIR DES SAVETIERS

*Ensemble le Régal fait par MM. les Anciens du corps, à la réception de M.* Talonnet, *compagnon recarreleur, fils de noble et discret* Robert Forte-Empeigne, *professeur en vieux cuir, tenant magasin sous la halle de Niort en Poitou, à l'enseigne du Lignol.*

A Paris, le lundi premier jour de la semaine.

L'ARRIVÉ, frappant trois coups sur le billot. — Ta, ta, ta, s'il y a quelque brave pays, qu'il sorte en trois pas, en trois temps, que je lui dise trois paroles sur le pavé du roi.

LE COMPAGNON GORET, sortant. — Honneur au pays, serviteur au pays.

L'ARRIVÉ. — Mon premier soin, en entrant dans Paris, est de saluer messieurs de la communauté, en leur offrant ma main, mon alêne et mon tranchet, mettre en pratique ce que mon art a de plus fin.

LE GORET. — Les personnes capables ne manquent point d'occupation, surtout à présent que le vieux cuir passe pour neuf; mais, comme il y va de l'intérêt public de conserver notre art dans tout son lustre, il vous faudra subir l'examen : entrez donc, afin de répondre à quelques questions que je vous ferai en présence de MM. nos confrères. (Et quittant son tablier, il continue.) D'où venez-vous, pays?

L'ARRIVÉ. — Je viens de Tours en Touraine, pays.

LE GORET. — Chez qui avez-vous travaillé, pays?

L'ARRIVÉ. — J'ai travaillé chez maître Pousse-Rivet, grand carreleur et réparateur de la chaussure humaine, celui qui a enrichi notre art de tant de beaux secrets, en tirant d'un seul cuir quatorze semelles, huit talons et six paires de hausses, tenant sa boutique où il lui plaît, vis-à-vis une tripière.

LE GORET. — Il a raison, pays.

TOUS LES CONFRÈRES. — Honneur au pays; serviteur, pays.

LE GORET. — Qu'avez-vous remarqué là, pays?

L'ARRIVÉ. — J'ai remarqué, premièrement, le tablier à franges vertes du maître : on diroit effectivement que c'est de la soie, cependant ce n'est que de la laine, pays.

LE GORET. — Il a raison, pays.

TOUS. — Honneur au pays; serviteur, pays.

L'ARRIVÉ. — Secondement, j'ai remarqué la selle à trois pieds, avec le soupirail au milieu, garnie de trois jetons : on diroit véritablement que c'est de l'or, ce n'est que du cuivre, pays,

LE GORET. — Il a raison, pays.

TOUS. — Honneur au pays; serviteur, pays.

L'ARRIVÉ. — Troisièmement, j'ai remarqué une partie de la jambe du cheval d'Henri IV : on diroit assurément que c'est de l'ivoire, cependant ce n'est que de l'os, pays.

LE GORET. — Il a raison, pays.

TOUS. — Honneur au pays; serviteur, pays.

LE MAÎTRE, arrivant en bonnet de nuit et en pantoufles, autrefois souliers. — Que demandoit ce carrosse que j'ai entendu s'arrêter à ma boutique?

LE GORET. — Maître, c'est ce marquis avec qui vous étiez hier à la chasse; mais, voyant que vous étiez au lit, il a passé outre, et espère vous voir ce soir à la comédie. Mais voici un brave pays qui vient vous faire la révérence, aussi bien qu'à madame notre maîtresse et à mesdemoiselles vos filles.

LE MAÎTRE. — Que je le voie.

L'ARRIVÉ. — Monsieur et maître, la réputation où vous êtes parmi les gens d'honneur, me fait depuis longtemps respecter les grandes qualités que l'on admire en vous, et je me croirois indigne de la manicle, si, avant toutes choses, je n'étois venu vous offrir tout ce que l'expérience a donné au plus humble et plus altéré de vos serviteurs.

LE MAÎTRE. — D'où êtes-vous, notre ami?

L'ARRIVÉ. — Maître, je suis de Niort en Poitou, fils de maître Robert Forte-Empeigne, travaillant sous la halle, à l'enseigne du Lignol.

LE MAÎTRE. — J'ai l'honneur de connoître monsieur votre père; n'est-ce pas lui, de tout le quartier, qui sait le mieux où est le bon vin?

L'ARRIVÉ. — Oui, maître.

LE MAÎTRE. — A qui la ville de Niort, à cause de ses longs services, est obligée de fournir, en payant, quatre pieds de bœuf par semaine?

L'ARRIVÉ. — Oui, maître.

LE MAÎTRE. — Celui qui garde fidèlement nos statuts, ne commence la semaine que le mercredi, et le samedi au soir chante les premières vêpres?

L'ARRIVÉ. — Oui, maître.

LE MAÎTRE. — Mon enfant, vous descendez d'un homme qui est

l'arc-boutant de notre société : ce siècle ingrat n'est plus fertile en ces beaux esprits, car je puis dire à sa louange que jamais il n'est sorti d'aucun festin qu'il n'ait bu trente rasades et mangé une aune de boudin noir. Fasse le ciel que ses vertus vous soient héréditaires, et que vous soyez un jour le support de nos priviléges et le refuge des mal chaussés ! Mais, dites-moi, monsieur Talonnet, savez-vous le devoir?

L'ARRIVÉ. — Oui, maître.

LE MAÎTRE. — De combien d'alênes vous servez-vous pour recarreler un soulier dans sa perfection?

L'ARRIVÉ. — De trois, maître : alêne majeure, alêne au petit bois et alêne frétillante.

LE MAÎTRE. — Que signifient le tire-pied et le tranchet?

L'ARRIVÉ. — Cela signifie un brave cavalier qui tient la bride de son cheval, et a le sabre à la main.

LE MAÎTRE. — Que signifie le baquet plein d'eau?

L'ARRIVÉ. — Cela marque le passage du Rhin, où la cavalerie, à la nage, fut combattre les ennemis.

LE MAÎTRE. — Que signifie le petit pot au rouge, appelé entre nous *valum coloratus*?

L'ARRIVÉ. — Cela signifie le sang répandu au combat.

LE MAÎTRE. — Il a raison, pays.

TOUS. — Honneur au pays; serviteur, pays.

LE MAÎTRE. — Enfants, voici un ouvrier qui mérite bien que nous lu donnions le reste de la journée. Que chacun mette tablier bas et se rende au cabaret syndical; que les premiers rendus y fassent allumer un fagot pour mettre le vin rafraîchir, pendant que je vais avertir maître Belle-Alêne et messieurs les anciens du corps, afin qu'ils s'y rendent.

LE GORET. — Toute la compagnie s'y rendra, maître, avec plus d'appétit que d'argent.

LA MAÎTRESSE, regardant par la petite trappe du plancher, dit : — Cela est déplorable de ne pouvoir dormir en repos ! il faut se lever dès huit heures : est-ce là le respect et le silence où vous devez être quand votre maîtresse est au lit?

LE GORET. — Maîtresse, je vous demande excuse au nom de la communauté : c'est un brave pays qui vient d'arriver, appelé M. Talonnet, fils en sixièmes noces de maître Robert Forte-Empeigne de Niort en Poitou, lequel a subi l'examen; ainsi je vous supplie de me donner dix-huit deniers pour lui faire réception.

## CHAPITRE V.

LA MAÎTRESSE. — Quelle débauche horrible! hier un sou marqué, aujourd'hui dix-huit deniers, sont trois sous moins un liard; le voilà engagé pour six mois. Tenez, les voilà; mais réservez au moins de quoi vous acheter une cravate.

LE GORET. — Pays, ne prenez pas garde à ce que dit la maîtresse; elle est prompte; mais c'est la bonté même. Quand elle trempe ma soupe, elle met toujours gros comme une forme de lard jaune sous mes choux, que le maître n'en voit rien. Mais crainte de faire attendre messieurs les anciens, rendons-nous dans la chambre du conseil.

LES ANCIENS. — Messieurs, vous arrivez à la bonne heure, nous ne faisons qu'entrer; buvez chacun votre pot, et vous serez aussi avancés que nous.

M. BELLE-ALÊNE. — Messieurs, avant toutes choses, choisissons un bel appartement. Holà! notre hôte, n'avez-vous pas de chambres tapissées?

L'HÔTE. — Messieurs, une autre fois mieux, mes tapisseries sont à la lessive.

GEORGE VINOT. — Du moins qu'on nous donne de beau linge, car j'aime la propreté.

L'HÔTE. — Pour votre dîner, messieurs, quel service souhaitez-vous?

M. BELLE-ALÊNE. — Monsieur, comme doyen de cette célèbre compagnie, composée de cinquante ou environ, tant maîtres, aspirants, compagnons qu'apprentis, je suis chargé d'ordonner les sauces : nous ne sommes pas de ces affamés à qui les viandes grossières sont les meilleures; il vaut mieux moins, mais quelque chose de délicat. Écrivez :

Premièrement, vingt-cinq bassins de soupe aux navets, à pied et demi de bord.

*Item*, dix-huit fressures de mouton, avec foie et poumons, pour premier plat, et sur le tout la sauce d'un jaune d'œuf, détrempé avec un liard trois deniers moins de gingembre, clou de muscade.

*Item*, cinquante pieds de bœufs à la vinaigrette, garnis de moutarde de la façon de l'hôtesse, beaucoup de persil autour.

*Item*, vingt-cinq aunes de boudin noir, assaisonné de sang de bœuf et d'oignons.

*Item*, trente têtes de moutons, fricassées avec un quarteron de vieux lard frais et quantité d'échalottes.

*Item*, pour dessert, deux boisseaux de châtaignes, moitié bouillies et moitié fricassées.

*Item*, quinze tourtes de citrouilles, assaisonnées d'écorce de melon, cassonade et eau de rose.

*Item*, douze bassins de gelée de janvier de la présente année.

Pour du vin, ne le changez point; ayez soin seulement de tenir un baquet sous la table, et s'il passe quelque aveugle qui ait son violon, faites-le entrer.

L'HÔTE. — Messieurs, vous serez bien servis; je m'en vais de ce pas chez ma voisine la tripière, et tout ce qu'elle aura fait aujourd'hui sera pour vous.

TOUS. — On ne peut pas mieux ordonner un festin, lequel, assaisonné d'appétit, sera expédié avant que nos femmes apprennent où nous sommes, et au défaut de nos ventres nos poches serviront.

GEORGE VINOT, après avoir bu. — Messieurs, je serois d'avis de chercher un parti à M. Talonnet, en considération de notre ami son père.

Que pouvez-vous espérer de sa succession?

TALONNET. — Messieurs, premièrement, je serai reçu maître sans faire chef-d'œuvre; mon père me donne une maison prête à bâtir, et qui ne le sera jamais; plus une pension, en cas de maladie, à prendre à l'hôpital de Niort; plus, son magasin, sa boutique couverte de toile cirée, ses oiseaux, et les outils servant à l'art, le tout estimé moins de 1,500 livres; outre tout cela, tous les biens-meubles, à la charge de payer les frais de ses premières noces, qu'il fit il y a vingt ans.

M. BELLE-ALÊNE. — Tous ces avantages sont bons; pourvu que vous soyez honnête homme; je vous donnerai ma fille Nicole en mariage.

TALONNET. — Mais, maître, elle a fait deux enfants.

M. BELLE-ALÊNE, lui donnant un soufflet. — Vous en avez menti, elle n'en a fait qu'un.

LE GORET. — Pays, M. le syndic vous aime, il ne traite ainsi que ses amis; recevez l'honneur qu'il vous fait de vous choisir pour gendre. Si elle a commis une faute, la pauvre fille l'a fait innocemment; c'est un degré pour parvenir aux premières charges. Mais je vois l'hôte qui vient avec des têtes de moutons, cornes et tout : courage, messieurs, place au dîner.

## CHAPITRE V.

### LE FAMEUX CONGÉ DES CORDONNIERS, INFANTERIE ROULANTE A CHEVAL SUR UN COCHON.

*Congé puant, vu par nous commandant des Vieilles-Empeignes.*

Nous, soussignés, certifions à tous ceux à qui il appartiendra, avoir donné congé, pour se retirer dans une vieille baraque, au nommé Crépin, dit la Forme, soldat au régiment des mal-chaussés, du village de la Semelle, juridiction du Talon, âgé de vingt petits clous, taille d'une grosse botte, visage en forme-brisée, les yeux et bouche en façon de tenailles, menton en galoche, cheveux en fil gros, sourcils en soies de cochon, ayant servi dans ledit régiment le temps de faire un ressemelage.

En foi de quoi nous lui avons délivré le présent congé, pour lui servir et valoir dans la société des Gnafs.

Donné au palais des Crasseux, le trente de Malpropres, l'année mil sept cent dix livres de poix.

Approuvé par nous colonel de la Tranche des Vieux-Cuirs.

*Signé* M.... F....

Convenons que ce n'est pas trop de cérémonies pour entrer dans une corporation où les maîtres allaient à la chasse et à la comédie avec des marquis, lesquels les venaient visiter en carrosse, et s'en retournaient, les sachant au lit, de peur de rompre leur sommeil. Nous avons mis ordre à tout cela. Aujourd'hui il n'y a plus de maîtres, mais des patrons ; plus de marquis, mais de gros bourgeois ; et tout ce monde-là, bien loin de fraterniser, passe sa vie à se regarder de travers comme des chiens de faïence.

*L'Arrivée du Toulousain*, comme *le Devoir des savetiers*, a pour objet la réception d'un compagnon ; mais elle a cela de particulier, qu'elle est la première partie d'une espèce de trilogie dont les deux autres ont les titres suivants :

*Le Magnifique et superlicoquentieux Festin fait à Messieurs, Messeigneurs les vénérables savetiers, carreleurs et réparateurs de la chaussure humaine, par le sieur* MAXIMI-

LIEN BELLE ALESNE, *nouveau reçu et agrégé au corps de l'état; avec la liste de tous les régals, services de table, mets, desserts et préparatifs du festin, et la réjouissance, les danses et autres divertissements de l'illustre compagnie,* in-8, 15 pages, Troyes (Garnier), 1731.

*Fameuse harangue faite en l'assemblée générale de Messieurs, Messeigneurs les savetiers, sur le Mont-de-la-Savate, le lundi d'après la Saint-Martin, par monsieur maître JÉ-*
*ROSME PIÉFRELIN, dit Cul-de-Bré, ancien carreleur, ministre et grand orateur de l'ordre, pour servir de défense à l'état contre un libelle, prétendu diffamatoire, sur l'honnête réception d'un maître savetier, carreleur et réparateur de la chaussure humaine, et sur tout ce qui s'est fait et passé, dans ladite réception, entre l'aspirant, les gardes et l'ancien desdits maîtres,* in-8, 16 pages, *ibid. (idem),* 1752.

Ces trois livrets, monuments curieux du style de chancellerie à l'usage des anciennes corporations, sont revêtus chacun d'une *approbation* et d'une *permission,* ainsi formulées et disposées :

*Approbation.*

J'ai lu le présent livret ; je crois qu'on en peut tolérer l'impression. A Troyes, le 29 mars 1752.

GROSLEY, avocat.

*Permission.*

Permis d'imprimer. A Troyes, le 29 mars 1752.

CAMUSAT.

La première pièce, c'est-à-dire l'*Arrivée du brave Toulousain,* renferme le morceau qui a donné lieu à la *Harangue,* et qui a pour titre : *Récit véritable de l'honnête réception d'un maître* SAVETIER, *carreleur et réparateur de la chaussure humaine.*

La seconde, c'est-à-dire *le Magnifique et superlicoquentieux*

*Festin*, est l'invitation à un banquet, faite dans les formes à l'*Ancien* par le *Nouveau*, et le menu du festin.

L'objet de la troisième, ou de la *Harangue*, est suffisamment indiqué par le titre qu'on a lu plus haut.

Maintenant que, par suite de la suppression des corporations de métiers, ces opuscules, dorénavant dépouillés de la plus grande partie de leur intérêt, semblent dédaignés même du colportage dont ils furent la gloire autrefois; qu'il est à parier qu'ils sont presque inconnus à la génération actuelle, et que, sauf de rares amateurs, personne n'en a jamais vu, peut-être, ni possédé un seul exemplaire, j'ai cru qu'il ne m'appartenait pas de mesurer le plaisir au lecteur, en ne lui en offrant ici que des extraits, et je me suis déterminé à les lui donner tout entiers.

## ARRIVÉE DU BRAVE TOULOUSAIN

PIED-TORTU. — Honneur, Toulousain.

TOULOUSAIN. — Serviteur, Pied-Tortu.

PIED-TORTU. — D'où est la venue?

TOULOUSAIN. — Elle est des monts Pyrénées.

PIED-TORTU. — Est-ce un bon pays?

TOULOUSAIN. — Ne vois-tu pas que j'ai eu le gras des jambes mangé par les mouches, à cause de la chaleur du temps? Et toi, Pied-Tortu, d'où est la venue?

PIED-TORTU. — Elle est de Rouen.

TOULOUSAIN. — Qu'y a-t-il de nouveau?

PIED-TORTU. — Les clercs de Boîtes ont forcé maître Jacques le Piètre, ancien juré du corps de l'état, de remettre les antiquités que nous possédons entre leurs mains.

TOULOUSAIN. — Quelles antiquités possédons-nous?

PIED-TORTU. — Nous avons la langue du Juif-Errant, la barbe du bouc qui a été dans l'arche de Noé, la truelle du premier maçon qui a travaillé à la tour de Babylone. Nous avons encore trois morceaux de la muraille de la Pierre de Brûlé, la Fontaine de puanteur, la pierre de Zigzag, le Tranchet d'éloquence. Parbleu, notre état doit être considéré. Ne sommes-nous pas les premiers de la ville? et souvent on nous cache derrière les portes. Allons boire pinte, et nous parlerons sur le devoir.

## DIALOGUES ET CATÉCHISMES.

*Le Devoir des braves Compagnons de la petite Manicle ; de la manière qu'ils vivent par les champs, de peur que leur sac ne soit mangé par les anciens.*

TOULOUSAIN. — Honneur, maître et compagnons, savates et savatissons, s'ils y sont.

PIED-TORTU. — Oui, pays, tout prêt à vous rendre le devoir; d'où est la venue?

TOULOUSAIN. — Elle est de Nantes en Nantois.

PIED-TORTU. — Chez qui avez-vous travaillé?

TOULOUSAIN. — C'est chez un maître Matthieu la grosse Patte.

PIED-TORTU. — Est-ce un brave maître?

TOULOUSAIN. — Fort brave maître.

PIED-TORTU. — Qu'avez-vous remarqué dans cette illustre et fameuse boutique?

TOULOUSAIN. — A main droite il y a trois alènes épointées à manche de buis avec des viroles d'argent, et une vieille forme mangée de vers; à main gauche, trois brochettes de la cage et la tête de la linotte que maître Juif-Errant apprenoit à siffler.

PIED-TORTU. — Entre dans la boutique, dis le mot.

TOULOUSAIN. — Béni soit l'arbre qui a porté la poix.

PIED-TORTU. — Vous êtes dans mon carrosse. Dites-moi, pays, que signifient les jetons qui sont à notre tablier?

TOULOUSAIN. — Ils signifient la monnoie de Rolland le Vaillant, qui en a tué treize et quatorze d'un revers de tire-pied, qui lui mangeoient les jambes à cause qu'il avoit les loups; lui seul eût été capable d'empoisonner le corps de l'état.

PIED-TORTU. — Dis-moi, pays, que signifie le tranchet?

TOULOUSAIN. — Tranchet royal, trempé par maître Charles Besançon.

PIED-TORTU. — Que signifie l'astic?

TOULOUSAIN. — C'est une des dents du cheval Bayard, par lequel est venu le commencement de la guerre, et par elle finira; il est encore vivant dans la forêt des Ardennes.

PIED-TORTU. — Dis-moi, pays, que signifie le baquet, fontaine de toute science?

TOULOUSAIN. — Pendant que le cuir trempe, j'apprends ma linotte à siffler les louanges du corps de l'état.

PIED-TORTU. — Dis-moi, pays, que signifie l'alène?

TOULOUSAIN. — L'alène frétillante qui a travaillé aux pantoufles du premier moutardier de Dijon.

PIED-TORTU. — Maître, donnez-nous dix-huit deniers pour faire la débauche ; il faut aller chez l'ancien Gouret. Quel salut lui ferez-vous ?

TOULOUSAIN. — Je lui dirai : Honneur au pays, gardons la savate du désordre du temps, allons vider les pintes et les pots.

---

LETTRE DU SIEUR BELLE-ALESNE A SA MAÎTRESSE.

Mademoiselle,

Si le ligneul de mes services avec l'alène de ma bienveillance, et le charmant tire-pied de mon bonheur pouvoient joindre par une amoureuse rencontre votre cœur au mien, je me croirois le plus heureux Porte-Aumuche du monde ; mais le malheur de mon peu de mérite m'abîme presque dans le désespoir. Persuadez-vous que j'ai l'âme si outre-percée du clou de vos perfections, que jamais alumelle ni tranchet n'est entré plus avant dans le meilleur et le plus franc cuir roussi. Faites grâce à un amant transi, et employez en sa faveur l'entre-pointe de votre tendresse, et moi je vous jure d'employer ma forme, mes soies et ma manicle pour me guider à obtenir vos bonnes grâces. Ne doutez pas que mon amour s'aiguise sur la pierre à affiler de votre aimable maintien, où j'espère un jour ficher la cheville de mes vœux. Mais si par la poix de mon attachement je puis tenir ma selle, je laisserai pour un temps ma linotte dans la cage de l'amour : croyez, mademoiselle, que toute mon ardeur sera d'employer mon polissoir, afin de vous faire voir qu'un jour je ferai gloire d'être pour vous brelandier. Ce sont les vœux et les souhaits que je fais pour être en quelque façon digne de me dire avec juste titre,

Mademoiselle, votre très-passionné et à jamais esclave
et orfèvre en cuir,

BELLE-ALESNE.

---

*Récit véritable et authentique de l'honnête réception d'un maître savetier, carreleur et réparateur de la chaussure humaine.*

L'ASPIRANT. — Messieurs, messeigneurs, pardonnez à mon ambition ; mais comme il a plu à Dieu me rendre capable de solliciter d'être reçu au corps de l'état, aussi vous suppliai-je instamment, avec tout le respect qui est dû à la dignité de vos caractères, de m'incorporer en votre illustre et vénérable corps; assurez-vous, messieurs, et soyez persuadés que j'en soutiendrai la gloire et l'éclat avec toute l'ardeur imaginable.

L'ANCIEN. — Mon grand ami, nous louons votre zèle; mais combien avez-vous d'années d'apprentissage? car sachez que, quand ce seroit un grand de l'État qui voudroit être reçu dans notre métier, il faudroit absolument qu'il eût fait sept années d'apprentissage, ou qu'il épousât une fille de maître.

L'ASPIRANT. — Messieurs, messeigneurs, il n'y a pas justement sept ans que je m'instruis; mais, outre qu'il y a plus de six ans que je travaille, j'ai été enseigné par un des plus habiles hommes de l'Europe; c'est en quoi je dois en quelque façon être dispensé de la rigueur de vos statuts, et par l'avantage que j'ai d'avoir pour mère la fille de maître Crevin, qui est présentement député de la communauté, et occupé à la poursuite de votre procès contre les maîtres des basses œuvres, pour l'honneur et la préséance qu'ils osent vous disputer depuis quelque temps; et qui a pour cela la charge qu'il avoit de premier Coûtre d'honneur du Pain-bénit de la paroisse de Saint-Amant.

L'ANCIEN. — Vous avez de grands titres pour être refusé; mais notre loi sur le chapitre *du corps*, ce qu'elle nous prescrit est inviolable, et telle qu'elle mérite être la plus suivie, par la raison qu'elle apporte, que c'est pour s'acquitter plus exactement de la profession, vu la capacité consommée et vive force d'esprit inépuisable; car, quand il faut trouver dans un cuir de Barbarie vingt-quatre semelles et douze bouts, il faut que l'esprit travaille, et que cela parte de là.... Vous me semblez avoir lu cette science aux statuts : cependant, afin que l'on ne nous puisse rien reprocher, et qu'on ne nous accuse pas d'avoir profané l'excellence de l'art, en y admettant un homme qu'on pourroit toujours en juger indigne, jusqu'à ce qu'il ait donné des preuves du contraire, il est bon que vous fassiez votre chef-d'œuvre.

L'ASPIRANT. — Messieurs, messeigneurs, je vous prie très-humblement de ne pas vous mettre en cette espérance, qui ne serviroit qu'à m'éloigner pour quelques jours du bonheur où j'aspire. J'aime mieux qu'il m'en coûte quelque argent.

L'ANCIEN. — Combien avez-vous à mettre dans le Coffre du Métier?

L'ASPIRANT. — Messieurs, messeigneurs, je n'ai que cinquante écus.

L'ANCIEN. — Il faut deux cents livres.

## CHAPITRE V.

L'ASPIRANT. — Messieurs, messeigneurs, contentez-vous de cela.

L'ANCIEN. — Il faut, mon grand ami.

L'ASPIRANT. — Messieurs, messeigneurs, j'ai été laquais chez monsieur de l'Arsenal, un des grands de France, qui aura l'honneur de vous remercier de vos bontés pour moi.

L'ANCIEN, parlant aux gardes. — Ne ferons-nous rien en faveur de l'Arsenal, qui est un des grands de France?

LES GARDES. — Allons, allons, il mérite bien quelques égards.

L'ANCIEN. — Hé bien! à sa considération, on reçoit votre offre. Levez la main : ne jurez-vous pas d'observer exactement tous les règlements?

L'ASPIRANT. — Je le jure.

L'ANCIEN. — De ne vous rencontrer jamais dans un repas sans vous enivrer jusqu'à dégueuler partout, et emporter à votre maison quelque morceau de viande dans votre poche.

L'ASPIRANT. — Je le jure.

L'ANCIEN. — De faire parler de vous dans la ville à l'exemple de vos confrères au moins deux fois la semaine.

L'ASPIRANT. — Je le jure.

L'ANCIEN. — Et quand vous trouverez quelque maître qui commettra quelque faute, de lui répliquer qu'il ne sera jamais qu'un maçon, ce métier étant au-dessous de votre devoir pendant toute votre vie.

L'ASPIRANT. — Je le jure.

L'ANCIEN. — D'enseigner fidèlement à ceux qui vous la demanderont la demeure la plus cachée des gens les plus inconnus.

L'ASPIRANT. — Je le jure.

L'ANCIEN. — De ne travailler jamais le lundi.

L'ASPIRANT. — Je le jure.

L'ANCIEN. — D'avoir trois linottes et un geai à siffler, et leur apprendre fidèlement.

L'ASPIRANT. — Je le jure.

L'ANCIEN. — De vous informer curieusement de tout ce qui se passe chez vos voisins.

L'ASPIRANT. — Je le jure.

L'ANCIEN. — D'aller tous les dimanches et les fêtes sur la place pour parler de la guerre et des autres affaires du temps.

L'ASPIRANT. — Je le jure.

L'ANCIEN. — Nous, ancien du métier, toujours vénérable savetier, carreleur et réparateur de la chaussure humaine en cette ville de Rouen, de l'avis et du consentement des gardes assemblés en la manière accoutumée, nous recevons, admettons, établissons et faisons maitre savetier, carreleur et réparateur de la chaussure humaine en cette dite ville, le sieur Maximilien Belle-Alesne; *car tel est notre bon plaisir*, pour en jouir aux droits, préséances, dignités et priviléges y attachés.

LES GARDES. — *Vivat! vivat! vivat!*

L'ASPIRANT. — Je vous remercie, messieurs, messeigneurs, c'est une seconde naissance que vous venez de me donner. Ma mère m'a donné la vie et mis au monde, il est vrai, mais vous m'avez fait naître savetier, ce qui est bien autre chose.

L'ANCIEN. — Mon grand ami, il ne reste plus qu'à savoir de quelle branche vous voulez être; car remarquez que nous en avons de trois sortes.

*Primo.* Les Urelus.
*Secundo.* Les Brelandiers.
*Tertio.* Les Porte-Aumuches.

Les Urelus ont à leur devanteau une virole de cuivre en forme de jeton, et tiennent boutique en leurs maisons.

Les Brelandiers y ont un moule de bouton, tiennent un étal ou brelan au coin d'une rue.

Les Porte-Aumuches y ont un petit morceau de cuir taillé en rond, et vont par les rues criant : A ces vieux souliers!

L'ASPIRANT. — Je désirerois être Porte-Aumuche.

L'ANCIEN. — Soit; prenez le ton.

L'ASPIRANT. — A ces vieux souliers!

L'ANCIEN. — Vous contrefaites la voix de maître Gaspard, qui a si bien conservé les droits de notre métier; mesurez votre ton d'une note.

L'ASPIRANT. — A ces vieux souliers!

L'ANCIEN. — Vous prenez le ton de maître Albert; prenez plus haut.

L'ASPIRANT. — A ces vieux souliers!

L'ANCIEN. — Vous y voilà, vous y voilà, gardez-vous bien de l'oublier. C'est de tout temps immémorial que nos prédécesseurs ont sagement ordonné que l'on régleroit la voix de chaque maître pour éviter la confusion et les surprises qui pourroient arriver. L'on vous dégraderoit si vous changiez seulement d'une note; allons, faites trois tours par la ville, et donnez des bouquets aux maîtresses. Et quand vous passerez devant la boutique, ou que vous rencontrerez quelques maîtres Urelus, quel salut ferez-vous?

L'ASPIRANT. — Je lui dirai : Bonjour, maître!

L'ANCIEN. — Et aux maîtres Brelandiers, que leur direz-vous?

L'ASPIRANT. — Bonjour donc !

L'ANCIEN. — Et aux autres maîtres Porte-Aumuches?

L'ASPIRANT. — Bonjour, pays!

L'ANCIEN. — Où irons-nous faire la fête de votre réception?

L'ASPIRANT, à l'ancien et aux gardes. — Messieurs, messeigneurs, Moreau met de la fiente de pigeon dans son vin ; Variquet y met de la colle de poisson ; il n'est que d'aller en plein cabaret. Allons au Gaillard-Bois.

---

## LE MAGNIFIQUE ET SUPERLICOQUENTIEUX FESTIN

Fait à messieurs, messeigneurs les vénérables savetiers, carreleurs et réparateurs de la chaussure humaine, par le sieur Maximilien Belle-Alesne, nouveau reçu et agrégé au corps de l'état ; avec la liste de tous les régals, services de table, mets, desserts et préparatifs du festin, et la réjouissance, les danses et autres divertissements de l'illustre compagnie.

LE NOUVEAU REÇU, à l'ancien et aux gardes. — Considérant, messieurs, messeigneurs, les grandes obligations que je vous ai, d'avoir eu tant de bontés pour moi, que de me recevoir dans votre illustre corps, sans même m'avoir fait faire chef-d'œuvre, ce qui est une grâce toute particulière et qui ne s'accorde qu'aux fils de maîtres qui ont le plus rendu de services à votre compagnie, je prends donc la liberté de vous prier, avec vous tous vos messieurs, messeigneurs les anciens gardes et autres vénérables et discrètes personnes qui composent le corps de l'état, à un petit banquet, indigne toutefois du mérite de vos personnes, lequel je ferai préparer, s'il vous plaît, pour demain.

L'ANCIEN. — Nous voyons bien, mon ami, que nous n'avons pas obligé un ingrat ; car vous vous y prenez de la bonne manière : aussi nous avons eu de la considération pour l'Arsenal, l'un des grands de France et de qui vous avez porté les couleurs. Mais, mon grand ami, avez-vous fait choix du lieu où vous devez régaler la compagnie, car il est question d'avertir dès ce soir : c'est la coutume ordinaire qu'on observe. Il y a divers hôtels de bonne chère, et du moins que le lieu ne soit suspect à personne ; par exemple, où l'on n'ait pas laissé marteaux, tabliers, tenailles, formes, tire-pieds, manicles, aumuches ou autres gages, faute de monnoie pour payer l'écot. Exceptez-en aussi la Cave aux Miracles, à cause du bruit qui s'y passa dernièrement : trois de nos confrères y firent le diable à quatre, et où leurs femmes furent mal reçues allant querir leurs maris. La chose est encore trop nouvelle et trop fraîche.

LE NOUVEAU REÇU. — Messieurs, messeigneurs, l'hôtel sera où il vous plaira. Voulez-vous le Petit-Chien Marin? Nous y aurons du meilleur.

L'ANCIEN. — Je vous crois, mais le lieu ne nous plait pas.

LE NOUVEAU REÇU. — Le Bacchus, la Galère, la Salamandre, le Gaillard-Bois, la Cyrène, la Chèvre, l'Espérance, le Signe de la Croix, la Bastille, la Nouvelle France, la Barbe, la Perle, tout cela ne dit-il mot? Allons donc chez le grand Traiteur.

L'ANCIEN et LES GARDES, retroussant leurs chapeaux. — Mon grand ami, c'est bien dit, à un écu soixante sols moins par tête, on y peut être bien traité, et on y boit à la glace à juste prix, si on veut, quand on est trop échauffé dans son harnois.

LE NOUVEAU REÇU. — A demain donc, messieurs, messeigneurs, entre cinq et onze de grand matin, s'il plait à vos Révérences. Je m'en vais cependant donner ordre aux apprêts, et convier messieurs, messeigneurs les anciens gardes, messeigneurs les urelus, messieurs les brelandiers et porte-aumuches, enfin tous les confrères du corps de l'état, après avoir porté des bouquets aux maîtresses, que je prierai d'honorer de leur présence l'illustre compagnie.

L'ANCIEN. — Vous êtes civil et honnête au delà de tout ce qu'on peut dire.

LE NOUVEAU REÇU. — Messieurs, messeigneurs, je ne fais que mon devoir.

L'ANCIEN. — A demain donc, au lieu et à l'heure dite.

---

*Liste des mets et ragoûts, et préparatifs du festin.*

LE NOUVEAU REÇU, au traiteur. — Çà, monsieur et madame, nous régalerez-vous céans de la bonne manière? Nous sommes un nombre assez considérable, et gens qui ne se mouchent pas sur la manche; il va d'un passe-maître qui ne veut rien épargner. Nous ne sommes pas moins de huit ou neuf cents qui ne manquent pas d'appétit. Pour l'argent, ne vous en mettez pas en peine, vous serez payé comptant, et en telle monnoie qu'il vous plaira : en cabrioles, gambades, monnoie de singe, et autres espèces de cours et de bon aloi, le tout de poids.

LE TRAITEUR. — Monsieur, avec les gens d'honneur on ne perd jamais rien : tout est à votre service, moi et ma femme aussi.

LA TRAITEUSE. — Vous me faites trop d'honneur, mon mari, d'offrir mon service à de si honnêtes gens.

LE NOUVEAU REÇU. — Oui, madame, nous ne sommes pas de ces gens du commun, de ces Jean de Nivelle, Jean de Glayes, Jean Porages, Jean de Vert, Jean Farines, Jean le Linger, Jean l'Épicier, Jean des Vignes et une infinité d'autres. Enfin, nous sommes du corps de l'état si fameux et si renommé dans le royaume.

LE TRAITEUR. — Ah! monsieur, du corps de l'état! Que d'honneur vous me faites! Car j'ai toujours ouï parler du corps de l'état, et il est souvent sur le tapis. Entrez, s'il vous plaît, dans l'appartement, et voyez.

LE NOUVEAU REÇU. — Couci, couci, votre haute lisse n'est pas neuve, vos chaises ne sont pas adossées de nouveau : surtout, madame, donnez-nous du beau linge ; car tout le corps de l'état en est fort curieux. Que nous donnerez-vous à manger? Du moins trois cents bassins de soupe aux navets, d'un pied et demi de bord.

LE TRAITEUR. — Voulez-vous une liste d'un honnête service. J'en ai un tout prêt. Voyez, monsieur.

LE NOUVEAU REÇU. — Voilà monseigneur l'ancien et messieurs les gardes qui passent par bonheur, je vais les faire venir pour avoir leur avis : Messieurs, messeigneurs, vous plaît-il d'entendre la liste des mets que monsieur le traiteur nous veut servir?

L'ANCIEN. — Vous êtes trop zélé pour le corps de nous faire les arbitres du festin.

LE NOUVEAU REÇU. — Le devoir du nouveau maître ne demande pas moins, messieurs, messeigneurs : car chacun a ses goûts et ses appétits.

L'ANCIEN. — Puisque vous êtes si condescendant au gré de la compagnie, et que vous avez tant d'égard à traiter le corps de l'état, lisez-nous votre liste, monsieur le traiteur.

LE TRAITEUR. — Trois cents plats bassins de soupe aux navets, bien mitonnée, à un pied et demi de bord, comme monsieur l'a demandé.

L'ANCIEN. — Bon, j'aime bien la soupe : cela ne va pas mal, trois pour un bassin.

LE TRAITEUR. — Quarante-huit douzaines de fressures de veau, avec foies et poumons, pour premier plat d'entrée de table, et sur le tout la sauce d'un jaune d'œuf.

*Item.* Pour entremets, soixante et quatorze plats de coquesigrues, tant du levant que du ponent, passées au chaud lard.

*Item.* Cent corneilles émantelées au bec doré.

*Item.* Quatre-vingts flasques de lard coupées par tranches et mises à la grillade, parsemées d'un liard trois deniers de muscade, de clous quatre-vingts, et gingembre battus ensemble.

*Item.* A l'entrée de table, soixante et dix estomacs d'autruches, lardés de romarin, le tout fond en bouche.

*Item.* Cinquante douzaines de pieds de bœufs à la vinaigrette, avec autant de quintaux de moutarde de Dijon.

*Item.* Deux cents douzaines d'hirondelles, avec jus de prunes sèches.

*Item.* Cent cinquante plats d'amphibies, à la sauce huguenote.

*Item.* Cinquante-huit accolades de buffles marins, assorties de soucis et patience, avec huile vierge de cotret et vinaigre de sureau.

*Item.* Quatorze bisques de queues de singes salées.

*Item.* Un service entier de rognons de citrons, assortis de jus de citrouilles.

*Item.* Vingt-quatre bassins de crépuscules du matin et du soir, farcis de châtaignes, avec brides à Vénus.

*Item.* Soixante et quinze assiettes de langues de mouches fumées, et lardées de loups marins.

*Item.* Trente langues d'aspics, lardées de corne de cerf, couvertes de rouelles de même.

*Item.* Quatre douzaines d'épigrammes pointues, à la sauce verte.

*Item.* Dix-huit bisques d'oreilles de canards sauvages, avec des andouilles farcies de crottes de brebis.

*Item.* Une douzaine et demie de crocodiles engobelinés.

*Item.* Vingt-huit musclières d'ânes sauvages grillées, avec jus de citron.

*Item.* Vingt-deux bassins de vesses de loup, fricassées au beurre frit, autant de salé.

*Item.* Vingt tables de loups cerviers, à la persillade.

*Item.* Six douzaines de cuisses de licornes, au chaud lard.

*Item.* Vingt-deux fricassées de mauviettes assorties de faucons à l'échalotte.

*Item.* Huit douzaines de tortues de ventre bleu, à l'eau de rose.

*Item.* Trois douzaines d'assiettes d'étoiles fixes avec marmelades.

### Le dessert.

Vingt-cinq douzaines de bassins de poires d'angoisses et d'étranguillon.

*Item.* Autant de tartes de crottes de civette, avec raisins de Corinthe.

*Item.* Cinquante plats de carpes virolières, et d'amandes laitées.

*Item.* Pour les dames et femmes de ces messieurs, chacun sa boîte de confitures, autant de sèches et liquides, assorties de dragées de frimas et de gresils des meilleurs de l'hiver.

*Item.* Soixante-quatre bassins de gelées de Décembre et Janvier de la présente année.

*Item.* Vingt douzaines de corbeilles de pommes d'Adam, qui prennent au gosier quand on s'étrangle.

*Item.* Trois rangs de bassins de menuets, et autant de branlegais.

L'ANCIEN. — Notre cher ami le traiteur, vous êtes un homme de grand régal; je vois bien que vous traitez souvent les grands dans la rareté ou l'abondance, et j'admire la diversité de vos mets; mais pour le vin, nous ne disons mot.

LE TRAITEUR. — Assurez-vous que vous ne boirez pas ici de forçat ou de piscantine, mais du meilleur de la cave. J'en perçai hier un tonneau; ce n'est pas du vin à deux oreilles, et qui donne dans le taupet; il ne s'en faut pas plaindre.

L'ANCIEN, aux gardes. — Messieurs, arrêtons-nous ici notre âne? S'il y fait bon, pourquoi ailleurs?

LES GARDES, à l'ancien. — C'est tout dire, nous ne pouvons être mieux; le bon visage de l'hôte et de la belle hôtesse ont je ne sais quoi qui attire les gens.

L'ANCIEN. — Il est nécessaire de faire un rôle de ceux qu'on doit appeler demain, et d'y envoyer le clerc; surtout n'oublions la Violette et son père, ce sont les arcs-boutants du corps de l'état; maître Gaspard, qui a si bien soutenu nos droits à la barbe de tout le monde; maître Pirouette, Christophe Gros-Cul, Nicolas Tuyau, Thomas Cul-de-Bré, Denis Barbe-Verte, qui ont toujours coutume d'assister aux chefs-d'œuvre et aux affaires de la plus grande importance du corps de l'état; le bon homme Tobie, qui a toujours mené si bonne vie, et tant qu'il vivra bonne vie mènera.

LES GARDES. — Et pour jeunes maîtres, n'aurons-nous pas messieurs Gribouille, Groin, la Planche, Balaffre, Belle-Avaloir, Saffre-Dents, Boudin, Baudin, Rude-en-Sauce?

L'ANCIEN. — Ce serait pécher que de les oublier; ce sont les plus affectionnés du corps, et qui en soutiennent le mieux l'honneur et les prérogatives.

LE NOUVEAU REÇU. — Messieurs, messeigneurs, j'aurai le soin de les faire appeler, et de leur marquer le lieu pour s'y trouver demain.

L'ANCIEN, au nouveau reçu. — Ce n'est pas tout, mon ami, après la panse vient la danse; pensez un peu aux vielles, violons, guitares, mandores, hautbois, flûtes douces et autres instruments de musique.

LE NOUVEAU REÇU. — Messieurs, messeigneurs, la Grande-Bande, si vous le souhaitez.

L'ANCIEN. — Ce n'est pas mal penser, car à présent Saint-Aignan et le Bois-Guillaume ne disent mot, la Mivoie garde le silence, Sotteville et Grissel ont perdu leur joie, Demeral a le bras mort, le Mont-aux-Malades ne rit plus, la Grande-Bande donc suppléera au défaut. Mon ami, il nous faut ce petit divertissement, car aussi bien aurons-nous les dames, qui ne manqueront pas de danser de la bonne sorte.

LE NOUVEAU REÇU. — Messieurs, messeigneurs, il ne sera pas hors de propos de dresser un théâtre à quatre chœurs : l'un à l'entrée de table, l'autre pendant le dîner, le troisième pour le dessert, et le quatrième pour les dames et pour la jeunesse.

L'ANCIEN. — Ce n'est pas comme Piéfrelin, qui, nous ayant promis monts et vaux, nous faisoit espérer un grand régal à la Croix-Verte, et là fallut dîner chacun sur notre bourse; il fallut bien mieux laisser des gages suffisants, et comme nous en sommes toujours bien garnis, on les accepta. Aussi l'avons-nous bien biffé du rôle et retranché des honneurs qu'il auroit reçus dans notre corps de l'état. Allez, vous serez toujours considéré comme un des premiers porte-aumuches, et vous tiendrez un jour le rang parmi les brelandiers.

LE NOUVEAU REÇU. — Messieurs, messeigneurs, en attendant demain, entrons dans la salle, et prenons-y un petit déjeuner. J'ai aussi bien quelque chose à vous communiquer qui me regarde, et qui n'est pas de peu d'importance.

L'ANCIEN, parlant aux gardes. — Entrons, messieurs, ne disons mot;

nous avons dans nos mouchoirs de quoi faire ripaille; le traiteur voudra bien nous mettre la nappe, sans lui communiquer rien de notre fait.

LES GARDES. — Ce n'est pas mal avisé; aussi bien je crois que nous ne sommes pas chargés d'argent plus l'un que l'autre, et notre ami, le nouveau reçu, en sera quitte pour quatre ou cinq pots de poiré, à deux carolus le pot.

LE NOUVEAU REÇU. — Messieurs, messeigneurs, ce m'est trop d'honneur, une vingtaine s'il le faut, mon aumuche et mon tablier tout neuf sont des gages suffisants pour nous tirer d'un tel écot, outre que j'ai encore une invalide et une pièce tapée.

---

## FAMEUSE HARANGUE

### FAITE EN L'ASSEMBLÉE GÉNÉRALE DE MESSIEURS MESSEIGNEURS LES SAVETIERS,

Sur le mont de la Savate, le lundi d'après la Saint-Martin, par M. maître Jérôme PIÉFRELIN, dit *Cul-de-Bré*, ancien carreleur, ministre et grand orateur de l'Ordre, pour servir de défense à l'état, contre un libelle prétendu diffamatoire, sur l'honnête réception d'un maître savetier, carreleur et réparateur de la chaussure humaine, et sur tout ce qui s'est fait et passé dans ladite réception, entre l'aspirant, les gardes et l'ancien desdits maîtres.

Messieurs, messeigneurs,

Je regarde aujourd'hui notre état dans l'abattement où je vois tous les maîtres, comme un soleil couvert de brouillards et de nuages, qui cause le chagrin de toute la nature : mais je prétends, par la force de mon discernement, faire revivre l'éclat de cet astre voilé, en dissipant toutes les obscurités et les ténèbres dont on a voulu ternir la gloire d'un gouvernement aussi judicieux, aussi intègre et aussi constant que le nôtre.

Messieurs, messeigneurs, à le bien considérer, quel tort nous a-t-on fait dans cet écrit que l'on a fait courir par les rues, sur la réception du dernier maître, et dont vous êtes si fort alarmés, jusqu'à prendre à partie l'imprimeur, comme d'un libelle injurieux à notre ordre?

Avez-vous fait réflexion, comme moi, sur cet écrit? Je n'y trouve rien d'outrageant, mais au contraire, tout est avantageux au corps.

Le titre est : *Récit véritable et authentique de l'honnête réception d'un maître savetier, carreleur et réparateur de la chaussure humaine.*

Parcourons tous ces termes.

*Réception véritable.* Cela est donc constant.

*Authentique.* Cela est donc célèbre et glorieux.

*De l'honnête réception.* Ce ne sont pas des coquins qui reçoivent ou qui sont reçus.

*D'un maître.* Ce n'est donc pas un valet.

*Savetier.* A ce mot, messieurs, que le commun du peuple croit être vil et méprisable, une savante recherche en fera voir le contraire.

*Savetier,* diront quelques-uns, vient de sabot, il faudrait donc dire sabotier : laissons cela aux rebelles du Languedoc et de la Beauce. Le sabot ne se raccommode point, mais le soulier et la savate, il faudroit dire souletier. D'où vient donc ce beau titre qui fait notre distinction et notre caractère? Le voulez-vous apprendre, messieurs? Ah! ce mot vient de l'hébreu et de la Judée : *Sabat,* en général, signifie circuit, cessation et repos.

*Savetier* est un homme de paix et de repos, un homme constant et inébranlable sur sa selle, un homme muni de toutes parts contre les adversités, un homme toujours attaché à son travail, un homme qui regarde tout ce qui se passe dans les États et dans la nature d'un œil de mépris et d'un cœur intrépide. De *sabat,* sabbatier et sabate, c'est-à-dire un cuir délaissé pour un temps et en repos, et par corruption de langue savetier et savate. Quelle élévation et quelle excellence !

*Carreleur* vient de carreler, en latin *suppingere,* qui veut dire brunir, polir, peindre, orner et embellir de vieux souliers comme s'ils étoient neufs, et faire selon l'ancien proverbe de Normandie : *d'un vieux batel une neuve galère.*

N'est-il pas permis dans tous les arts de polir, lustrer et enjoliver la marchandise avant que de la mettre en vente?

*Réparateur;* qu'est-ce que ce mot peut avoir de choquant? Les conservateurs des États, royaumes et empires, de la paix, des lois et de la discipline, n'ont-ils pas ambitionné ces titres fameux dans leurs mausolées et leurs trophées? *Imperii, patriæ, pacis et disciplinæ restauratores.*

Réparer est presque autant que créer : hé! que messieurs les cordonniers ne fassent pas de comparaison avec nous, et qu'ils ne tirent pas vanité de ce que ce sont eux qui font les souliers, et que c'est nous autres qui les raccommodent. Nous faisons, messieurs, mille fois plus qu'eux : ces sortes de gens font des souliers, mais ils coupent en plein drap, ils ont du cuir à choisir, rien ne les empêche de bien faire, il ne faut pas grand esprit quand la matière est toute prête à mettre en œuvre. Mais pour nous, messieurs, ah! quand on met entre les mains d'un maître un vieux soulier tout crotté, tout tourné, tout usé, à moitié crevé, sans rivet et sans empeigne, je voudrois bien voir un de ces seigneurs cordonniers, qui font tant les suffisants, par quel bout il s'y prendroit. Hé! ne sont-ils pas tous les jours trop heureux de venir à notre école avant que de faire leurs chefs-d'œuvre et leurs apprentissages. Un maître habile, en deux coups de tranchet vous enlève toute la boue (merde y fût-elle), il vous le retourne, le redresse, et le ramène si bien sur sa forme qu'il n'y paroît plus rien de son ancienne difformité, ce qui lui redonne aussitôt son premier lustre et sa droiture légitime. N'est-ce pas comme la recréer et redonner l'être à une chose qui n'avoit presque plus de résistance ni de prise?

*De la chaussure humaine.* Quelle prééminence pour nous sur les maréchaux! Ils sont réparateurs, il est vrai, mais ce n'est que de la chaussure des ânes, des mulets, des chevaux et des cavales, encore bien souvent reçoivent-ils pour payement de leur salaire un bon coup de pied au milieu des jambes ou du ventre.

A quoi regarde-t-on plus un homme? à deux choses : à la tête, aux pieds. Quand on voit un chapeau bien reteint, on dit : ce chapeau-là n'est pas neuf, mais il est bien repassé; quand on voit aussi un soulier refait par la main d'un maître, on dit ce maître carreleur remonte fort bien les souliers, on diroit de loin qu'ils seroient neufs, ce qui fait voir que nous allons de pair avec messieurs les chapeliers, ils tiennent le haut et nous le bas; mais qui est-ce qui soutient le haut? C'est nous, qui servons comme de fondement et de base à messieurs les chapeliers, les chaussetiers, tailleurs, les merciers et lingères, et au reste des personnes qui sont occupées autour du corps humain pour le revêtir, l'embellir, l'orner, le munir et le défendre des injures du temps et maladies ; j'avancerai en passant que de tous les bons offices que l'on rend à l'homme il n'y en a pas de plus considérables et nécessaires que le nôtre pour la conservation des pieds ; car qui a le pied mouillé est susceptible de toutes sortes de maux, par le défaut d'un soulier mal raccommodé, particulièrement les goutteux, ceux qui ont des cors aux pieds, et ceux qui sont affligés de rhumatismes et sciatiques ; qu'enfin sans nous tout le monde est incapable de rien entreprendre de laborieux, de pénible ou d'utile à la république.

Venons maintenant à notre aspirant, à nos gardes, et à monsieur, monseigneur notre ancien, dans la réception du nouveau maître.

Les civilités, les supplications et les sollicitations d'un aspirant ne sont-elles pas nécessaires et absolues?

Est-il des termes plus doux? En conservant sa gravité vénérable, il loue son ardeur et son zèle, au lieu de rejeter sa demande. Il exige de l'aspirant combien il a d'apprentissage ; en peut-on disputer selon les statuts en un art aussi difficile et industrieux qu'est le nôtre; car, si l'on n'observoit les lois à la rigueur, notre travail deviendroit bientôt aussi honteux et aussi servile que les autres.

*On demande un chef-d'œuvre.* Hé! peut-on raccommoder comme il faut une paire de souliers sans une espèce de merveille et de prodige?

*L'aspirant en veut être exempt.* Il emploie le crédit, la faveur et l'argent, l'on doit avoir des égards pour certaines personnes qu'on n'a pas pour d'autres, particulièrement quand ce sont des protecteurs et conservateurs de l'état.

*Quant à l'argent.* Notre épargne et nos finances sont entièrement épuisées depuis tous les procès qu'il nous a fallu essuyer contre plusieurs corps de métiers pour le repas et la préséance.

*Pour le serment de fidélité.* Rien de plus juste : n'avons-nous pas une juridiction parmi nous, incontestable et authentique?

*L'aspirant lève la main et jure de garder les règlements de l'état.* Un mot à dire là-dessus.

1. Pour le serment supposé par l'auteur du libelle de s'enivrer jusqu'à dégueuler dans les compagnies, cela est bon pour les gens du néant, non pas pour d'honnêtes bourgeois comme nous, qui nous comportons toujours honnêtement dans les caves et dans les assemblées publiques, conformément à nos ordonnances et statuts.

2. *De faire parler de nous par la ville.* Il est bon que l'état, humilié de toutes parts, se fasse connoître; c'est pourquoi l'on impose la nécessité à chaque maître de faire parler de lui de temps à autre, pour relever l'éclat et l'honneur de l'ordre.

3. *De réprimer le maître trouvé en faute et de l'appeler maçon.* Cela fait tenir les gens en devoir.

4. *D'enseigner fidèlement la demeure cachée des gens les plus*

*inconnus*. Cela est utile aux particuliers et à l'État; car, par notre ministère, on peut fort aisément découvrir les fripons et friponnes qui se voudroient dérober à la justice.

5. *De ne travailler jamais le lundi*. Celui-ci, messieurs, est un des plus grands points qu'il faut que je traite plus au long.

Nous ne sommes pas comme un tas de canaille et gens de la lie du peuple, qui emploient les dimanches et les fêtes à s'en aller promener et divertir aux assemblées et aux foires, dans les cabarets et bourgades de la campagne; pour nous, nous sommes occupés saintement dès les deux heures du matin pour avertir, au son des cloches et des chants spirituels et harmonieux, les maîtres et les frères de nos confrères; ensuite tout le jour à servir dans les églises, tantôt en qualité de coutres, de sonneurs de cloches, de donneurs de pain bénit et de loueurs de chaises; nous prenons sur notre travail le lundi, premier jour de la semaine, comme gens désintéressés et hors du commun, pour nous divertir modestement entre nous, et conférer ensemble, comme nous avons l'honneur de le faire aujourd'hui, des affaires importantes de 'état de notre république.

6. *D'avoir trois linottes et un geai à siffler*. Que de trompeurs dans ce métier! et qu'il est bien nécessaire qu'il y ait de nos maîtres qui veuillent bien se donner la peine d'instruire avec fidélité ces petits oiseaux pour le divertissement des personnes de qualité et des malades.

Tant qu'un maître siffle la linotte, il ne médit de personne, il se tient assidu à son ouvrage, il n'a pas besoin de chercher ailleurs de quoi se récréer, deux tours de tête et deux coups de sifflet réveillent aussitôt son esprit, qui, par la trop grande application à son travail, pourroit s'abattre et s'appesantir.

7. Quant à l'information des voisins, il y en peut avoir de deux sortes, l'une bonne et l'autre mauvaise; l'une pour avertir et obliger, et l'autre pour nuire et causer de la division et du désordre dans les familles.

Nous déclarons, du consentement de messieurs, messeigneurs les anciens gardes et maîtres, que, conformément aux statuts, au chap. *De inquisitione morum*, au titre *Quoniam*, paragr. *De sutoribus*, nous rejetons, condamnons et abjurons celles qui se peuvent faire à mauvaise intention et par malice, comme indignes et injurieuses à l'honneur et la gloire de l'état; au contraire, nous approuvons, recevons et admettons celles qui se font pour instruire les maîtres et maîtresses des désordres qui se passent en leur absence dans leurs maisons, comme les collations, friandises, cajoleries, les enlèvements de viandes et de boissons, les subornements de filles et changements des enfants par les nourrices, fille de chambres, serviteur et servante, et voulons qu'incessamment il y soit pourvu par nos gardes, commis, quêteurs, contrôleurs et commissaires à ce députés, soit de paroles, de signes et avis secrets, comme choses provisoires et importantes au bien des familles.

8. *D'aller les dimanches et fêtes sur la place parler de la guerre et des affaires du temps.* Il semble, messieurs, que nous soyons des zéros en chiffres dans la république, et que nous ne fassions nombre qu'avec les autres. Qui est-ce pourtant, je vous prie, qui prend plus d'intérêt dans les provinces, royaumes et empires? Se passe-t-il quelque chose de désavantageux à une flotte et une bataille? tous les maîtres du corps sont aussitôt dans la consternation; on les voit passer vite dans les rues, le manteau sur le nez, s'ils en ont, ou les mains dans leurs poches, le chapeau enfoncé au-dessous du front, les yeux baissés et la langue muette. Mais vient-il quelque chose de bon et de glorieux? Ah! vous voyez incontinent courir messieurs, messeigneurs les maîtres aux chambres communes, et là étaler et conter tout à l'aise leurs nouvelles, en se donnant carrière du ventre et liberté de tout dire et tout faire : c'est nous qui sommes les premiers aux feux de joie; c'est nous qui nous empressons pour sonner les cloches; c'est nous qui allons avec chaleur allumer les fagots et lanternes, qui obligeons les bourgeois, bon gré mal gré, à donner du bois et fermer les boutiques; c'est nous qui traînons le canon, qui dressons les feux d'artifice, qui présidons hautement à toutes les cérémonies publiques. Enfin, c'est nous qui, au péril de mille coups de poing, allons ramasser avec soin dans nos cruches et nos chapeaux le vin qui découle des fontaines et des grottes, et qui en fournissent les feuillages et la matière. En un mot, c'est de nous que dépend principalement la tristesse et la joie des peuples.

En guerre, à qui nos bourgeois ont-ils recours qu'à un maître savetier pour monter leur garde? En temps de paix, à qui donne-t-on la charge pour aller quérir un chirurgien, un médecin, un apothicaire, une nourrice ou une sage-femme, qu'à un maître savetier? En un mot, nous sommes tout à tous, et tout le monde a besoin de nous. Il n'est donc plus question que de la réception du maître entrant, et quel ordre il veut être.

## CHAPITRE V.

De tout temps immémorial, nous avons trois branches. La première est de nosseigneurs les urelus, la seconde de messieurs les brelandiers, et la troisième des sieurs maîtres porte-aumuches.

De tous les états, ces sortes de distinctions se sont faites : chaque branche a ses qualités, ses titres, ses excellences et prérogatives particulières.

Nosseigneurs les urelus ou gens ayant pignon sur rue, domiciliés à leur aise, tenant maison et boutique, portent pour armes deux gueules et deux tranchets d'argent en forme de chevron brisé, marqués au croissant à la face d'azur, chargés de deux bottes de soie de pourceau d'or, et pour casque pierre ou gros creuset dans lequel on met tremper les savates, et une motte ou masse de brai d'où naissent plusieurs fils ou ligneuls armés de leurs soies, pour des tenailles et pour marteau à fond de sable, une peau de mouton goudronnée, revêtue en dedans de sa laine, pour réchauffer l'estomac des anciens maîtres, armés de deux courroies de cuir, et au bout une pirouette de cuivre, qui fait le collier de l'ordre.

Messieurs les brelandiers portent de sable à brelands d'argent, chargés de vieilles savates de sable, et pour casque un abat-vent garni de ses pentures et verrous, et pour supports des formes.

Les sieurs porte-aumuches portent d'argent à deux vieux souliers et une pantoufle de sable, les talons de gueule à face d'azur, chargés de trois poches pleines de savates d'argent; pour casque, deux formes en équerre, pour supports deux os à la moelle, qui servent à polir la marchandise ; leur manteau et une redoublée en forme de capuchon qui embrasse tout le corps de l'écusson.

Quant au ton différent du cri et de la voix, qui ne sait que c'est l'ordre et l'usage de notre capitale, et que cette ville, *ad instar* de cette célèbre université, doit suivre exactement cette règle et distinctions dans les cadences et dans les différents tons de la voix en criant : *A ces vieux souliers! à ces vieux chapeaux!* et que chacun doit tenir sa partie dans cette musique publique, pour le moins aussi harmonieuse et aussi juste que dans les fameux concerts et opéras du royaume.

Les marques nobles de l'état, que nos anciens pères latins appelaient *caracteres, insignia*, ne sont pas moins à considérer; les chevaliers, les ordres et les états observent cela. Aussi, qu'on ne se raille pas de la pirouette de cuivre, de corne, du bout de cuir au-devant du manteau de messieurs, messeigneurs les maîtres : cela est de tout temps, cela nous plaît, nous n'avons rien à rendre compte à personne : *Sic voluere Patres*.

Le salut est commun à tous, mais il ne se rend pas également à tous. Cette façon de parler, *bonjour, maître*, est aussi ancienne que le mot de *savetier*, et se tire de l'hébreu, *Ave, rabby*. Permettez-moi de vous dire que nous faisons ici abstraction de tout ce qui regarde l'Écriture sainte, pour laquelle on doit toujours conserver le respect qui lui est dû. Ces deux mots, en général, selon cette langue, voulant autant dire selon les rabbins, que *bonjour, monsieur*, vous êtes plusieurs et savants en toutes sortes de sciences ; car ce mot est dérivé de *rabbin*, qui signifie *multum*, c'est-à-dire beaucoup.

Ainsi, quand on dira à un de messieurs, messeigneurs les urelus, *bonjour, monsieur*, cela fait entendre par ce *bonjour*, qu'on présente à ce seigneur, qu'on reconnoît que lui seul vaut autant que mille ; qu'il est capable de remplir toutes sortes d'emplois et de fonctions.

*Bonjour donc* à messieurs les brelandiers, est plus familier et joint tout d'un coup les principes avec la conséquence, parce qu'ils se rencontrent plus souvent au coin des carrefours.

Et *bonjour* aux maîtres porte-aumuches, se dit en passant comme gens pressés, parce que ces seigneurs n'ont pas leurs dépêches pressantes et la multitude de leurs affaires.

### Conclusion du discours.

Par toutes ces raisons convaincantes et péremptoires, qui ne voit qu'il ne falloit pas tant déclamer contre cet écrit, qui ne fait par son nuage que faire éclater davantage notre triomphe et notre gloire.

Mais, messieurs, messeigneurs, je ne puis pas finir, dans une assemblée aussi solennelle que la nôtre, sans faire des plaintes considérables à tous les maîtres du corps. J'ai ordre de messieurs, messeigneurs les gardes et anciens, sur la remontrance faite par les maîtres porte-aumuches, de vous remontrer qu'il se passe de grands désordres dans l'état, faute d'avoir soin d'observer les lois et de tenir la main pour faire exécuter les anciens statuts, règlements et ordonnances.

Autrefois chaque maître, comme messieurs les étaminiers, orfèvres, drapiers et autres ouvriers de conséquence, où la matière, le travail et l'industrie sont à considérer, l'on étoit obligé de mettre son estampe et sa marque sur chaque soulier qu'on avoit raccommodé, pour faire une juste et nette distinction des ouvrages de l'un de l'autre, on prenoit soin de l'appliquer au bout de la semelle, en défaut du talon, comme en lieu moins susceptible de la boue et moins sujet à être usé et effacé; tout est présentement en confusion, personne ne peut discerner à qui est l'ouvrage.

C'est ce qui me fait demander qu'incessamment il soit enjoint à messieurs les maîtres de l'art de choisir telles armes, estampes, cachets ou chiffres qu'ils souhaiteront, outre ceux de la branche, qu'ils seront tenus de faire graver double avant l'an prochain, à peine d'amende, et en apporter un le premier lundi de ladite année, pour mettre au coffre du métier : armes, cachets, estampes ou chiffres seront enregistrés aux archives de l'état. Que lesdits maîtres seront tenus, pour éviter la confusion, de les appliquer audit lieu ci-dessus marqué sur tous les ouvrages raccommodés. Que la visite en soit faite de temps en temps, et qu'il y ait une amende considérable pour ceux qui se trouveront avoir manqué à leurs devoirs et à l'obéissance. J'ai dit; c'est à quoi je conclus.

---

*Délibération de messieurs, messeigneurs les anciens et les gardes, avec les remerciements et les gratifications de tout le corps.*

Monsieur, monseigneur, maître Jérosme Piéfrelin, chevalier, seigneur de Cul-de-Bré, l'état, dès à présent, vous anoblit, vous élève et vous constitue au premier rang de l'ordre; vous recevrez pour marque le collier, et vous porterez pour armes d'argent deux godets l'un chargé de gueules, et l'autre de sable, qui sont les couleurs ordinaires dont on peint les talons et les bords des semelles, savoir le rouge et le noir, en face, deux maniques de sable à fond d'or, support deux bois à cheviller, et pour casque une cage dans laquelle il y aura une linotte.

Monsieur, monseigneur, assurément vous avez surpris tous ces seigneurs, messieurs les maîtres. Qui l'auroit pu croire ! par un seul discours conçu en si peu de mots, rehausser la dignité de l'état qui sembloit si vil et abaissé.

Allez, monsieur le maître, la compagnie est fort satisfaite et vous est extrêmement obligée. Pour reconnoissance, l'assemblée a été d'avis de vous anoblir, comme elle fait de ce jour, et vous reconnoîtra toujours pour tel : vos enfants seront mariés aux dépens de la république, comme nos anciens héros et conseillers de Rome, car il ne faut pas douter qu'il y eût des savetiers comme des laboureurs. On vous dressera, comme aux orateurs de l'état, des colonnes, des trophées et des mausolées ; on fera, aux dépens du public, vos funérailles, et chaque maître sera cotisé dans votre maladie pour empêcher de vous envoyer à l'hôpital. Vivez heureux et régnez toujours parmi nous comme un héros des plus illustres de notre ordre.

Faisant droit au reste sur vos demandes, après mûre délibération faite avec tous messieurs, messeigneurs les maîtres,

Nous, seigneurs et maîtres souverains en ce cas, juges compétents et plénipotentiaires de la police, gouvernement et régularité de notre république secrète,

Voulons, enjoignons et commandons que chacun de nous, sans aucune exception ni faveur, renouvelle et garde fidèlement les anciens statuts et règlements de l'état ; spécialement qu'on marque de ses armes, cachets, chiffres ou estampes, tout soulier qu'on rechaussera, remontera, et où l'on fera quelque réparation considérable, sous peine de trois sols et un double pour les refusants ou délinquants, avec confiscation de leurs marchandises, et permis à messieurs les gardes d'en faire la visite et d'en être crus à leur simple reffert ou serment.

Ordonnons que, pour maintenir et conserver l'honneur et la gloire de l'état, chaque maître urelus que brelandiers sera obligé d'avoir imprimé en sa boutique ou étal la présente harangue. Il est enjoint à messieurs les porte-aumuches de la tenir toute prête dans leurs poches pour la montrer aussitôt à tous ceux qui voudroient ternir la réputation inaccessible de notre gouvernement secret et de notre empire.

Voulons et entendons que messieurs les gardes en charge tiennent la main à l'exécution des présentes, et qu'ils en rendent un fidèle et loyal compte aux premières assemblées des lundis du mois, à peine d'en répondre en leur propre et privé nom, solidairement pour le tout, et d'être démis honteusement de leur commission. Soit signifié de parole verbale pour éviter la formule et contrôle à tous les maîtres de l'art, par le doyen des clercs servant à l'état, à ce qu'ils n'en ignorent, et ayent à exécuter les présentes. Fait en assemblée générale, tenue au mont de la *Savato*.

Signé de douze anciens gardes et de tout le reste du corps avec paraphe. Apposé le sceau de l'ordre en poix noire, deux alènes et deux tranchets en sautoir, avec une savate arborée par-dessus.

Tout cela est écrit vaille que vaille, et avec une telle insouciance de style, qu'il semble que l'auteur n'y ait pas mis la moindre affectation, et qu'il dût parler comme il écrivait. D'où il est permis de conclure que toute critique qui aurait pour objet de restituer cette œuvre singulière à quelque suppôt de saint Crépin, ne serait pas dépourvue de vraisemblance. En effet, il est difficile d'admettre dans un écrivain de profession une connaissance de la technologie du savetier, des us et coutumes de la corporation, de la nomenclature des classes et des grades, des formules et cérémonies de réception, et enfin des obligations des récipiendaires, aussi étendue que celle dont ces livrets offrent le témoignage. Il faut avoir manié l'alène et le tranchet pour faire de la plume un usage aussi particulier. Je n'oserais toutefois conclure dans ce sens, et j'aurai lieu plus tard d'en donner les motifs[1].

En attendant, quelle que soit la source de ces opuscules, si on les compare à tous les écrits modernes analogues dont j'ai parlé ou dont je serai tenu de parler dans la suite, on ne fera pas difficulté de convenir qu'ils l'emportent considérablement sur ceux-ci par l'invention, l'imagination, l'esprit et la belle humeur. Ç'a été un des effets de l'immense liberté dont la presse a joui durant ces quarante dernières années, que de produire une quantité innombrable de mauvais livres destinés au plaisir du peuple et écoulés par le colportage. L'impunité ou le châtiment leur étaient également favorables. L'impunité, ils

---

[1] Je ne saurais dire si toutes ces pièces sont postérieures ou non à *la Comédie ou le Devoir des Savetiers, avec la Réception à un Arrivant, et son compliment savetique fait à sa maîtresse*. Rouen, S. D., in-12. En tout cas, elles sont presque identiques, et l'un des auteurs a copié l'autre. Le tout est de la même époque, c'est-à-dire de la fin du dix-septième siècle.

la devaient à la mollesse ou à l'aveuglement de l'autorité, au silence ou à la trop grande bonté des lois. S'il en arrivait autrement, leur succès s'en augmentait, d'autant plus qu'ils se réclamaient d'une sorte de persécution. On conçoit qu'alors les auteurs ne se missent pas en peine d'avoir de l'esprit, et que, pourvu qu'ils parlassent une langue accommodée à l'intelligence de leurs lecteurs, qu'ils traitassent des sujets correspondant à leurs goûts grossiers et à leurs passions toujours en éveil, ils se crussent dispensés du reste. Le temps même de méditer et de polir leur eût manqué, quand bien même ils eussent été assez honnêtes et assez intelligents pour vouloir l'un et l'autre. Au contraire, à l'époque où ces trois livrets furent composés, on écrivait bien aussi de mauvais livres, mais les restrictions imposées à la liberté de la presse ayant pour effet de contraindre les auteurs à les faire le moins mauvais possible, et à éluder la loi par des artifices de langage qui ne sont propres qu'aux gens de talent, il en résultait que les auteurs exerçaient eux-mêmes une surveillance sévère sur leur propre plume, et que, rebutés, la plupart du temps, par la difficulté de faire passer de mauvaises choses à la faveur d'un certain style, ils aimaient mieux en traiter de bonnes ou d'indifférentes, en y employant tout l'esprit dont ils étaient capables. Aussi, un très-grand nombre de livrets de l'ancien colportage, ceux du dix-septième et du dix-huitième siècle surtout, sont-ils manifestement l'œuvre d'hommes de lettres relativement habiles. La preuve d'ailleurs que leur œuvre est infiniment supérieure à celle des écrivains qui leur ont succédé dans la carrière du colportage, c'est que les derniers ont copié ou refait tous les livrets des premiers, et que le principal mérite de ces arrangements ou de ces plagiats est dans leur servilité même[1].

[1] Ces livrets m'offraient naturellement l'occasion de dire quelque chose des associations, qui, sous le nom de *compagnonnage*, ont existé et existent toujours, quoique considérablement affaiblies, entre les ouvriers de plusieurs corps d'état. Mais ceci me mènerait trop loin. J'aime mieux renvoyer le

Tous ces opuscules et ceux du même genre dont il va être parlé dans ce chapitre, sont en général revêtus d'une *Approbation* ou d'un *Permis d'imprimer*, signés d'un lecteur officiel ou censeur. Grosley en a approuvé un certain nombre ; la plupart de ceux qui suivent et qui datent des trente premières années du dix-huitième siècle portent l'*Approbation* de Passart, c'est-à-dire de l'abbé Chérier. Je parlerai de lui tout de suite, remettant à un autre moment ce que j'ai à dire sur Grosley.

Aucune biographie ne fait mention de l'abbé Chérier. Son existence même ne paraît nous avoir été révélée que par les manuscrits de Voyer-d'Argenson, lieutenant de police, manuscrits conservés à la bibliothèque de l'Arsenal et qui renferment plusieurs lettres ou rapports adressés pas l'abbé à ce magistrat. La *Correspondance administrative sous Louis XIV* (t. II, p. 824 et 825), publiée par M. Depping, en parle également. Il résulte de ces divers documents que l'abbé Chérier exerçait la profession de censeur des pièces de théâtre et des livres, et qu'il examinait entre autres ces livrets et ces plaquettes éphémères, composés pour le peuple et vendus dans les rues ou par la voie du colportage.

Mais, soit qu'il ait en lui-même des dispositions naturelles pour ce genre d'écrits, soit qu'à force d'en lire, l'idée lui soit venue d'en fabriquer, il paraît certain qu'il s'en donna le divertissement. On lui doit, entre autres, le *Polissoniana*. Comme il était en même temps le censeur et le concurrent des écrivains qui exploitaient ce genre de littérature, il dut céder plus d'une fois à la tentation de refuser l'impression de leurs œuvres, ou parce qu'elles eussent porté préjudice au débit des siennes, ou afin de pouvoir s'en approprier impunément les idées et de les publier pour son propre compte. Plusieurs de ses *Refus d'imprimer* atteignent, en effet, un grand nombre de pièces fort in-

lecteur au *Livre du Compagnonnage*, par Agricol Perdiguier, Paris, Pagnerre, 1841, 2 vol. in-32. On y trouvera des détails aussi complets que curieux sur cet objet.

nocentes, mais très-susceptibles d'être développées et d'égayer le lecteur, pourvu qu'on y mît quelque esprit. Or, si peu qu'en eût l'abbé, il en avait toujours plus que les méchants conteurs dont il brodait le canevas.

Sa partialité à cet égard offusquait parfois son jugement sur les pièces qui ne réveillaient pas sa convoitise. Ainsi, il approuva un livre intitulé *le Chapeau pointu de Mérinde*, imprimé en 1705, sur le *Permis* de d'Argenson. Cet écrit causa quelque scandale et donna lieu à la correspondance qui suit, entre le chancelier Ponchartrain et le lieutenant de police :

« 24 mars 1706.

« Il a paru icy un livre intitulé *le Chapeau pointu de Mérinde*, imprimé l'année passée sur vostre permission du 26 avril. Le roy a esté estonné de voir que vous ayez permis l'impression d'un tel livre. En effet, si vous l'avez, vous verrez en plusieurs endroits, et particulièrement pages 12 et 25, qu'il y a des maximes aussi dangereuses que celles qui estoient dans *la Correction fraternelle*. Sa Majesté veut donc savoir comment vous vous estes laissé surprendre, en donnant cette permission, et qui est l'approbateur que vous aviez commis pour examiner ce livre. »

D'Argenson répondit qu'il « n'avait pas connaissance de ce livre. » Le chancelier insista, ajoutant que le roi en exigeait la suppression, comme aussi qu'on lui dénonçât l'approbateur. Ainsi pressé, d'Argenson fit une enquête, et n'eut pas beaucoup de peine à trouver le coupable : c'était l'abbé Chérier. L'abbé se défendit; il allégua que l'écrit n'était pas dangereux, que du moins il ne lui avait pas semblé qu'il le fût. C'était démentir le chancelier, qui répliqua :

« 28 avril .....

« Quoy qu'en dise M. l'abbé Cherrier du livre intitulé *Chapeau pointu*, auquel il a donné son approbation, il se trompe dans les jugements qu'il fait sur les conséquences que cet ouvrage peut avoir. Ainsy, vous ne sçauriez trop tost le faire supprimer, ny estre trop circonspect à donner des permissions pour imprimer de tels ouvrages. »

Je me demande si l'auteur du *Chapeau pointu*, livre que je ne connais pas et dont le *Manuel* de M. Brunet a oublié de nous donner des nouvelles, n'était pas Chérier lui-même. Cela pourrait bien être. En tous cas, si l'on ne peut pas le dire de cet opuscule, il n'en est pas de même sans doute de beaucoup d'autres, quoique Chérier n'eût garde d'y mettre son nom. Et alors, comment le censeur n'eût-il pas donné son *approbation* à l'abbé? Rien ne lui était plus commode, et cela même devait lui paraître plaisant. Pour moi, je ne fais pas difficulté de croire qu'il ne s'en gêna guère. Le privilége qu'il avait obtenu, je ne sais pourquoi, de signer ses rapports du pseudonyme de Passart[1], semblait d'ailleurs encourager cette supercherie, et si, par une tolérance bien naturelle, puisqu'il l'exerçait pour lui-même, il s'attirait des affaires, ses livrets, comme *le Chapeau pointu*, avaient déjà fait trop de chemin dans le monde pour qu'on gagnât beaucoup à les supprimer.

La plupart des *approbations* qu'il a signées, et qu'on trouve dans les manuscrits de d'Argenson, portent sur des pièces telles que celles-ci : catéchismes, contrats de mariage, sermons et procès burlesques. Ces pièces sont justement le sujet de ce chapitre. Les autres sont ce qu'on appellerait aujourd'hui des *canards*, comme des relations d'incendies, d'inondations, de naissances monstrueuses, de miracles, et enfin de vols et d'assassinats.

C'est tout ce que j'avais à dire sur l'abbé Chérier, et véritablement, il ne mérite pas une plus longue biographie. Je retourne à mes moutons.

[1] Il faisait suivre ce nom du titre de *maître-ès-arts*, comme on le voit dans un *permis d'imprimer* placé au-dessous de son *approbation* du Miroir *des femmes* (Troyes, veuve Oudot), et délivré par d'Argenson, le 14 octobre 1717.

Ça été un usage de nos pères, qui ne s'est point perdu, d'appliquer à certains enseignements profanes qu'ils voulaient inculquer, la forme consacrée pour les instructions religieuses, pour les prières, et pour les symboles de la foi. Et encore que dans la plupart de ces écrits, il n'y eût pas intention directe de parodie, ils ne laissaient pas néanmoins de donner lieu à des rapprochements entre le profane et le sacré qui diminuaient le respect qu'on a pour celui-ci et le déconsidérait. Quand le ridicule, même involontaire, ne tue pas, il cause des blessures qui laissent des cicatrices. On adressait à Vénus les oraisons destinées à la sainte Vierge, et à Cupidon celles par lesquelles on confessait Jésus-Christ. Le *Pater* et le *Credo*, et d'autres textes de la liturgie, ont été paraphrasés en rimes françaises par certains trouvères, tantôt sérieusement, tantôt par plaisanterie. Nos manuscrits offrent, sous le nom de Sylvestre, et assez bien versifiée une *Patenostre en françois*, comprenant dix-huit mille vers inédits, où ce Sylvestre fait entrer des remontrances pieuses contre les habits à découpures et les robes à queues. Dans une autre *Patenostre farcie*, en dix strophes de six vers de huit syllabes, chaque phrase de l'Oraison dominicale est soi-disant expliquée dans un mauvais jargon, mi-parti de latin et de français. On peut y joindre la *Patenostre de l'Usurier*, pièce écrite du temps de la légation de Robert de Courson, en France, sous Philippe-Auguste : la *Patenostre d'amours*, la *Patenostre du vin*, la *Patenostre des Verollez*, plus moderne, le *Credo de l'Usurier*, le *Credo au Ribaud*, etc. Les *Ave Maria*, glosés en rimes dévotes, comme celui de Ruteboeuf, ne sont pas moins nombreux. Il y a aussi des gloses rimées du *Salve regina* et de plusieurs autres hymnes[1]. Un poëte du commencement du seizième siècle a fait un *De profundis des amoureux* dans le même goût. En voici le début :

[1] Vict. Le Clerc, dans les tomes XXII, pag. 143, et XXIII, p. 256, 257

> Dedans le gouffre tenebreux
> Où sont amoureux interdis,
> Plongé suis, moy, pauvre amoureulx,
> Las, ouquel lieu *De profundis*
>
> *Clamavi* à celle que j'ayme
> Par qui suis ainsi tourmenté
> Las, c'elle m'y laisse en ceste flamme,
> Secours n'ay nul, sinon *ad te*
>
> *Domine Cupido*, mon maistre, etc.[1].

On a aujourd'hui des catéchismes de l'amant, du philosophe, de l'économiste, et même de l'athée ; on a eu ensuite des catéchismes poissards, révolutionnaires, libéraux, saint-simoniens, et enfin socialistes. En voici un qui est singulier. Il a pour titre : *Catéchisme des amants, par demandes et réponses, où sont enseignées les principales maximes de l'amour et le devoir d'un véritable amant*, in-18, 8 pages, Tours, Ch. Placé, 1858. On y voit, entre autres sottises comment et en quel temps il faut écrire un billet doux, les choses à observer en amour, formulées à l'instar des commandements de Dieu, une *patenôtre* où le *petit Adonis* est substitué à Dieu, et le symbole des Apôtres appliqué à Cupidon ; l'âge auquel on peut commencer à faire l'amour, qui est de quatorze ans pour les garçons et de douze ans pour les filles, etc. Quelques éclairs de bon sens percent toutefois çà et là. Mais la pièce est courte et le jargon précieux ; il est bon de la donner tout entière.

## CATÉCHISME DES AMANTS

### LEÇON PREMIÈRE.

*Demande.* Êtes-vous amant ?
*Réponse.* Oui, par la faveur de Cupidon.

---

[1] *Le De profundis des Amoureux*, réimprimé à Chartres, en 1832, par M. Hérissant, d'après une édition gothique des premières années du seizième siècle, et sans date ni nom d'imprimeur.

*D.* Qu'est-ce qu'un amant?

*R.* C'est une personne qui, ayant fait une sincère et véritable déclaration, cherche les moyens d'être aimée de l'objet qu'elle aime.

### LEÇON II.

*D.* Quels sont les signes d'un véritable amour?

*R.* C'est l'assiduité, la complaisance, la sincérité, l'exactitude et le billet tendre.

*D.* Qu'est-ce que l'assiduité?

*R.* C'est une recherche exacte des moyens de voir et d'entretenir sa maîtresse.

*D.* Qu'est-ce que la complaisance?

*R.* C'est un accommodement de notre volonté à celle que nous aimons.

*D.* Qu'est-ce que la sincérité?

*R.* C'est une grande conformité entre ce que nous voulons exécuter.

*D.* Qu'entendez-vous par ce mot exécuter?

*R.* J'entends parler d'une diligence perpétuelle à faire ce que[1] nous aimons, et à chercher l'occasion de lui témoigner notre inclination et notre zèle.

*D.* Qu'entendez-vous par le billet tendre?

*R.* Un petit compliment par écrit que nous envoyons à nos maîtresses, quand nous ne pouvons pas trouver l'occasion de les entretenir.

*D.* En quel temps, en quel lieu, et à quelle heure le faut-il faire?

*R.* Le matin lorsqu'on est levé, le soir auparavant de se coucher, quand on entre dans son cabinet, et quand on se trouve pressé de quelque jalousie.

*D.* Les amants n'ont-ils pas d'autres marques de fidélité?

*R.* Oui, ils en ont encore une infinité d'autres, comme l'inquiétude, le désespoir, le changement de couleur, la dépense excessive, et les regards ardents.

*D.* Toutes ces marques sont-elles nécessaires pour paraître véritable amant?

*R.* Non, il n'y a que les cinq premières dont nous avons demandé l'explication, qui sont de la dernière importance; la plupart des autres sont plutôt marques de folie que d'inclination.

---

[1] Il y a là quelques mots omis, comme par exemple : « veut l'objet que. »

### LEÇON III.

*D.* A quelle fin est fait l'amant?

*R.* C'est pour connaître un objet, l'aimer et le servir.

*D.* Combien de choses sont nécessaires à un amant pour parvenir à la fin d'être aimé?

*R.* Une, seulement.

*D.* Quelle est-elle?

*R.* C'est l'amour.

*D.* Qu'est-ce que l'amour?

*R.* C'est un objet dont la violence forme une tendresse sensible sur la partie la plus tendre, la plus sympathisante.

*D.* Combien y a-t-il de choses à observer en amour?

*R.* Il y en a huit.

*D.* Contez-les-moi donc.

*R.* 1. Un objet seul honoreras et aimeras sincèrement.

   2. Pour cet objet tu périras et mourras généreusement.

   3. Jamais ne lui refuseras ce qu'il voudra honnêtement.

   4. A lui faire mille plaisirs tu songeras incessamment.

   5. Infidélité tu ne feras, faisant toutes choses loyalement.

   6. Aucune œuvre ne feras que pour cet objet seulement.

   7. Indiscret tu ne seras après les divertissements.

   8. L'inconstance tu fuiras, afin d'être aimé longuement.

### LEÇON IV.

*D.* Quelle demande doit faire un amant à Cupidon, et en quelle manière peut-il l'obtenir?

*R.* Il doit être en posture de suppliant, tant de sa bouche que par ses gestes, et lui dire ainsi :

#### Requête ou demande au petit Adonis.

« Amour, qui êtes dans le cœur raisonnable, que tu sois respecté et parfaitement contenté; tes faveurs nous arrivent aux champs comme à la ville. Donnez-nous aujourd'hui les faveurs que nous vous demandons; pardonnez-nous nos impuissances comme nous excusons les peines à celles qui nous les causent, et ne souffrez pas que j'entrions en jalousie, mais délivrez-nous de tous rivaux [1]. »

---

[1] La main de quelque rustre a évidemment corrompu ce texte.

*D.* Sont-ce là toutes les demandes d'un véritable amant?

*R.* Non, il y a encore les signes de reconnaissance d'un véritable amant, conçus en ces termes :

« Je crois à Cupidon maître absolu de l'Amour, qui fait tous les délices des amants et amantes, et à la personne que j'aime le plus, parce qu'elle est la plus aimable, à laquelle je pense incessamment, et pour laquelle je sacrifierais volontiers mon honneur et ma vie. Je crois aussi qu'elle souffre quand elle ne me voit pas, et qu'elle mourra plutôt que de changer. »

### LEÇON V.

*D.* A quel âge peut-on commencer à faire l'amour?

*R.* Les garçons à quatorze ans, les filles à douze, selon que l'on est avancé pour son âge.

*D.* Comment faut-il qu'un amant se comporte quand il commence à faire l'amour?

*R.* Il faut premièrement qu'il sache ce que doit faire un véritable amant, qu'il n'ignore pas la différence qu'il y a entre les compliments des grands et des petits.

*D.* En quelle posture doit-il être pour faire l'amour?

*R.* Il faut qu'il soit propre suivant sa condition respective, et sur toutes choses perspicatif, tant pour les yeux que par les discours.

### LEÇON VI.

*D.* Combien y a-t-il de bonheurs en amour pour rendre un amant heureux?

*R.* Il y en a sept.

*D.* Enseignez-les-moi donc.

*R.* 1° Heureux sont les amants qui aiment véritablement, car les plaisirs de l'amour ne sont pas sensibles à ceux qui n'en sont que médiocrement touchés.

2° Heureux sont les amants sains et vigoureux, car ils sont aimés longtemps, et sont les plus considérés.

3° Heureux sont les amants qui aiment véritablement à rire, car il y a du sujet de s'affliger en amour, sans y joindre le tempérament.

4° Heureux sont les amants qui ont de l'esprit, car ils goûtent des plaisirs que les niais ne ressentent pas.

5° Heureux sont les amants qui ont de la patience, car il est très-difficile de trouver une maîtresse qui accorde au premier moment ce qu'un amant désire.

6° Heureux sont les amants riches, car l'amour aime la dépense.

7° Heureux sont les amants sans rivaux, car ils possèdent seuls les bonnes grâces de leurs maîtresses.

### LEÇON VII.

*D.* Combien y a-t-il de manquements contre l'amour ?

*R.* Il y en a sept, à savoir : 1° L'avarice ; 2° la froideur ; 3° la dissimulation ; 4° l'impuissance ; 5° la coquetterie ; 6° l'infidélité ; 7° l'indiscrétion.

*D.* Quelles sont les réparations contraires à ces sept manquements?

*R.* 1° La libéralité ; 2° la tendresse ; 3° le secret ; 4° la puissance ; 5° la vigueur ; 6° la sincérité ; 7° la constance.

---

### ORAISON TRÈS-UTILE A UNE JEUNE FILLE QUI DÉSIRE ÊTRE POURVUE COMME IL FAUT DU SACREMENT DE MARIAGE.

Mon Dieu, qui avez créé le genre humain pour bénir votre nom adorable, et qui lui avez donné, par la source féconde du sacrement de mariage, une voie légitime pour éteindre le feu sacré de la concupiscence, et en même temps multiplier; je vous adresse mes vœux du plus profond de mon cœur, afin qu'il vous plaise me remplir d'une vertu vivifiante qui me rende capable de produire du fruit de l'union conjugale, et me donner un époux qui ait toutes les qualités nécessaires pour s'acquitter dignement des vœux du mariage ; vous promettant que je ne lui refuserai jamais le devoir quand il voudra procéder à la principale action du sacrement, afin que nous puissions mettre au monde de petites créatures qui vous louent incessamment ici-bas, et ensuite dans le ciel avec les bienheureux; c'est, ô mon Dieu, ce que je vous demande de toute mon âme, avec les dernières instances ; regardez donc en pitié votre très-humble servante N.

Ne permettez pas qu'elle demeure plus longtemps sur la terre comme un arbre sec et stérile; faites, s'il vous plaît, pleuvoir dans ses champs une rosée douce et agréable, qui fasse naître de bonnes plantes pour l'éternité.

Ainsi soit-il.

Quelles leçons et quel style ! Et dans ces prescriptions, qui au fond tendent sérieusement à régler l'exercice de l'amour et à le rendre durable, quel manque de sens moral et de délicatesse! Dans quels codes de loi et chez quels peuples ce misérable auteur a-t-il vu que les garçons étaient à quatorze ans en âge de faire l'amour? Où a-t-il connu des filles qui souhaitent le mariage comme un moyen légitime d'éteindre le feu de la concupiscence et de multiplier? Il y a dans tout cela une si profonde imbécillité, qu'on a peine à croire que cela puisse être dangereux. Et cependant, qui oserait affirmer le contraire?

Ce livret n'est que la reproduction considérablement amplifiée de l'original, et cet original est du commencement du dix-huitième siècle. Je l'ai trouvé dans les manuscrits de d'Argenson. Il est très-court et n'en vaut que mieux ; rien n'y choque la pudeur, rien n'y blesse la morale ni peut-être même le goût. Cependant, le censeur auquel il fut soumis et dont il porte la griffe ne permit pas qu'on l'imprimât! C'est que le censeur était Passart ou l'abbé Chérier. Peut-être même qu'une des nombreuses amplifications dont cet opuscule a été l'objet est de son cru. Ayant trouvé l'idée bonne, il aura pensé qu'elle lui appartenait, et que permettre à un autre de lui donner l'essor, c'eût été pour lui tout à la fois perdre la gloire de passer pour inventeur et le profit à recueillir de l'invention. Ce n'est pas le calomnier que de le croire coupable d'un pareil calcul. Il refusa donc d'imprimer, garda la pièce originale et en renvoya un double à l'auteur. C'est ce qu'atteste l'en-tête de la pièce dont voici la copie exacte :

Pour obtenir permission d'imprimer.     **LE CATÉCHISME DES AMANS.**     Refusé. Délivré le double le 23 février 1726.

D. Êtes-vous amant?

R. Ouy, par la grâce du Dieu d'amour.

D. Qu'est-ce que l'amour?

R. C'est une passion qui insensiblement se rend maîtresse de notre cœur, et qui nous inspire un violent désir d'aimer et d'être aimé.

*D.* Quels sont les soins d'un amant?

*R.* Il y en a de quatre sortes : la complaisance, la sincérité, l'assiduité et les billets tendres.

*D.* Qu'est-ce que la complaisance?

*R.* C'est un ajustement d'humeur à la volonté réciproque l'un de l'autre.

*D.* Qu'est-ce que la sincérité?

*R.* C'est un soin véritable de chercher tous les moyens de plaire à l'objet que l'on aime, et de préférer sa vue et son entretien à tous les autres.

*D.* Qu'est-ce que l'assiduité?

*R.* C'est d'être ponctuel à rendre nos services et témoigner notre zèle et notre empressement à la personne que nous aimons.

*D.* Qu'est-ce que les billets tendres?

*R.* C'est la douceur de nos pensées par écrit.

*D.* Quant le faut-il faire?

*R.* Le soir, quand on se couche, et le matin, quand on se lève.

*D.* Y a-t-il d'autres signes de l'amour?

*R.* Ouy, le chagrin, l'inquiétude, le désespoir et autres.

*D.* A quelle fin a été fait l'amour?

*R.* Pour unir deux cœurs et les rendre dans la suite inséparables.

*D.* Quel est le tombeau de l'amour?

*R.* Ce sont l'infidélité, la négligence, la fourberie et l'absence.

Chez l'auteur moderne, ce texte primitif est délayé de manière à former trois chapitres ou leçons du *Catéchisme*; le reste tout entier est de sa façon.

Non moins singulier que le *Catéchisme* de l'édition de Tours, mais plus moral et je suppose aussi plus ancien, est le *Jardin de l'honnête amour, où est enseigné la manière d'entretenir sa maîtresse, nouvellement dressé pour l'utilité de la jeunesse*; 25 pag. Charmes, Buffet, et Épinal, Pellerin ; in-18, 22 pag. Tours, Ch. Placé ; tous sans date [1]. Le style en est plus décent;

---

[1] Ce livret date vraisemblablement du milieu du dix-septième siècle. Il en a été fait une sorte de parodie sous le titre de : *la Chasse aux filles ou Jardin d'amour réformé, dans lequel est enseignée la manière de conserver et d'entretenir une maîtresse*, par L. G., avocat. Autun, P. Laymeré, S. D., petit in-12.

il est aussi plus gaulois et par conséquent plus naïf. Une sorte d'érudition, écho lointain de celle du seizième siècle, y est répandue çà et là, et le ton, qui y est assez spirituel, devient parfois dogmatique et sent la controverse. L'auteur est probablement un religieux. La plus grande partie est en dialogue. Le but qu'on s'y propose est exprimé dans la dédicace que je cite textuellement :

*A la jeunesse curieuse d'honneur et de bien dire, salut!*

Comme la barque est conduite avec les rames, le carrosse mené par les chevaux, ainsi se peuvent guider les hommes.

Chiron, étant jeune et encore foible, a enseigné le jeu de la harpe à Achille, lequel a fait mourir plusieurs puissants hommes ; de même il a enseigné l'art d'aimer à plusieurs sages ; en telle sorte que Chiron se peut véritablement dire le maître d'Achille et des amants.

Aussi, belle jeunesse, ne méprisez point ce petit ouvrage ; vous verrez et connoitrez que je ne désire que tout bien et honneur.

> L'amour ne fut jamais qu'un mal
> Pendant qu'il cacha son mystère ;
> Mais quand on sut l'art de le faire,
> Il devint un bien sans égal.

Entrant ensuite en matière, l'auteur montre comment un garçon doit se tenir et se comporter dans ses habits ; qu'un amant (ce mot est toujours pris en bonne part) ne doit point se fâcher de son imperfection, ni se glorifier de sa beauté ; qu'il doit fuir les mauvaises compagnies. Suivent des instructions sur les lieux où il doit aller à la recherche d'une maîtresse.

Si vous voulez (y est-il dit) trouver une maîtresse, vous devez aller aux lieux où vous sçavez que plusieurs filles s'assemblent, car elles ne doivent pas venir vous trouver, mais vous-mêmes devez aller les chercher. Ainsi un chasseur, quand il sçait où est le plus grand nombre d'oiseaux et de gibier, pour y parvenir n'épargne ni peine, ni travail.

Or, les lieux où l'on solennise quelques noces, et autres lieux de récréation, sont les endroits où les jeunes filles courent, le plus souvent pour voir ou être vues, que pour autre chose ; là l'amant doit se trouver afin d'en choisir une à son gré.

Et quand vous en aurez reconnu une agréable à vos yeux, informez-vous de ses parents, de son état et de sa qualité, afin que vous ne perdiez pas vos peines et votre temps à l'aimer et servir ; car plusieurs sont souvent trompés en cela, parce qu'ils regardent plus sur la beauté et bonne grâce d'une jeune fille, que sur la commodité de ses père et mère, parents ou amis, lesquels ont toujours, ou doivent avoir la volonté de leur fille en main. Vous devez donc, avant toute chose, considérer et sçavoir l'honneur, l'état et la commodité de ses parents ; si on la veut marier, et si vos moyens sont égaux aux siens ; car quand les chevaux sont égaux et tirent également, le carrosse avance bien mieux ; mais s'il arrive, comme souvent se voit, que vous ayez mis votre amitié à une fille plus riche et de plus grand lieu que vous, vous devez d'autant plus être curieux de vous orner et enrichir de beaux discours et de sagesse, qui sont des trésors qui surpassent toute la richesse d'or et d'argent, afin qu'étant ensemble, elle n'ait sujet de vous parler de votre pauvreté et de ses richesses, et de peur aussi que vous ne soyez le valet, lorsque vous penseriez être le maître.

Et si elle est de moindre lieu et plus pauvre que vous, prenez garde sur vos discours et à son honneur, considérant bien, avant de l'épouser, si elle est sage, sobre, humble et bonne ménagère, afin que vous n'ayez regret de l'avoir épousée, ni sujet de vous fâcher ni troubler votre ménage, car assurément le mariage qui est fait bien également sans fraude, avec bonne volonté de vivre en paix et union, rend heureux ceux qui le contractent.

Il n'y a rien de plus sage que ces instructions. Il est vrai que le sentiment y semble immolé au positif ; mais, à le voir de près, il n'en est rien ; ou du moins, si le positif y occupe la première place, le sentiment y obtient la seconde, laquelle à la longue et pour peu que l'amant se soit soumis aux épreuves préalables qui lui ont été prescrites, devient presque infailliblement la première.

Dans les chapitres suivants, tout en dialogues, on voit par quels *discours d'amour* un garçon doit accoster une fille en compagnie, et lui demander son amitié ; comment il doit la saluer à la revue, parler au père et à la mère pour l'obtenir en mariage ; la réponse du père, le discours de l'amant à sa maîtresse en lui donnant une bague après la signature du contrat, enfin, la manière de faire les invitations aux noces. Cette manière consiste dans la démarche personnelle suivante :

### COMME IL FAUT PRIER LES PARENTS AUX NOCES, PAR DEUX PARENTS DU GARÇON ET DE LA FILLE.

Bonjour, cousin Guillaume.

GUILLAUME. — Bonjour, mes amis ; quelle nouvelle vous amène ici ?

LE SEMONCEUR. — Nous venons de la part de Noël Pacot et de Marie Talbot, sa promise, vous prier, votre femme, etc., de leur faire l'honneur d'assister à leurs premiers honneurs, qui se feront aujourd'hui, à quatre heures après midi, et aux seconds, demain, à dix heures du matin.

GUILLAUME. — Je vous remercie de la peine que vous prenez ; nous tâcherons d'y aller le plus tôt qu'il nous sera possible. Adieu ; mais recommandez-nous à eux.

Après quoi on trouve la formule, aussi par demandes et par réponses, pour *prier* un parrain et une marraine, puis tout le cérémonial du baptême.

Dans des dialogues où il fait converser entre eux des bourgeois de Paris, dont la nature a négligé d'approprier le cerveau à la conception d'une idée quelconque, M. Henri Monnier nous représente ses personnages devisant des heures entières de la pluie et du beau temps, et il nous étonne par l'abondance et la variété de paroles qu'il leur met dans la bouche, pour exprimer ce plat et éternel lieu commun. Ce genre de littérature est encore à nommer : mais M. Henri Monnier n'en est pas l'inventeur, et les livrets de l'espèce de celui-là sont une preuve évidente que cette invention remonte beaucoup plus haut que lui.

Le livre se termine par *les Récréations et Devises amoureuses par demandes et par réponses joyeuses*. C'est une des nombreuses variantes d'un thème intitulé *les Ditz et Ventes d'amours*, divertissements de société en usage chez nos arrière-grands-pères, et qui a laissé des traces dans quelques provinces de France. *Je vous vends mon corbillon. — Qui met-on?* et *Je vous vends ma petite boîte d'amourettes*, deux jeux où il faut donner un gage, quand on ne répond pas pertinemment, ont sans doute beaucoup de rapport avec celui-là. M. Anatole de Montaiglon[1] a publié un texte des *Ditz et Ventes d'amours*, d'après trois éditions, toutes trois sans date; M. Brunet en indique un grand nombre d'autres, et l'on en découvrira sans doute encore, et de nouvelles impressions et de rédactions différentes. On arrivera de cette manière, observe judicieusement M. de Montaiglon, à ne plus savoir comment l'imprimer. Quoi qu'il en soit, la plus ancienne édition ne me paraît pas devoir remonter plus haut que les premières années du seizième siècle. Le texte que je produis est une retouche du commencement du siècle suivant.

L'AMANT. Je vous vends le grain de froment,
Aimez les dames honnêtement,
Gens d'honneur et de courtoisie,
Choisissez-vous belle amie,
Ce n'est qu'ennui autrement.

L'AMIE. Je vous vends la pomme d'orange,
D'aimer je trouve bien étrange,
Vu d'amour les cris et clameurs,
Les ennuis, peines et douleurs.

L'AMANT. Je vous vends la blanche laitue;
Eh! faut-il que l'on s'évertue
De bien aimer un bon ami,
Plein de beauté, non endormi,
Puisque sa saison est venue?

L'AMIE. Je vends la fleur de jolibois,
Si rien d'amour je ne sçavois,
Vous m'en feriez trop apprendre,

---

[1] *Recueil de poésies françaises des quinzième et seizième siècles*, etc., t. V, p. 204. Paris, chez P. Jannet. 1856.

Car autant que je puis comprendre,
Vous en savez toutes les lois.

L'AMANT. Je vous vends mes amours comptant ;
Dames, vous aurez un printemps,
Et l'été, et l'automne aussi ;
En hiver est l'ami transi,
Faites bien quand aurez le temps.

L'AMIE. Je vous vends l'étoile du jour :
Au printemps on fait l'amour,
En été on cueille des fruits,
En automne adieu l'or et le prix,
En hiver comme en ce jour.

. . . . . . . . . . . . . . . .

L'AMANT. Je vous vends la fleur de Péronne :
Qui à l'honnête amour s'abandonne,
Personne ne le blâmera,
Toujours son âme fleurira,
Printemps, été et automne.

L'AMIE. Je vous vends le bouquet parfait,
Croyez que l'amour l'entrefait,
Garni à point de toutes fleurs,
N'est jamais sans maintes douleurs,
Soit en songes, dits ou faits.

L'AMANT. Je vous vends la branche d'amour,
Pas je ne sçais parler d'amour,
Oncques je ne fus amoureux,
Mais bien sçais qui suis langoureux,
Effort de l'amoureux séjour.

. . . . . . . . . . . . . . . .

L'AMIE. Je vous vends la peau de l'ours,
J'entends bien que le traître Amour
A bien puissance de mal faire ;
Mais je crois qu'il ne peut rien faire
A ceux qui sont contents toujours.

L'AMANT. Je vous vends le panier d'osier,
Vous avez beau le déguiser,
Et dissimuler de la sorte,
Si faut-il entrer par la porte
D'Amour qui vous fera priser.

L'AMIE. Je vous vends le cocuage :
D'aimer j'ai assez bon courage,
Ma liberté qui vaut mieux qu'or,
M'a dit que serois pis encor
Que l'oisillon qui est en cage.

Le dialogue continue sur ce ton, et avec des vers plus ou moins estropiés, jusqu'au vingt-huitième couplet. *Amant alterna Camœnæ.*

Des instructions analogues, mais beaucoup moins relevées, sont données aux filles en âge de trouver un mari, dans un livret qui date de 1715, et qui a pour titre *Catéchisme à l'usage des grandes filles pour être mariées, augmenté de la manière d'attirer les amants, par demandes et par réponses,* in-18, 10 pages, Limoges, chez Ardillier, S. D., et avec cette gravure représentant une jeune fille qui apprend le catéchisme.

Il y a d'autres éditions, comme celles de Charmes, Buffet, et Tours, Ch. Placé, in-18, 10 pages; S. D. Rien, dans le fond, n'est plus excellent. Les occupations de ménage les plus simples comme les plus essentielles y sont recommandées et décrites. Une coquette ou une petite-maîtresse y chercherait vainement des règles pour plaire ou pour séduire, il n'y en a que pour être sages, modestes et bonnes mères de famille. Comme rien ne devient de jour en jour plus étranger que cela aux habitudes de notre bourgeoisie raffinée, il est à propos de donner un extrait de ces instructions, lesquelles, à défaut de la convaincre, la mettront du moins en belle humeur. Elle pourra mesurer le beau chemin qu'elle a fait depuis qu'une pareille morale était à la mode, et décider, par la comparaison du passé avec le présent, si, dans les procédés qu'on emploie aujourd'hui pour styler les filles à l'endroit du mariage, il y a décadence ou perfectionnement.

Après avoir établi que la chose la plus nécessaire aux grandes filles, belles ou laides, est le mariage, le dialogue se poursuit ainsi entre le catéchiste et le catéchumène :

*D.* Quand une jeune fille n'a point d'amant, comment doit-elle faire pour en avoir?

*R.* Il y a plusieurs moyens pour s'en procurer.

*D.* Quels sont ces moyens?

*R.* Premièrement, il faut avoir la sagesse et la modestie; secondement, être bonne ménagère et bien actionnée à son travail; troisièmement, être bien propre dans ses habillements et son linge, et dans sa chambre; quatrièmement, ne pas s'aviser de porter plus que son état ne permet, car c'est le moyen de renvoyer les amants plutôt que de les attirer.

*D.* Quand une jeune fille a un amant bien à son gré, comment doit-elle faire pour ne pas le perdre?

*R.* Il faut l'aimer d'amour honnête, qui est le vrai moyen de le conserver : il faut éviter envers lui les paroles hardies et peu respectueuses, de peur de le fâcher; se garder d'écouter les mauvais discours tant d'un côté que de l'autre : il faut aussi toujours être de bonne humeur devant lui, et ne point lui causer de jalousie en faisant trop d'accueil aux autres.

*D.* Si l'amant aime la bouteille, ce qui est un mauvais principe pour un garçon, que faut-il que la fille fasse?

*R.* Il faut, avec des paroles honnêtes et beaucoup de circonspection, lui remontrer qu'il serait plus avantageux d'amasser son argent pour avoir quelques commodités quand ils seraient en ménage.

*D.* Quand une fille veut aller à la promenade, comment doit-elle se comporter avec son amant et avec la compagnie?

*R.* Elle doit premièrement demander permission à son père et à sa mère, ou à ses supérieurs, leur dire que c'est pour aller en tel endroit. Il faut qu'elle se comporte avec la compagnie de laquelle est son amant avec beaucoup de modestie.

*D.* Si l'on fait la collation, et par hasard qu'il n'y ait qu'un garçon avec plusieurs filles, comment faut-il faire?

*R.* Il faut ne pas absolument souffrir qu'il paie aucune chose.

*D.* En revenant de la promenade ou récréation, qu'est-ce que la fille doit faire?

*R.* Il faut qu'elle revienne à la maison pour voir s'il n'y a point quelque chose à faire. Il est du devoir et de la bienséance du garçon de reconduire sa bien-aimée à la maison.

*D.* Étant revenue, que doit-elle faire?

*R.* Il faut prendre un tablier de cuisine afin de ne pas salir ses habits, et faire ce qu'il y a d'ouvrage à la maison sans se le faire commander, et avec beaucoup d'action : elle doit aussi mettre les viandes à la broche, éplucher la salade et apprêter le souper.

*D.* Quand le repas est achevé, qu'est-ce que la fille doit faire?

*R.* Il faut qu'elle lave la vaisselle, s'il n'y a point de servante pour le faire.

*D.* Que doit-elle faire après?

*R.* Il faut sortir à la porte pour avoir le plaisir de voir son amant, qui ne manquera pas de s'y trouver.

*D.* Si la fille est priée de faire un tour de promenade, après son souper, avec plusieurs garçons et filles, que doit-elle faire?

*R.* Il faut d'abord s'en excuser, pour ne pas faire voir qu'elle aime la promenade du soir.

*D.* Si on la prie avec beaucoup d'instance, que faut-il qu'elle fasse?

*R.* Il faut qu'elle paraisse satisfaite de l'honneur que la compagnie lui fait, et répondre qu'elle ne le peut sans la protection de son père et de sa mère, de son maître ou de sa maîtresse. Alors c'est à l'amant bien avisé de faire cette commission.

*D.* A quelle heure la fille doit-elle revenir à la maison?

*R.* Il faut distinguer: depuis le premier jour de mai jusqu'à la fin, à neuf heures le plus tard ; depuis le premier jour de juin jusqu'au premier d'août, à dix heures au plus tard, et, les mois d'août et septembre, à dix heures et demie au plus tard, afin de ne pas fâcher ceux qui ont donné permission.

*D.* Si la fille était priée d'aller seule le soir avec son amant, que faut-il qu'elle fasse?

*R.* Elle ne doit point y aller sous quelque prétexte que ce soit, de peur de médisance; lui représenter qu'ils auront autant de plaisir de rester à la porte avec la compagnie comme d'aller en tel endroit; d'ailleurs la société ne doit point le permettre.

*D.* Les dimanches et les fêtes, quand une fille garde la maison pendant la grand'messe et vêpres, et que son amant la vient voir, comment doit-elle se comporter?

*R.* Avec une grande modestie et retenue, faisant son ménage avec beaucoup d'action, sans s'amuser à badiner avec son amant, à cause des mauvaises suites qui pourraient en provenir. Il faut aussi lui remontrer qu'il aurait été plus à propos d'être à la grand'messe ou à vêpres, qu'il serait bien venu à une autre heure : le tout avec paroles douces.

*D.* Quand une fille va à la grand'messe ou à vêpres, et que son amant vient à la maison pour avoir l'honneur de l'accompagner, comment faut-il qu'elle se comporte?

*R.* Elle doit prendre garde de ne pas rire le long des rues avec éclat; car cela fait voir que c'est une évaporée; mais au contraire avoir un entretien modeste et honnête.

*D.* Quand une fille est à l'église avec son amant, que faut-il qu'elle observe?

*R.* Il faut se tenir dans une posture décente et honnête, et s'occuper à lire ou à faire quelques autres prières; il faut aussi éviter les ris et caquets pour ne pas distraire les autres, et s'en revenir à la maison avec grande modestie.

*D.* Quand une fille est demandée en mariage par un garçon qui est bien à son gré, que doit-elle répondre?

*R.* Il faut d'abord qu'elle fasse semblant d'être un peu surprise, et répondre qu'elle ne peut pas croire qu'un garçon de son mérite et de son moyen voulût avoir en mariage une fille aussi simple qu'elle.

*D.* Si l'amant persiste, lui faisant des protestations d'amitié, ou lui disant, par exemple : Ce serait tout mon désir si je pouvais posséder l'amitié d'une aimable personne comme vous, et je serais le plus content du monde; si je ne craignais point de vous faire de la peine, j'aurais l'honneur d'en parler à M. votre père et à madame votre mère.

*R.* La fille doit répondre avec beaucoup de respect : Monsieur, si vous avez toute l'amitié que vous dites avoir pour moi, vous pouvez leur en parler ; mais je crois qu'ils ne seront pas moins surpris que je l'ai été, parce qu'ils ne s'attendent pas à avoir cet avantage.

Si l'amant a père ou mère, il doit leur en parler et leur témoigner son dessein, leur disant : Si c'était votre volonté comme c'est la mienne, je souhaiterais avoir en mariage une telle, qui est une très-honnête fille.

— Mon fils, j'ai trouvé que vous aviez bien choisi ; il faudra voir au plus tôt si nous pourrons avoir cet avantage.

Le père et la mère du garçon, parlant au père et à la mère de la fille, après avoir fait les saluts et compliments ordinaires, pourront dire : Monsieur et madame, nous avons appris avec bien du plaisir qu'il y avait une parfaite amitié entre mademoiselle votre fille et notre garçon ; c'est ce qui nous a obligés à vous la demander en mariage pour notre fils : si vous nous l'accordez, nous serons parfaitement contents.

— Monsieur et madame, nous sommes charmés de l'honneur que vous nous faites aujourd'hui ; et, pour vous faire voir que nous avons une parfaite amitié pour vous et pour toute votre famille, nous vous la promettons de bon cœur.

— Monsieur et madame, nous sommes entièrement satisfaits ; c'est à vous, s'il vous plaît, à donner le jour pour passer le contrat.

— Monsieur, le jour de votre commodité est le nôtre.

*D.* Qu'est-ce que la fille doit observer en allant avec ses parents et son bien-aimé pour passer le contrat ?

*R.* Elle doit avoir une grande modestie, et un air de bienveillance pour les parents de son bien-aimé. En revenant à la maison la fille doit observer avec le plus grand soin la même chose qu'en y allant.

*D.* Quant la fille est arrivée à la maison avec les parents de son bien-aimé, que doit-elle faire ?

*R.* Il faut leur présenter des chaises, les prier de s'asseoir avec des paroles de douceur, et ensuite donner ordre d'apprêter si besoin est, et tâcher que tous soient contents.

*D.* Quand la compagnie se retire, que doit-on faire ?

*R.* C'est au père et à la mère de la fille de reconnaître le père et la mère du garçon, de ne pas sortir loin de leur appartement, et en même temps de les remercier d'avoir eu l'honneur de leur présence.

*D.* Pendant la proclamation des bans et des fiançailles, qu'est-ce que la fille doit faire?

*R.* Elle doit de temps en temps élever son cœur à Dieu, et demander les grâces nécessaires pour se sanctifier dans l'état du mariage. L'amant dans son particulier doit en faire de même.

*D.* Pendant le repas des noces, qu'est-ce que la mariée doit faire?

*R.* Il faut prendre garde à ne pas rire si quelqu'un disait quelque parole lascive: mais au reste elle doit être de bonne humeur devant la compagnie, et tâcher de rendre tout le monde content.

Voilà des mœurs un peu bien primitives. Une fille à qui on dictait une pareille règle de conduite, pour la préparer à se marier honnêtement, ne sortait pas apparemment de ces pensions mondaines où l'on discute les maris, à peu près de la même manière qu'on fait d'une robe ou d'un chapeau.

La fille est enfin mariée. L'auteur tire le rideau sur le reste, c'est-à-dire sur certains devoirs délicats auxquels la fille est tenue, immédiatement après son passage aux mains d'un mari, devoirs qu'il n'appartient qu'à une mère de lui enseigner. Mais une édition plus moderne de ce petit livre donnée par la Librairie des villes et campagnes, in-18, 16 pages, Paris, 1848, est moins discrète. Et d'abord M. Raban, qui en est l'auteur anonyme [1], en a refait le texte original presque en entier; non pas qu'il n'ait eu raison à certains égards, quand ce ne serait que pour mettre un peu plus de méthode dans ces instructions; mais

---

[1] Un procès, plaidé le 26 juillet 1853, et jugé le même jour, à la police correctionnelle de Paris, a trahi cet anonyme. Deux libraires se disputaient la propriété de ce livret. En 1846, M. Raban, ayant envoyé une copie manuscrite de cette brochure à M. Ruel, en le priant toutefois de ne pas mettre son nom sur la couverture, celui-ci crut que nul autre que lui n'avait droit de l'éditer. Apprenant donc que madame Bréau, libraire, vendait aussi une édition de ce catéchisme, M. Ruel en fit saisir 3500 exemplaires, et assigna madame Bréau pour délit de contrefaçon. Mais bientôt il se désista de sa plainte. On lui avait dit que le livre dont il se croyait le seul éditeur, était tombé dans le domaine public depuis 1715, et que depuis 1718, les colpor-

c'est le cas de rappeler aux correcteurs ce mot excellent : *Non tanti erat esse disertus*. Ainsi, dans les passages qui suivent, M. Raban me paraît avoir un peu abusé du droit de correction.

D. Comment doit-elle entrer dans la chambre nuptiale?

R. La rougeur sur le front, mais avec résignation au sacrifice; elle se déshabillera sans être aperçue de son mari, et gardera avec lui toute la décence que comporte l'accomplissement de son premier devoir.

D. Comment recevra-t-elle la rôtie au sucre ou le bouillon du lendemain?

R. Avec une satisfaction pudibonde qui montre que cette cérémonie lui est, sous quelques rapports, importante.

Tout cela est plus effronté qu'il n'en a l'air. Mais quelle rare audace de prescrire à une jeune fille l'espèce de satisfaction qu'elle devra témoigner, dans une circonstance où la pudeur lui commande précisément de n'en témoigner aucune, sous peine de paraître en savoir sur le mariage plus long qu'on ne lui en a montré dans le reste du livre, et qu'il ne conviendrait à un mari !

L'ouvrage, dans toutes les éditions, se termine par des litanies et une oraison qui n'en sont pas les pièces les moins curieuses et les moins singulières : voici celles de l'édition de Limoges :

### INVOCATION QUE LES FILLES POURRONT FAIRE SI ELLES VEULENT SE MARIER.

Kyrie, je voudrais,
Christe, être mariée.
Kyrie, je prie tous les saints,

teurs le débitaient. Madame Bréau assigna reconventionnellement M. Ruel, et demanda 5000 fr. de dommages-intérêts pour le préjudice que lui avait causé la saisie des 5500 exemplaires d'un livre qui se vend *deux sous!* Le tribunal lui alloua 100 francs.

Christe, que ce soit dès demain.
Sainte Marie, tout le monde se marie.
Saint Joseph, que vous ai-je fait?
Saint Nicolas, ne m'oubliez pas.
Saint Médéric, que j'aie un bon mari.
Saint Matthieu, qu'il craigne Dieu.
Saint Jean, qu'il m'aime tendrement.
Saint Thibaud, qu'il soit joli et beau.
Saint François, qu'il me soit courtois.
Saint Michel, qu'il me soit fidèle.
Saint André, qu'il soit à mon gré.
Saint Léger, qu'il n'aime pas à jouer.
Saint Séverin, qu'il n'aime pas le vin.
Saint Clément, qu'il soit diligent.
Saint Sauveur, qu'il ait bon cœur.
Saint Nicaise, que je sois à mon aise.
Saint Josse, qu'il me donne un carrosse.
Saint Boniface, que mon mariage se fasse,
Saint Augustin, dès demain matin.

### ORAISON.

Seigneur, qui avez formé Adam de la terre, et qui lui avez donné Ève pour compagne, envoyez-moi, s'il vous plaît, un bon mari pour compagnon, non pour la volupté, mais pour vous honorer, et avoir des enfants qui vous bénissent. Amen.

#### LITANIES POUR LES GARÇONS QUI DÉSIRENT SE MARIER.

Sainte Marie, tout le monde se marie.
Saint Joseph, que mon mariage soit fait,
Saint Rieul, si c'est la volonté de Dieu.
Sainte Jeanne, que j'aie une bonne femme.
Sainte Christine, qu'elle ne soit point mutine.
Sainte Magdeleine, qu'elle m'aime.
Saint Hilaire, qu'elle ne se mette en colère :
Saint Matthieu, le tout pour la gloire de Dieu.

Il y a quelques variantes dans le nom des saints dans l'édition Raban, et voici l'oraison qu'on y a substituée :

## CHAPITRE V.

### ORAISON A CUPIDON.

Les filles qui la diront se marieront dans la saison.

Cupidon, grand roi, que j'aie un homme tout pour moi ; je vous prie instamment de l'avoir au jour de l'an, afin qu'au Carnaval nous fassions de bons repas ; de Pâque à l'Ascension, nous profiterons de la bonne saison ; à la Saint-Jean des Moissons, ceux qui ont semé recueilleront ; à la Saint-Michel, nous irons vendanger pour remplir nos paniers ; à la Saint-Martin, nous ferons de grands festins ; à la Saint-André, que nous soyons mariés.

Ainsi soit-il.

Je ne parlerai que pour mémoire du *Conseiller conjugal, nouveau Catéchisme des deux sexes à l'usage des garçons qui souhaitent se marier, et des filles qui veulent qu'on les épouse*, in-18, 52 pag., Paris, chez les marchands de nouveautés, 1851. C'est un livret tout moderne auquel les précédents sur le même sujet ont servi de modèles, qui est écrit avec plus de soin, pensé avec plus de prétention, et où l'auteur entre dans certains détails sur la constitution des personnes qui se recherchent en mariage, plus propres à être débités dans une chaire de l'École de Médecine que dans un traité de morale.

Parmi tous ces cathéchismes à l'usage des gens à marier, j'ai été surpris de n'en pas trouver un seul à l'usage des gens mariés ; un surtout qui, par les détails obscènes qu'il mêle à des préceptes moraux et religieux, devait faire présumer aux colporteurs que la vente n'en serait point interdite, ce qu'il y a de mauvais devant passer à la faveur de ce qu'il y a de bon : c'est le *Catéchisme des gens mariés*, sans lieu ni date (1745), in-12 de 55 pages, par le Père Féline. Cet ouvrage, imprimé à Caen, chez Leroy, fut justement censuré par l'autorité ecclésiastique, et les exemplaires, autant que possible, en furent supprimés. Ceux qui restent sont aussi rares que le corbeau blanc : *corvo quoque rarior albo* ; et je connais des bibliophiles qui mettraient leur âme en gage pour en acheter un.

Le prototype de tous ces livrets est le *Doctrinal des filles à marier*, petite pièce de poésie en quatrains de huit syllabes, qui a eu quantité d'éditions, mais dont la première est de la fin du seizième siècle.

Un esprit bien différent a présidé à la composition du *Catéchisme des Normands, par un docteur de Paris*, in-18, 10 pages, Mirecourt, Humbert, 1837; Tours, Ch. Placé, in-18, 10 pages, 1837. C'est une satire sanglante contre les *inclinations naturelles de la nation normanique*, pour parler comme l'auteur, mais une satire où l'infamie du but qu'on s'y propose et la violence outrée des expressions n'ont pas permis qu'il se glissât un seul trait salé et non pas même un peu spirituel. L'auteur, qu'on dit être un Breton (et les Bretons sont ennemis aussi intimes des Normands qu'ils en sont voisins), paraît avoir écrit sous l'impression de quelque vieille rancune pour un procès qu'il aura eu avec un Normand et qu'il aura perdu. C'est la seule justification possible de son libelle. Il serait encore plus coupable s'il l'avait fait de sang-froid et seulement pour payer tribut au préjugé qui s'attache à l'esprit processif des Normands; car alors il serait démontré, non-seulement qu'il n'a pas voulu être spirituel, mais encore qu'il ne l'a pas su. Il est toujours plus facile, en effet, à un auteur, de déployer les qualités agréables de son esprit, quand il n'écrit que pour le plaisir d'écrire, que lorsqu'il cède aux mouvements irréfléchis de ses passions personnelles et de son ressentiment.

Le livret dont il est question est divisé en sept chapitres. Le premier n'a pas de titre; chacun des autres a le sien, et ces titres sont : du signe du Normand ; de la fin du Normand ; des moyens de parvenir à cette fin ; de l'espérance du Normand ; des bonnes œuvres du Normand ; des œuvres de miséricorde du Normand.

Citons deux ou trois chapitres :

## CHAPITRE V.

### DU SIGNE DU NORMAND.

*D.* Quel est le signe du Normand?

*R.* C'est d'être toujours prêt à faire de faux serments en faveur de celui qui lui donne le plus d'argent.

*D.* Comment fait-il le signe?

*R.* En tenant ses mains dessus la tête, pour affirmer plus hardiment le faux serment qu'il fait pour vil prix, et les rabaissant lorsqu'on lui fait offre de plus d'argent qu'il n'en a reçu pour les lever, afin d'affirmer effrontément le contraire de son premier serment.

*D.* Pourquoi fait-il le signe de la sorte?

*R.* Pour tromper et décevoir ceux qui ont confiance en ce signe, auquel il prend plaisir.

*D.* Quand le Normand fait-il le signe?

*R.* Depuis son berceau jusqu'au dernier soupir de sa vie.

### DE L'ESPÉRANCE DU NORMAND.

*D.* Quelle est l'espérance du Normand?

*R.* C'est de s'élever au-dessus des autres.

*D.* Comment?

*R.* En paraissant au dehors homme de bien, dévot, sincère, obligeant, doux comme un agneau, quoiqu'il soit au dedans un loup ravissant, ingrat, fourbe, indévot, méchant, en un mot, un très-grand hypocrite et un sépulcre blanchi.

*D.* Comment?

*R.* C'est en imposant de faux services à ceux qui occupent les charges, étant amis, auxquelles ils aspirent, faisant de fausses attestations, certificats et autres pièces d'écritures qu'ils font figurer par de faux témoins, pour faire entendre que ce qu'ils disent est véritable.

*D.* Comment connaissez-vous cela?

*R.* Je le connais en ce qu'il a beaucoup d'amour pour sa personne et à ses propres intérêts, et point du tout pour son prochain.

### DES BONNES ŒUVRES DU NORMAND.

*D.* Si le Normand n'a pas de charité pour son prochain, il ne fait aucune bonne œuvre à l'égard de son prochain?

*R.* Aucune, à la vérité; mais toutes méchantes, conformément aux dix commandements qu'il a appris de ses ancêtres.

*D.* Quels sont ces dix commandements?

*R.* Les voici :

Tes intérêts tu garderas et attireras parfaitement.
Dieu en vain tu jureras pour affirmer un faux serment.
L'argent d'autrui tu n'épargneras, ni son honneur pareillement.
Le bien d'autrui tu ne rendras et garderas à son escient.
Faux témoignage tu diras, et mentiras adroitement.
L'œuvre des mains tu n'oublieras, pour dérober finement.
Les biens d'autrui tu convoiteras, pour les avoir injustement.
L'œuvre de chair tu désireras, et accompliras avec le temps.

LES ŒUVRES DE MISÉRICORDE DU NORMAND.

*D.* Combien le Normand a-t-il d'œuvres de miséricorde?

*R.* Sept; savoir : trahison, flatterie, gourmandise, larcin, mensonge, envie et imposture.

*D.* Si le Normand n'observe ces dix commandements, et ne fait ces œuvres de miséricorde, qu'en sera-t-il?

*R.* Il contreviendra aux maximes et aux inclinations de la nation normanique, et aux habitudes naturelles de ses ancêtres, et mérite d'être estimé honnête homme.

*D.* Si tout ce que nous venons de dire est vrai, on ne peut avoir de confiance au Normand?

*R.* Nullement du monde; car enfin, confiez-vous en lui, il vous trahit; louez-le, il vous méprise, il vous abhorre; et après tout, c'est un lion à ceux qui le craignent et une poule aux généreux.

Je prie Dieu qu'il inspire aux lecteurs des sentiments contraires aux pensées de ce catéchisme.

J'aime à croire, pour l'honneur de la Normandie, qu'on y voit de fort mauvais œil colporter dans ses villes et dans ses campagnes de semblables personnalités. Mais n'est-ce pas une honte de les réimprimer encore?

L'invention des cabriolets en France est contemporaine de Mandrin! Voilà une coïncidence qu'assurément les chronologistes n'ont point relevée et que m'apprend un livre qui a pour titre : *Dialogue entre Cartouche et Mandrin, où l'on voit Pro-*

*serpine se promener en cabriolet dans les enfers*, in-18, 11 p., sans lieu ni date; et Épinal, Pellerin. L'édition originale est de 1755, in-12 de 15 pages, *à la Barre, chez La Roue*. Le titre est le même que dans la réimpression.

Mandrin arrive aux enfers et y est reçu par Cartouche. La connaissance faite, la conversation s'établit entre eux sur leurs exploits réciproques. Il va sans dire que c'est à qui des deux rabaissera l'autre, en se rehaussant soi-même. Ils allaient en venir aux coups lorsque arrive Pluton qui les chasse de sa présence et les envoie, non sans les avoir menacés de sa vengeance, s'ils n'obéissent, prendre place, Cartouche, à la tête des filous du sombre empire, Mandrin, à la tête des brigands.

Le sujet de cet opuscule indique la date de sa composition. Il n'est pas dépourvu d'esprit et a même quelque style. Il n'est pas non plus d'une lecture dangereuse. Si Cartouche et Mandrin s'y posent en héros qui ne valurent pas pis qu'Alexandre, Pluton leur débite une espèce de sermon dont la morale a lieu d'être satisfaite.

CARTOUCHE. — Hé! bonjour, monsieur Mandrin: il y a deux ans entiers que je vous attends sur ces bords; mais quoi! vous me paraissez avoir quelques projets?

MANDRIN. — Des gens malavisés par là-haut m'ont mis les bras et les jambes tout en sang; je crois même qu'ils m'ont brisé les cuisses, tant je suis las.

CARTOUCHE. — N'avez-vous pas un peu mal aux reins? Il me semble y apercevoir quelques légères meurtrissures.

MANDRIN. — Cela peut provenir de l'agitation des voitures; j'ai voyagé sur une roue dont le moyeu m'a froissé tout le dos.

CARTOUCHE. — Oh! je vous entends. Ils vous ont couché comme moi sur une roue de fortune. Asseyez-vous là et soyons amis.

MANDRIN. — Amis... A quel titre?

CARTOUCHE. — A titre de coquins.

MANDRIN. — Fuis mes regards, ombre audacieuse, et crains mon courroux!

CARTOUCHE. — Tout beau! monsieur Mandrin, tout beau! Nous ne sommes pas ici à Beaune ou à Grenoble[1]. Sans doute que vous me prenez pour un employé de la ferme[2]. Sachez que j'ai eu une roue aussi belle que la vôtre, et que c'est le grand Cartouche qui vous parle.

MANDRIN. — Ah ! misérable filou, tu n'as à m'opposer que des vols et des meurtres, et tu oses trouver un degré de comparaison entre toi et moi ?

CARTOUCHE. — L'illustre Mandrin dédaigne la comparaison de Cartouche : d'où vient cet orgueil dans ce noble brigand ?

MANDRIN. — Vaut mieux être brigand que filou.

CARTOUCHE. — Erreur, monsieur Mandrin, erreur : une ingénuité subtile l'emportera toujours, au jugement des gens de goût, sur une violence effrénée ; l'une brille par les feux de l'esprit qui nous distingue des sots ; l'autre ne vient que de la force du bras qui vous confond avec l'athlète et le manœuvre.

Cartouche, qui sent qu'il n'est au prix de Mandrin qu'un scélérat subalterne, fait le plaisant, le railleur et même un peu le philosophe. Mandrin s'efforce d'être à l'unisson ; à la fin la patience lui échappe.

MANDRIN. — Tant que le règne des pipes durera, tant que les nez se repaîtront de tabac, j'aurai des historiens dans les commis de la ferme.

CARTOUCHE. — Tant que le Pont-Neuf verra couler les eaux de la Seine, tant que l'on aura quelque envie de conserver sa bourse, le nom de Cartouche sera connu dans la capitale et dans les provinces.

MANDRIN. — Mon nom est écrit en caractères de sang dans la mémoire des commis.

CARTOUCHE. — La souplesse et la dextérité ont gravé le mien dans le souvenir des hommes.

MANDRIN. — Six provinces entières retentissent encore du bruit de mes exploits.

CARTOUCHE. — D'une frontière à l'autre, la France est témoin de mes prouesses.

---

[1] Villes que Mandrin et sa troupe osèrent attaquer.

[2] C'est, en effet, aux caisses des fermiers qu'il en voulait le plus, et à leurs employés.

MANDRIN. — J'ai massacré plus de quarante commis.

CARTOUCHE. — J'ai coupé plus de quarante mille bourses.

MANDRIN. — J'ai commandé à plus de trois cents gens armés.

CARTOUCHE. — J'ai eu sous mes lois plus de dix mille hommes, dont les mains agissaient par mes ordres.

MANDRIN. — Je n'avais sous mes étendards que des hommes éprouvés pour les combats.

CARTOUCHE. — Je commandais à des hommes adroits à la ville, à la campagne, dans les bureaux, auprès des grands même... Qu'on écarte ce fanfaron, et qu'on le place bien au-dessous de moi!

MANDRIN. — Au-dessous de toi!... Je prétends être ici le premier, et je ne vois point de plus illustre roué sur ces bords.

CARTOUCHE. — Je tiens la première place depuis longtemps, et je ne la cède pas.

MANDRIN. — J'aurai le pas sur toi et sur ta bande; je vais traiter le filou comme j'ai traité là-haut les commis.

La dispute s'échauffait, lorsque Pluton, instruit du démêlé, cita devant son tribunal le coupeur de bourses et le preneur de villes.

On a vu la décision que le dieu prit à leur égard. Comme ils allaient occuper le poste qui leur était assigné, Proserpine s'approcha de Mandrin et lui demanda des nouvelles de ce qui se passait sur la terre. A cette question, Mandrin, fier d'être pris pour un nouvelliste et peut-être pour un homme à la mode, répond en ces termes :

— Il n'y a rien de nouveau, dit Mandrin, que des cabriolets; c'est le goût à la mode, c'est la fureur de tout Paris. — Hé! reprit Proserpine, comment sont faits ces cabriolets?—Madame, continua Mandrin, c'est une voiture légère qui n'a que deux roues et un cheval. On y est à découvert; le maître fait les fonctions de cocher; mais il faut qu'il ait le chapeau à l'écuyère, c'est-à-dire une large corne par devant, et le bouton par derrière, des gants gris, la manche de l'habit en botte étroite, et le fouet à la main. Ce n'est qu'après des changements infinis, que les sages du boulevard sont parvenus à donner au goût ce point de perfection. Depuis ce temps, tout est cabriolet. Frisures, coiffures, ajustements, perruques, tout prend le goût du cabriolet. Les jeunes petits-maîtres courent nuit et jour en cabriolet, les fils de marchands même veulent un cabriolet. Bientôt toute la ville aura des cabriolets. Voilà, madame, les sérieuses occupations des sublimes génies de Paris.

— Je veux un cabriolet, dit Proserpine; on ne peut trop imiter les Français; ils ont autant de sagesse que de goût. Vite un cabriolet! Que j'aurai de plaisir à me promener en cabriolet! On fit venir promptement un ouvrier en cabriolet : le brancard fut construit le jour même. Cartouche offrit sa roue, Mandrin donna la sienne. Telle est l'origine du cabriolet dans les enfers. Depuis ce temps, Proserpine fait la folle en cabriolet dans les Champs-Élysées, comme nos Français sur le boulevard.

Il n'y a pas grand'chose à dire des *Entretiens facétieux du sieur baron de Grattelard, disciple de Verboquet, propres à chasser la mélancolie et à se désopiler la rate*, in-18, 12 pages, Montbéliard, Henri Deckherr, S. D. Ce sont des espèces de rébus par demandes et par réponses, qui ont peu de piquant, et qui, lorsqu'ils en ont, le tirent du double sens particulier à certaines questions où le sens libertin est celui qu'on saisit le premier. Ce Grattelard était le valet ou le *pître* d'un certain Désiderio Descombes. On fit un recueil de leurs dialogues ou parades, qu'on publia vers 1623, sous le titre de *les Rencontres, Fantaisies et Coq à l'asne facécieux du baron de Grattelard, tenant sa classe ordinaire au bout du Pont-Neuf; ses gaillardises admirables, ses conceptions inouïes et ses farces joviales.* A Paris, Julien Trostolle, etc., petit in-12. On ne sait d'où vient ni à qui appartenait ce nom de *Verboquet*. Peut-être était-ce à Descombes lui-même. Ces sottises ont été souvent réimprimées de son temps, et depuis, chez la veuve Oudot, de Troyes, avec le titre de : *Extrait des rencontres, fantaisies et coq à l'asne facétieux du baron de Grattelard tenant sa classe ordinaire au bas du Pont-Neuf.*

Voici un spécimen de ce qu'il y a de plus honnête :

D. Quels sont les gens qui ne vont jamais à la procession?
R. Ce sont ceux qui sonnent les cloches.

## CHAPITRE V.

*D.* Qui sont ceux qui gagnent leur vie à reculons?

*R.* Ce sont les cordiers.

*D.* Qu'est-ce que Dieu ne voit jamais, le roi rarement et le paysan souvent?

*R.* Son semblable.

*D.* Pourquoi est-ce qu'un petit homme est plus colère qu'un grand?

*R.* C'est qu'il a le cœur plus près de la fiente.

*D.* Par où entre un boiteux à l'église?

*R.* Il entre par le clocher.

*D.* Pourquoi met-on plutôt un coq sur un clocher qu'une poule?

*R.* Parce que si la poule pondait, les œufs se casseraient.

*D.* Pourquoi est-ce que les ânes ont de si grandes oreilles?

*R.* Parce que leurs mères ne leur mettent point de béguins dans leur jeunesse.

*D.* Pourquoi les chèvres vont-elles aux champs devant les moutons?

*R.* Parce qu'elles ont de la barbe au menton.

Et ainsi de suite, douze pages durant. Sur une vingtaine de ces coq-à-l'âne, il peut se faire qu'il y en ait un ou deux dont on ne puisse s'empêcher de rire; mais comme il faut traverser le tout pour les rencontrer, c'est le cas de dire avec le philosophe : Je n'achète pas si cher un plaisir.

Le dialogue intitulé *le Mari mécontent de sa femme*, in-18, 58 pages, Troyes, Garnier, avec *approbation* en date du 6 novembre, 1755, ne porte non plus que tous ces petits livrets, de nom d'auteur; néanmoins je suis tenté de l'attribuer à l'abbé Bordelon. Il a le cachet du style et de l'ennui qui caractérisent les livres de morale de cet écrivain. L'abbé Bordelon était né à Bourges en 1655, et mourut à Paris en 1730, chez le président de Lubert, dont il avait été le précepteur. Quoique docteur en théologie à Bourges, il ne laissa pas de travailler pour le théâtre à Paris. On a de lui plusieurs pièces entièrement oubliées : *Mysogyne ou la Comédie sans femme*, scènes du *clam* et du *coram*; *M. de Mort-en-Trousse*, etc., etc. Le théâtre étant peu compatible avec sa profession, il se jeta dans la morale et la traita comme il avait fait la comédie, écrivant d'un style plat des choses triviales ou extraordinaires. Il disait qu'il travaillait pour son plaisir, mais il ne travaillait pas pour celui des lecteurs. Il disait encore que ses ouvrages étaient ses péchés mortels ; mais c'était le public qui en faisait pénitence. Ses *Dialogues des Vivants*, qui appartiennent au genre ennuyeux, sont toujours recherchés des bibliomanes, parce qu'ils furent supprimés dans le temps, sur les plaintes de quelques personnes qu'on y faisait parler. Cet honneur de la suppression par voie de police n'échut pas vraisemblablement au dialogue dont il est ici parlé, car les personnages y ont des noms de fantaisie. Mais plus d'un eût pu s'y reconnaître, comme plus d'un s'y reconnaîtrait encore aujourd'hui.

Il a lieu entre Philante et Craton, deux maris dont le premier a failli (du moins il le croit) être trompé et est philosophe, et le second a été trompé tout à fait et s'en préoccupe misérablement. Ce dernier conte ses griefs à Philante, en débitant force lieux communs contre les femmes ; Philante le console par d'autres lieux communs sur les visions des maris. Craton, naturellement, n'est ni consolé ni convaincu, et, en vérité, son opiniâtreté n'est pas sans motifs. Philante, à bout d'arguments, finit par s'offrir en preuve de la possibilité de ramener une femme à ses devoirs ; ce à quoi il est parvenu, dit-il, en rendant la sienne jalouse. Que Craton essaye de ce moyen. Mais la femme de Philante n'avait pas encore rompu avec ses devoirs, et si je comprends bien notre homme, elle n'en était qu'au commencement d'une intrigue, lorsqu'il s'avisa de faire son expérience. Or, il y avait longtemps déjà que celle de Craton n'en était plus à son coup d'essai. L'infortuné l'affirme du moins. Aussi le dialogue reste-t-il suspendu après l'impertinent conseil de Philante, Craton ne pouvant en profiter qu'en passant l'éponge sur les sottises de sa femme. Il n'est pas d'humeur si complaisante. Loin de là, il prend plaisir à troubler son ami dans l'orgueilleuse confiance que lui inspire le succès de ses manœuvres et il ajoute :

Il y a bien de la différence de votre femme à la mienne; ce qui a réussi à l'égard de l'une échouerait à l'égard de l'autre. Croyez-vous de bonne foi que les femmes aiment leurs galants par rapport à eux? Non, Philante, on se trompe si on en a cette idée; l'expérience que j'en ai, et la longue habitude que j'ai contractée avec elles, m'ont convaincu qu'elles n'aiment qu'elles seules, ou, si vous le voulez, qu'elles n'aiment leurs amants que par rapport aux plaisirs qu'elles en reçoivent. Si cela était, croyez-moi, la vôtre ne se serait pas détachée si facilement; elle n'est revenue à vous que par politique, et, parce qu'elle ne trouvait apparemment pas dans l'objet de son amour les ressources qu'elle trouve en vous pour fournir à son luxe et à sa vanité. Retenez bien ceci, mon cher Philante, l'inégalité est le partage des femmes; l'amour d'elles-mêmes, leur passion; la beauté, leur amusement; la galanterie, leur étude; elles mettent tous leurs soins et toute leur application à chercher à plaire, et à trouver gens qui leur plaisent.

Voilà un pessimisme bien obstiné !

Le plan de ce livret, les idées, la philosophie tolérante et gaillarde que Philante y prêche d'un bout à l'autre, le style enfin, tout indique qu'il vient de la même main que cet autre : *Les Priviléges du cocuage, dialogue ; ouvrage utile et nécessaire tant aux cornards actuels qu'aux cocus en herbe*, Cologne, 1698, in-12. Tous deux raisonnent à peu près de même et aboutissent souvent aux mêmes conclusions, sauf la dernière, pourtant, car dans ce dernier livret, dialogue entre un jaloux et un mari à qui il serait inutile de l'être, le mari, par son exemple et par celui de beaucoup d'autres qu'il cite et qu'il nomme, a le pouvoir de convaincre le jaloux et de le guérir de sa jalousie. L'auteur, donc, je l'affirmerais presque, en est aussi Bordelon. Mais ce qu'il y a de plus plaisant dans ce livret, c'est la préface. L'auteur y parle de sa connaissance des femmes avec une incroyable fatuité; le philosophe s'y recommande de l'homme à bonnes fortunes et s'humilie presque devant lui. Voilà ses lettres de créance.

# CHAPITRE VI

## DISCOURS, ÉLOGES FUNÈBRES, CONTRATS DE MARIAGE, BREVETS ET SERMONS BURLESQUES

C'est une manie propre à tous les hommes de trouver des occasions de rire et de faire rire dans les sujets qui le comportent le moins ; c'en est une surtout propre au caractère français. La parodie est d'origine française. Elle n'a eu garde de ne pas s'attaquer aux sermons. Au seizième siècle, la balle du bisouart renfermait une grande quantité de *Sermons joyeux* qui avaient pour auteurs des écrivains catholiques, et que je suppose avoir été composés en vue de jeter du ridicule sur les austères prédications des ministres calvinistes. Mais les prédicateurs catholiques n'y étaient pas non plus épargnés.

Le *Sermon gai et amusant,* in-18, 11 pages, Épinal, Pellerin, S. D., appartient au dix-huitième siècle, et est un échantillon fort curieux de ce genre de parodie. Il a le ton railleur et sceptique, qui est le ton particulier de ce siècle fameux, et qui était une conséquence de l'abus des controverses. Les expressions qui y blessent la décence y consistent surtout en équivoques, marques d'une civilisation également corrompue, mais plus raffinée, et précaution inconnue des prédicateurs du seizième siècle, lesquels estimaient que la vérité a d'autant plus de force qu'elle est exprimée plus crûment. Au reste, cela ne s'analyse guère, et je suis dans l'obligation de soumettre le texte même au jugement du lecteur, sauf à l'abréger, par prudence, en certains endroits.

Ce sermon est suivi d'un *contrat de mariage entre Jean Couché-Debout, rempailleur de marmites, avec Jacqueline Doucette, cette grande sèche qui vend du pain d'épices tous les dimanches à la porte de l'église de la généralité de l'esclavage, etc., etc.* C'est une moquerie assez drôle de l'éloquence que les notaires déploient dans la rédaction des contrats, en énumérant avec une solennité qui semble ajouter à leur valeur ces bagatelles dont chacun des conjoints pense grossir son apport. Voici ces deux pièces :

### SERMON GAI ET AMUSANT

*Deus dixit Petro: Ubi sunt oves meæ? Nescio, respondit autem Petrus.*

*Dieu dit à Pierre : Où sont mes brebis? Mais Pierre lui répondit : Je n'en sais rien, Seigneur.*

Quelle bonté, quelle prudence, mes chers frères, ne devons-nous pas admirer en Pierre qui, au moment même que son maître lui demande où sont ses brebis, répond tout simplement qu'il n'en sait rien, parce que ces mêmes brebis n'étaient point en état de paraître devant leur maître. Ne vous y fiez pas, mes chers frères : je ne suis ni flatteur, ni rapporteur ; mais si ce maître me demandait, comme à Pierre, où sont mes brebis? je lui dirais tout de go : Elles sont allées paître au diable, Seigneur. Et, en effet, s'il fût venu hier au soir me demander où étaient mes brebis, qu'aurais-je pu lui répondre? Lui qui a tant à cœur dans son saint Évangile qu'on sépare les boucs d'avec les brebis, qu'eût-il dit s'il eût vu ces mêmes brebis mêlées avec les boucs, bondissant les unes sur les autres, se moquant de leur pasteur? Oui, à l'aspect de ce désordre affreux, l'amour de mon troupeau m'anima d'un saint zèle. Je courus, la houlette en main, pour arracher mes brebis de la gueule des loups ravissants. Mais, ô douleur! ô malheur! mes brebis étaient déjà sourdes à ma voix, déjà percées des flèches de ces démons, et remplies de leurs attraits séduisants; elles étaient indociles. Ma houlette, autrefois si puissante, n'en put rassembler qu'un petit nombre que je ramenai dans mon bercail, où je les tiendrai renfermées jusqu'à ce qu'elles aient produit des fruits de repentance. Mais vous, mes chers frères, vous qui m'êtes demeurés si fidèles, plaignez le malheur de vos frères égarés; comportez-vous toujours bien, et prenez pour exemple ces grands saints de l'antiquité, non pas ce grand saint Augustin, qui fit tant de fredaines dans sa jeunesse; c'est pour cela que je ne vous en parle jamais. Parlons plutôt de ce grand saint Christophe, qui dit qu'un curé est un soleil et les paroissiens des atomes. Mais je ne sais quels diables d'atomes vous êtes; vous ne me payez point la dîme; vous dites: Nous nous moquons bien de M. le curé, il n'a point d'enfants à nourrir. Eh! qu'en savez-vous? Apprenez que nous avons plus de peine à les cacher que vous n'en avez à les faire. Mais revenons à nos moutons, et tâchons de vous convertir, s'il est possible. Je ne crois pouvoir mieux y parvenir qu'en vous représentant les fredaines qui se commettent dans cette paroisse. Par exemple, Jean Grimard, premier magister de ce village, qui est vis-à-vis de moi et vis-à-vis la chaire, sort lorsque je fais le prône, s'en va chez la grosse Margot manger des œufs frais, et zest s'en vient au Dieu-levé; c'est pour cela que je ferme les portes de l'église; et, tandis que j'en ai les clefs dans ma poche, je vais vous sermonner tout mon diable de soûl.

Rien que désordre dans cette paroisse.

Désordre chez les vieux, désordre chez les jeunes, désordre chez les grands, désordre chez les petits: je reprends et je dis: désordre chez les vieux; ces vieillards, race de Caïn, qui ont passé leur vie dans le contentement et les débauches, s'en vont encore le corps courbé et la tête branlante dans des lieux suspects. Infâmes vieillards de Suzanne! jusqu'à quand brûlerez-vous du culbutant feu de l'impureté? Désordre chez les jeunes! Ces petits garçons, ces petites filles qui s'en vont dans les rues, se tenant par les mains, dansant et chantant des chansons déshonnêtes; entre autres, le fils de Thomas l'Enflé et la fille de la grande Jacqueline, qui chantaient ces jours derniers: *la Jambe à Pierrot brandille*. N'est-il pas bien honteux, mes chers frères, que des petits enfants qui ne savent pas leur *Confiteor*, sachent déjà ce que cela veut dire? Désordre chez les grands! Ces grands garçons, ces grandes filles, qui sont tous les jours dans les bois, sous prétexte de s'y promener et d'y prendre le frais, et qui y commettent le scandale le plus affreux! Qu'arrive-t-il? les filles montent sur les arbres, les garçons restent en bas, et regardant en haut, ils disent : Margot, je te vois les talons, je te vois les jambes, je... Qu'on empêche tout cela, mes chers frères; et vous, filles et garçons, je ne prétends pas vous empêcher d'aller dans les bois, ni de grimper sur les arbres; mais qu'à l'avenir les filles restent en bas et que les garçons montent dessus. Désordre chez les petits! Ces petits garçons qui sont tous les jours dans le cimetière à courir les uns après les autres! et quand ils ont bien couru, ils y font leurs ordures; magistrats, c'est à vous d'y mettre la main...

Dimanche prochain, je parlerai des hommes, je toucherai des femmes, et je m'étendrai sur les filles. Mais, comme c'est aujourd'hui un jour de procession et qu'il fait mauvais temps, nous la ferons seulement par-dessus l'église. Il n'est pas nécessaire que tout le monde y soit, pourvu que de chaque famille il y vienne une maison. Ceci s'observera à l'avenir, pour obvier au désordre que commettent messieurs les bedeaux. Que font ces messieurs-là, tandis que l'on fait la procession? Ils vous flanquent la croix et la bannière dans une charrette, et zest! en s'enfuyant ils vous enfilent le chemin de leur demeure. Messieurs les bedeaux, si cela vous arrive encore, je vous ôterai la verge.

Il me reste à vous dire, mes chers frères, que parmi les saints de cette paroisse, il n'y en a pas un qui vaille un sou. Saint Michel est cependant bon; mais le diable qui est dessous n'a pas de cornes. Il y en aurait pourtant bien parmi vous qui seraient dans le cas d'en fournir. Il en est de même du Calvaire; tous les instruments de la Passion y sont bien; mais il y manque un coq, sur quoi je ne dis pas grand'chose, parce que chaque poule a besoin du sien; mais au moins celle qui en a deux pourrait en fournir un. Vous n'avez point de jeûne cette semaine qui vous empêche de manger tout votre diable de soûl, si ce n'est la bienheureuse sainte Reine, qui guérit de la teigne; vous l'aurez jeudi; vendredi, la foire, et dimanche est la fête de Simon et Judas. Mais je ne sais quel diable d'animal s'est avisé de mettre ce dernier dans mon calendrier. Je vous jure, mes chers frères, si ce n'était un dimanche, je ne fêterais que jusqu'à midi, pour apprendre à M. Simon à se mettre dans la compagnie d'un fripon. Mais finissons, marguilliers, qu'on allume les cloches, sonnez les cierges, mettez le feu dans le bénitier et de l'eau bénite dans l'encensoir. Durant ce temps, nous ferons les prières ordinaires et accoutumées; nous prierons pour la conservation de notre bienheureuse mère catholique, apostolique et non romaine; nous prierons pour les pauvres gentilshommes de cette paroisse, afin que Dieu les maintienne dans leur pauvreté; car, s'ils étaient plus riches, ils nous feraient tous enrager. Nous prierons pour les absents et pour les voyageurs, afin que, s'ils sont bien où ils sont, ils y restent; nous prierons pour l'heureuse délivrance des femmes enceintes, afin que Dieu leur fasse la grâce de rendre leur fruit aussi doucement qu'elles l'ont pris. Nous prierons, en un mot, pour la conservation des biens de la terre, comme pois, fèves, lentilles, concombres et gratte-culs, que je vous souhaite, etc., etc.

---

## CONTRAT DE MARIAGE

Entre Jean Couché-Debout, rempailleur de marmites, avec Jacqueline Doucette, cette grande sèche qui vend du pain d'épice tous les dimanches à la porte de l'église de la généralité de l'esclavage, élection de la tromperie, paroisse de l'embarras, qui est une paroisse bien grande. Il y en a bien qui sont logés à la même auberge, chez la veuve Jeanneton, entre midi et la croix verte, au faubourg de la Pentecôte.

Je soussigné, déclare que, pour satisfaire à la déclaration du premier janvier, et de l'ordonnance de M. l'Intendant de la généralité de l'esclavage, élection de la tromperie, paroisse de l'embarras, pour la présente année mil sept cent trop tôt, publiées et examinées plus tôt que je ne l'ai voulu, que je possède dans la paroisse de l'embarras, une très-mauvaise femme avec toutes ses appartenances, dépendances et mauvaises qualités, savoir : comme méchante, désobéissante, médisante, babillarde, entêtée, malicieuse, orgueilleuse, glorieuse, curieuse, paresseuse, hargneuse, boudeuse, menteuse, oisive, opiniâtre, fantasque, diablesse, effrontée, gourmande, friande, ivrognesse, coquette, jalouse et fidèle malgré elle; âgée d'environ dix-neuf ans, onze mois, cinquante jours, quarante minutes; de la taille de quatre pieds moins quatre pouces deux lignes; les deux oreilles à côté de la tête, comme un bourriquet. Le tout passé par-devant Pierre Scrupule et Jean Gripaut, notaires loyaux à Apres, les jour et an les plus malheureux de ma vie; j'affirme le tout sincère et véritable, aux peines portées par la déclaration.

Fait à contre-cœur, le 42 du mois qui vient.

*Signé* : Mal-Partagé.

Sachez que sur l'article du mariage proposé à faire, qui s'accomplira entre ledit Jean Couché-Debout et Jacqueline Doucette, Margot Crache-à-terre, Margot Lève-ta-queue, Jean Chiffon, Nicolas Venteux, Louis Tête-percée, Nicolas Tuyau, Pierre Francœur, Claude Pied-plat, Jeanne l'Éveillée, Perrine Dort-toujours, tous parents et amis, tant du côté droit que du côté gauche, n'importe; lesdites parties se voulant lier les mains et contracter mariage ensemble, sous le bon plaisir de leurs parents, la semaine qui est passée, l'année qui ne finira jamais, en présence de Philippe Perdu, Jacques l'Altéré, Jeanne Coupée, Guillaume Cornu, Martin Boudin, Pierre l'Épaule; lesquels demeurant dans la rue Barbouillée, à l'enseigne effacée, chez M. Malpropre, à côté de madame Mal-au-cœur, contre madame Salope, sale en haut, sale en bas, sale partout, savoir : aussi pour favoriser lesdits contractants, et principalement pour avoir gardé les cochons et les vaches ensemble, l'espace de dix ans ou environ, lesdits parents leur donnent chacun trois arpents de prés, tout frais tondus, fixés au lieu de la maison noire, d'un bout attenant à la vigne de Louis le bossu, au midi, et de l'autre, à celle de Baise-Cul, du côté du septentrion; on a donné, de plus, trois livres trente sols à la femme; le tout payable en beurre de Milan, avec une belle et bonne batterie de cuisine, savoir : six plats de futaine, six assiettes de treillis, une cuiller de bouracan, six belles fourchettes de bois, trois plats de cuir bouilli : le tout bon et loyal étain sonnant, comme de belles et bonnes étoupes, avec son trousseau, consistant en une belle robe de taffetas cramoisi de noir de fumée, un jupon jaune verdelet, un corset d'une belle toile d'araignée, une coiffure de belle serge d'Agen, une paire de bas de brin vert, et de beaux souliers de toile de Hollande, avec une paire de boucles de bois d'olivier à diamants noirs; on a donné de surplus un petit coffre fermant à dix-sept cents serrures et sans clef, garni de toutes sortes de nécessités, savoir : un petit et grand bois de lit d'amertume, garni d'un traversin de revèche, entouré d'un grand rideau de chagrin, une garniture d'inquiétude et une belle courte-pointe de mauvaise humeur; on y a ajouté trois livres de noir de sable d'Arménie, pris à Saint-Denis : le tout pour fournir leur vaisselle, et quatre livres de noir de fumée pour cirer leurs souliers ; et au cas que ladite future épouse vienne à mourir sans enfants, tous ces biens-là resteront au survivant, comme ils étaient auparavant ; et ceux qui auront tout mangé donneront le reste pour satisfaire à leurs funérailles et aux créanciers. Item : Les témoins se trouveront sur la grande route de Paris, savoir : quatre-vingts aveugles qui ont vu et lu toute l'affaire, et ont signé avec paraphe le susdit contrat de mariage, savoir :

Georges l'Enflé, Jean Crevé, Gilles Pansard, Don Quichotte, Sancho Pança, Pierre l'Étourdi, Nicolas Foiron, Marc Drault, Antoine Sans-Raison, Louis Sans-Souci, Jean l'Éveillé, Savin le Fou, Pierre Fesse-Cuite, Brûle-Moustaches, Christophe Nez-Crochu, qui bridait son âne par le c... de crainte de lui casser les dents ; il était sorcier, ou le diable l'emporte, car il avait le c... tout rond et il ch.... des crottes carrées.

*Le contrat de mariage, suivi d'une chanson et des lettres patentes de la cour de Moncrabeau, du brevet des Hâbleurs et des menteurs*, etc. Troyes, Baudot, S. D. environ 1800, est un acte absolument identique au précédent, sauf que quelques noms ont été intervertis ou changés, et quelques phrases également.

Le plus ancien livret que je trouve de ce genre, et qui sans doute a servi de modèle à ceux d'aujourd'hui, a pour titre : *Plaisant contrat de mariage passé nouvellement à Aubervilliers, entre Nicolas Grand-Jean et Guilleminette Ventrue*, etc., Paris, V° du Carroy, S. D. (vers 1600) petit in-8. C'est une édition originale.

Vingt-sept ans après cette dernière publication, parut sous le pseudonyme de Bredin-le-Cocu, un formulaire des actes de ce genre. C'était la théorie qui sanctionnait la pratique, au lieu que c'est la pratique qui sanctionne ordinairement la théorie. Ce formulaire a pour titre : *Formulaire fort récréatif de tous contrats, donations, testaments, codiciles, et autres actes qui sont faitz et passez par-devant notaires et témoins, fait par Bredin-le-Cocu, notaire rural, et contrerolleur des basses marches, au royaume d'Utopie ; par luy depuis n'aguerres reveu, et accompagné, pour l'édification de tous bons compa-*

*gnons, d'un dialogue par luy tiré des œuvres du philosophe et poëte grec Symonides, de l'origine et naturel fœmini generis (par Benoist du Troncy).* A Lyon, pour Fr. La Boutière, 1627, in-16. Un grave magistrat, un conseiller à la Cour royale de Lyon, aussi spirituel qu'érudit, M. Brighot du Lut, en a donné une nouvelle édition, en 1846, petit in-8.

Quoique la profession de menteur se passe fort bien de lettres patentes et de brevets, M. Baudot, dans son livret indiqué plus haut, nous en donne deux octroyés par le *roi de Moncrabeau*, et à l'usage des menteurs timorés qui ne seraient pas assez sûrs d'eux-mêmes, ou qui penseraient être en contravention s'ils n'étaient munis de ces pièces officielles. Moncrabeau est un village du département de Lot-et-Garonne, canton de Francescas. Il y a là une maison nommée *Hôtel de Cracovie;* c'est un café dont le maître délivre, au prix du papier, ces brevets grotesques, et les mauvais plaisants les envoient par la poste aux menteurs de leur connaissance.

## LETTRES-PATENTES DE LA COUR DE MONCRABEAU

### EN FORME DE PRIVILÉGE

Nous, Grand Archi-Chancelier de la Diète générale et du Conseil souverain de Moncrabeau, à tous ceux qui ces présentes lettres verront, salut. La Diète générale et Conseil souverain de Moncrabeau ayant jugé que rien n'est plus capable d'exciter une noble émulation dans les sujets d'un royaume que la récompense du mérite ; après avoir mûrement réfléchi sur cette importante idée, du consentement de Pierre Mensonger, cent millième du nom, notre auguste et gracieux monarque, avons choisi et choisissons notre amé et féal chevalier

grand vernisseur des faits, enjoliveur d'anecdotes, pour remplir la nouvelle charge d'archi-menteur dans les conversations et écritures; lui donnons, en cette qualité, plein pouvoir de nommer autant d'adjudants qu'il voudra pour mieux s'acquitter de ses fonctions dans toute l'étendue de ce royaume, et de leur expédier des lettres signées de sa main et scellées du petit sceau, à la charge par lui d'en envoyer un état fidèle à notre greffier, pour qu'après un vrai rapport nos lettres leur soient expédiées. Ce faisant, lui donnons plein pouvoir et permission de *mentir impunément* dans l'Europe, l'Asie, l'Afrique et l'Amérique, sur mer et sur terre; debout, assis, couché, couvert ou non couvert; à pied et à cheval, et même sur son âne, sans qu'aucun sujet de notre vaste royaume ose s'opposer aux narrations de notre amé et féal chevalier archi-menteur, par rires moqueurs, inflexions du pouce, haussement des épaules, demandes indiscrètes, si les portes ou fenêtres sont ouvertes, sous les peines portées par nos lois contre les contrevenants. Si mandons aux procureurs du roi de nos cours subalternes de faire publier dans leur ressort la nouvelle dignité et privilége de

archi-menteur, afin que personne n'en prétende cause d'ignorance dans cet immense royaume. Donné à Moncrabeau, le             et le quatre-vingt-dix-neuvième du règne de Pierre Mensonger, notre auguste et gracieux monarque, à qui Dieu donne longue vie.

Le comte D'ARRACHE-DENTS,<br>*Archi-chancelier.*

Contrôlé ce jourd'hui,
ANTI-VÉRITÉ, *Contrôleur.*

Collationné à l'original, par Mandement de la Diète et du Conseil souverain,
CRAC, *Secrétaire.*

---

## BREVET DES HABLEURS ET MENTEURS

Nous, Grand Maître des menteurs, hâbleurs, craqueurs, estropieurs de vérités, salut, joie, santé, bon appétit et langue ferrée à glace pour mentir impunément.

Nos causeurs et bavardins de

Nous ayant fait savoir que depuis longtemps vous étiez exercé dans l'art de maltraiter toutes sortes de vérités, de broder les récits en augmentant ou diminuant les faits qui arrivent dans ce bas monde, et que, par d'heureux succès, fruits d'une imagination féconde et brillante, vous étiez parvenu à inventer des événements qui n'ont jamais existé, à créer des histoires qui, sans vous, n'auraient jamais orné le gasconisme et qu'enfin, après une multiplicité d'expériences réitérées plusieurs fois par jour, vous vous étiez déjà acquis en ce genre d'éloquence un nom des plus illustres.

Nous, toujours zélé à maintenir et accroitre la haute réputation de notre Société, en la remplissant de bons et dignes sujets, parfaitement convaincu des talents rares que la nature vous a si libéralement prodigués en toutes sortes de hâbleries, sans être requis ni prié, avons jugé à propos de vous incorporer dans notre diète, et vous recevoir en frère bien-aimé, comme il parait plus amplement par les lettres-patentes que nous vous envoyons; vous exhortons à persévérer toujours dans une si noble occupation, à faire des progrès rapides, et à nous instruire dans l'occasion des sujets et même des femmes, qui, comme vous, pourraient faire honneur à notre ordre, et à les y incorporer s'ils le méritent.

Fait et passé dans notre diète générale, tenue à sur la place de Cracovie, le        18

*Le marquis des hâbleurs,*

GAUSSEUR,
*Archi-grand-maître.*

*Le Sermon en proverbes,* in-18, 11 pages, Charmes, Buffet, et Montbéliard, Deckherr, in-18, 12 pages, S. D., est un jeu d'esprit et non pas une satire. C'est évidemment une œuvre du dix-huitième siècle. Il y a véritablement quelque mérite à rassembler ainsi les proverbes les plus populaires, à les lier entre eux comme des propositions qui sont ou les prémisses ou les conséquences les unes des autres, et à former de cette manière tout un discours où il y a non-seulement de l'esprit, mais beaucoup de bon sens. Qu'on en juge plutôt :

Tant va la cruche à l'eau, qu'à la fin elle se casse.

Ces paroles sont tirées de Th. Corneille, Molière et compagnie; Sganarelle à don Juan, acte V, scène 3.

Mes chers frères,

Cette vérité devrait faire trembler tous les pécheurs; car enfin Dieu est bon, mais aussi qui aime bien châtie bien. Il ne suffit pas de dire:

je me convertirai ; ce sont des propos en l'air ; autant en emporte le vent. Un bon tiens vaut mieux que deux tu l'auras ; il faut ajuster ses flûtes, et ne pas s'endormir sur le rôti ; on sait bien où l'on est, mais on ne sait pas où l'on va, et quelquefois on tombe de fièvre en chaud mal ; l'on troque son cheval borgne contre un aveugle.

Au surplus, mes chers frères, honni soit qui mal y pense. Il n'est pire sourd que celui qui ne veut pas entendre ; à décrasser un More, on perd son temps et son savon ; et l'on ne peut faire boire un âne s'il n'a soif. Suffit, je parle comme saint Paul, la bouche ouverte, et pour tout le monde ; qui se sent morveux se mouche ; ce que je vous en dis, n'est pas que je vous en parle ; mais comme un fou avise bien un sage, je vous dis votre fait, et ne vais pas chercher midi à quatorze heures.

Oui, mes frères, vous vous amusez à la moutarde, vous faites des châteaux en Espagne ; mais prenez garde, le démon vous guette comme le chat fait la souris : il fait d'abord patte de velours ; mais quand une fois il vous tiendra dans ses griffes, il vous traitera de Turc à More, et alors vous aurez beau vous chatouiller pour vous faire rire, et faire le bon apôtre, vous en aurez tout du long et tout du large. Si quelqu'un revenait de l'autre monde et qu'il en apportât des nouvelles, alors on y regarderait à deux fois ; chat échaudé craint l'eau froide : quand on sait ce qu'en vaut l'aune, on y met le prix ; mais là-dessus les plus clairvoyants n'y voient goutte. La nuit tous les chats sont gris, et quand on est mort c'est pour longtemps.

Prenez garde, dit un grand homme, n'éveillez pas le chat qui dort ; l'occasion fait le larron ; mais les battus payeront l'amende ; fin contre fin ne vaut rien pour doublure ; ce qui est doux à la bouche est amer au cœur, et à la Chandeleur sont les grandes douleurs. Vous êtes à l'aise comme rats en paille ; vous avez le dos au feu et le ventre à table : on vous prêche, et vous n'écoutez pas ; je le crois bien, ventre affamé n'a point d'oreilles ; mais aussi rira bien qui rira le dernier. Tout passe, tout casse, tout lasse ; ce qui vient de la flûte retourne au tambour ; et l'on se trouve le cul entre deux selles ; mais alors il n'est plus temps, c'est de la moutarde après dîner ; il est trop tard de fermer l'écurie quand les chevaux sont dehors.

Souvenez-vous donc bien, mes chers frères, de cette leçon : faites vie qui dure ; il ne s'agit pas de brûler la chandelle par les deux bouts. Qui trop embrasse mal étreint ; et qui court deux lièvres à la fois n'en prend point. Il ne faut pas non plus jeter le manche après la coignée. Dieu a dit : Aide-toi et je t'aiderai. N'est pas marchand qui toujours gagne; quand on a peur du loup, il ne faut pas aller au bois; mais contre mauvaise fortune il faut faire bon cœur, battre le fer tandis qu'il est chaud. Un homme sur la terre est toujours sur le qui-vive. On ne sait ni qui vit ni qui meurt, l'homme propose et Dieu dispose ; tel rit aujourd'hui qui dimanche pleurera ; il n'est si bon cheval qui ne bronche; quand on parle du loup, on en voit la queue.

Oui, messieurs, aux yeux de Dieu tout est égal, riche ou pauvre, n'importe. Bonne renommée vaut mieux que ceinture dorée. Les riches payent les pauvres, et ils se servent souvent de la patte du chat pour tirer les marrons hors du feu; mais chacun pour soi, et Dieu pour tous. Un auteur célèbre a dit : Chacun son métier, les vaches seront bien gardées; il ne faut pas que Gros-Jean remontre à son curé. Chacun doit se mesurer à son aune; et comme on fait son lit, on se couche. Tous les chemins vont à Rome, dit-on, mais il faut les connaître, et ne pas prendre ceux qui sont pleins de pierres; il faut aller droit en besogne, et ne pas mettre la charrue devant les bœufs. Quand on veut son salut, voyez-vous, il faut y aller de cul et de tête, comme une corneille qui abat des noix. Si le démon veut vous dérouter, laissez-le hurler; chien qui aboie ne mord pas; soyez bons chevaux de trompette, ne vous effarouchez pas du bruit. Les méchants vous riront au nez, mais c'est un rire qui ne passe pas le nœud de la gorge. Au demeurant, chacun a son tour : et puis à chaque oiseau, son nid semble beau; après la pluie, le beau temps; et après la peine, le plaisir; mais laissez dire, allez : trop gratter cuit; trop parler nuit. Moquez-vous du qu'en dira-t-on, et ne croyez pas que qui se fait brebis, le loup le mange. Dieu a dit : Plus vous serez humiliés sur la terre, plus vous serez élevés au ciel.

Écoutez bien ceci, mes enfants, je vous parle d'abondance de cœur: il n'est qu'un mot qui sauve; il ne faut pas tant de beurre pour faire un quarteron. Quiconque fera bien trouvera bien. Les écrits sont des mâles, et les paroles sont des femelles, dit-on; mais on prend le bœuf par les cornes, et l'homme par les paroles, et quand les paroles sont dites, l'eau bénite est faite.

Faites donc de sérieuses réflexions, mes frères, choisissez d'être à Dieu ou au diable; il n'y a pas de milieu; il faut passer par la porte ou par la fenêtre; vous n'êtes pas ici pour enfiler des perles, c'est pour faire votre salut; le démon a beau vous dorer la pilule, quand le vin sera versé, il faudra le boire ; et c'est au fond du pot qu'on trouve le marc.

Au reste, à l'impossible nul n'est tenu ; je ne peux pas vous sauver malgré vous. On dit que ce n'est rien de parler, le tout est d'agir ; et comme charité bien ordonnée commence par soi-même, je vais tâcher de faire mes orges, et de tirer mon épingle du jeu ; alors, quand je serai sauvé, arrive qui plante ; allez au diable, je m'en lave les mains.

Au nom, etc.

Le dix-septième siècle revendique également *le Sermon sur la Pénitence, en patois de Besançon*, in-18, 24 pages, Montbéliard, Deckherr, S. D. C'est une imitation assez heureuse des sermonnaires du quinzième siècle, et un assemblage de ces figures de mauvais goût, de ces comparaisons forcées et grotesques qui étaient à la mode, principalement parmi les poëtes du seizième. Il a pour texte ces paroles de saint Paul :

*Nisi pœnitentiam egeritis, omnes similiter peribitis.*
Se vous ne fâtes pénitence, vous péririz tretous.

Cas pairoules sont tiries di couffre de l'aipoutre saint Paul, en son caibinet spirituel, chap. XVIII.

Il est divisé en deux points :

Se vous fâtes pénitence vous seris tretous sauvas, tant meux : ç'ot lou sujet· de mon premie catier. Se vous ne fâtes pas pénitence, vous seris tretous nottoyies, tant pé ; ç'ot lou sujet de mon second catier. Tant meux, tant pé, ç'ot tout mon dessein, et ce que dé faire tout lou sujet de voues aittantions.

Pour trouver les idées propres à remplir son premier point, le prédicateur invoque le grand saint Hubert, patron des chasseurs ! Heureusement qu'il prend la peine de nous en dire le motif, sans quoi il serait impossible au plus habile de le deviner.

, Grand saint Humba, vous qu'êtes lou patron de tous las chaissous, bouta lou limio dans mai mémoire, su lui pisto de quéques vérités fraippantes, aifin qui pousse faro ai southi quéqu'un de ças groues maircaissins des broussailles de l'iniquita!

Tout y abonde en comparaisons de cette nature, c'est-à-dire empruntées aux objets qui frappent le plus les regards et qui sont le plus accessibles à l'intelligence des populations de la campagne. Mais, mêlées au langage austère de la morale et de la religion, elles ne laissent pas que de former un contraste plaisant. Elles ne sont pas d'ailleurs sans esprit. Cependant, je ne pousserai pas plus loin les citations.

Avec beaucoup d'esprit joint à une certaine habileté dans l'art de développer un sophisme ; avec de la délicatesse surtout et un style convenable, on pourrait peut-être soutenir agréablement ce paradoxe, que les infidélités d'une femme mariée ne font tort qu'à elle-même, et que le mari a toutes les raisons du monde de s'en consoler. Mais l'auteur du *Sermon* dont je vais parler, ne remplit malheureusement aucune ou presque aucune de ces conditions. Son style est mauvais, son esprit, sauf un ou deux petits traits, est nul, sa philosophie de même. Sa manière de raisonner est tour à tour sérieuse ou badine; mais lorsqu'elle est sérieuse, elle l'est trop pour un sujet où il s'est proposé de plaisanter, et où le sérieux ne doit être lui-même que le raffinement de la plaisanterie. Ce que je trouve de mieux dans ce sermon, c'est l'épigraphe. Elle est tirée de la Genèse, et ses termes, pris à la lettre, sont en parfait accord avec le sujet auquel ils sont appliqués. Rien n'est plus commun, parmi ces étranges *sermonnaires*, que l'abus scandaleux qu'ils font ainsi du texte sacré. Ils disent à cela que le genre traité par eux l'exige ; j'en conviens : mais pourquoi faire des sermons ? pourquoi pas plutôt des poëmes épiques !

Notre sermon a pour titre : *Sermon pour la consolation des Cocus, prononcé au sujet de A.... B...., cocu par arrest.* A

*Rouane, chez Dominique Vendu; à la Sage-Femme;* 1855, in-18; 104 pag. Le sermon a 64 pages, les pages restantes sont remplies par ces trois contes dont les deux derniers mêlés de vers : *Le Cocu consolateur, la Dame fidèle* et *la Femme scrupuleuse.* Le tout est sorti des presses de M. Charpentier-Méricourt, rue Traînée, n° 15, à Paris. L'impression en est fort jolie et le papier de choix. C'est le luxe habillant la misère. Mais tout cela est au gré de ces bibliophiles qui ne vont guère au delà de l'épiderme d'un livre; tout cela est à leur adresse, sauf, bien

entendu, ce portrait qui orne le frontispice du nôtre, et où il n'est pas à craindre qu'ils se reconnaissent jamais.

Je ne m'aviserai pas de transcrire tout ce sermon; on ne le lirait pas jusqu'au bout. Il se divise en deux points, comme le précédent, et il a de plus un exorde que voici :

*Domine, mulier quam dedisti mihi sociam, dedit mihi de ligno.*
GENÈSE, ch. III, v. 27.

Seigneur, la femme que vous m'avez donnée pour compagne, m'a donné du bois [1].

Avouons, messieurs, que cet oracle de l'Écriture est parfaitement accomply en nos jours, et que cette plainte que fit le malheureux Adam, informé par sa femme même du criminel entretien qu'elle avoit eu avec le serpent, convient si bien aux marys du siècle où nous vivons, qu'il semble, à le bien prendre, qu'elle ait été faite pour eux, et que le premier homme l'ait adressée à Dieu, non-seulement pour luy, mais encore pour son infortunée postérité. En effet, où est l'heureux époux, je ne dis pas dans Paris, je ne dis pas dans la France, mais dans toute l'Europe, mais dans tout l'univers ; où est, dis-je, l'heureux époux, où est le mary privilégié qui n'a pas sujet de répéter ces tristes paroles, de profférer cette affligeante plainte, et de dire à Dieu, la tristesse et la confusion sur le visage : *Domine, mulier ?* Et enfans malheureux d'un père infortuné, désobéissant et rebelle, nous avons donc hérité, non-seulement d'un crime, je veux dire du honteux apanage de ce bois maudit qui déshonore le front de tant d'honnêtes gens, et peut-être de la pluspart de ceux qui m'écoutent ! Encore, si les marys outragez avoient la foible consolation d'entendre leurs amis et leurs voisins plaindre leurs malheurs, ce seroit peut-être une espèce de soulagement pour eux : mais, ô cruelle destinée ! telle est la misère des cocus que leur infortune est presque toujours l'objet de la risée publique, et qu'au lieu d'une tendre et charitable compassion, leurs plaintes, quelque justes qu'elles soient, ne leur attirent que le mépris ou les railleries de ceux qui les entendent, de sorte que la pluspart, réduits à gémir en secret, souffrent une espèce de martyre d'autant plus rigoureux qu'ils n'osent se plaindre, ni rien témoigner de ce qui les afflige ; ils sont obligez d'étouffer leurs soupirs, de dévorer leurs larmes et de renfermer toutes leurs douleurs dans leur sein. Certes, messieurs, ce seroit avoir peu de charité, ou, pour mieux dire, ce seroit n'en avoir pas du tout, que d'abandonner ces malheureux dans le triste état où l'on peut dire d'eux ce que le prophète dit de Jérusalem : *Plorans ploravit in nocte, et lachrimæ eorum in maxillis*

---

[1] Inutile de dire que *de ligno* est pour *de fructu ligni*, du fruit de l'arbre.

*corum; non est qui consoletur eos.* Aujourd'huy que nous voyons quelles sont leurs peines et leurs souffrances, aujourd'huy que nous connoissons l'excez de leurs misères, tâchons d'apporter quelque charitable remède envers ces infortunez, qui comptent peut-être parmy leurs confrères, nos pères, nos grands-pères et tous nos aïeuls; faisons-leur voir dans les deux points de ce discours deux choses également importantes pour leur consolation ; la première, qu'ils se trompent ; la seconde, quand même ce seroit un mal, quand ce seroit une honte, qu'ils ont tout lieu de se consoler par le nombre de ceux qui partagent avec eux cette infortune.

Ce livre est tiré tout entier des *Priviléges du cocuage, dialogue : ouvrage utile et nécessaire tant aux cornards actuels qu'aux cornards en herbe*. Cologne, 1708, pet. in-12[1]. Il est imprimé à la fin. L'éditeur moderne a sans doute pensé l'embellir par les additions, suppressions ou corrections qu'il y a faites ; mais il y a médiocrement réussi. L'œuvre n'était pas à corriger, mais à refaire.

Un esprit évidemment satirique, mais avec modération et presque timidité, un sentiment de moquerie douce et fine, mais qu'on serait tenté de prendre pour un sentiment très-sérieux, tant est mesuré et grave le ton avec lequel il est exprimé, sont les marques particulières d'un écrit qui a pour titre : *Oraison funèbre et testament de Jean-Gilles Bricotteau, de Soissons, par le R. P. Hesmogène, de Carpentras, capucin indigne, avec son épitaphe par le fameux Thomas Bréjou, de Vieux-Maison-le-Vidame*, grand in-12, 56 pages, Troyes, J. Garnier, S. D. On lit au verso du titre l'*approbation* donnée au manuscrit, à Troyes, le 22 août 1759, signé Labbé, avocat, et le *permis d'imprimer*, donné le lendemain 23, signé Paillot.

Ce discours a pour but de montrer quels avantages il y a pour l'homme à n'avoir point d'esprit, et que la vie la plus heureuse et la mort la plus douce sont le lot des imbéciles. Quoique cette

---

[1] Il y a quantité d'autres éditions.

pièce soit un peu longue, je la donne tout entière en en conservant les quelques fautes de français et d'orthographe, car elles ne sont pas du fait de l'auteur, comme on le croira facilement, quand je l'aurai nommé.

*Avis du R. P. Capucin à tous ceux qui entendront lire ou qui liront eux-mêmes l'oraison funèbre de Bricotteau.*

> *Ridendo dicere verum quis vetat ?*
> Qui peut empêcher de dire la vérité en riant ?

> *Utile dulci.*
> Ici l'utile est joint à l'agréable.

Notre très-révérend Père Gardien m'ayant fait observer, lecteur chrétien, que j'avois cité dans cet éloge funèbre plusieurs passages de l'Écriture sainte, et que ce procédé ne répondoit pas assez au respect qui est dû à ces divines et adorables paroles, je me suis cru obligé de vous donner cet avis, pour vous faire sentir et vous convaincre que mon intention n'a jamais été de faire un jeu de ces paroles respectables ; à Dieu ne plaise que je sois assez malheureux pour en venir à ces excès horribles : le but que je me suis proposé dans la composition et le débit de cette pièce est de rectifier, s'il est possible, les mœurs dépravées du siècle ; et comme le goût et le génie du monde actuel est tel, qu'il est plus frappé des vérités importantes et salutaires, quand on les lui représente à la faveur d'une comédie ou d'une pièce intéressante par une fiction agréable et ingénieuse, j'ai cru ne pouvoir mieux faire que d'avoir recours à celle-ci qui peut également instruire et divertir. Les petits esprits, les caractères malins se scandalisent ; il n'en est pas de même des gens bien nés et des cœurs droits.

Quoi qu'il en soit, j'irai toujours mon train ; tant pis pour les esprits de travers, s'ils trouvent du mal dans ce que j'ai fait pour le bien. Prenez, lisez et profitez, lecteur judicieux, et croyez que les trois quarts de ce que vous allez lire sont fondés sur la vérité, le reste sur la fiction ; j'en atteste la ville de Soissons.

## ORAISON FUNÈBRE DE JEAN-GILLES BRICOTTEAU,

**FERMIER DE VENIZEL, PAROISSE DU DIOCÈSE DE SOISSONS.**

Cette oraison a été prononcée dans ladite paroisse de Venizel, le 25 juillet 1759, par le R. P. HESMOGÈNE, de Carpentras, capucin indigne.

*Comparatus est jumentis insipientibus et similis factus est illis.*
Psaume XLVIII, vers. 13.

Nous pouvons le comparer aux animaux sans raison, et il leur étoit en quelque sorte devenu semblable.

A ces paroles du roi prophète, vous reconnoissez d'abord, messieurs, cet homme rustique dont j'entreprends l'éloge funèbre, et dont le caractère d'une singulière stupidité rendra dans le souvenir de ceux qui l'ont connu la mémoire aussi durable que sa mémoire à lui-même étoit dans sa tête courte et embarrassée. La nature, dépouillée de toutes ses grâces, produisit en lui les mêmes effets que les honneurs et l'opulence n'opèrent que trop souvent dans les riches du monde, d'obscurcir leur raison, et de les rapprocher des animaux terrestres[1] : *Homo cum in honore esset non intellexit;* mais avec cette différence que ceux-là, abusant des lumières de leur esprit, s'avilissent jusqu'à se livrer à ces excès honteux où l'animalité conduit les bêtes, au lieu que celui-ci, guidé par la seule nature, ne les imita que dans ce qu'elles ont d'innocent et de réglé; de sorte que, si exalter la pénétration et les talents de ces gens heureux que le siècle regarde avec admiration, c'est donner à penser qu'ils étoient ambitieux dans leurs projets, dissimulés dans leur conduite, cruels dans leur vengeance, charnels dans leurs plaisirs; dire au contraire de l'incomparable BRICOTTEAU qu'il fut destitué de tous ces avantages naturels, c'est déclarer hautement qu'il étoit sincère dans ses discours, modéré dans ses projets, frugal dans sa nourriture, pacifique dans ses sentiments.

Foible raison! dont les mortels s'enorgueillissent si fort, et dont ils abusent encore plus souvent, vous avez refusé vos lumières à celui dont nous pleurons la perte. Attentive à présider à la naissance de ceux qui reçoivent le jour dans de superbes et magnifiques appartements,

[1] Ps. XLVIII, v. 13 et 21

vous n'avez pas daigné vous trouver à celle d'un homme pauvre et obscur. Une cabane environnée d'étables, et qui retentissoit des cris de toutes sortes d'animaux domestiques, vous a paru un séjour indigne de votre présence ; mais que cette ingénieuse indifférence a été favorable à Bricotteau ! Vos mépris ont rendu sa destinée digne d'envie ; il a trouvé son repos dans votre éloignement ; il sut malgré vous immortaliser son nom, et, en se séparant de vous et de vos faveurs, il a appris aux autres hommes à connoître le peu que vous valez et le dommage sensible que vous apportez à ceux sur qui vous jetez vos lumineux regards. Car enfin, quel doit être le principal objet de nos vœux, et à quoi tendent d'ordinaire tous nos projets? A nous établir sur la terre dans une vie tranquille et à nous procurer l'espérance d'un bonheur plus essentiel dans l'éternité. Or voilà, messieurs, ce que l'homme inimitable que nous regrettons a trouvé dans le mépris que la raison a témoigné pour sa personne. La matérialité de son esprit a fait le bonheur de sa vie et en a causé l'innocence ; je veux dire, il a été plus heureux et plus sage que la plupart de ceux qui apportent en naissant de favorables dispositions pour se distinguer dans la société humaine : deux vérités que je consacre à la consolation des esprits simples et à la mémoire de très-épais, très-stupide et très-grossier mortel Jean-Gilles Bricotteau, fermier de Venizel, et ancien sonneur de cette paroisse.

### PREMIÈRE PARTIE.

Que l'esprit soit un flambeau dont la lumière sert plus souvent à nous consumer qu'à nous conduire, qu'il devienne le premier artisan de nos disgrâces, et que les réflexions qu'il nous suggère contribuent davantage à irriter nos maux qu'à les adoucir, c'est une vérité, messieurs, qui n'est que trop sensible, et dont une funeste expérience nous instruit tous les jours malgré nous.

Parcourons l'histoire du monde, remontons dans les siècles de la belle antiquité, nous y verrons les génies éclatants dont elle a célébré les merveilles, en proie aux chagrins les plus amers et exposés aux revers les plus tragiques : nous y verrons deux orateurs fameux que Rome et la Grèce ont tant vantés, s'attirer par leurs talents d'irréconciliables ennemis et dicter dans leur éloquence même l'arrêt de leur proscription et de leur mort. Mais si nous voulons puiser cette vérité dans les sources plus pures et en consulter les oracles éternels, ils nous apprendront que les sciences entraînent à leur suite un travail plein d'inquiétude; qu'une grande ouverture d'esprit donne entrée à de grands chagrins, et que plus nous voulons savoir, plus nos peines se multiplient : *Eo quod in multa [1] sapientia, multa sit indignatio; et qui addit scientiam, addit et laborem.* Ce fut donc, messieurs, pour Bricotteau un avantage de naître avec une âme si embarrassée dans les organes du corps, qu'elle ne put jamais les développer ni les éclaircir. Sorti d'un père dont les idées rustiques s'étoient communiquées à lui avec le sang, toute son éducation se termina à savoir guider le soc d'une charrue et à tenir aux chevaux ce langage barbare qui par des monosyllabes intelligibles, les dresse à obéir à la voix de ceux qui les conduisent. Élevé dans la compagnie des animaux qui sont les richesses et l'ornement de la vie champêtre, il en prit bientôt toutes les inclinations : la fidélité du chien, la vigilance du coq, le travail du bœuf, disons-le, la simplicité de l'âne, formèrent en lui ce caractère rare et unique que les hommes auroient corrompu, s'il eût eu le malheur d'être nourri en leur société. Car, il faut l'avouer, messieurs, à notre confusion, qu'auroit-il appris parmi nous, dans un âge tendre où l'âme reçoit si aisément les fâcheuses impressions du mauvais exemple? Il auroit appris à se livrer aux saillies déréglées des passions, à suivre leurs mouvements impétueux, à se répandre dans les sollicitudes de la convoitise, à former des projets injustes, à les exécuter par des voies encore plus injustes, à perdre son repos et à troubler celui des autres. Ainsi, ces tristes et dangereuses années où l'innocente jeunesse s'engage, sans faire attention, dans les voies dépravées du siècle; ces années qu'elle est souvent forcée de passer, sous la discipline d'un maître austère, à s'instruire par de chagrinantes applications; occupée à déchiffrer sur le papier les pensées des autres, ou à y tracer les siennes propres, s'écoulèrent chez cet heureux mortel en de riants et paisibles amusements, à écouter dans les bois les ramages des rossignols, à tendre des piéges innocents aux poissons ou aux oiseaux, et à faire répéter aux échos les accents d'un chalumeau champêtre, ou à conduire dans les prairies ses dociles troupeaux. Content du sort et de la condition de ses pères, il n'eut point, en entrant dans cet âge plus sérieux où il faut penser à un établissement, cette cruelle agitation que la vanité nous suggère, ni les désirs inquiets d'agrandir sa fortune, de s'accréditer dans le monde, et de s'élever à des honneurs qui irritent notre ambition et qui ne la

---

[1] Ecclésiast., ch I, v. 18.

fixent jamais. Une grange, une basse-cour jonchée de fumier, étoit ce que son imagination lui représentoit de plus noble, et c'est à quoi se terminoient ses désirs. Son cœur, aussi modéré que son esprit, ne vint pas à la traverse de sa félicité, et ne s'avisa jamais par une indiscrète et même une inconstante tendresse de troubler son repos. Cette noble partie de nous-mêmes qui fait le héros et le conquérant, et qui rend quelquefois le conquérant esclave à son tour d'une beauté mortelle que sa valeur avoit rangée sous ses fers, étoit trop dure et trop insensible chez Bricotteau pour donner accès à l'amour profane, je veux dire à cette malheureuse passion qui, à la vue d'un objet séduisant, allumant dans notre sein ses funestes sens [1], nous brûle, nous consume, et cause parmi les jeunes gens du siècle ces jalouses langueurs, ces contestations meurtrières dont ils deviennent souvent la victime. La nature, il est vrai, lui demandoit une compagne, la conduite de son bétail la lui rendoit nécessaire. La première qu'on lui offrit fut celle qui fixa son cœur; il lui donna sa foi sans entrer dans cette scrupuleuse recherche que la raison inspire à la plupart des maris sur l'intégrité de leurs épouses, et qui font dépendre le bonheur de leur vie d'avoir occupé les premiers le cœur d'un sexe fragile ou d'en avoir dans la suite fixé l'inconstance.

O vous! qui avez des lumières plus vives, et qui vous trouvez engagés dans les nœuds du mariage, combien de fois une indiscrète curiosité, des yeux trop pénétrants ont-ils rempli vos jours de regrets et d'amertume! combien de fois, rassuré même sur la sagesse et sur les mœurs de celle à qui vous êtes unis, avez-vous rencontré dans le caractère de son esprit, dans ses caprices, dans ses bizarreries, dans ses inégalités, une matière abondante à de continuels déplaisirs!

Pour vous, fortuné Bricotteau, l'épaisseur de votre jugement vous a mis hors d'atteinte à ce cruel chagrin; rien ne vous alarmoit, parce que rien ne vous paroissoit suspect, regardant les choses sous le seul point de vue où l'on vouloit que vous les vissiez. Ce sacrement, dont s'émoussent bientôt après pour tant d'autres les premiers attraits, ne perdit jamais à votre égard les grâces de la nouveauté. Chaque nuit, chaque jour de votre retraite étoit pour vous égal à celui de votre engagement. Vous aviez, je l'avoue, une épouse fidèle, mais, quand elle ne l'eût point été, le mécontentement auroit-il pu s'emparer de votre âme, pour peu qu'elle eût eu le secret de jeter le moindre voile sur

---

[1] C'est sans doute *feux* qu'il veut dire.

ses infidélités. C'eût été assez pour assurer votre repos ; peut-être même lui eussiez-vous tenu compte des caresses dont elle auroit assaisonné sa perfidie.

Interrogeons-la cette femme si heureuse en époux ; elle nous dira que, maitresse en sa maison, elle a su faire de son mari son premier serviteur ; que le rangeant sous sa dépendance, il respectoit ses ordres et ouvroit une bouche et des yeux d'admiration pour l'écouter, lorsqu'elle lui exposoit, par un galimatias de paroles inutiles, les règles de la politesse, règles qu'elle avoit apprises dans le tumulte d'une halle ou dans le silence d'une cuisine. Elle ajoutera même que si elle eut quelque chose à souffrir de cet homme pacifique, ce n'a été que par le témoignage trop fréquent qu'il vouloit lui donner de sa reconnaissance et de sa tendresse.

Avec un tel génie, nous étonnerons-nous que l'envie et la tristesse ne puissent avoir de prise sur Bricotteau ? Une fourmi, une mouche, un rat, tout l'amusoit. Aussi content lorsqu'il ne pensoit à rien que les sages du siècle quand ils font de nouvelles découvertes dans les sciences les plus relevées, également inhabile à tous les jeux où l'adresse et la conduite sont nécessaires, il se trouva à l'abri des chagrins que la fureur de cette passion cause toujours à ceux qui en sont possédés. Ne se sentant, par une difficulté infinie à s'énoncer, aucun goût pour la conversation, il fut à couvert de ces disputes, de ces traits piquants, de ces malignes censures qui sont les fruits ordinaires des entretiens des hommes. Sachant à peine dans quel climat, dans quelle province, dans quel siècle, sous quel règne il vivoit, le bruit de nos guerres, le frémissement des nations soulevées contre nous, le récit de nos combats et de nos pertes dont toute l'Europe retentit, ne perça point jusqu'à lui. Le prix du grain, du bétail, étoient les seules nouvelles qui l'intéressoient, et dont il avoit soin de s'informer. J'ai donc eu raison de dire que sa stupidité a été la source de son repos, et par conséquent de son bonheur ; j'ajouterai qu'elle l'a été aussi de sa sagesse et de son innocence, et vais le prouver dans ma seconde partie ; renouvelez votre attention.

#### SECONDE PARTIE.

Dieu voulant autrefois instruire un prince superbe et enivré de l'éclat de sa puissance, le fit tomber de son trône, le dépouilla de cette représentation avantageuse dont il étoit revêtu, lui donna presque celle des animaux féroces, et le condamna [1] à passer en leur triste société plusieurs années dans le désert. Ce fut alors que, rentrant en lui même, il rendit à la majesté du Créateur, sous cette figure monstrueuse, les hommages qu'il lui avoit refusés sous la splendeur du diadème. Ç'a donc été pour Bricotteau un trait de la miséricorde céleste de l'avoir fait naître avec cet extérieur hideux dont le roi de Babylone se trouva frappé. Nabuchodonosor transformé en bête, voilà le portrait de celui dont je viens ici de retracer l'image. Une taille longue et voûtée; une peau noire, ridée, velue, des yeux petits et enfoncés, une bouche dont les extrémités se terminoient aux oreilles ; des dents qui auroient servi de défenses aux sangliers ; deux bosses sur le front qui de loin passoient pour des cornes ; une physionomie plate et qui ne disoit rien ; des doigts qui ressembloient fort aux griffes des dindons; des jambes dont la tournure servoit souvent de modèle au maître d'école du village pour former la première lettre de *Kyrie eleison* ; un nez dont la figure imitoit parfaitement les pieds d'une vieille marmite où sa grand'-mère, faute de pot de chambre, déposoit ses cas ; des cheveux qu'on prenoit souvent pour un paquet de chiendent trempé dans de la poix, ou pour une antique perruque saucée dans une chaudronnée de beurre fondu ; un menton tellement construit et barbu, qu'on ne pouvoit le regarder sans se représenter la figure d'un pot à moutarde moisie : à ces traits, messieurs, pouvez-vous méconnoître le fermier de Venizel? Mais découvrons-y en même temps les heureux présages d'une sagesse qui va condamner celle des enfants du siècle.

Car, quoique le Créateur éclaire l'homme des lumières de la raison, afin qu'il les emploie à contempler les merveilles de sa toute-puissance et à se pénétrer de sa crainte et de son amour, il n'est que trop vrai néanmoins que cette orgueilleuse raison devient souvent la source de nos égarements et de nos injustices, et jette sur nos misères de nouveaux nuages qui, en augmentant l'obscurité, nous forment des principes de morale qui répondent à la dépravation de notre cœur. C'est l'usage le plus ordinaire que nous en faisons, et voilà à quoi nous conduiroient tous nos talents, si la grâce d'en haut ne nous ramenoit à cette humble simplicité qui forme le caractère des enfants de la vraie lumière.

Fidèle Bricotteau, vous vous êtes trouvé à l'abri de ces pernicieuses illusions. Votre raison n'a point été un écueil à votre foi. Attentif à

---

[1] Daniel, ch. IV, v. 29.

écouter les instructions de votre pasteur, vous les receviez avec docilité; ses discours que tout autre auroit eu peine à comprendre, étoient pour vous autant d'oracles dont votre cœur se sentoit frappé, et qui faisoient sur vous des impressions plus vives qu'un raisonnement suivi, dont la netteté et la justesse vous auroient paru des énigmes impénétrables. En effet, messieurs, jugeons de sa foi par ses mœurs; quelle candeur! quelle innocence! Vous le représenterai-je tantôt à l'âge de soixante ans, assis sur un même banc avec les petits enfants du village, pour assister au catéchisme et y apprendre les premiers éléments de notre religion, qu'il croit, mais qu'il n'avoit jamais pu imprimer dans sa mémoire; tantôt passant des journées entières avec les hiboux du clocher, pour solemniser les fêtes et pour consacrer par le carillon des cloches les airs profanes dont le vulgaire fait ses plus délicieux amusements; tantôt mangeant avec une dévote avidité et un pieux appétit le pain de bénédiction qui se partage entre les fidèles, et qui étoit quelquefois le sujet de ses pleurs, lorsque sa part se trouvoit plus petite que celle des autres; tantôt se cassant les jambes en courant comme un fou à travers les bancs de l'église pour en chasser des pierrots, qui, par leurs cris aigres et importuns, empêchoient d'entendre les sons mélodieux du cornet à bouquin dans lequel souffloit le maître d'école, à toute éreinte; tantôt enfin, se tenant sur son cheval six heures de suite arrêté à une porte, immobile comme une statue sur un cheval de bois, exposé à une excessive chaleur ou à la pluie, ou à des vents impétueux, sans avoir seulement la pensée de descendre ou de chercher à deux pas plus loin à se mettre à l'abri du mauvais temps? Éloigné de tout ce qui s'appelle faste et vanité mondaine, il avoit un grand habit de couleur obscure, d'une forme antique, et qui fermé par un bouton presque aussi gros qu'un œuf d'autruche, laissoit entrevoir de toutes parts une chair brûlée par les ardeurs du soleil. La simplicité de son chef étoit couverte d'un chapeau que le temps avoit blanchi, et dont les bords avoient été entièrement usés à force de les rouler dans ses mains, lorsqu'il vouloit se rappeler le souvenir de son *Benedicite*. La tortuosité de ses jambes étoit ornée de bas si couverts de crottes, qu'il étoit impossible de discerner quelle teinture ils avoient reçue. La longueur de son cou étoit garnie les jours de fêtes d'une cravate sur laquelle le nombre de ses repas étoit marqué par autant de taches différentes. Ces parties inférieures au dos, que la pudeur chez toutes les nations prend soin de couvrir, étoient scrupuleusement cachées sous le voile d'un vêtement dont les caleçons auroient pu servir, au besoin, de bluteau dans les moulins, lesquels étoient tellement agités lorsqu'il couroit après ses bestiaux, que le bruit répandoit parmi eux l'épouvante et le désordre. C'étoient là ses vêtements ordinaires. Aussi simple dans ses meubles que dans ses habits, on ne voyoit dans sa chambre qu'une table ou un banc que les vers avoient rendu comme un filigrane; un lit gothique qui avoit donné naissance à cinq ou six de ses ancêtres, lit dans lequel il eut la consolation de voir naître ce fils privilégié, et destiné à transmettre à la postérité le sang rustique des Bricotteau. C'est ici, messieurs, où va briller toute la droiture et la sagesse des habitants de Venizel. A peine voit-il paroître sur le théâtre de l'univers, cet enfant qui étoit, ou du moins qu'il regardoit comme le fruit de son mariage, que, sans être effrayé de la laideur de son corps, il ne songe qu'à purifier son âme par les eaux salutaires du baptême, et, se rendant assez justice à lui-même pour connoître qu'il étoit incapable de lui enseigner un jour toute l'étendue des engagements du christianisme, il voulut jeter les yeux sur une personne qui les remplît dans toute leur perfection, pour tenir son héritier sur les fonts sacrés. La renommée lui en indique une dont elle publioit la modestie, la sagesse et la piété, et qui faisoit l'ornement aussi bien que l'édification de toute la province. Il part aussitôt, il court, il se présente à elle : « O ne savez pas, madame, lui dit-il, note minagère a mi au monde un fieu; je venon vo périer d'un païen d'en faire un querquin. » Paroles qui, sous une naïveté grossière, renferment un sens merveilleux et qui marque toute la foi et la religion de celui qui les profère. Il vouloit faire un chrétien de son fils; c'est la première pensée qui l'occupe; c'est à quoi tendent ses vœux les plus ardents : père sage! d'avoir eu des sentiments si nobles, d'avoir connu le véritable bien de cet enfant que le ciel lui avoit donné, pendant qu'une infinité d'autres ne songent qu'à faire de leurs héritiers des enfants de perdition, qu'à leur transmettre leurs inclinations vicieuses, qu'à les consacrer au monde et à ses pompes, qu'à leur donner une éducation toute séculière, qu'à leur procurer de riches établissements, et à les mettre bientôt dans la voie de perdition et de réprobation éternelle.

Il me semble le voir encore cet homme rare, ce véritable israélite, pendant que son fils recevoit le sacrement de la régénération, prosterné comme le publicain à la porte du temple, le visage baigné dans les larmes qu'une sainte joie lui faisoit répandre : « Seigneur, disoit-il à Dieu, je vous offre mon piot pouly, bite o me l'avez baillé, bite e j'yo le rendrai. » Vous en riez, messieurs, et moi j'en suis dans l'admiration. Paroles qui devroient être gravées sur le marbre et sur le bronze pour servir à l'instruction ou à la condamnation des siècles à venir. Car n'est-ce pas la même chose que s'il eût dit au Tout-Puissant : « Faites, Seigneur, que cet enfant, qui reçoit aujourd'hui la robe de son innocence, la conserve jusqu'au dernier terme de ses jours ; qu'il ne participe jamais à la contagion ni au déréglement du monde, et qu'il puisse au moment de sa mort paroitre devant le tribunal de votre majesté sainte, avec la même candeur dont votre grâce daigne le revêtir aujourd'hui au pied de cet autel. » Aussi, messieurs, avec quelle profusion ne signala-t-il pas sa générosité pour célébrer une cérémonie si auguste? Les fèves de son jardin furent les dragées que la nature lui fournit dans un séjour où elle en interdit toute la sensualité. Tout ce que la cour lui offrit de volatille fut immolé à cette fête ; jusque-là qu'il ne voulut pas même épargner un vieux coq qui avoit d'abord échappé à sa pieuse fureur, en se retranchant sous un tas énorme de fagots. Il eut la patience de les retirer tous les uns après les autres ; ce qui lui coûta sang et eau, parce que ce jour-là il faisoit tout avec une précipitation inexprimable. Enfin il le trouve, et, se jetant dessus comme un pauvre affamé se jette sur un morceau de pain, il l'empoigne et le serre par le cou, en lui disant : « Parle don, eh! vieux chien de coq, tu crois donc que tu n'iras pas avec les autres. Apparemment que tu penses que mes peines ne me coûtent rien ; morguié tu serviras pour la fête de men piot fieu. » Il l'apporte à sa maison, et, le montrant à la marraine : « La vla, dit-il, cette vieille bête, madame, que j'avons cherché si longtemps pour vos biaux yeux ; j'allons bian vous régaler. » Faute de gril, il met devant le feu à moitié plumé et aussi exactement vuidé ce vieux coq sur des pincettes. Après qu'il lui eut un peu fait voir le feu, il le sert avec une chaudronnée de poules et de poulets qui gargotoient depuis quatre heures, et nageoient dans l'eau changée de couleur par la fumée. Ne s'étant jamais trouvé à aucun repas, et ignorant même les égards de politesse qu'on doit aux conviés, il commence par se servir le premier, et dit aux autres : « Mangez à présent, ça n'est pas tant mauvais, sinon que ce vieux coq-là est dur comme un guiable et sent comme un goût de sauvagine. » La marraine et les conviés avoient plus envie de rire que de manger. Le goût, la délicatesse des mets, et la manière de manger de Bricotteau excitoient plus leurs ris que leur appétit ; mais ces ris changèrent bientôt en tristesse et en larmes. Vous le représenterai-je, messieurs, ce pauvre et infortuné Bricotteau, dans ce pitoyable état où les os et le goût de ce funeste coq manquèrent de lui faire perdre celui du pain, je veux dire la vie? Ce père innocent pensa mourir le jour même qu'il vit naître son cher fils. Ne mangeant pour l'ordinaire que des légumes, il s'imagina que les os des volailles s'avaloient comme de l'oseille cuite. Un os de la cuisse de ce malheureux coq resta de travers dans son gosier. Il crut d'abord que ce cruel animal ne vouloit pas aller plus loin par vengeance, et qu'il vouloit lui rendre mort pour mort; « je te conjure, lui dit-il, par l'innocence de mon piot pouli, de descendre plus bas ou de sortir tout à fait. » Cet indocile animal, sourd à sa voix, et insensible à ses cris après sa mort comme il avoit été désobéissant à ses ordres pendant sa vie, restoit toujours dans le même endroit. Enfin, l'infortuné Bricotteau, ne pouvant plus respirer et sentant sa gorge enfler comme une vessie que l'on souffle, avale à longs traits une quantité prodigieuse d'eau, et par une suite de faveurs dont le ciel sembloit ce jour-là le combler avec prodigalité, l'impitoyable os enfin passe de là dans son estomac et y perd sa funeste grosseur par une digestion miraculeuse.

Une mort plus tranquille, messieurs, étoit réservée à ce Benjamin des cieux. Il étoit décidé de toute éternité qu'une vie aussi innocente ne devoit pas être terminée par un aussi fatal accident qu'on auroit pu autant attribuer à sa gourmandise qu'à l'opiniâtreté de son vindicatif coq. Un corps, qui ne fut jamais altéré par la vivacité de l'esprit, le fut enfin par les fatigues de la vie champêtre. Quelques années après ce tragique événement, les rigueurs qui ont dévoré nos moissons achevèrent peu à peu de ruiner son tempérament. Un épuisement, une défaillance mortelle s'emparèrent de tous ses membres et annoncèrent bientôt le terme de sa dissolution. Un maréchal lui présente un breuvage qui avoit plusieurs fois guéri des ânes et des chevaux; mais il n'en reçut aucun soulagement. Alors, voyant que les remèdes devenoient inutiles, on songea à lui en procurer de plus essentiels. Il ne fallut pas, pour l'engager à les recevoir, de ces ménagements ingénieux dont on se sert envers les riches du monde, et qui obligent les ministres sacrés à couvrir sous le voile d'une visite de bienséance ou d'amitié celle qu'ils viennent leur rendre comme leurs réconciliateurs et leurs juges. Il lit dans la tristesse de son épouse l'arrêt de sa dernière destinée; il demande lui-même son pasteur, et quel pasteur! vous le connoissez, messieurs; et tout ce que je pourrois vous en dire n'enchériroit jamais sur l'idée que vous vous en êtes formé; un ministre dont le ciel n'a jamais éclairé les sacristies, ni la maligne censure osé attaquer la réputation ; si vigilant, qu'à trois heures du matin sa paroisse était déjà desservie, et si intègre qu'une surdité causée par son grand âge, jointe à une paralysie presque formée sur sa langue, n'a point empêché de lui attirer la direction de la plupart des jeunes personnes de la ville de Soissons. Voilà le Josué qui devoit faire entrer ce digne fils d'Abraham dans la terre de promission [1]. Je le vois, ce vénérable pasteur, qui s'approche de sa brebis mourante, qui, avec son éloquence ordinaire, lui dit ces vives et touchantes paroles : « Hé bien ! qu'est-ce, min compère, ô sêtes donc malade. Allons, courage, un piot acte de contrition, vla à quoi sêtres oblégi, eje vos y oblége e o serez sové, comme saint Pierre el patron de nos village. » A ces mots, Bricotteau fond en larmes, toute sa foi se ranime, il ne soupire plus qu'après les biens de la céleste Sion. « J'ai vu meurir, disoit-il à son cher pasteur, tant de baudets, tant de chevaux, tant de taureaux, depuis que je suis au monde, il est bien juste que subisse aujourd'hui le même sort. » Il donne le baiser de paix à son épouse éplorée ; il embrasse pour la dernière fois ce fils qu'il chérissoit avec une tendresse vraiment paternelle. Alors employant le peu de force qu'il lui restoit à chanter le cantique de notre rédemption, il entonne d'une voix enrouée et discordante l'hymne sainte que l'Église adresse à la croix de J. C., se regardant, à l'exemple du Sauveur, attaché sur le bois de son sacrifice. Son esprit ou plutôt son âme sort des ténèbres de son corps pour entrer dans le grand jour de l'éternité ; il l'exhale comme un parfum précieux qui monte en odeur de suavité jusqu'au trône de la Majesté suprême.

C'est ainsi que la mort nous réunit tous sous ses lois, et que le flambeau du sage et la lampe de l'homme simple s'éteignent également. Je me suis aperçu [2], dit l'Ecclésiastique, que l'ignorant et le savant tombent tous deux dans les mêmes ombres et le même silence du tombeau. J'ai connu par la vanité des sciences humaines que la seule sagesse est celle qui dirige nos pas dans la voie de la piété. Manger son pain dans un repas tranquille, faire du bien à son âme du fruit de ses travaux, voilà, ajoute Salomon, ce que l'homme sensé doit ambitionner sur la terre. Voilà ce que la médiocrité du génie a procuré à Bricotteau. Une foible lueur de raison, soutenue de la grâce, a suffi

---

[1] Josué, ch. 1.
[2] Ecclésiast., ch. II, v. 16. *Moritur doctus similiter ut indoctus.*

pour le conduire par un sentier uni et obscur jusqu'au terme de l'éternité. Fasse le ciel, messieurs, que vos lumières plus éclatantes et plus vives ne vous mènent point au précipice, et que vous puissiez bientôt, par le salutaire usage que vous en ferez, vous rendre dignes de briller dans la splendeur des saints! Je vous le souhaite.

*Nota.* On sera sans doute surpris de ce que Bricotteau étant mort en 1709, le R. P. de Carpentras en ait prononcé l'éloge funèbre en 1759. Mais on cessera d'être étonné en apprenant que ce père capucin n'étant pas plus heureux que Bricotteau en esprit et en mémoire, devoit nécessairement employer un temps très-considérable à composer et à apprendre l'oraison funèbre dont on vient de faire la lecture. De plus, il vouloit mettre dans le même temps en vers français le testament de cet illustre défunt, et, comme il n'étoit pas bon poëte, il n'a pu arracher de son cerveau environ qu'un vers par an.

## TESTAMENT DE JEAN-GILLES BRICOTTEAU,

#### COMPRIS DANS LES SOIXANTE VERS SUIVANTS,

Par le R. P. Hesmogène, de Carpentras, capucin de Soissons.

Bricotteau, pour régler toutes ses affaires selon le bon ordre, et pour éviter la censure en ne donnant aucun lieu à la jalousie, en mourant fait présent de son esprit à Dieu; il donne son corps aux vers, sa femme à son curé, son bien-fonds aux pauvres; il recommande son fieu au patron du village; il abandonne tout son linge à un de ses grands amis, le meunier de la paroisse, pour lui faire des sacs à farine; ses chapeaux et ses habits à Nicolas Loriot, son beau-frère, qui est chargé d'épouvanter les bêtes sauvages et de les renvoyer dans les bois. Ne quittant avec regret que sa belle culotte des dimanches, il veut, pour qu'elle conserve longtemps sa couleur jaune [1], qu'elle soit donnée à un de ses parents, fameux moutardier à Soissons, et prétend qu'il la mette tous les jours à cet effet. Après avoir ainsi disposé de la plus grande partie de ses biens en faveur de ceux qu'il honoroit de son estime, il ordonne qu'on lui amène son piot fieu et son baudet, afin de leur donner le dernier baiser de paix et d'affection, et les der-

---

[1] Causée par une liqueur ici sous-entendue. (*Note de l'Auteur.*)

nières marques de sa générosité ; il laisse à son fieu sa cravate, et lui
assure qu'il en sera très-content, s'il pense à lui autant de fois qu'il y
a de taches sur cette cravate. C'étoit là le seul bien, avec ses cheveux,
qui restoit à sa disposition. Enfin, voulant récompenser la fidélité
et les assiduités de son baudet qui, étant tombé plusieurs fois sur lu
dans des trous, n'en vouloit pas sortir pour lui marquer sa constance,
il lui fait présent de ses cheveux, parce qu'étant plus doux que le cuir
et même le crin dont on fait quelquefois de fausses brides, on pourra
lui en faire une qui, bien loin de le blesser, le chatouillera agréablement. C'est ainsi qu'il termina les derniers moments de sa vie innocente par ces sentiments que la postérité la plus reculée n'oubliera
jamais.

Lecteur, suis bien ceci : Jean-Giles Bricotteau,
Sentant son foible esprit [1] sortir de son cerveau,
Ne voulut point mourir qu'il n'eût tout mis en ordre;
Et comme la censure aime toujours à mordre
Guidé par son pasteur, disposa tellement
En faveur d'un chacun son dévot testament,
Que de son procédé pas un ne le critique,
Et qu'il se surpassa dans ce moment tragique.

Volontiers je vous donne, a-t-il dit au Seigneur,
Puisqu'ils veulent partir, mon esprit et mon cœur ;
Pour mon corps, je consens que, sans autre parure,
Aux vers il soit jeté, qu'il en soit la pâture.
Ma femme à mon pasteur j'abandonne en ce jour,
Afin qu'à bien mourir elle apprenne à son tour.
Bon saint Pierre ! grand saint ! patron de ce village,
Qui m'avez protégé même dès mon bas âge,
Si vous m'aimez encor, prenez soin de ce fieu
Que je chéris si fort, que j'ai reçu de Dieu.
Il sera bon enfant, s'il ressemble à son père ;
Vous le savez, grand saint, et ne pourrez le taire,
Quand un jour il faudra qu'avec simplicité
Un chacun devant Dieu dise la vérité.
A nos pauvres voisins tous mes fonds j'abandonne,

---

[1] Si jamais il en eut. (*Note de l'Auteur.*)

Terres, maisons, jardins, de bon cœur je leur donne,
Si ma femme y consent et si j'avons du bien;
Elle seule sait tout, pour moi je n'en sais rien.
Au meunier, mon ami, pour mettre la farine,
Je laisse tout mon linge et ma chemise fine;
Comme à Colas Loriot mes habits, mes chapiaux,
Afin d'effaroucher les renards, les blériaux :
Ma culotte que voici, que seule je regrette,
Qui me rendoit si brave au grand jour de ma fête,
Passera, je l'ordonne, à Paul l'Escalopier,
De tous les Soissonnois le plus fin moutardier;
Qu'il la mette chaque jour; sa couleur éclatante,
Ne se surchangeant point, paroîtra surprenante.

Pour vous petits amis, qui connoissez mon cœur,
Mon fieu, mon cher baudet, sentez votre malheur,
Je quitte un bon enfant, un serviteur fidèle,
Vous perdez un bon père, un maître plein de zèle.
Je n'ai plus rien, mon fieu, qui soit digne de toi,
Qui pût récompenser ta tendresse pour moi;
Ma cravate pourtant, qui vient de mon grand-père,
Et que j'ai fait cent fois recoudre par ta mère,
Me paroît un présent qu'il sera glorieux
Pour toi de recevoir comme un don précieux.
Nuit et jour à ton cou, crois-moi, tiens-la nouée,
Ta conduite partout en sera plus louée;
Ce qui vient des parents et de l'antiquité
Ne peut sans contredit être assez réputé.
Si tu penses à moi non moins qu'elle a de taches
(Et c'est le dernier point que je veux que tu saches),
Tu m'auras en tout temps présent à ton esprit,
Et tu feras ainsi ce que je t'ai prescrit.

Viens aussi, piot baudet, viens ça, que je t'embrasse,
Après quoi je dirai ce qu'il faut que l'on fasse.
Vingt fois tombé sur moi tu ne te mouvois pas,
Tantôt suivois le vent tombant à chaque pas;
Que n'as-tu pas souffert? qu'on donne à ce bon guide
Mes cheveux à l'instant, pour lui faire une bride.

¹ Voilà un plaisant présent que notre imbécile moribond fait à son âne! mais, après tout, que pouvoit-il donner autre chose que ses cheveux, puisqu'il n'y avoit plus rien sur son corps de séparable dont il pût disposer? D'ailleurs ce présent est aussi solide que les pieds de son âne qui couroit comme le vent et tomboit comme la grêle.

---

### ÉPITAPHE POUR METTRE SUR LE TOMBEAU DE JEAN-GILLES BRICOTTEAU.

Faite par Thomas Bréjon, premier domestique chez M. Drognon, curé de Vieux-Maisons-le-Vidame, au diocèse de Soissons, petit bourg sur la grande route de Paris à Châlons-sur-Marne, etc., et par Mont-Mirel en Brie.

J'espère que le public lira cette épitaphe avec des yeux indulgents. C'est un coup d'essai. D'ailleurs je n'ai point fait d'études, sinon que j'ai attrapé par-ci, par-là, quelques mots de latin en servant mon maître, qui est un savant curé et un homme respectable à tous égards. Cher lecteur, je tâcherai de mieux faire une autre fois, dans l'espérance de ce succès et dans les sentiments les plus sincères d'estime.

Je suis ton serviteur,

THOMAS BRÉJON.

A Vieux-Maisons-le-Vidame, le 15 août 1759.

Cette épitaphe ne peut guère être bien entendue, si l'on n'a soin auparavant de lire avec attention les vers du testament.

> Qui que tu sois, arrête, et lis sur ce tombeau
> Ce que l'on doit penser du subtil Bricotteau.
> C'est ici que repose une fameuse bête,
> Qui n'eut jamais d'esprit qu'alentour de sa tête,
>     Bien qu'un quidam ait dit
>     Qu'en mourant il sentit
> Son foible esprit sortir de sa cervelle,
> Pour moi je crois, et c'est chose réelle,

¹ Réflexion peu bienveillante de quelqu'un des nombreux et maladroits éditeurs de cette acétie.

Que comme un autre Jean... de qui l'histoire dit,
Que quand il rendit l'âme il ne rendit l'esprit,
¹ Il a voulu donner une chose à Dieu même,
Qu'il ne reçut jamais de cet Être suprême.
Puisqu'il est vrai que ² *Nemo dat quod non habet*,
Concluons donc ici qu'en baisant son baudet,
Au moment qu'il l'alloit laisser seul ³ sur la terre,
Pour la dernière fois il embrassoit son frère.
Passants qui subirez le même sort du trépas,
Priez Dieu pour son âme et n'appréhendez pas
Que son esprit revienne : il n'eut pour chef ⁴ qu'un crible.
A qui n'a point été, revenir n'est possible.

Sauf les notes explicatives qui accompagnent cette épitaphe et les réflexions qui viennent immédiatement à la suite du testament, lesquelles sont de la façon de je ne sais quel sot commentateur, ces deux pièces et l'oraison funèbre appartiennent au même auteur. Il est fâcheux seulement que celui-ci n'y ait pas mis son nom. Mais peut-être n'est-il pas impossible de le pénétrer. Le lecteur en décidera.

Et d'abord le lieu où le discours a été prononcé et celui où il a été imprimé, semblent indiquer que c'est là une de ces facéties par lesquelles les membres de l'Académie de Troyes payaient leur tribut à cette joyeuse institution.

Mais qu'était-ce que cette Académie de Troyes?

En 1742, quelques jeunes gens, habitants de cette ville, ayant de l'esprit, de la gaieté, de la santé, portant un médiocre souci de l'avenir, un certain goût pour les lettres avec le désir d'en

---

¹ En mourant il donna son esprit à Dieu. Voyez son testament. (*Note de Bréjon.*)

² Personne ne peut donner ce qu'il n'a pas, et quiconque veut aller contre ce principe, ressemble par sa bêtise à un baudet comme Bricotteau. (*Idem.*)

³ Seul de frère. (*Idem.*)

⁴ Rien ne pouvant rester dans sa tête, l'esprit étoit toujours logé dehors. (*Idem.*)

faire un amusement plutôt qu'une étude, formèrent le projet de se réunir chaque semaine chez l'un d'eux et de se constituer en société. Les principaux membres furent Mathieu Tillet, agronome distingué, né à Bordeaux vers 1720, mort en 1791, après avoir été directeur de la Monnaie de Troyes et membre de l'Académie des sciences; André Lefèvre, né à Troyes en 1717, mort en 1768, avocat; David, fils aîné du directeur des aides de Châlons-sur-Marne, mort à Paris directeur de la ferme des cuivres, *le plus paresseux de tous les hommes*, ainsi que le qualifiaient ses confrères, encore qu'il s'agitât fort pour le service de la société dont il était le principal secrétaire, que, plus hardi que pas un d'eux, il se chargeât de ce qu'ils appelaient les *ambassades à visage découvert*, et remît intrépidement *en plein jour et en pleine rue* les correspondances à ceux à qui elles étaient adressées; Jeanson, sur la vie duquel on manque de détails, mais sur le compte de qui les sociétaires mettaient malignement leurs élucubrations, et qui était le bouc émissaire de la compagnie; Grosley, enfin, le plus illustre, né à Troyes en 1718, mort en 1785, avocat, grand maître de l'abbaye royale de Saint-Loup de Troyes, membre de la Société royale de Londres et de l'Académie des inscriptions de Paris. Il était grand et maigre, avec une figure d'*extrême-onction*, comme il disait lui-même, un costume étrange, et toutefois l'air toujours gai et riant. Aussi l'appelait-on *Démocrite*, et Lefèvre, qui avait des apparences tout opposées, avait reçu le nom d'*Héraclite*.

Il paraît que nos académiciens se prirent d'abord au sérieux, considérant plutôt l'utilité de la littérature que leur propre amusement. C'est ce qui fait que, longtemps encore après qu'ils eurent changé d'avis, ils ne laissèrent pas de passer pour ce qu'ils avaient résolu d'être en premier lieu, et que, dernièrement encore, on portait, dans un catalogue, les *Mémoires de l'Académie de Troyes* au titre des sociétés savantes, entre l'*Histoire littéraire de la France* et les *Mémoires de l'Académie celtique*. Mais bientôt, s'étant ravisés, ils arrêtèrent qu'on s'assemblerait les mardis et les samedis, *jours de Gazette*, qu'on se bornerait à lire le *Mercure* et les feuilles de l'abbé Desfontaines, et qu'on devinerait des énigmes et des logogriphes.

La première condition pour être membre de cette association était de savoir lire et écrire. Un silence religieux fut exigé de tous les membres de la compagnie, laquelle s'appela d'abord modestement *Société littéraire*. Mais le public lui ayant décerné le nom d'Académie, elle le garda et l'allongea en la manière suivante : ACADÉMIE DES SCIENCES, INSCRIPTIONS, BELLES-LETTRES ET BEAUX-ARTS de Troyes, en CHAMPAGNE, et prit pour emblème une *lune* dans son plein, avec la légende *sic fulget*. Lefèvre en fut le premier doyen. Elle tint sa séance d'ouverture le 15 juillet 1742, et fixa le nombre de ses membres à sept. Cependant, par grâce spéciale, et sans tirer à conséquence pour l'avenir, elle se décida à admettre, le 19 mars 1743, un associé, à la condition qu'*il ne compterait pas pour grand'chose*, et elle devait en outre avoir à Paris un correspondant pour la *fournir de maquereaux*.

Au rapport de Grosley, dans sa vie écrite par lui-même[1], Lefèvre, David et lui se partagèrent les travaux de la société. Le partage avait lieu le plus souvent dans la cuisine de Grosley, aux doux frémissements de la marmite, et en compagnie de la vieille servante, qui lui suggérait parfois d'excellentes idées. C'est ainsi, dit-on, qu'elle imagina la harangue qu'on fait prononcer à un nommé Briet, à l'hôtel de ville, dans une pièce qui n'a pas été imprimée. Souvent aussi c'était dans des promenades de nuit qu'on trouvait matière à des dissertations. Celle, par exemple, qui roule sur *un ancien usage*, et qui fut lue à l'Académie le 28 mai 1745, me paraît être le résultat des observations faites par nos amateurs, en passant le long des murs de la rue du Bois. L'ancien usage en question était surtout flo-

---

[1] Continuée et publiée par l'abbé Maydieu, dédiée à un inconnu; Londres et Paris, 1787, in-8 de 451 pages.

rissant dans cette rue. Il attesterait, ou que les nécessités du public nomade bravaient, comme elles le font encore aujourd'hui, les inscriptions comminatoires dont les monuments de quelques maisons particulières étaient décorées, ou que ces inscriptions n'existaient pas encore.

Le sujet de la dissertation ou du mémoire étant arrêté, chacun s'en occupait et traitait les parties qui étaient le plus à son goût. « Chaque pièce, dit Grosley[1], paraissait isolément, à mesure qu'elle était composée ; le samedi était le jour de distribution. David, oubliant sa paresse habituelle, avait pris cette affaire tellement à cœur, qu'il passait les nuits à faire les copies. Il s'était formé *ad hoc* à écrire de la main gauche, et cette écriture contrefaite était aussi ample et aussi nette que son écriture ordinaire était menue et difficile à lire.... »

Le secret fut exactement gardé pendant plus d'un an que dura le travail des publications manuscrites. Mais en 1744, l'Académie publia un volume de ses Mémoires. A mesure que les mémoires manuscrits avaient été répandus dans la ville, on les avait lus, appréciés, critiqués, et généralement regardés comme *plats et mauvais*. On n'est jamais prophète en son pays. Le public troyen ne changea pas d'avis lorsqu'ils furent imprimés, et on n'en vendit à Troyes que *quatre* exemplaires ! Il n'en fut heureusement pas de même à Paris, où presque toute l'édition fut débitée en quinze jours.

Quant aux sujets qui sont traités dans les Mémoires de l'Académie de Troyes, et aux auteurs à qui il faut les attribuer, je ne m'en occuperai pas ; mais le lecteur fera bien de consulter làdessus l'intéressante notice du docteur Payen, insérée dans le tome Ier du *Journal de l'amateur de livres*, notice que j'ai largement mise à contribution.

Je reviens à l'*Oraison funèbre de Bricotteau*. Il n'est pas douteux, selon moi, qu'elle n'appartienne à Grosley, et voici sur

---

[1] *Loc. cit.*

quoi cette certitude est fondée. En 1749, l'Académie de Dijon proposa la question suivante : *Le progrès des sciences et des arts a-t-il contribué à corrompre ou à épurer les mœurs ?* On sait assez l'étrange effet que, dès qu'elle fut rendue publique, cette question produisit tout à coup sur J. J. Rousseau, l'écrit du philosophe auquel elle donna lieu et l'influence qu'elle eut sur sa destinée. Rousseau prit parti contre les arts et les sciences et n'en eut pas moins le prix. Mais, ce qu'on ne sait pas aussi bien, c'est que Grosley fut le concurrent de Rousseau. Seulement il traita la question dans un esprit tout différent, et il n'eut que l'accessit. Or, je ne pense pas qu'il soit téméraire d'affirmer que l'*Oraison funèbre de Bricotteau* est l'expression immédiate du dépit de Grosley, d'autant qu'elle fut imprimée l'année qui suivit le jugement de l'Académie dijonnaise. En établissant dans cette pièce avec une gravité ironique et dans un style tantôt précieux et tantôt négligé à dessein [1], la prééminence de l'imbécillité sur l'esprit, il se moquait et se vengeait tout à la fois de ses juges et de Rousseau. Mais tout plaisant et facétieux qu'il était, Grosley dut convenir que Rousseau et l'Académie de Dijon l'avaient été plus que lui, l'un, en défendant avec un sérieux que rien ne trouble et dans un style magnifique, une imposture révoltante, l'autre, en couronnant le sophisme avec un enthousiasme réfléchi, si ces deux mots peuvent aller ensemble, et insultant pour la vérité. De toutes manières donc il était vaincu. Mais ne voulant pas afficher son chagrin, et toutefois ne pouvant le garder, il écrivit cette pièce où il ne mit pas son nom, mais où il se plut à outrer le sentiment de Rousseau. Si Rousseau répudiait l'instruction et tous les bienfaits dont elle est le germe, lui répudiait la raison. Rousseau nous ramenait à l'état de sauvages, Grosley nous réduit à l'état de crétins.

---

[1] Ce style a ensuite été singulièrement gâté par les différents éditeurs qui, depuis un siècle, ont tour à tour réimprimé la pièce. C'est le sort de quantité d'écrits, du moment qu'ils tombent dans le domaine du colportage. Leurs auteurs s'y reconnaîtraient à peine.

La vengeance était douce; elle était dans la mesure du caractère et de l'esprit de Grosley; elle eût été approuvée de la compagnie si celle-ci eût existé encore (elle s'était dissoute en janvier 1745); et elle est toujours amusante aujourd'hui. Ce n'est pas que l'*Oraison funèbre de Bricotteau* soit très populaire, encore qu'elle fasse partie de la bibliothèque du colporteur; mais cela n'ôte rien à son mérite, au contraire. Je dis plus, il est peut-être dans les vues de la Providence qu'elle ne jouisse pas de la même popularité que les almanachs ou autres livrets, y ayant lieu de craindre que ces agréables peintures des avantages de la stupidité ne séduisent quelques personnes déjà mal disposées à l'égard de l'esprit, et ne les portent, par exemple, dans l'espoir d'assurer le bonheur de leurs enfants, à les mettre au régime des Bricotteau. Ce serait l'inauguration du règne de l'éteignoir, et par là serait tranchée nettement et naturellement la question des classiques païens. De telles bizarreries se manifestent quelquefois à la suite d'une conviction instantanée et irréfléchie; et elles ne paraîtront pas impossibles, si ce qu'on raconte des auditeurs d'Hégésias est vrai. Ce philosophe prouvait avec tant de force, d'éloquence et de logique l'immortalité de l'âme et la certitude d'une vie future, qu'au sortir de ses leçons on courait se noyer à l'envi pour vérifier le fait. Ptolémée fut obligé de lui interdire la chaire, de peur que l'Égypte, sous l'influence de sa parole, ne se dépeuplât par curiosité des choses qui se passaient dans l'autre monde.

Ce n'est pas certainement Grosley, mais ce pourrait être un de ses confrères qui est l'auteur du livret suivant :

*Description de six espèces de p..., ou Six raisons pour se conserver la santé, prêchées le Mardi gras, par le Père Barnabas, P....r en chef au village des V....., Province des É....., goûtez qu'ils sont bons; Avec le testament de Roger-Bon-Tems, la Chanson du Rendez-vous que Madame fit à son époux, et les petites Nouvelles que vous direz être vieilles.*

*Nouvelle édition, revue, corrigée, augmentée et mise dans un nouvel ordre, par M. Chicourt, docteur d'Archicourt, et médecin ordinaire de l'Homme-Armé.* In-8, 16 pag., Troyes, Garnier, S. D., ou in-12, à Morlaix, chez Chipet, quai de l'Avale, S. D.

Cette pièce est le digne pendant de la dissertation dont il vient d'être parlé, sur l'*ancien usage* observé dans la ville de Troyes; mais l'une et l'autre sont également impossibles à analyser. Obligé toutefois de rendre des jugements sur des œuvres qui ont été jusqu'ici en possession de corrompre ou de moraliser le peuple, je dois, pour en signaler les périls ou les avantages, d'abord au moins les nommer; les ayant nommées, je ne saurais les approuver ou les proscrire sans motiver mes arrêts, et par conséquent sans mettre les pièces sous les yeux du public. Dans l'espèce, pour parler toujours comme on parle au Palais, je pourrais m'autoriser d'exemples nombreux empruntés non pas seulement aux Grecs, mais aux Romains; aux païens, mais aux chrétiens; aux anciens, mais aux modernes. Mais si nombreux que fussent ces exemples, ils ne seraient peut-être pas suffisants pour me mettre à l'abri des reproches, si j'avais la faiblesse de donner, même par extraits, cette ordurière Description des six espèces de p... Que si quelques personnes m'estiment trop sévère, et m'accusent de leur dérober gratuitement un plaisir, je ne m'amuserai pas à les prêcher; je les renverrai seulement à la *Bibliotheca scatologica* [1], où elles trouveront de quoi se renseigner à ce sujet, et se dédommager amplement. Elles y pourront lire une longue liste raisonnée d'environ deux cent cinquante auteurs et ouvrages qui ont parlé de cette matière ou qui l'ont traitée à fond. Le spirituel bibliophile, auteur de cette liste, est lui-même une autorité considérable. Néanmoins, je n'éprouve pas, à propos du livret dont je viens de donner le titre et dont je vais indiquer l'origine, l'enthousiasme que lui inspire le

---

[1] Dans le *Journal de l'amateur de livres*, t. II.

recueil qu'il a compilé, enthousiasme qui va jusqu'à lui faire dire que

<blockquote>La mère en permettra la lecture à sa fille.</blockquote>

Non, un pareil badinage ne peut à aucun titre faire partie de la récréation des filles, à plus forte raison de leur éducation. Ce qui est sale, encore qu'il prête à rire, ne leur sied pas plus que ce qui est obscène, et la saleté est un acheminement vers l'obscénité. Cette maxime est juste et vraie, et elle n'a que faire de l'approbation des jansénistes.

Pour en revenir à mon livret, il est fait à l'imitation de la plus ancienne facétie de ce genre qui ait été écrite en français, et qui a pour titre : *Le plaisant deuis du P.., auecques la vertu propriété et signification diceluy quautrefois un noble Champion auroit faict à sa dame Valentine, malade de la collique venteuse. Et comment par le P.. on peult prognosticquer plusieurs bonnes aduentures..... Imprimé à Paris par Nicolas Buffet* (vers 1540), pet. in-8 goth. de 16 ff., fig. sur bois. Ce traité, publié vers 1540, est aujourd'hui d'une très-grande rareté. Un exemplaire fut payé, à la vente Mac-Carthy, 50 francs, puis 56 francs seulement à la vente de M. Viollet-Leduc, en 1849. C'est encore trop cher, puisque l'imitation que je possède, et que j'estime très-supérieure à l'original, ne m'a coûté que cinq sous.

Sur la même feuille que le titre de celle-ci, mais au verso, qui est paginé 2, le chiffre 1 étant celui du recto, on lit les *Petites Nouvelles ou Nouvelles à la main;* elles tiennent toute la page, et sont de la même nature que celles que les ouvriers de M. Domange porteraient à la connaissance du public, s'ils rédigeaient un journal sur les choses de leur profession et s'ils l'écrivaient avec une plume trempée dans leur marchandise. Viennent ensuite la *Description des six espèces de P...*, qui est un sermon en deux points, avec un exorde et une conclusion; le *Testament de Roger-Bontems*, qui est de la force des *Nou-*

*velles à la main*, et forme une page et demie; enfin la *Chanson du Rendez-vous*. Cette chanson est en deux parties et trois couplets, chaque couplet sur un air différent; elle forme la page 16, qui est la dernière. C'est aussi sot que dégoûtant.

Tous ces sermons ont des titres incontestables à l'honneur d'amuser le peuple, et ils les ont fait longtemps valoir avec un succès bien propre à justifier le zèle des éditeurs qui n'ont pas craint de les réimprimer. Il est honteux pourtant que la saine littérature et l'esprit de bonne et fine trempe aient eu si peu de part à ce succès, et que d'ailleurs, la religion, la morale et la décence aient de si justes réclamations à élever contre lui. Quoi qu'il en soit, la popularité de ces sermons, quelque grande qu'elle fût, se refroidit et est actuellement presque éteinte, tandis que celle qui s'attache à l'histoire de Michel Morin, à ses innombrables talents et à la catastrophe qui a tranché le fil de ses jours, est à peu près immortelle.

L'opuscule où l'histoire de ce personnage est rapportée a pour titre : *Éloge funèbre de Michel Morin, bedeau de l'église de Beauséjour; mort de son âne; son testament*, in-18, 22 pag., Épinal, Pellerin, S. D.; Tours, Ch. Placé, in-18, 11 pag., S. D.

Des savants ont cru qu'il y avait quelques rapports entre Michel Morin et Simon Morin, qui fut brûlé en place de Grève le 14 mars 1663, et que, par la mort de l'*âne* du premier, il était fait allusion à un jeu de mots impie attribué au second sur la mort de son *âme*. Il n'est pas possible qu'aucun savant ait jamais commis cette bévue; mais il est toujours de mode de calomnier les savants, le gros du monde y étant, et pour cause, assez intéressé. Simon Morin ne fut point un athée; ce qu'il eût été sans doute, si le jeu de mots qu'on lui prête lui appartenait en effet. C'était un fou dangereux qui faisait partie de la secte des *Illuminés*, bien digne à cet égard d'obtenir un logement aux Petites-Maisons, mais nullement le cruel honneur du fagot. Il soutenait qu'il devait bientôt se faire une réformation générale de l'Église, et que tous les peuples allaient être convertis à la vraie foi. Il prétendait que ce grand renouvellement aurait pour cause le second avènement de Jésus-Christ dans son état de gloire, et incorporé en lui Morin; que pour l'exécution des choses auxquelles il était destiné, il devait être accompagné d'un grand nombre d'âmes parfaites et participantes à l'état glorieux de Jésus-Christ, lesquelles il appelait pour cela des combattants de gloire[1]. Jean Desmarets de Saint-Sorlin, qui était lui-même un grand fanatique, feignit d'être son disciple et le dénonça. Morin avait déjà quelques sectateurs. Il avait promis de ressusciter au troisième jour; de là vint qu'il s'assembla une multitude de sots à l'endroit où il fut brûlé. Le premier président de Lamoignon lui ayant demandé s'il était écrit quelque part que le grand prophète ou nouveau Messie passerait par le feu, Morin, déjà condamné, cita ce verset du psaume XVI : *Igne me examinasti, et non est inventa in me iniquitas*[2].

En voici assez, je pense, pour prouver que Simon n'a rien de commun avec Michel. Quant à ce dernier, qu'il soit un personnage imaginaire ou réel, cela importe peu; l'opuscule qui le concerne n'en est pas moins amusant. D'ailleurs, il n'est guère de village qui n'ait, dans la personne du bedeau de sa paroisse, une espèce de factotum tel que Michel Morin est ici dépeint, et il est si vrai qu'on ne doit voir en lui que la personnification de tous ses pareils, qu'on ne désigne pas autrement, aujourd'hui encore, les gens qui se mêlent de tout, de ce qui est comme de ce qui n'est pas de leur office.

J'avoue que si j'avais à émettre un avis sur l'intention qu'a eue l'auteur, en composant cet éloge funèbre de Michel Morin, je dirais qu'elle a été de parodier les oraisons funèbres, pièces

---

[1] Voy. la préface des *Lettres visionnaires*.

d'éloquence qui étaient devenues fort à la mode, qui faisaient le sujet des débuts du moindre des petits collets, où le bien, quand il n'était pas inventé, était démesurément exagéré, et le mal effrontément passé sous silence. Si mon opinion n'est pas vraie, du moins est-elle vraisemblable, et, pour mon compte, je n'y tiens pas autrement.

Je reviens à l'éloge en question. C'est l'énumération de toutes les qualités de Michel Morin, en son vivant bedeau de Beauséjour, et le récit des circonstances de sa mort. On en lira volontiers quelques extraits.

### ÉLOGE FUNÈBRE DE MICHEL MORIN,

Bedeau de l'église du lieu et village de Beauséjour en Picardie, décédé le 1<sup>er</sup> mai 1751; prononcé en l'honneur du défunt, en présence de tous les habitants de ce lieu, le jour de son enterrement.

*Omnis homo mortalis.*

Nous sommes tous mortels : il y a longtemps, mes chers frères, que j'ai fait cette réflexion importante. Nous sommes mortels et sujets à la mort, parce que nous sommes hommes. *Omnis homo mortalis.* Les siècles passés nous fournissent des livres qui nous font connaître que les Alexandre, les César, ces hommes redoutables, ces guerriers si terribles, et tant d'autres hommes d'un rang distingué sont morts : *Omnis homo mortalis.* Cependant, toutes les lectures que j'ai faites ne m'ont pas tant touché que la mort du pauvre Michel Morin m'afflige aujourd'hui, comme vous le savez.

Ce fut hier qu'il trépassa, hier la mort termina son sort; il mourut enfin à la fleur de son âge, et nous ne le verrons plus. Jeudi dernier il était dans son jardin, il me fit : *Hem, hem !* qu'en dites-vous, n'ai-je pas bon appétit? Et il mordait dans un gros croûton de pain frotté d'ail, et le mangeait à belles dents avec ses deux mains. Hélas ! mes chers frères, qui l'aurait cru? le voilà mort et nous ne le verrons plus ; nous faisons tous une grande perte, car lui seul sonnait la cloche, coupait le pain bénit, allait à l'offrande et chantait au lutrin; lui seul chassait les chiens de l'église, enfin c'était l'*Omnis homo* de notre village. Ha ! ha ! oui, riez, pauvres idiots que vous êtes, riez, riez. il y a bien à rire ; vous faites bien voir qui vous êtes, et que vous ne savez pas le latin ; car si vous aviez étudié en classe, vous sauriez qu'*Omnis homo* veut dire un homme à tout faire ; mais parce que vous êtes des ignorants, vous croyez que Michel Morin était un sot, à cause qu'il portait une chemise rousse et des bas blancs ; voyez la belle conséquence ! Si vous me voyiez quand je me lève avec un bonnet de nuit et un caleçon, vous diriez donc que je n'ai point d'esprit : l'habit ne fait pas le moine... Si Michel Morin eût été un homme de qualité, on aurait écrit ses actions en gros caractères dans les gazettes, mais parce que c'était un homme de village, habillé en paysan, tout ce qu'il faisait n'était pas remarqué ; cependant on n'a jamais rien vu de plus admirable dans les histoires. Faites attention à ceci.

Un jour le fils et le gendre du grand Colas se battaient dans le jardin pour des prunes, et ces deux garçons s'arrachaient les cheveux et se donnaient des coups de poing ; Michel Morin s'en aperçut ; aussitôt, d'un air délibéré, il sauta par dessus la haie, zeste, il vous les prit tous deux par le chignon, donna un coup de poing à l'un, un coup de pied à l'autre, piffe, paffe, les sépara, jeta leurs chapeaux dans la rue, et il n'en fut plus parlé. Voilà comme Michel Morin avait de la charité pour son prochain ; car, sans lui, ils se battraient encore, et vous ne les empêcheriez pas, pauvres gens que vous êtes ! Si je vous disais ici des fables ou des histoires du temps passé, vous pourriez dire : On nous en fait accroire, ce sont des contes à dormir debout ; mais je vous parle de notre temps. Par exemple, qu'y avait-il de plus fort que de voir faucher un pré à Michel Morin ? Sitôt qu'il mettait son pourpoint bas, il prenait sa faulx à deux mains et fauchait tout à l'entour de lui, et friste et freste, tout d'une haleine jusqu'au bout du pré ; et, sans perdre de temps, il prenait sa pierre pendue à son côté dans une gaîne, et ziste et zeste ; ensuite il crachait dans ses mains, et, tête baissée, il recommençait tout de nouveau ; vous eussiez dit qu'il allait tout abattre ; voilà pourquoi on l'appelait le grand abatteur de chênes. C'était la terreur des forêts ; avec une serpe, friste, freste, il coupait des branches tout entières ; jamais on n'a vu un tel ouvrier ; cric crac, en deux tours de main, voilà un fagot bâti, mais des fagots ! des fagots en conscience ! Les fagots de Michel Morin étaient de bons fagots ; ce n'étaient pas de ces fagots fourrés de feuillage, ni de ces petits méchants fagots comme en vendent les marchands ; ses fagots étaient des fagots bien fagotés, les mieux fagotés de tous les fagoteurs de fagots. Que peut-on voir de plus merveilleux ! Y a-t-il homme sur terre qui ressemble à Michel Morin ? Non, il n'y a pas son pareil dans les airs; c'est ce que je vous ferai voir, car je ne me lasserai jamais de dire que c'est un véritable *Omnis homo*.

Michel Morin était admirable dans les airs : je me souviens à propos (quelqu'un d'entre vous y était), il y aura dimanche deux ans, comme on faisait le prône, ha! vous en souvenez-vous, lorsque les oiseaux faisaient leurs nids dans la voûte de l'église? Ils faisaient un tintamarre si grand qu'on ne pouvait entendre le prône; vous regardiez ces animaux tout debout, les bras croisés et comme des statues, et vous n'osiez les chasser. Il n'y eut que Michel Morin, l'*Omnis homo*, qui, par son adresse et son courage, trouva le moyen de les faire sortir; et voici comment il s'y prit : il sortit du chœur, il ouvrit la porte de l'église, prit la perche à ôter les araignées, il monta sur un banc, et fredi et fredon, et boute et haie, et tu en auras, et tu t'en iras, et tu ne t'en iras donc pas : il fit comme cela d'un bout à l'autre de l'église, et en chassa tous les oiseaux et oisillons, renversa tous leurs nids, sans qu'il en restât ni frique ni fraque. Hé bien! sans Michel Morin où en serions-nous? Dame! il n'y allait pas de main morte, c'était un généreux champion; c'est pourquoi vous devez profiter de ses belles actions.

Mais parlons plus sérieusement. Michel Morin, avec sa mine à peindre et sa prestance magistrale, vêtu de son habit des dimanches, ressemblait au procureur fiscal de la paroisse. Ce n'est pas tout, il était encore grand carillonneur. Tout le monde, le jour de la fête, venait l'entendre carillonner; vous l'avez entendu vous-mêmes : il faisait dire à nos cloches tout ce qu'il voulait; vous eussiez dit qu'elles parlaient; cependant il ne savait pas la musique; et comme disait sa pauvre mère : C'était bien dommage qu'il n'avait pas été à l'école, car il eût passé les sciences, s'il en eût été capable. Mais enfin, pour en revenir à nos cloches, il carillonnait bien gentiment; il prenait les cloches avec les pieds, dans ses mains, et il se trémoussait comme un perdu : don, din, don, din, don, tir li, tir li du bon, à boire à Michel Morin. Que tu es merveilleux! le grand *Omnis homo*, le grand homme à tout faire!

Il avait une constance tout à fait héroïque: c'est ce qui fit dire à un savant homme, qui passait par ici, que dans une extrême nécessité il aurait parlé au roi; et, en effet, ce n'était pas un sot, comme vous; il débitait sa marchandise comme une merveille; il savait le plainchant comme un oracle, il déchiffrait une antienne mieux que personne, et portait la chape comme un évêque, car il avait bonne mine et se carrait en marchant, plique, plaque ; il n'avait que des sabots : ce n'était pas par vanité, puisque son beau-père était cordonnier. Il avait la voix si terrible et si belle, que, dès qu'il commençait à chanter, tous les chiens s'enfuyaient de l'église. Si je ne craignais la médisance, je croirais qu'il était fils de quelque gentilhomme ; mais je soupçonne tout au moins qu'il avait été changé à nourrice, puisqu'il était né pour des actions si nobles, comme vous l'allez voir.

Un jour il prit un fusil sur ses épaules pour aller à la chasse : quand il fut au bout de la haie à Jean Michaud, il coucha un lièvre en joue : pouffe, il le tua, il sauta le saut et le prit, l'emporta, le larda, l'embrocha, le fit cuire, le mit dans un plat, le servit sur la table et le mangea ! O l'excellent homme ! ô le bon mangeur ! l'admirable *Omnis homo !* Trouverait-on son pareil ? Non, car il était au poil et à la plume. Vous l'avez vu sans pareil sur la terre et dans les airs : il était encore pire dans les eaux, il était partout intrépide comme vous l'allez voir.

Michel Morin, mon fidèle ami, était zélé depuis longtemps pour me rendre service jusqu'au suprême degré. Voyant un jour quatre de mes amis qui venaient pour manger ma soupe, je pense que c'était la veille ou surveille d'une fête ou d'un dimanche ; mais n'importe, il suffit que c'était un jour maigre, et que je n'avais pas de quoi les régaler ; aussitôt qu'il connut ma peine, il se dépouilla tout nu et se jeta à corps perdu dans la rivière ; nous crûmes qu'il était noyé ; point du tout, dans un moment il revint à bord à la nage, avec de grands poissons longs comme d'ici à demain. Hé bien ! dit-il avec sa mine riante, qu'en dites-vous ? Dame ! c'est que les gens du roi ne sont pas des sots : et, sans perdre de temps, il troussa ses manches jusqu'au coude, et les basques de son justaucorps, ensuite il tira son couteau de sa poche, cracha dessus, l'aiguisa sur le pavé, et friste, freste, éventra un gros brochet, nous en fit une matelotte avec une sauce si bonne, qu'on s'en léchait les quatre doigts et le pouce. O l'excellent cuisinier que Michel Morin ! je ne me lasserai jamais de dire que c'était un excellent *Omnis homo.*

Je finis par la dernière et belle action de sa vie, qui prouve bien son grand cœur, son adresse et son peu d'intérêt : le pauvre homme gagea qu'il irait dénicher des pies sur le grand orme ; il y monta pour son malheur sans échelle ; quand il fut au haut de l'arbre, il s'écria : J'ai gagné, et tourna la tête, montrant le nid ; mais la branche se cassa, cric crac ; il échappa bras et jambes, et s'écarbouilla le cœur au ventre. Ah ! pour une chopine, Michel Morin, que tu es mort à bon marché! Il est vrai qu'il n'était pas intéressé, car il aurait couru une lieue pour un demi-setier de vin ; d'ailleurs, point glorieux, il buvait avec le premier venu qui lui payait chopine.

Pleurons, pleurons donc la mort de Michel Morin, à cause de la perte que nous faisons : n'oublions pas les belles actions qu'il a faites dans sa vie ; par exemple, son grand zèle pour le bien public, en chassant les vaches du cimetière, en séparant les gens qui se battaient pour des prunes ; sa bonne foi à faire des fagots ; son adresse à faucher des prés ; son industrie à chasser les oiseaux de l'église ; sa disposition surnaturelle à la chasse ; son intrépidité à pêcher ; son habileté à faire des sauces : que dis-je? j'oublie son instinct naturel à carillonner! car en deux enjambées il grimpait tout d'un coup au clocher. C'est pourquoi je vous exhorte à bien instruire vos enfants des merveilles de Michel Morin ; bercez-les des belles choses que vous venez d'entendre ; endormez-les avec les chansons qu'il faisait dire à nos cloches, car c'était un grand homme dans sa pauvreté.

Je ne sais pas quel homme d'esprit a écrit en vers latins macaroniques le trépas de Michel Morin ; je me souviens d'avoir lu, il y a quelque vingt ans, avec un plaisir infini, ces vers dans un numéro de l'*Hermes romanus*, publié sous la Restauration, par Barbier-Veimars, et aujourd'hui très-injustement oublié ; je les avais même appris par cœur, et le souvenir m'en est encore très-présent. Mais le plaisir que j'ai eu, en découvrant la source où le poëte en avait puisé le sujet, et que je ne connaissais pas, m'a été, pour cette raison-là même, plus vif encore. Qu'on me permette donc de donner à ce très-spirituel morceau une publicité nouvelle :

MICHELLI MORINI, GRANDISSIMI ET AMPLISSIMI VIRI,
FUNESTISSIMUS TREPASSUS.

Est juxta nostram grandissimus ormus eglisam,
Plebs paysana suos ibi plaidatura processus
Convenit, ut cunctas demelet Mairus afairas.
Illic æstivis etiam brulante diebus
Sole, ramassati juvenes queis primula mento
Jamjam barba frisat, relevata veste, reponunt

Herbibus in verdis fessas; largumque sub ormo
Tournati in rondum, ludunt charmantia cartis
Vina : regardantes amoroso lumine circum
Stant filiæ, tenerumque optat sibi quæque maritum.

Bella Nanetta, Mairi soboles, cui septima nondum
Æstas bis fluxit, badinat, furtimque decorum
Nunc frappat, nunc veste trahit, nunc pinsat Aleximi.
Se levat impatiens juvenis, badinamque suarum
Nequicquam sese comitum post terga cachantem
Attrapat, audacesque scelus castigat amico
Supplicio, roseos iterumque iterumque Nanettæ
Ambrassans vultus; simulata fronte repoussat
Bellula quam cuperet semper dare fripona pœnam.
Interea ludum finissant, gagnataque cartis
Vina bibunt a tarlarigo, petulantis Iacchi
Munera : dein hilares, violone sonante, gavotas
Gaillardis trepignant pedibus tapotantque frequenti
Saltu tremblantem lourdo sub pondere terram.

Ormi in supremo nidum pia garrula ramo
Percharat; dominum Curetum hæc diablessa prechantem
Troublabat caqueto : quin et fuit ante jujantis
Ora Mairi orduris operire, atque ora clientum.
Sæpe avidos etiam trompavit fæda bibronos,
Dum calida et blancha remplissat pocula fienta.

Tandem derniero numerosa cohua dimancho
Assemblata, tachat perchis si forte tapantes
Enfuiare piam faciant, nidumque detruisent :
Arduum opus! Michelus (nam soli fata Morino
Triste reservabant decus) hurlamenta criantum
Audiit, et totis ut cervus, currit iambis :
Pan patapan resonat sabototo sub pede tellus.
« O! criat, ô socii! quæ vos furiosa prenavit
Stultitia, ut nostrum fracassetis perchibus ormum?
Unus homo cherchandus erat, qui grandia tantum
Antreprenans, possit maisonas abatare volucrum.
Quis vestrum cum terribili bona vina Morino

Audebit pariare, quod hanc montatus in arbram,
Babillardarum ruinabit tecta piarum? »

Dixerat, et chopinam, sine barguignare trognatus
Grancolaus pariat. Tum vaillantissimus heros
Sub chapotum troussans crines, sabotosque dechaussans,
Sese deshabillat; grandi signat cruce frontem;
In manibus crachat, elato pede grimpat in ormum.
« Quo tua te, exclamat Parochus, vaillantia portat?
Ergo voce tua non plus resonabit eglisæ
Vouta, nec ad nostrum cantabis sol, fa, pupitrum!
Quis posthac agreabilibus dindirlididondon
Clocharum sonibus nostras charmabit oreillas?
Siste, rogo, atque meis te redde, Morine, prieris. »

Proh Deus! ad quæ non mortalia pectora poussat
Semibouteilla meri! Cureti parolæque precesque
Arretare ipsum nequeunt : verum ocius audax
Per branchas ormi pergens grimpare, sometum
Empognat, ac toti victor supereminet arbræ.
Tunc, solita entieras subvertere dextra foretas
Arripiens nidulum, dechirat; solobesque piarum
Envoyat ad diablum. Statuunt sed fata quod illas
Suivabit. Michelus brancha tum forte sedebat
Ronjata à vermis; tunc illa, crac : ecce Morinus,
De brancha in brancham degringolat, atque facit pouf.

Hurlat ho! oh! paysana cohors, junctisque priantes
In cœlum recriant manibus, sed frustra : Morini
Tombati caput et cœurum tribouillantur, ejusque
Tota rabotoso fracassantur membra paveto.

Je ne dirai rien des *Regrets et lamentations de Michel Morin sur la mort de son âne*, qui est la pièce qui suit l'éloge funèbre. Rien, je le répète, n'y fait deviner la moindre arrière-pensée impie et le tout est parfaitement plat.

Mais il y a quelque originalité dans le testament, encore qu'il ne soit pas douteux que les vers n'en aient été volontairement estropiés. Il a pour titre : *Testament et dernières paroles de Michel Morin* avec *Avertissement au lecteur*. Je n'en veux pas frustrer celui-ci.

On sera surpris qu'il y ait déjà quelque temps que Michel Morin soit mort, et que son testament n'ait été au jour que le quatre du mois passé ; en voici la raison : un des parents de Michel Morin, arrivant dans la maison où il venait de rendre l'âme, fit faire lecture du testament. Voyant qu'il ne lui avait rien donné, il déchira le testament en treize cent soixante-treize morceaux, et on a été jusqu'à présent pour rejoindre toutes les pièces. L'ayant copié du mieux qu'il a été possible, en voici un extrait mis en vers burlesques :

   Le cœur, le zèle et le courage
   De l'illustre grand personnage,
   De ce fameux Michel Morin,
   Lui a fait fracasser les reins.

   Il attendrit les cœurs de marbre,
   Quand il est tombé de cet arbre,
   En voulant dénicher des pies ;
   Il aurait bien pu tomber pis,
   Qu'entre le jarret et la hanche ;
   Même il tenait encore la branche :
   On dit que si elle n'eût cassé,
   Elle aurait été forte assez.

   Se voyant près de rendre l'âme,
   Il fait appeler sa femme,
   Même sa fille et ses enfants ;
   Et tous ses plus proches parents :
   — Avant que j'entre dans la terre,
   Appelez monsieur le notaire ;
   Avant d'aller au monument,
   Je veux faire mon testament ;
   Car si je venais à mourir,
   Je n'en pourrais jamais guérir.

   Notaire, pour faire mon testament,

Prenez bon et fort parchemin;
Écrivez, monsieur, pour ma femme,
(Aïe, aïe, mes reins, je me pâme)
Je lui donne trois pièces de terre
Et ma maison ; écrivez, notaire.

Sa femme lui dit : Rêvez-vous?
Nous n'avons point de terre à nous,
Ni de maison qu'on puisse écrire.
— Taisez-vous, je vais vous le dire :

A notre muraille, tout en haut,
N'y a-t-il pas deux pots de moineaux?
Et sous le lit de notre chambre,
Il y a un vieux pot de chambre :
Voilà les trois pièces de terre,
Achevez, monsieur le notaire !

Je donne à mon plus grand garçon,
(Mon mal redouble, écrivez donc !
Mais écrivez donc, je me fâche !)
Je lui donne ma vieille hache,
Qui était la terreur des bois,
Quand je la tenais dans mes doigts.
Va, mon fils, fais-en bon usage,
Car voilà le meilleur partage
Que je te donne en quittant la vie,
Avec quoi tu gagneras ta vie,
Car elle coupe un chêne en trois coups,—
Quand il serait le plus gros de tous.

Et ma serpe à faire des fagots,
Je la donne à mon fils Pierrot;
Mais surtout je te recommande,
Pour n'avoir nulle réprimande,
De faire toujours, mon fils Pierrot,
En conscience tes fagots ;
Mais des fagots comme ton père,
Des fagots longs et bien entiers,

Fagots surtout bien fagotés,
Fagots liés à deux côtés,
Fagots sans herbe ni feuillage,
Des fagots à faire bon usage ;
Fagots sans bois courbés, bien pleins,
Des fagots faits de bons rondins.
Surtout je veux que tu fagotes
Des fagots toujours de bonne sorte ;
Fagots qui passent la mesure,
Des fagots de bonne encolure ;
Faut faire de bons fagots d'auberge,
Fagots, afin qu'on se goberge,
Des fagots pour durer trois heures :
Enfin des fagots des meilleurs ;
Point de fagots de cabarets,
Qui dans un quart-d'heure sont brûlés :
Je veux que tu passes en science
Tous les fagoteurs de la France,
Comme ton père Michel Morin,
Qui faisait fagots bien étreints ;
Il faut fagoter mieux, Pierrot,
Que les fagoteurs de fagots :
Tu passeras, faisant des meilleurs,
Pour le maître des fagoteurs,
Et un des savants de la terre :
Écrivez, monsieur le notaire.

RÉPONSE DU NOTAIRE. Que diable faut-il que j'écrive ?
Ce discours emplirait un livre ;
Je ne puis mettre autre raison,
Que vous donnez à votre garçon
Une serpe à faire des fagots ;
Qu'il les fasse petits ou gros,
Ce ne sont point là mes affaires.

MICHEL MORIN. Écrivez donc toujours notaire,
C'est moi qui paye sans faire crédit,
On doit travailler à la mode
Du payeur et à sa méthode.

LE NOTAIRE. Cela suffit, Michel Morin,
Dites, j'écrirai vos desseins ;

## CHAPITRE VI.

Quand je devrais gâter l'ouvrage,
Je ne parle plus davantage ;
L'on trouvera assez de gens
Pour corriger ce testament :
Sitôt qu'on a vu quelque ouvrage
Tout le monde se dit plus sage
Que celui qui l'a inventé,
Quelques livres ou nouveaux traités.
Pour moi je plie comme un brin d'herbe,
Et je dis comme le proverbe :
En tout, partout, fort peu d'auteurs,
Mais parmi, mille critiqueurs ;
Allons, parlez, Michel Morin !

MICHEL MORIN. Aïe, aïe, je n'en puis plus des reins.
Je donne à mon fils Jérôme,
Avec son visage blême,
Pour bien chasser, comme on m'a vu,
Mon creux, ma voix, mon estomac,
Pour mémoire mon tabac ;
Afin qu'il entonne en musique,
Répons de messe, vêpres et cantiques.
De mes mains je lui fais un don,
Pour bien jouer du carillon ;
Et mes deux pieds, sans nul reproche,
Pour dindonner les grosses cloches ;
Aussi ma robe et mon bâton,
Pour aller en procession,
Afin qu'il soit bon magister ;
Écrivez, monsieur le notaire !
Je donne à mon fils Dominique,
Afin qu'il fasse bien la nique
Aux critiqueurs, pleins de mépris,
La sagesse de mon esprit.

Sa fille, qui était par derrière,
Dit à Michel Morin, son père,
— Je vous prie, ayez soin de moi,
Mon père, vous savez bien pourquoi.
— Je donne à ma chère fille unique,

(Aïe, mon mal est pire qu'une colique),
Je donne à ma fille Marie,
Liberté de prendre un mari,
Tel qu'elle le choisira au village ;
Je consens à son mariage ;
Et si elle n'en peut pas trouver,
Je lui laisse la liberté,
Quoique je consente au contrat,
De rester fille tant qu'elle voudra :
Voilà tout ce que je puis faire.
Écrivez, monsieur le notaire !
— Et moi, grand-père et parrain,
N'aurai-je rien, Michel Morin ?
— A toi, mon filleul, je te donne
Tant d'eau que tu peux boire au Rhône,
Au surplus trois sacs de grain.
— Je vous remercie, mon parrain,
Excusez si je vous demande
Où est ce grain pour l'aller prendre ?
— Tu t'en iras, mon beau garçon,
Aux champs, la prochaine moisson.
Quand les gerbes seront levées,
Il y aura quelques épis cassés,
Tu les ramasseras un à un,
Partout sur les champs du commun :
Quand tu auras glané trois sacs,
Tu auras de quoi vivre jusqu'à Pâques.

LE NOTAIRE. Mais votre esprit va de travers.

MICHEL MORIN. Écrivez toujours, notaire !

LA SERVANTE
DE MICHEL MORIN. Et moi, monsieur, je me présente,
Comme étant votre servante,
Depuis dix ans dans votre maison.
Ne me ferez-vous pas un don ?

MICHEL MORIN. Je te donne, chère Claudine,
Qui m'a tant fait la cuisine,
Viens-t-en ici auprès de moi,
J'ai encore du bon bien pour toi :
Va-t-en là-bas dans notre armoire,

Il y a deux œufs de ma poule noire,
Va, je te les donne, ma chère;
Mets-les bouillir dans la chaudière,
Retire toute la graisse à merveille,
Tu en feras de la chandelle :
Conserve bien tout le bouillon,
Il sera excellent et bon,
Tu en feras, ma bonne poupe,
Tout le carême de la soupe.

Ayant fini son testament,
Michel Morin perdit les sens;
D'une profonde rêverie,
Dit : Je vois l'infanterie
Où la mort paraît à la tête;
Criant vite : que l'on m'apprête,
Ma baïonnette et mon fusil :
Hardi, fonçons dans le péril.

La dernière heure de son trépas,
Michel Morin jouait des bras,
Il frappait d'estoc et de taille,
Derevant, derevi, derevant, derevas,
Et patati et patatas;
Il croyait par ses vains efforts,
Qu'il aurait fait sauver la mort,
Comme les vaches du compère
Qu'il chassa du cimetière.

Mais la mort qui joue les hommes
Comme un joueur pelote à la paume,
S'écarte un moment de sa vue;
Le moment n'étant pas venu :
Michel Morin, d'un ton de gloire,
Commence à s'écrier : Victoire !
Cela ne dura pas longtemps,
Car il vit au même moment,
Comme une armée avec des dards,
Qui l'entourait comme un rempart.

Michel Morin dit en ce jour,
Ah ! ah ! vous avez du secours,
Vite, ma perche, sans remise,
Quand j'ai fait sortir de l'église
Les moineaux dedans un moment,
Je vous en vais faire autant.

Dans le temps qu'il criait si haut,
La mort aiguisait sa faux ;
D'un simple coup par son envie,
La cruelle termina la vie
De l'illustre Michel Morin :
Voilà comme il trouva sa fin.

Il est trépassé, la bonne âme,
Le jour qu'il a rendu l'âme :
Même un quart d'heure avant sa mort
On assure qu'il vivait encore.

La mort de Michel Morin, si l'on en croit l'auteur de l'*Oraison funèbre*, eut lieu le 1er mai 1751. Comment donc se fait-il que, dès 1728, elle ait excité de tels regrets, que les médecins, eux-mêmes, en témoignent de la douleur, en même temps qu'ils se préparent à la venger ? C'est ce qui apparaît manifestement par l'écrit qui a pour titre : *La Vengeance du trépas funeste du fameux Michel Morin, conspirée par les amis du défunt contre la Mort; pièce nouvelle en vers*, in-12, 32 pages, *imprimée cette année* à Troyes, chez Garnier. Ces conspirateurs étaient au nombre de quatre, Dominique, parent du défunt et trois médecins. Le ressentiment de Dominique était dans la nature ; mais celui des médecins n'ayant pas le même prétexte, on est fondé à croire qu'ils n'en voulaient tant à la mort que parce qu'elle n'avait pas attendu pour frapper sa victime qu'ils dirigeassent ses coups.

L'origine de ce livret, revêtu de l'approbation de Grosley

(10 août 1728), n'est pas douteuse. C'est encore un produit de l'imagination de nos gais Troyens, une de ces facéties auxquelles ils exerçaient leur plume indisciplinée, avant qu'ils se constituassent en académie. En effet, l'établissement de cette société littéraire ne date, comme je l'ai déjà dit, que de 1742. L'état civil de la *Vengeance* est donc bien constaté.

La pièce est d'environ six cents vers, si l'on peut appeler de ce nom six cents lignes, dont la mesure est tour à tour de sept, huit, neuf, dix et même de onze syllabes, et où la rime n'est pas traitée avec plus de considération que la raison. Elle est plutôt bouffonne que spirituelle, et trop longue; le poëte même s'y répète quelquefois. Elle est suivie de la *Donation des biens meubles et immeubles du défunt*, addition qui n'a pas le sel du testament cité plus haut, et d'une *Épitaphe* insipide. Mais quelques extraits donneront mieux une idée de cette conspiration du trio-médical contre la Mort. Elle commence ainsi :

LA VENGEANCE DU TRÉPAS FUNESTE DU FAMEUX MICHEL MORIN,

Conspirée par les amis du défunt contre la Mort.

Gerosimo Mutatus
Et Gaspard de Bitulatus,
Gens doctes et de foi commune;
Je les trouvai à la brune,
Ces jours passés à l'écart
Avec le docteur Broart,
Tous les trois en conférence;
J'en suis surpris quand j'y pense,
Car ils parloient rudement fort
Sur les guenilles de la Mort.
Par leurs discours je connus bien
Que c'étoit pour Michel Morin,
Qu'à la Mort ils cherchoient chicane,
Et prétendoient dans sa cabane
Tous les trois cette journée,

Avec la maréchaussée,
La prendre malgré ses efforts.
Ils avoient choisi vingt recors,
Tous gens sans rime ni raison,
Exprès pour la mettre en prison,
Espérant que la justice
Puniroit son maléfice :
Mutatus par fière menace
Fulminoit contre sa carcasse;
Bitulatus effrontément,
La traitoit cavalièrement ;
Broart, d'un ton triste et cassé,
Hurloit comme un loup enragé ;
Jamais nul homme de la vie
N'entendit telle symphonie.
Pendant le temps de leurs querelles,
J'ai appris bien d'autres nouvelles :
Si la mort cette journée-là,
Par malheur se fût trouvée là,
Elle auroit mal passé son temps.
Ces trois hommes doctes, savants,
Prétendoient à coups d'hallebarde,
La mettre en capilotade :
Ces pauvres docteurs enrhumés
Étoient bien mal intentionnés ;
Ils prétendoient, n'en doutez pas,
Mettre la Mort au trépas.
Voyez la drôle d'opinion
De ces pédants de mauvaise impression !
Mais pour mieux savoir l'entreprise
De ces sots à la barbe grise,
Je m'écriai d'un ton hautain :
Ah ! mon pauvre Michel Morin,
Que ton trépas me fait verser des larmes;
Contre la Mort je veux prendre les armes,
Pour venger le tort qu'elle t'a fait,
Je veux à coup de pistolet
Lui faire voler la cervelle
Et lui cribler ventre et mamelle :

> Je l'attendrai à la pipée;
> Qu'elle vienne à la picorée,
> Je lui donnerai bien son fait;
> Pour toi j'hasarde le paquet.

Au bruit de ces imprécations, les médecins accourent, et interrogent en latin le personnage qui exhalait ainsi sa colère. L'autre dit qu'il ne comprend rien à leur baragouin, et se moque d'eux.

Cependant, continue ce personnage :

> Gerosimo Mutatus
> Et Gaspard de Bitulatus,
> Se retirant à l'écart,
> Je restai seul avec Broart.
> Ce pédant à la barbe grise,
> Me demanda à sa guise,
> Si par hasard je n'étois point
> Des parents de Michel Morin.
> Afin de le mettre hors d'ennui,
> Je lui ai répondu que oui;
> Que je m'appelois Dominique,
> Et que j'étois le fils unique
> De Geneviève sans rancune,
> Veuve de Bernard Opportune,
> Homme célèbre, docte, savant,
> Lequel mourut en trépassant
> La veille de son enterrement.
> Il le prit pour argent comptant.
> En considérant ce vieillard,
> Aussi jaune que du vieux lard,
> Je lui demandai humblement,
> Et très-respectueusement,
> Sans offenser sa soutane,
> Pourquoi il cherchoit chicane
> A mademoiselle la Mort?
> Il s'écria tout d'abord :
> Ah! juste ciel! quelle entreprise!

Faut-il que la Mort sans remise
Nous ait ravi Michel Morin !
Elle a fait un riche butin ;
Mais elle le payera, je le dis,
Michel Morin a des amis
En paradis, en enfer ;
Si Pluton et Jupiter
Ne la font mettre en prison,
Je sais où en avoir raison.
Elle a mis Morin au trépas,
Mais elle y passera le pas ;
Quoiqu'elle ait déjà pris la fuite,
Je sais qu'on la suit à la piste.
Les paysans de Champagne,
De toute part sont en campagne,
Sur les passages et grands chemins,
Plus animés que des Lutins,
Armés de fourches et d'arquebuses,
Pour la prendre malgré ses ruses ;
Par où elle se puisse cacher,
Elle ne pourra échapper.
Ah ! qu'elle sera bien étonnée
Quand elle sera environnée
De ces habiles paysans !
Elle aura beau montrer les dents :
Ils sont trop courroucés contre elle ;
Quartier n'y aura point pour elle ;
Elle aura beau faire la résolue,
Elle sera à tout le moins pendue,
Foi de docteur, je le jure,
Ou je brûlerai ma ceinture
Et mon bonnet doctoral ;
Que je devienne comme un cheval
Ou comme un asne parfait,
Si on ne la voit au gibet ;
Cette infâme carnassière
N'a jamais su nous pis faire
Que d'enlever à nos yeux
L'homme le plus généreux.

Vient ensuite l'énumération de toutes les qualités de Michel Morin :

> Il chantoit si bien à l'office
> Que le pasteur et les paysans
> Étoient satisfaits et contents.
> En son banc comme en un lutrin,
> Lorsqu'il étoit bien en train,
> Il chantoit par la, mi, la,
> En essimie et en fut fa,
> En désare, en gère sol,
> Par bécarre et par bémol,
> Savoit le plain-chant par routine,
> Et la musique à plus fine.
> Quand il chantoit à voix perdue,
> On l'entendoit dedans la rue.
> . . . . . . . . .
> . . . . . . . . .
> . . . . . . . . .
> . . . . . . . . .
> Il étoit homme de pratique,
> Car il savoit l'arithmétique,
> Justement jusqu'à l'addition ;
> Et s'il eût su la soustraction,
> Il fût entré dans les finances ;
> Mais il avoit d'autres sciences.
> Ce vénérable Michel Morin,
> Étoit versé dans le latin,
> L'ayant si bien approfondi,
> Que l'homme le plus hardi,
> Et le plus expérimenté
> Dans le Rudiment et la Civilité,
> N'eût osé venir chez lui
> Argumenter contre lui.
> Il avoit au collége de Blois
> Appris le latin en françois.
> S'il étoit encore vivant,
> Je crois qu'il seroit maintenant,

Malgré les jaloux et l'envie,
Bachelier en Éthiopie,
Licencié et maître ès-arts
Dans la faculté des cornards.
La Mort en a torché sa barbe ;
*Motus,* qu'elle se donne de garde,
Si les paysans de Champagne
La peuvent joindre en campagne,
Elle aura beau murmurer,
Pour elle il n'y aura quartier,
Pendue sera, et étranglée.
. . . . . . . . .
. . . . . . . . .
. . . . . . . . .

J'abrége. Était-il possible que tant de mérites, et bien d'autres encore, se rencontrassent dans le fils d'un simple villageois ? On en pouvait douter : aussi le poëte vient-il au devant de l'objection par cette remarque également nécessaire et judicieuse : que

C'étoit un des plus beaux esprits
Qui ait paru dans son village ;
Je le soutiens et je le gage,
Il étoit fils d'un grand seigneur,
Ou du moins de quelque ingénieur ;
Il faut donc qu'on l'ait, par malice,
Changé contre un autre à nourrice ;
Ses actions, sa parole, son geste,
Cela seul me rend manifeste
Qu'il n'étoit point fils d'un manant.
. . . . . . . . .
. . . . . . . . .
. . . . . . . . .

Malheureusement, les plus nobles vies ont une destinée commune, outre que la vanité qui les pousse dans les voies extraordinaires et périlleuses, les pousse aussi plus tôt et plus vite vers le dénoûment. Comme César, comme Alexandre, Michel Morin en est une preuve.

> Mais la Mort qui toujours veille,
> Fut jalouse de ces merveilles;
> Elle le suivoit pas à pas,
> Afin de le mettre au trépas.
> Un jour fatal il eut envie
> De dénicher un nid de pie,
> Au sommet d'un arbre fort gros
> Qui avoit dix toises de haut;
> Il déchausse donc ses galoches,
> Et de branche en branche il s'accroche.
> D'une avidité sans égale
> Lorsqu'il montoit à l'escalade,
> La Mort sans faire un petit bruit,
> Se vint loger auprès de lui.
> Comme il grimpoit d'un grand courage,
> La Mort s'oppose à son passage;
> D'un coup du revers de sa faux,
> Elle le jeta le cul en haut.
> Quoiqu'il s'accrocha par la manche
> Il culbuta de branche en branche;
> Cric, crac, patatris patatras,
> Michel Morin se trouve en bas
> Bien plutôt qu'avec une échelle.
> Ah! Mort, que tu es cruelle!
> . . . . . . . . .
> . . . . . . . .

On emporte Michel Morin sur un brancard, et l'on convoque aussitôt médecins, chirurgiens, opérateurs, chimistes, apothicaires et droguistes.

> Ils ont fait sans nulles attentes
> Trois consultations différentes :
> C'étoit l'onguent miton mitaine.
> Ils perdoient leur temps et leur peine,

Car il étoit trop en danger,
Jamais n'en pouvoit réchapper :
Il s'étoit rompu l'omoplate,
Et démantibulé la gargate ;
Il avoit le cœur offensé,
Et l'estomac tout fracassé,
Son foie et ses pauvres boudins,
Et tous ses autres intestins
Étoient en mauvais équipage,
Aussi bien que son visage.
Tous les docteurs, d'un plein accord,
L'ont abandonné à la Mort.
Faut-il que pour un nid de pie,
Michel Morin perde la vie !
La Mort n'est pas où elle pense,
Je prétends en avoir vengeance,
Foi de docteur, elle le payera,
Ou bien Broart y périra.

Autant que j'en puis juger par la comparaison, cette pièce, et le *Testament* qui appartient à la précédente, me paraissent être de la même main. Il y a dans le *Testament* un certain jargon de procédure qui trahit le praticien et le jurisconsulte. Or, Grosley était avocat. Il serait téméraire sans doute de conclure de tous ces indices qu'il soit l'auteur de cette pièce ; mais il ne me répugnerait pas de croire qu'il y participa dans une certaine mesure, soit en en suggérant l'idée à l'un de ses collègues, soit en y fournissant quelques traits. Grosley mettait son esprit à toutes sauces, et elles n'étaient pas toujours des plus délicates. L'idée de traiter la rue du Bois et l'*ancien usage* qui y était établi, vient de lui, et il en jeta les premières pensées sur le papier. Il y avait loin de cette rue à l'Académie des Inscriptions où Grosley ne laissa pourtant pas que d'arriver.

La *Vengeance* est également suivie d'une *Donation* de Michel Morin, où les legs ne sont pas tous fantastiques comme dans l'autre, et de son épitaphe. Je donne ici ces deux pièces, dont la première diffère essentiellement de celle de l'édition d'Épinal. Peut-être même serait-il plutôt permis d'attribuer la *Vengeance* à Grosley. Elle est écrite avec plus de soin ; le récit en est plus vif, et, malgré les répétitions, les idées en sont mieux ordonnées. Quoi qu'il en soit, si l'on considère l'ancienneté des éditions, celle de Troyes ayant près de cent vingt-cinq ans de plus que celle d'Épinal, et ayant été, en outre, *approuvée* par Grosley, il est tout simple de croire que les pièces qu'elle renferme sont, ou de la main de ce dernier, ou de celle de quelque autre membre de son académie pour rire.

### DONATION DES BIENS, MEUBLES ET IMMEUBLES DE DÉFUNT MICHEL MORIN.

Le vénérable Michel Morin,
Se voyant proche de sa fin,
Jugea qu'il étoit nécessaire
De mettre ordre à ses affaires.
Afin de mourir en repos,
Il fit appeler au plus tôt
Tous ses amis et ses parents,
Riches, pauvres, petits et grands,
Afin de faire son testament.
Ce qui fut fait exactement
Par maître Gaspard Dominique,
Ancien notaire apostolique,
Garde-note du village,
Contrôleur du mauvais langage,
En présence de quatre témoins.
savoir : Léonard de la Nigaudière,
Valentin de la Joblinière,
Vénérable homme Gilles Clabaud,
Et maître Balthasard Nigaud,
Tous quatre témoins oculaires,
De ce qui se passa à l'affaire.
Je veux avec attention

Vous détailler la succession ;
Car elle est digne de mémoire,
Aussi bien que son histoire.
PRIMO : Morin, au lit de la mort,
N'a voulu faire aucun tort
A ses parents et ses amis :
Bien du monde en sera surpris
A l'égard de ses héritages,
Et ustensiles de ménage,
Afin d'éviter les procès,
Qu'il haïssoit à l'excès,
Il partagea tout également,
Car il craignoit qu'après sa mort,
On lui cherchât chicane à tort.
Afin d'éviter la discorde,
Il a mis ses affaires en ordre.
Comme un homme rempli de cœur,
Il commença par son pasteur,
Comme étant son ami intime :
Il lui donna, chose rarissime !
Une paire de bas de futaine,
Garnis de franges de laine,
Avec un bréviaire romain,
Moitié français, moitié latin,
Qui fut imprimé à Huy,
Afin qu'il se souvint de lui.
Pour éviter la jalousie
Et apaiser la fière envie,
Il voulut chacun satisfaire :
Il fit présent à son vicaire
D'un riche manteau de deuil
Venant de son bisaïeul,
Avec un chapeau de castor,
Garni d'un cordon de fin or.

Le greffier de son village
Entra aussi dans le partage
De sa riche succession :
D'un cœur plein d'affection,

Il lui donna une Bible
Et beaucoup d'autres vieux livres
Reliés en veau, en parchemin,
Avec un habit d'Arlequin
Qui servoit en son jeune temps
A courir carême prenant.

Il donna au procureur fiscal,
Pour se divertir en régal,
Une flûte, un tambour de basque,
D'un fin drap de meunier
Une culotte, une casaque
Qui fut trouvée dans un grenier
Du temps de la guerre de Brie,
Avec quelque autre drôlerie.

Il donna à sa sœur Catin,
Veuve de feu Georges Dandin,
Un arpent et demi de terre,
Situé à la Croix-de-Pierre,
Aboutissant à l'héritage
De Gaudard gâte-ménage,
Et un quartier de vigne en friche,
Situé au champ dit de la Biche,
De toutes parts aboutissant
A l'héritage de Gilles Manant.

A sa petite sœur Marion,
Épouse légitime de Norpion,
Précepteur des vaches du village,
Il lui donna un héritage
Qu'il avoit nouvellement acquis,
Estimé, raisonnable prix,
Quatre-vingts livres tournois,
Qu'il paya en bonne monnoie.

Au petit Bertrand Trousse-Jaquette
Et Nicodême de la Cliquette,
Comme étant ses petits neveux,

Il leur donna à tous les deux,
Afin de les bien établir,
Une maison prête à bâtir,
Sise au bout du jardin
De Dominique Sagonin.

Il donna à ses nièce et cousine
Toute sa batterie de cuisine,
Sa garde-robe et vieilles dépouilles,
Son chien, son chat et ses poules,
Son cochon, son baudet, sa vache,
Et les poils de sa moustache.

A son compère Mathieu Gariot
Et à Balthasard Landriot,
Il donna deux grands pistolets,
Avec les fourreaux violets ;
Ils sont de Sedan, je vous jure,
Car je l'ai vu par l'écriture ;
Un sabre et un mousqueton,
Qu'il trouva dans un buisson,
Le propre jour de Saint-Denis,
En allant chercher des nids.

Il donna au bonhomme Tobie,
Avec qui il faisoit bonne vie,
Son manteau de mariage,
Qui souvent servoit d'otage
Dans les tavernes et cabarets ;
Et deux grands godets
De véritable porcelaine
Qui tenoient chacun chopaine,
Ses tablettes, son écritoire
De chagrin, garnie d'ivoire.

Il cède à Fiacre l'Emballeur
Sa charge de carillonneur,
De clerc et de maître d'école,
A condition que la tante Nicole

Et son neveu Robert Guinon
Resteroient dans sa maison,
Sans appréhender le trépas,
Jusqu'au jour du Mardi-Gras.

Il laissa pour ses funérailles
Un arpent et demi de broussailles
Entre les mains d'Albertus,
A condition que le surplus
Se garderoit avec grand soin
Pour soulager dans leur besoin
Les passants et pauvres ménages,
Des trois plus prochains villages.

Morin, pour venger son trépas,
Donna la somme de cent ducats
A maître Henri de la Dandinière,
Pour payer et satisfaire
Les paysans de Champagne
Qui cherchoient la Mort en campagne,
De toutes parts pour la punir ;
Car tel est son plaisir :
Et pour punir sa malice,
Il prétend que par la justice
Elle soit, pour le satisfaire,
Du moins condamnée aux galères,
Après avoir été trois jours
Fustigée par les carrefours
Du village de Beauséjour :
Elle s'en souviendra plus d'un jour.

## ÉPITAPHE.

### CI-GIST

Michel Morin, homme sans égal.
Dont la doctrine, sans seconde,

Fut estimée de tout le monde,
Comme un amant fait son rival.

Par son savoir et sa valeur,
Il fut fait dans son église,
Par les marguilliers sans remise,
Magister et carillonneur,
Maître d'école et sacristain.

Mais le vénérable Morin,
Par une trop fatale envie,
En dénichant un nid de pie,
Trouva le moment de sa fin.

Le premier d'août est trépassé,
L'an du monde le plus signalé.

Tels sont, je pense, tous les écrits auxquels a donné lieu la mort de Michel Morin et qui ont consacré sa grande réputation. Il est vrai que les Homères à qui nous en sommes redevables ne sont pas de la qualité de celui d'Achille, et qu'Alexandre n'eût pas pleuré de jalousie, en pensant au malheur de n'en pas rencontrer de pareils : mais, pour avoir eu des panégyristes de genre si divers, Achille et Michel Morin n'en seront pas moins également, et, s'il est permis de parler ainsi, parallèlement immortels ; car si l'*Iliade* perpétue le nom d'Achille parmi les esprits cultivés, les écrits qu'on vient de lire sont une garantie de l'éternelle durée parmi le peuple des mérites et du nom de Michel Morin. Et maintenant, vainqueurs de la terre, agitez-vous, bouleversez le monde et changez-en la face, puis, mourez, ou ensevelis dans vos triomphes, ou victimes des caprices et des vengeances de la fortune, vous n'occuperez jamais dans la mémoire des peuples une place plus grande qu'un sonneur de cloches et un dénicheur de pies.

En finissant, il n'est peut-être pas superflu de faire voir au lecteur comment la mort de Michel Morin a été comprise et rendue par l'artiste que l'éditeur d'Épinal a chargé d'*illustrer* sa vie.

Les *Discours et Entretiens bachiques*, in-18, 12 pages, Montbéliard, Deckherr et Barbier, S. D., se composent d'un *Dis-*

*cours bachique* d'abord, puis de *Vers badins* sur M. de La Palisse. L'un et l'autre, d'une platitude déplorable, datent du siècle dernier, et même de la fin du dix-septième; car il y est parlé, sans doute comme d'un fait récent, des victoires du prince Eugène sur les Turcs (1697). Voici le *Discours;* la gravure ci-

Allons, Confrères de la bouteille, buvons, mais de la bonne manière, tout nous y convie:

dessus représente l'orateur qui le débite; elle est plus moderne que le texte, et rappelle les modes du temps du Directoire.

## CHAPITRE VI.

### DISCOURS BACHIQUE

*J'ai, mes très-chers Frères, à vous exposer aujourd'hui la parole du vénérable père Bacchus, que vous devez écouter avec une attention continuelle.*

> Bonum Vinum lætificat cor Hominis.
> « Le bon Vin réjouit le cœur de l'Homme. »
> Ce sont les paroles du Prophète royal David.

Il me semble entendre, mes chers auditeurs, la voix de quelque malheureux buveur d'eau, qui vient avec une mine refrognée et un visage de terre me dire : *Heu* [1] *! mihi virus te terminum!* Ah! que le vin est un poison, qui cause la perte de nos sens et la ruine de nos corps, et en même temps la damnation de nos âmes. *Accedat, accedat, ut confondatur!* qu'il approche, et je le confondrai et lui prouverait le contraire, seulement par ces trois paroles de Salomon, qui dit lui-même, *Vinum mortem pellit* : que le vin chasse la mort, tant s'en faut qu'il énerve nos forces et qu'il amollisse notre courage, comme le publient partout ces sortes de gens, qui jamais n'ont voulu jouir des faveurs de Bacchus. Si ces paroles ne sont point suffisantes pour tirer ces impies d'une erreur si grossière, pour leur faire voir la nécessité indispensable du vin, je leur citerai encore ce qu'a fort bien dit Caton : *Vinum acuit ingenium*, que le vin ouvre l'esprit. Et en effet, Messieurs, à peine avons-nous bu de cette liqueur, que nous nous sentons remplis d'une vive raison et d'une lumière toute divine, et notre esprit alors semblant être débarrassé de la masse des liens du corps, découvre et connoit les choses les plus abstraites, et pénètre les mystères les plus cachés. C'est aussi ce que craignoit Mahomet, cet infâme scélérat, s'il eût permis à ses sectateurs de boire de cette liqueur divine; se doutant bien que d'abord que ces pauvres misérables auroient goûté de ce jus agréable, leurs yeux se seroient ouverts à la vérité; qu'ils seroient enfin tirés de ces ténèbres où les dogmes corrompus de ce sacrilège les avoient ensevelis.

Enfin, Messieurs, si, après tout cela, je ne puis ramener à la raison ces sortes de gens, qui font passer le vin pour un poison et pour une chose si pernicieuse à l'homme, si, dis-je, toute la force de mes rai-

---

[1] Citation corrompue pour *Heu! mihi virus tetrum vinum!*

sonnements ne peut point les vaincre ni les retirer de leurs préjugés, laissons-les murmurer sans appréhender leur critique, et croyons que toutes les exécrations que prononcent ces bouches impies contre nous, retomberont sur leur tête, d'autant qu'ils refusent d'être participants de cette récompense céleste, c'est-à-dire, de boire de ce vin que le ciel nous promet et nous envoie pour réjouir nos cœurs. Mais avant de m'engager dans un long discours, buvons à la ronde, afin qu'ayant fortifié ma voix par la vertu de cette agréable liqueur, je puisse plus facilement en exprimer la valeur et la dignité, dont je prétends vous entretenir dans les réflexions suivantes, avec l'aide du bon père Bacchus, en le saluant auparavant et le priant tous d'une voix commune, en disant :

*SALUT, Père des vivants, autour de qui voltigent les jeux et les ris, objets de nos désirs, consolateur des affligés, refuge des misérables, source féconde de plaisir et de joie, de votre divinité dépend tout notre bonheur, favorisez tous vos fidèles serviteurs, conduisez-les à bon port, chassez nos ennemis, procès et chagrins, pour goûter à loisir les plaisirs de la vie, etc.*

### PREMIER POINT.

C'est suivre, mes chers Auditeurs, l'intention de Dieu, notre seigneur et maître, que d'employer les choses aux usages pour lesquels elles ont été créées ; le vin est fait pour le boire, et ce seroit s'opposer aux oracles du ciel, que de n'en point boire : c'est vouloir, Messieurs, se réduire à la dernière des misères, c'est se faire un enfer en ce monde, et faire avancer la mort à pas précipités, que se priver des présents que Bacchus nous fait ; c'est enfin jouer le personnage de Tantale que d'être au milieu des tonneaux sans oser goûter du jus dont ils sont remplis. Allons donc, chers amis, usons des dons que nous fait le père Bacchus : allons, Confrères de la bouteille, buvons, mais de la bonne manière, tout nous y convie. *Dissipet Evius curas edaces*, que le vin chasse nos chagrins, si nous en avons quelques-uns, et souvenons-nous toujours de les noyer dans un vin délicat ; nous ferons prudemment, mes chers Frères, d'en user ainsi, car qui n'aime point à boire doit s'attendre à être durement traité du Dieu de la vigne ; lui seul fait dissiper les inquiétudes les plus cuisantes. Qui s'avise, après avoir bien bu, de parler des fatigues de la guerre, ou des maux de la pauvreté? On s'occupe plus volontiers à chanter vos louanges, Bacchus, père des vivants, et les vôtres aussi, aimable Vénus. Mais les querelles que le vin fait naître entre ces sortes de gens qui s'enivrent, nous avertissent de ne point abuser des présents que nous fait ce Dieu : souvenons-nous qu'il ne punit point légèrement ceux qui dans leurs débauches ne se prescrivent point d'autre loi que l'emportement où la brutale passion les précipite. Non, non, Divinité trop sincère, nous ne vous ferons jamais violence ; loin d'ici toutes ces manières barbares! loin d'ici tous ces scélérats qui se jettent à la tête les pots et les verres qui ne sont faits que pour la joie! loin du paisible et modeste Bacchus le sang et les querelles! Quelle différence du beau coloris du vin et du brillant d'un sabre ; il s'agit de boire et non pas de se tuer, lorsqu'on est assemblé en l'honneur de Bacchus.

Tous ces exemples, mes chers Auditeurs, servent assez pour vous faire connoître qu'il ne faut point du tout abuser de cette liqueur, d'autant que c'est à tous notre avantage et notre bonheur que d'en agir ainsi sagement. Car ceux qui n'en ont jamais fait d'excès, ont toujours été comblés des faveurs et des bénédictions célestes, et surtout n'ont jamais manqué de ce jus délicieux même dans sa plus grande rareté ; comme nous pouvons fort bien le voir dans les exemples de l'antiquité, lorsqu'aux noces de Cana en Galilée, l'eau se trouva changée en vin, lorsqu'aussi cette vaste et profonde cuve de l'Abbaye de Clervaux fut remplie du jus d'une seule grappe de raisin. Avant ce divin prodige, tous ces pauvres Religieux se regardoient l'un l'autre, et disoient comme les apôtres : *Quid bibemus?* Hélas! que boirons-nous? Ce seroit aussi, mes chers Auditeurs, l'étonnement où nous nous trouverions présentement, si le froid avoit fait geler nos vignes l'année dernière ; vous n'en auriez pas présentement une goutte pour vous aider à prendre patience, et moi à mettre fin à ces discours.

### SECOND POINT.

Il n'y a personne qui ne convienne avec moi, que le souverain bonheur de l'homme consiste dans la jouissance parfaite de toutes sortes de biens, sans qu'elle soit troublée par le mélange d'aucun mal ; et en cela on a raison. Mais peut-on jouir de ce bonheur parfait, du moment que l'on refuse de boire de cette liqueur si agréable et si bienfaisante, tant au malade qu'à ceux qui jouissent d'une santé parfaite ? de cette liqueur, dis-je, qui seule peut nous donner des lumières et nous rendre savants, comme le dit fort bien Horace : *Fæcundi calices quem non fecere disertum?* Et en effet, c'est elle aussi qui, par sa vertu, faisoit naître ces belles pensées dans l'esprit de ces poëtes fameux que l'univers admire. Non-seulement, mes chers Auditeurs, le vin peut nous remplir d'un enthousiasme tout divin, mais il peut encore adoucir les esprits les plus durs par une aimable violence ; il peut découvrir les pensées les plus profondes et les secrets des plus grands Magistrats en badinant, faire renaître l'espérance dans les cœurs abattus, fournir des armes aux misérables, et leur donner du courage. Et en effet, quand un guerrier est rempli de ce jus merveilleux, s'il est naturellement timide, il se change en lion ; il va tête baissée sans rien craindre, et sans que rien puisse l'arrêter dans les dangers les plus évidents. Il court avec un courage intrépide à travers les dards et les feux, il ne redoute ni le sceptre des rois en courroux, ni les bataillons hérissés de piques. C'est pourquoi on a donné à cette liqueur, fort à propos, cette belle épithète : *Vinum generosum*, qui signifie, vin généreux. Et véritablement, Messieurs, c'est aussi par la vertu merveilleuse de ce jus délicieux, que le magnanime et redoutable Eugène, accompagné de ses braves et généreux soldats, mit en pièce les Mahométans, gens sans cœur et sans courage, foibles et entièrement énervés par l'eau. Enfin, c'est aussi par ce moyen, mes chers amis, que nos valeureux François conservent leurs frontières.

Approchez donc ici, visages pâles, mines refrognées, malheureux buveurs d'eau, pouvez-vous encore persister dans vos malignes erreurs? pouvez-vous demeurer dans votre endurcissement, après qu'on vous a prouvé l'excellence du vin par des arguments irrévocables? Les Sages de l'antiquité en ont bu, les Justes en ont bu, et Caton lui-même, comme le rapporte Horace, en fortifioit de temps en temps sa sagesse : et vous, misérables que vous êtes, vous refusez d'en boire ! Je ne finirois point, mes chers Auditeurs, si je voulois dans ce Discours vous faire un détail de toutes les bonnes qualités du vin ; cent bouches et cent langues ne suffiroient point. Oui, Messieurs, le plus beau génie, fît-il usage de toute la richesse et de tous les beaux talents de l'éloquence, ne pourroit jamais assez dignement faire l'éloge de ce jus merveilleux. Finissons donc, chers Confrères de la bouteille, et buvons tous chacun rasade à l'honneur du bon père Bacchus, afin de pouvoir par là mériter sa faveur et sa bénédiction, que je vous souhaite de tout mon cœur.

Le *Privilége de l'enfant sans-souci*, in-18, 10 pages, Charmes, Buffet, S. D., est une espèce de diplôme octroyé à deux ivrognes, mâle et femelle. Cette pièce vaut mieux que la précédente. Elle date du seizième siècle, et a été fort retouchée. Elle a eu l'honneur d'être réimprimée dans le *Recueil des Joyeusetez* [1], publié par M. Techener; mais je ne crois pas que cela m'empêche de lui donner une place dans mon ouvrage.

## PRIVILÉGE DES ENFANTS SANS-SOUCI.

<small>Qui donne lettre patente à madame la comtesse de Gosier-Salé, à M. de Briquerasade, pour aller et venir dans tous les vignobles de France, avec le cordon de leurs ordres.</small>

Bacchus, par la grâce du destin, empereur des enfants sans-souci, prince de Gosier-brûlant, comte de Bois-sans-fin, marquis de l'Altération, de l'Haleine-vineuse et de Haut-appétit, commandeur absolu et universel sur les vignobles de Bacarat, Reims, Aï, Tessé, Chablis, Tonnerre, Beaune, Vermanton, Langond, Coulange, Côte-Rôtie, l'Hermitage, Cahors, Médoc, Grave, Saint-Émilion, la Palu, Cap-Berton, Saint-Laurent, Frontignan, Malvoisie, Canarie, Madère, Port-en-Port, et autres que le soleil éclaire sous la vaste étendue des cieux ;

A tous passés, présents et à venir, salut : Ayant remarqué que le plus sûr moyen de maintenir cette monarchie bachique était d'établir, en différents endroits de notre royaume, des ordres composés de plusieurs sortes de dignités, pour récompenser ceux de nos sujets qui auront été les plus fidèles et les plus attachés aux intérêts de notre trogne vineuse, afin qu'en leur donnant, par ce moyen, espérance d'être un jour récompensés pour les services qu'ils nous auront rendus, nous puissions les exciter à la pratique de la vertu qui se trouve parmi les pots et les verres, que nous avons toujours possédée à un si sublime degré.

A ces causes, ayant fait mettre cette affaire en délibération sur notre table, et après avoir bien bu en la compagnie de notre ancien ami l'ivrogne Silène et les Bacchantes, nos chères nourrices, de leurs avis et de leur consentement, nous avons créé, établi, créons et établissons par ces présentes perpétuelles et irrévocables un ordre général, sous le titre de l'ordre du Tonneau, que nous voulons réserver à notre personne, composé d'un chancelier, d'un secrétaire, de quatre

---

[1] Septième livraison.

commandeurs et de quatre chevaliers ; lesquels officiers ci-dessus créés et établis à perpétuité jouiront de tous les priviléges, prérogatives, immunités, franchises et exemptions bachiques, même du droit de bourgeoisie, dans tous les cabarets, lieux de bonne chère et de notre obédience, où nous voulons qu'ils soient reçus gratis, sans qu'on les en puisse chasser, sous quelque cause que ce puisse être ; à la charge toutefois que tous les aspirants auxdits offices et dignités seront tenus de faire preuve de leurs capacités dans l'exercice de la vendange, en buvant chacun vingt-cinq rasades le jour qu'ils voudront être admis dans toutes les dignités desdites charges ; à la réserve toutefois de notre chère et bien-aimée la comtesse de Gosier-Salé, que nous avons gratifiée de la charge de chancelière de notre ordre, et de notre bon ivrogne Briquerasade, à qui nous avons aussi donné celle de secrétaire du même ordre ; lesquels, en considération des services qu'ils nous ont rendus en plusieurs occasions, et de la certitude que nous avons de leurs capacités, aussi de bien boire, nous avons déchargés de toutes preuves à faire pour parvenir à la possession desdites deux dignités de chancelière et secrétaire : et tous lesdits officiers relèveront de la comtesse de Gosier-salé, notre chancelière, et seront tenus de prendre d'elle le cordon de notre ordre et des lettres-patentes signées et contresignées par Briquerasade, son secrétaire, pour ce qui concerne les affaires dudit ordre qu'ils seront tenus de porter à perpétuité, sous peine d'être déclarés incapables de fréquenter jamais nos assemblées bachiques et d'y être traités comme infracteurs de nos ordres, rebelles à notre État.

Défendons à tous lesdits officiers de boire de leur vie goutte d'eau, de manger aucune sorte de confitures, fruits, laitages, ni autres choses capables de préjudicier à nos intérêts, en ce que toutes ces choses peuvent empêcher la soif. Défendons semblablement de répandre jamais goutte de vin, si méchant qu'il puisse être, de casser verres, bouteilles ni flacons, et enjoignons de faire toujours rubis sur l'ongle après avoir bu, de manger force cervelas, fromage, persil, harengs saurets, force jambons de Mayence, saucissons de Bologne, cuisses d'oie, gorge de porc et généralement tout ce qui pourra procurer l'altération, surtout de ne point oublier de mettre dans leurs sauces nos chers amis le marquis de la Poivrade et le baron de la Salinière, comme nos plus intimes bienfaiteurs.

Pourra partout notre dite chancelière pourvoir qui bon lui semblera desdits officiers de l'ordre, qui porteront toutefois les noms suivants, savoir : le premier des commandeurs s'appellera Long-boyau, le second Roquillard, le troisième Bois-sans-façon, et le quatrième Delaguinfreliére.

Des chevaliers, le premier s'appellera Longue-haleine, le second Large-avaloir, le troisième Prêt-à-trinquer, et le quatrième Gosier-coulant ; et tous lesdits officiers et chevaliers, par elle pourvus, jouiront des priviléges ci-dessus spécifiés, sans trouble ni empêchement : car ainsi nous l'avons résolu et ordonné.

Si donnons en mandement à tous les confrères de la jubilation, et gens tenant siéges bachiques, cabarets, tavernes, tabagies, et autres qu'il appartiendra, de tenir chacun en droit la main à l'exécution des présentes, sans diminution ni augmentation que ce puisse être, à peine de ne boire que de la lie du vin de Brie ; car tel est notre plaisir. Donné en notre conseil sur le cul d'un tonneau, dans notre cave impériale, après être bien soûl. *Signé*, Bacchus, dieu des vendanges, Silène ; *et sur le replis*, Cher-Bouchon.

— —

La comtesse de Gosier-salé, garde des bouteilles, protectrice de l'université vineuse, et chancelière de l'ordre bachique du Tonneau, salut : Nous étant entièrement fait informer de la capacité de notre bon ami, le sieur Chif-le-Museau, et lui ayant trouvé toutes les qualités requises pour être de l'ordre excellent du Tonneau, après avoir de lui pris et reçu le serment prévu, préalablement fait l'expérience au fait bachique, nous l'avons pourvu de la dignité de commandeur de Bois-sans-façon, pour en jouir sa vie durant, sans trouble ni empêchement: pour marque de quoi nous lui avons accordé le cordon de l'ordre du Tonneau, en lui enjoignant d'observer les statuts, règlements et priviléges portés par ladite création dudit ordre, de la part du souverain Bacchus, à peine d'être dégradé et déclaré indigne de posséder ladite dignité, et, comme tel, être déchu du bénéfice de ces présentes, auquel nous avons griffonné notre signe, après y avoir fait déposer le cachet de nos armes. Donné en notre hôtel de la Halle au Vin, et moi présente à moitié grise.

La comtesse de Gosier-salé.

On voit qu'il s'agit encore ici d'une parodie, mais elle a changé d'objet. Ce n'est plus de sermons qu'on s'y moque, mais de patentes royales. Le style en a été retouché ; l'original n'a pas une allure si dégagée.

Ce qui n'est ni un sermon, quoique débité par curé, ni une parodie de sermon, mais qui appartient plutôt à la légende, c'est l'*Histoire nouvelle et divertissante du Bonhomme Misère, qui fera voir ce que c'est que la misère, où elle a pris son origine, comme elle a trompé la mort, et quand elle finira dans le monde, par M. Court-d'argent*[1], in-12, 11 pages, Tours, Ch. Placé, 1854 ; in-18, 25 pages, Épinal, Pellerin, S. D.; in-18 24 pages, Montbéliard, H. Deckherr, S. D., et Paris, Ruel aîné, in-18, 22 pages, 1851. Cette dernière édition est suivie du *Chemin de l'hôpital*, qui va de la page 23 à la page 35. Voici le sujet de l'*Histoire* :

Deux individus, Pierre et Paul, se rencontrent un jour dans un village par une pluie battante, « étant tous les deux trempés jusqu'aux os. » Ils cherchent un asile pour se sécher et passer la nuit, et n'en trouvent nulle part. Un certain Richard de l'endroit, richard de nom et d'effet, chez lequel ils avaient tenté de pénétrer, les fait mettre à la porte par son valet. « Cherchez, leur dit-il, à loger où vous l'entendrez ; ce n'est pas ici un cabaret. » Une bonne femme qui lavait son linge, a pitié d'eux, et les mène chez son voisin, le bonhomme Misère. Mais pensant qu'on n'y trouverait rien à manger, elle avait apporté quatre gros merlans rôtis avec un gros pain et une cruche de vin de Suze...

On mangea, et comme il n'est viande que d'appétit, les poissons et le reste furent trouvés admirablement bons.

Cependant, bien qu'il accueillît ses hôtes avec courtoisie, Misère était si pauvre qu'il ne put leur offrir que la paille qui lui servait de grabat. Ils refusent, ne voulant pas, dit l'histoire « découcher leur hôte ».

Ils passeront donc la nuit sur pied. Misère pendant ce temps-là

---

[1] Quelques éditions anciennes portent : « Par le sieur de la Rivière. »

leur contera son histoire. Elle est courte. Un voleur, dit-il, a dépouillé son poirier qui fournissait presque seul à sa subsistance, et dont il eût volontiers partagé les fruits avec eux. Touchés de son dénûment, ses hôtes lui disent qu'ils prieront le ciel pour lui, et si, ajoute l'un d'eux, il a quelque grâce à demander à Dieu, qu'il s'explique. Le bonhomme ne demande rien autre chose au Seigneur, sinon que « tous ceux qui monteraient sur son poirier y restassent tant qu'il lui plairait, et n'en pussent jamais descendre que par sa volonté. »

Voilà se borner à peu de chose, dit Pierre : mais enfin cela vous contentera donc ?

Oui, répondit le bonhomme, plus que tous les biens du monde. Quelle joie, poursuivit-il, serait-ce pour moi de voir un coquin sur une branche demeurer là comme une souche, et me demander quartier ! Quel plaisir de voir, comme sur un cheval de bois, le misérable larron !

Ton souhait sera accompli, lui répondit Pierre ; car si le Seigneur fait, comme il est vrai, quelque chose pour ses serviteurs, nous l'en prierons de notre mieux.

Durant toute la nuit, Pierre et Paul se mirent effectivement en prière...

Le jour venu, et après lui avoir donné toutes sortes de bénédictions, de même qu'à la voisine qui en avait usé si honnêtement avec eux, ils partirent de ce triste lieu, et dirent à *Misère* qu'ils espéraient que sa demande serait octroyée, et que dorénavant personne ne toucherait à ses poires qu'à bonne enseigne ; qu'il pouvait hardiment sortir ; que si, durant son absence, quelqu'un était assez hardi que de monter sur l'arbre, il l'y trouverait lorsqu'il reviendrait à sa maison, et qu'il ne pourrait jamais en descendre que de son consentement.

Je le souhaite, dit *Misère* en riant. C'était peut-être la première fois de sa vie que cela lui arrivait ; aussi croyait-il que Pierre ne lui avait parlé de la sorte que pour se moquer de la simplicité qu'il avait eue de faire un souhait si extravagant.

Les voyageurs étant partis, il arriva tout autrement que *Misère* n'avait pensé, et il ne tarda pas à s'en apercevoir ; car le même voleur qui lui avait enlevé ses plus belles poires, étant revenu le même jour dans le temps qu'il était allé chercher une cruche d'eau à la fontaine, il fut surpris en rentrant chez lui de le voir perché sur son arbre, et faisant toutes sortes d'efforts pour s'en débarrasser.

Misère trouve son voisin détenu sur son poirier.

Ah! drôle, je vous y tiens!... Ciel! dit-il en lui-même, quels gens sont venus loger chez moi cette nuit! Oh! pour le coup, continua-t-il, parlant toujours à son voleur, vous aurez tout le temps, notre ami, de cueillir mes poires ; mais je vous proteste que vous les payerez bien cher, par les tourments que je vais vous faire souffrir. En premier lieu je veux que toute la ville vous voie en cet état ; ensuite je ferai un bon feu sous mon poirier, pour vous parfumer comme un jambon de Mayence.

— Miséricorde ! monsieur Misère, s'écria le dénicheur de poires, pardon pour cette fois, je n'y retournerai de ma vie, je vous le proteste. — Je le crois bien, lui répondit l'autre ; mais tandis que je te tiens, il faut que je te fasse payer tout le tort que tu m'as fait. — S'il ne s'agit que d'argent, répondit le voleur, demandez-moi ce qu'il vous plaira, je vous le donnerai.

— Non, lui dit Misère, point de quartier ; j'ai besoin d'argent, mais je n'en veux point ; je ne demande que la vengeance et te punir, puisque j'en suis le maître. Je vais, dit-il en le quittant, chercher du bois de tous côtés ; ensuite tu apprendras de mes nouvelles ; ne perds pas patience, car tu as tout le temps de faire de belles réflexions sur ton aventure. Ah ! ah ! gaillard, continua-t-il, vous aimez donc les poires mûres ; on vous en gardera.

Là-dessus il s'en va et laisse le pauvre diable se démener sur l'arbre, sans parvenir à se détacher. Attirés par ses gémissements et ses cris, deux voisins accourent, et, après s'être enquis du motif qui le fait crier si fort, ils pensent que cet homme est fou, et grimpant à leur tour, ils se mettent en devoir de le délivrer. Mais comme ils veulent descendre, ils ne peuvent non plus en venir à bout, et demeurent en cet état jusqu'à dix-sept heures et demie.

Le bonhomme Misère étant rentré avec un bissac plein de pain et un fagot de broussailles sur sa tête, qu'il avait été ramasser dans les haies, fut terriblement étonné de voir trois hommes, au lieu d'un seul qu'il avait laissé sur son poirier. — Ah! ah! dit-il, la foire sera bonne, à ce que je vois, puisque voici tant de marchands. Eh! que veniez-vous faire ici, nos amis? commença à demander Misère aux derniers venus ; est-ce que vous ne pouviez pas me demander des poires, sans venir de la sorte me les dérober ? — Nous ne sommes point des voleurs, répondirent-ils ; nous sommes des voisins charitables, venus exprès pour secourir un homme dont les lamentations et les cris nous faisaient pitié. Quand nous voulons des poires, nous en achetons au marché : il y en a assez sans les vôtres.

Si ce que vous me dites est vrai, reprit Misère, vous ne tenez à rien sur cet arbre, vous en pouvez descendre quand il vous plaira ; la punition n'est que pour les voleurs. Et en même temps leur ayant dit qu'ils pouvaient tous deux descendre, ils le firent promptement, sans se faire prier, et ne savaient que penser de l'autorité qu'avait Misère sur cet arbre.

Cependant, toujours guidés par un sentiment de charité à l'égard du pauvre diable « qui souffrait extraordinairement depuis tant de temps qu'il était en faction, » ils prièrent Misère d'avoir pitié de lui. De son côté, le voleur de poires implore sa grâce, et s'écrie :

Je payerai tout ce que vous voudrez ; mais *au nom de Dieu*, faites-moi descendre ; je souffre toutes les misères du monde.

A ce mot, Misère lui-même, se laissant toucher, dit qu'il voulait bien oublier sa faute, et qu'il la lui pardonnait ; que pour faire connaître qu'il avait l'âme généreuse, que ce n'était pas l'intérêt qui l'avait jamais fait agir dans aucune action de sa vie, il lui faisait présent de ce qu'il lui avait volé ; qu'il allait le délivrer de la peine où il se trouvait, mais sous une condition qu'il fallait qu'il accordât avec serment, que de sa vie il ne reviendrait sur son poirier, et s'en éloignerait toujours de cent pas aussitôt que les poires seraient mûres. — Ah ! que cent diables m'emportent ! s'écria-t-il, si jamais j'en approche d'une lieue. — C'en est assez, lui dit Misère ; descendez, voisin, vous êtes libre ; mais n'y retournez plus, s'il vous plaît. Le pauvre homme avait tous les membres si engourdis, qu'il fallut que Misère, tout cassé qu'il était, l'aidât à descendre avec une échelle, les autres n'ayant jamais voulu approcher de l'arbre, tant ils lui portaient de respect, et craignant encore quelque nouvelle aventure. Celle-ci néanmoins ne fut pas secrète ; elle fit tant de bruit que chacun en raisonna à sa fantaisie. Ce qu'il y a de certain, c'est que jamais personne depuis ce temps-là n'a osé approcher du poirier de Misère, et qu'il en fait lui seul la récolte complète.

Quoi qu'il en soit, il vieillissait, « bien éloigné d'avoir toutes ses aises, et souffrant au contraire bien plus qu'un autre; » mais il avait le cœur content, puisqu'il jouissait en paix du petit revenu de son poirier; ce à quoi il avait su borner tous ses désirs. Un jour qu'il y pensait le moins, il entendit frapper à sa porte. Il ouvre, et est assez étonné de recevoir une visite à laquelle il s'attendait bien, mais qu'il ne croyait pas si proche : c'était la Mort, qui, faisant sa ronde sur la terre, venait annoncer à Misère que son heure allait sonner :

Soyez la bienvenue, lui dit Misère sans s'émouvoir, en la regardant de sang-froid et comme un homme qui ne la craignait point, n'ayant rien de mauvais sur la conscience, et ayant vécu en honnête homme, quoique très-pauvrement.

La Mort fut très-surprise de le voir soutenir sa venue avec tant d'intrépidité. — Quoi! lui dit-elle, tu ne me crains point, moi qui fais trembler d'un seul regard tout ce qu'il y a de plus puissant sur la terre, depuis le berger jusqu'au monarque? — Non, lui dit-il, vous ne me faites aucune peur. Et quel plaisir ai-je dans cette vie! quel engagement m'y voyez-vous pour n'en pas sortir avec plaisir? Je n'ai ni femme ni enfants (j'ai toujours eu assez d'autres maux sans ceux-là) ; je n'ai pas un pouce de terre vaillant, excepté cette petite chaumière et mon poirier, qui est lui seul mon père nourricier, par les beaux fruits que vous voyez qu'il me rapporte tous les ans, et dont il est encore à présent tout chargé. Si quelque chose dans ce monde était capable de me faire de la peine, je n'en aurais point d'autre qu'une certaine attache que j'ai à cet arbre depuis tant d'années qu'il me nourrit; mais comme il faut prendre son parti avec vous, et que la réplique n'est pas de saison quand vous voulez qu'on vous suive, tout ce que je désire, et que je vous prie de m'accorder avant que je meure, c'est que je mange encore en votre présence une de mes poires ; après cela je ne demande plus rien.

— La demande est trop raisonnable, lui dit la Mort, pour te la refuser; va toi-même choisir la poire que tu veux manger, j'y consens.

Misère ayant passé dans sa cour, la Mort le suivant toujours de près, tourna longtemps autour de son poirier, regardant dans toutes les branches la poire qui lui plairait le plus, et ayant jeté la vue sur une qui lui paraissait très-belle: — Voilà, dit-il, celle que je choisis :

prêtez-moi, je vous prie, votre faux pour un instant, que je l'abatte.
— Cet instrument ne se prête à personne, lui répondit la Mort, et jamais bon soldat ne se laisse désarmer ; mais je regarde qu'il vaut mieux cueillir avec la main cette poire, qui se gâterait si elle tombait. Monte sur ton arbre, dit-elle à Misère. — C'est bien dit, si j'en avais la force, lui répondit-il ; ne voyez-vous pas que je ne saurais presque me soutenir ? — Hé bien ! lui répliqua-t-elle, je veux bien te rendre ce service ; j'y vais monter moi-même, et te chercher cette belle poire, dont tu espères tant de contentement. La Mort, ayant grimpé sur l'arbre, cueillit la poire que Misère désirait avec tant d'ardeur : mais elle fut bien étourdie lorsque, voulant descendre, cela se trouva tout à fait impossible. — Bonhomme, lui dit-elle en se tournant du côté de Misère, dis-moi un peu ce que c'est que cet arbre-ci. — Comment, lui répondit-il, ne voyez-vous pas que c'est un poirier ? — Sans doute, lui dit-elle ; mais que veut dire que je ne saurais pas en descendre ? — Ma foi, reprit Misère, ce sont là vos affaires. — Oh ! bonhomme, quoi ! vous osez vous jouer de moi, qui fais trembler toute la terre ? A quoi vous exposez-vous ? — J'en suis fâché, lui dit Misère, mais à quoi vous exposez-vous vous-même, de venir troubler le repos d'un malheureux qui ne vous fait aucun tort ? Tout le monde entier n'est-il pas assez grand pour exercer votre empire, votre rage et toute votre fureur, sans venir dans une misérable chaumière arracher la vie à un homme qui ne vous a jamais fait aucun mal ? Que ne vous promenez-vous dans le vaste univers, au milieu de tant de grandes villes et de si beaux palais ? vous trouverez de belles matières pour exercer votre barbarie ? Quelle pensée fantasque vous avait prise aujourd'hui de songer à moi ? Vous avez, continua-t-il, tout le temps d'y faire attention, et puisque je vous ai à présent sous ma loi, je vais faire du bien au pauvre monde, que vous tenez en esclavage depuis tant de siècles. Non, sans miracle, vous ne sortirez point d'ici que je ne le veuille.

La Mort, qui ne s'était jamais trouvée à une telle fête, connut bien qu'il y avait dans cet arbre quelque chose de surnaturel.

— Bonhomme, lui dit-elle, vous avez raison de me traiter comme vous faites, j'ai mérité ce qui m'arrive aujourd'hui, pour avoir eu trop de complaisance pour vous ; cependant je ne m'en repens pas ; mais aussi il ne faut pas que vous abusiez du pouvoir que le Tout-Puissant vous donne dans ce moment sur moi. Ne vous opposez pas davantage, je vous prie, aux volontés du ciel ; s'il désire que vous sortiez de cette vie, vos détours seront inutiles, il vous y forcera malgré vous; consentez seulement que je descende de cet arbre, sinon je le ferai mourir tout à l'heure.

— Si vous faites ce coup, lui dit Misère, je vous proteste, sur tout ce qu'il y a au monde de plus sacré, que, tout mort que soit mon arbre, vous n'en sortirez jamais que par la permission de Dieu.

— Je m'aperçois, reprit la Mort, que je suis aujourd'hui entrée dans une fâcheuse maison pour moi. Enfin, bonhomme, je commence à m'ennuyer ici, j'ai des affaires aux quatre coins du monde, et il faut qu'elles soient terminées avant que le soleil soit couché; voulez-vous arrêter le cours de la nature? Si une fois je sors de cette place, vous pourriez bien vous en ressouvenir.

— Non, lui répondit Misère, je ne crains rien; tout homme qui n'appréhende point la mort est au-dessus de bien des choses; vos menaces ne me causent pas seulement la moindre petite émotion, je suis toujours prêt à partir pour l'autre monde, quand le Seigneur l'aura ordonné.

— Voilà, lui dit la Mort, de très-beaux sentiments; et je ne croyais pas qu'une si petite maison renfermât un si grand trésor. Tu peux te vanter, bonhomme, d'être le premier dans la vie qui ait vaincu la Mort. Le ciel m'ordonne que, de ton consentement, je te quitte, et ne reviendrai jamais te voir qu'au jour du jugement universel, après que j'aurai achevé mon grand ouvrage, qui sera la destruction générale du genre humain. Je te la ferai voir, je te promets; mais, sans balancer, souffre que je descende, ou du moins que je m'envole; une reine m'attend à cinq cents lieues d'ici pour partir.

— Dois-je ajouter foi, reprit Misère, à votre discours? n'est-ce point pour me mieux tromper que vous me parlez ainsi?

— Non, je te jure, jamais tu ne me verras qu'après l'entière désolation de toute la nature, et ce sera toi qui recevras le dernier coup de ma faux; les arrêts de la Mort sont irrévocables, entends-tu, bonhomme?

— Oui, dit-il, je vous entends et je dois ajouter foi à vos paroles, et pour vous le prouver efficacement, je consens que vous vous retiriez quand il vous plaira : vous en avez à présent la liberté.

A ce mot, la Mort ayant fendu les airs, s'enfuit à la vue de Misère, sans qu'il en ait entendu parler depuis, quoique très-souvent elle vienne dans le pays, même dans sa petite ville. Elle passe toujours devant sa porte, sans oser s'informer de sa santé ; ce qui fait que Misère, si âgé soit-il, a vécu depuis ce temps-là, toujours dans la pauvreté, près de son cher poirier, et, suivant les promesses de la Mort, *il restera sur la terre tant que le monde sera monde.*

Ces derniers mots sont la morale de la légende, et la reproduction, sous une autre forme, des paroles même de Jesus-Christ : « *Il y aura toujours des pauvres dans le monde.* » Il est vrai qu'il y a ici contradiction avec ces mots du titre : « où l'on verra quand la misère *finira* dans le monde ; » mais la contradiction n'est qu'apparente, puisque la conclusion du discours fait assez entendre que c'est la fin du monde qui sera aussi la fin de la misère. Cette vérité, pour n'être pas neuve, n'en est pas moins incontestable; elle ne cessera de l'être que quand l'homme n'aura plus de passions. Or, le chagrin qu'il aurait de n'en plus avoir, comme aussi la certitude où il est qu'elles ne lui ont été données que pour en faire usage, est une garantie qu'il ne négligera rien pour les entretenir, et se montrer fidèle à ce principe essentiel de toutes ses misères.

Il est difficile d'indiquer la date précise de cette légende, imprimée à Paris, à Troyes, à Limoges, à Tours, à Épinal, etc. etc., et reimprimée depuis deux siècles à un nombre d'exemplaires qu'on n'a pas craint d'évaluer à plusieurs milliards. Un romancier moderne[1] la rattache à l'époque de la *Danse des morts ;* c'est une assertion qui aurait besoin de preuves, et l'on n'en donne aucune. Ce qui paraît hors de doute, c'est que l'histoire de *Misère* est d'origine italienne. La scène se passe en Italie près de Milan ; c'est un curé de ce pays qui la raconte à des voyageurs ; on y compte les heures à la mode italienne, c'est-à-dire *d'une à vingt-quatre ;* on y parle de *baïoques,* monnaie d'Italie qui vaut à peu près un sou, et l'on y boit du vin de Suze[2]. Mais si l'acte

---

[1] M. de Champfleury, dans ses *Recherches sur les origines et les variations de la Légende du Bonhomme Misère,* p. 7, Paris, 1861, in-8.

Quelque vraisemblable que soit cette conjecture, et quoique je l'aie moi-même adoptée dans ma première édition, j'incline à penser que cette

de naissance de ce type gracieux de la légende naïve, émouvante et sensée, est perdu, il est facile de s'en consoler, et l'œuvre par elle-même nous en offre assez le moyen. La privation de cet acte ne sera, je l'espère, regrettée que de ces bibliophiles rigides aux yeux de qui la valeur intrinsèque d'un livre ne compense jamais l'incertitude ou la perte de son état civil. On penserait même, qu'à l'égard de celui qui nous occupe, ils ont déjà pris leur parti, car le plus illustre et le plus justement estimé d'entre eux, Brunet n'en dit pas un mot. Il résulte de là que le sentiment avec lequel on lit cet opuscule n'en est que plus pur, étant plus désintéressé. J'ajoute que le pseudonyme de *Court-d'argent* n'y influe en quoi que ce soit, comme le contraire aurait lieu peut-être si ce nom était vrai et d'un auteur célèbre.

Certes, la misère de ce bonhomme est grande ; mais combien l'habitude, aidée de la sagesse, en a émoussé la pointe ! Quelle modération dans ses désirs ! Quelle charmante naïveté dans la manière dont il les exprime ! Avec quel malin plaisir il savoure la vengeance qu'il a tirée du voleur de son bien, montrant par là qu'il est homme et sensible à l'injure ! Mais aussi, comme après une résistance plus calculée que sincère, il se retrouve chrétien et s'adoucit en s'entendant prier *au nom de Dieu* de pardonner ; de Dieu, dis-je, qui serait offensé si le bonhomme, abusant de la puissance surnaturelle qui lui fut momentanément déléguée, il en outrait l'emploi jusqu'à rendre la vengeance dis-

légende est d'origine française ; les Italiens, qui nous l'ont empruntée, n'auraient fait que changer le lieu de la scène. C'est ainsi du moins que Bocace, Bandella, Sansovino, Straparole et bien d'autres en ont usé, toutes les fois qu'ils nous ont pris nos contes, et l'on peut dire qu'ils nous les ont pris presque tous. C'est une vérité qui a été démontrée d'une manière invincible par M. V. Leclerc, comme il est aisé de s'en assurer dans le tome XXIII de l'*Histoire littéraire de la France*, et dans son *Discours sur l'état des lettres en France au quatorzième siècle*. Ce sont nos trouvères qui ont défrayé de contes, non-seulement l'Italie, mais toute l'Europe ; et telle était l'ignorance où nous étions de nos anciennes richesses littéraires manuscrites, que, lorsque nous pensions, en les traduisant, faire des emprunts à l'étranger, nous ne faisions que rentrer dans notre bien.

proportionnée au délit! Quelle profondeur dans ce fait, si plaisant en apparence, de faire de la mort le jouet de la misère, et de la contraindre à capituler !

A la suite du *Bonhomme Misère*, mais dans l'édition de Ruel aîné seulement, vient *le Grand chemin de l'hôpital, pour ceux qui veulent être possesseurs dudit héritage*, avec cette épigraphe :

Régler ses dépenses sur son revenu, c'est sagesse; dépenser tout son revenu, c'est imprudence.

Cet opuscule est très-ancien; mais il est ici rajeuni. On le trouve à la suite de *la Nef des femmes* de Symphorien Champier, édition gothique, 1502, in-4. On en a fait depuis quatre éditions séparées, toutes au commencement du seizième siècle. Elles sont indiquées dans le *Manuel* de M. Brunet, au mot *Chemin*. La première est de 1505, et a pour titre : *Le Chemin de lospital, et ceulx qui en sont possesseurs et héritiers. Imprimé à Lyon par Claude Nourry, l'an 1505; in-4, goth.* Dans les autres, les titres sont un peu modifiés.

Les moyens que l'auteur indique pour arriver à obtenir un logement gratuit dans un établissement de ce genre, ne sont que trop connus et ne sont pas recherchés avec moins de passion que les moyens de s'enrichir; mais il est toujours à propos de les rappeler. En voici quelques-uns :

Selon les plus sages, les gens qui ont peu et qui dépensent beaucoup, s'en vont droit à l'hôpital.

Gens qui n'ont pas grands biens ni rentes, et portent draps de soie et chers habits, à l'hôpital.

Vieux gens d'armes qui n'ont point été économes en leur jeunesse, à l'hôpital.

Gens qui dépensent leur bien sans ordre ni mesure, à l'hôpital.

Gens paresseux et négligents, qui craignent de trop travailler étant jeunes, à l'hôpital.

Les marchands qui achètent cher et vendent à bon marché et à crédit, à l'hôpital...

Gens paresseux, endormis et négligents, à l'hôpital.

Gens qui vont au jour la journée et ne pensent au temps à venir, à l'hôpital.

Gens gourmands, délicats et bélîtres, à l'hôpital...

Gens paillards, recéleurs de larrons, maquereaux et autres vivant de telles choses, à l'hôpital.

Tous ceux qui retiennent les gages des serviteurs, car ce péché crie vengeance devant Dieu, à l'hôpital.

Gens fous, volontaires et variables, à l'hôpital.

Toutes gens qui prêtent volontiers à ceux qui n'ont point de quoi rendre, à l'hôpital.

Gens plaideurs, chicaneurs et nourrisseurs de procès, à l'hôpital.

Tous ceux qui se mêlent de faire un métier qu'ils ne savent pas, à l'hôpital.

Toutes maisons où l'on danse ordinairement et qui font souvent banquets, au lieu de faire leurs affaires, à l'hôpital.

Tous ceux qui mangent leur blé en herbe, à l'hôpital.

Tous ceux qui jouent jusqu'à minuit, qui toute la nuit brûlent du bois et de la chandelle, boivent le vin de la cave, et dorment la grasse matinée, à l'hôpital.

Gens qui entreprennent plus de choses qu'ils ne peuvent ou ne savent faire, à l'hôpital...

Tous gens pauvres qui se marient par amourettes, n'étant pourvus de rien, à l'hôpital.

Gens désobéissants à leur prince en bonne justice, à l'hôpital...

Gens qui font porter des habits pompeux à leurs femmes, plus que leur bien le requiert, à l'hôpital.

Tous ceux qui mènent souvent leurs femmes ou autres en pèlerinages et banquets, à l'hôpital.

Gens qui font souvent des banquets et assemblées, à l'hôpital...

Gens qui s'estiment plus qu'ils ne sont, et leur semble que tout leur est dû, à l'hôpital.

Gens mauvais payeurs, qui se trouvent obligés de payer tout à coup ce qu'ils ont emprunté en vingt ans, et leur semble que ce qu'on leur prête leur vient de revenus, à l'hôpital.

Gens qui vivent sans provision, mais au jour le jour, sans penser au temps à venir, à l'hôpital...

Gens qui se dépouillent de leurs biens avant qu'il soit temps, si ce n'est à des personnes dont ils connaissent la fidélité, à l'hôpital.

Gens qui prennent grande somme d'argent sans le compter, et qu'il leur faut en rendre compte, à l'hôpital.

Gens qui ne vivent que de piller, dérober, et de choses mal acquises, à l'hôpital.

Tous ceux et celles qui demeurent longtemps à s'habiller le matin, à l'hôpital...

Gens qui ne savent conserver leurs habits, mais les font servir tous les jours, et les laissent gâter par leur faute, à l'hôpital.

Gens qui font mal panser leurs chevaux et autres bêtes, à l'hôpital.

Gens qui laissent pourrir leurs tapisseries aux murailles et leur linge aux coffres, à l'hôpital.

Gens qui servent de caution à autrui, à l'hôpital.

Gentilshommes pauvres, et compagnons qui achètent et mangent friandises, à l'hôpital.

Gens qui laissent leur métier pour être sergents, laquais ou gens d'armes, à l'hôpital.

Gens qui laissent les prés, vignes et jardins sans clôture quand les fruits y sont, à l'hôpital.

Gens qui demandent toujours à se réjouir et jamais de repos, à l'hôpital...

Gens taverniers et pillards, à l'hôpital.

Gens qui appellent souvent leurs voisins à leur ménage pour les faire manger, à l'hôpital.

Ceux qui laissent leur grange découverte quand les blés sont dedans, à l'hôpital...

Pères et mères qui se démettent de leurs biens entre les mains de leurs enfants, pensant qu'ils les nourriront après, à l'hôpital.

Gens qui laissent gâter les pieds du cheval, faute de le faire ferrer, à l'hôpital.

Ceux qui laissent gâter le dos du cheval, faute de raccommoder la selle, à l'hôpital.

Gens qui coupent leurs chausses et décousent leurs pourpoints et habits, à l'hôpital...

Gens qui ne pensent depuis qu'ils sont levés, sinon à quoi ils passeront le temps tout le jour, sans penser à leur profit et affaires de leur maison, à l'hôpital.

Ceux qui laissent leur cave, grenier et charnier ouverts, sans prendre garde comme tout se gouverne, à l'hôpital.

Ceux qui vendent leurs biens pour être marchands, à l'hôpital.

Ceux qui prêtent leur argent pour faire plaisir, à l'hôpital.

Tous ceux qui, par faute de réparations qu'ils peuvent faire, laissent tomber une maison, rompre la chaussée d'un étang, à l'hôpital.

Tous ceux qui laissent perdre leur bon droit et procès par faute de sollicitation, à l'hôpital.

Tous ceux qui ne craignent devoir être exécutés, ni excommuniés, ou de rendre compte à Dieu, à l'hôpital.

Tous ceux qui laissent perdre cent écus faute d'en dépenser dix, à l'hôpital.

Tous ceux qui aiment mieux faire ouïr par autrui le compte de la dépense de leur maison par gloire, que de l'ouïr eux-mêmes, à l'hôpital.

Tous ceux qui donnent leurs biens à garder à autrui sans compter, à l'hôpital...

Gens qui n'ont grand revenu que le maître mange en un lieu et la maîtresse en l'autre, et font trois ou quatre repas l'un après l'autre, à l'hôpital.

Ceux qui ont des biens en plusieurs endroits et ne les visitent point, s'en rapportant aux dires de leurs serviteurs, à l'hôpital.

Gens qui font grande dépense sous l'espérance d'avoir la succession d'un parent vivant, à l'hôpital...

Tous trésoriers, receveurs et dépensiers qui demeurent longtemps sans rendre leurs comptes, et donnent l'argent sans avoir quittance, à l'hôpital.

Ceux qui donnent en mariage à leurs enfants plus qu'ils n'ont vaillant, à l'hôpital...

Ceux qui reçoivent l'argent d'autrui et le mettent en leurs affaires, à l'hôpital...

Ceux qui croient toujours trouver leur vie pour leur bon personnage, ou savoir, et ne savent rien faire, et ne prennent point peine de travailler, à l'hôpital.

Jeunes gens et autres, quand leurs parents disent leurs fautes, qui en sont mécontents, et font pis que devant, ne se voulant corriger et fuyant ceux qui leur veulent donner de bons avis, à l'hôpital.

Ceux qui laissent perdre leurs tapisseries, couvertures, linceuls, lits et habillements qui sont un peu endommagés ; et ceux qui laissent perdre la plume de leurs lits par faute de les mettre au soleil, et recoudre les trous, à l'hôpital...

Ceux qui sont riches d'un denier et font largesse d'un écu, à l'hôpital.

Gens opiniâtres, qui ont un procès et trouvent bon appointement et ne le veulent prendre, qui perdent le tout bien souvent, à l'hôpital...

Ceux qui laissent un bon métier pour un mauvais, à l'hôpital.

Ceux qui attendent de faire bien leur besogne à demain et ne peuvent trouver l'heure, et cependant le temps s'en va, à l'hôpital.

Gens qui vont au marché ou à la foire un peu éloignée de la ville, aux jours qu'ils doivent travailler, ne vendent que pour quinze ou seize sols de marchandise, et en dépensent dix-huit, et perdent plusieurs journées, à l'hôpital.

Gens qui sont en grande domination et autorité, qui pensent que ces dignités doivent toujours subsister, et à cette cause font tort et déplaisir à quantité de personnes, et bien souvent il faut en rendre compte, à l'hôpital.

Gens qui s'aperçoivent que leur commerce se fait mal et n'y remédient promptement, à l'hôpital.

Gens qui font de grandes dépenses et mises, sur l'espérance d'avoir de grands biens d'un procès qu'ils ont en justice, et où quelquefois ils perdent le principal et les dépens, à l'hôpital...

Gens qui laissent le pavé de leurs maisons, les foyers, les cheminées et couvertures, qui tous les jours dépérissent faute de les réparer, à l'hôpital.

Tous ceux qui hanteront souvent les cabarets, le jeu et les filles de mauvaise vie, l'un de ces trois est suffisant pour envoyer tous ceux qui le suivront au grand chemin de l'hôpital.

Finalement, tous gourmands, jureurs, blasphémateurs, paillards, receleurs de gens de mauvaise vie et tous fainéants, qui ne pensent jamais au lendemain, ils seront sans doute les héritiers de l'hôpital.

Gens qui entreprennent des procès pour peu de chose et les perdent, et après deviennent solliciteurs, à l'hôpital.

Gens de métier qui se font solliciteurs de procès, à l'hôpital.

Gens paresseux et ivrognes qui se promènent les jours ouvrables et travaillent les jours de fête, s'en vont grand train à l'hôpital.

Tous ceux qui feront le contraire des choses susdites et nommées, n'auront jamais part ni héritage audit hôpital, mais ils en seront exempts et quittes, comme aussi de l'ordre des pauvres et mal vêtus.

Quelque-unes des causes qui mènent à l'hôpital, entre autres le temps perdu le matin à sa toilette, l'emploi quotidien des mêmes habits, la mauvaise habitude de ne pas renouveler les fers ou de ne pas raccommoder la selle de son cheval, seront peut-être révoquées en doute; mais il n'en est pas de même des autres causes. Celles mêmes qui peuvent sembler spécieuses, ne sont pour la plupart que des sentiers détournés qui allongent le chemin de l'hôpital, mais qui finissent par le rejoindre et se confondre avec lui.

# CHAPITRE VII

## TYPES ET CARACTÈRES

### EN PROSE ET EN VERS

Le premier livre de ce genre qui me tombe sous la main, a pour titre : *La Malice des femmes, contenant leurs ruses et finesses*, in-18, 22 pag., Épinal, Pellerin, in-12, S. D.; et Montbéliard, Deckherr, S. D. J'avais conjecturé d'abord[1] que ce livret était un chapitre détaché d'un ouvrage complet sur la matière, sans doute l'*Alphabet de l'imperfection et malice des femmes*, par J. Olivier, 1617, car l'orateur s'exprime ainsi en commençant : « Après avoir bien séjourné comme dans un beau et magnifique palais, avec les grâces, vertus et perfections des femmes illustres, maintenant nous allons entrer comme dans l'ordure et immonde étable d'Augias, etc. » C'est bien là le langage d'un auteur qui poursuit son propos. Ma conjecture était vraie, mais à cet égard seulement; elle ne l'était pas quant à l'origine que j'avais supposée, ayant eu le tort de ne pas prendre la peine de le vérifier. *La Malice des femmes* est tirée de la seconde partie d'un livre qui a pour titre : *De la bonté et mau-*

---

[1] Première édition, t. 1, p. 501.

*vaistié des femmes*, par *Jean de Marconville, gentilhomme percheron*. Paris, par Jean Dallier, 1566, in-8, avec cette épigraphe : « Bienheureux est l'homme qui hante et converse avec la femme sage. » *Ecclésiast.*, 25. Cet ouvrage se divise en vingt-trois chapitres ; les douze premiers, qui en sont comme la première partie, traitent de la *bonté* des femmes ; les onze autres, à partir du treizième, de leur *mauvaistié*. De ces onze chapitres notre livret ne donne que les treizième, quatorzième et seizième. Ce sont ceux qui traitent, 1º de *L'Origine des femmes suivant l'opinion des Gentils*; 2º *des Maux et des misères causés au monde par les mauvaises femmes*; 3º de *La Légèreté et insouciance des femmes*. L'œuvre entière, l'original comme la copie, est un recueil de lieux communs sur la malice féminine, tirés de la mythologie, de l'histoire, des Pères, des poëtes et philosophes païens des deux antiquités, et d'une foule d'autres auteurs modernes appartenant à tous les pays. Mais que la copie est froide et plate à côté de l'original ! Elle en supprime la naïveté, elle en éteint l'esprit, le tout sous prétexte de la rajeunir. Aussi, pour faire apprécier convenablement les qualités de ce petit livre, est-il nécessaire d'en donner un extrait tiré de l'inventeur même, laissant au lecteur plus curieux de recourir, s'il lui plaît, au livret moderne. Je cite le chapitre 16 : *De la légèreté volage des femmes.*

Caton le Senieur disoit entre les choses desquelles l'homme se doit grandement repentir, la principale estre s'il avoit descouvert son secret à une femme, laquelle ne peult celer qu'une chose qui est ce qu'elle ne sçait pas, d'autant qu'elle ne tient bien serre de la langue, mais est légère, inconstante, et volage sans pouvoir rien celer. Et à ce propos, il se trouve une histoire du pape Jehan vingt-deuxiesme, lequel estant venu en France et logé dans une abbaie de femmes, fut requis par l'abbesse du lieu de luy permettre et à ses religieuses de se pouvoir ouyr en confession les unes les autres, et que sa requeste estoit fondée sur plusieurs grandes raisons, la principale desquelles estoit que les femmes ont plusieurs imperfections qu'il n'est loisible ni décent aux hommes de sçavoir et entendre. A laquelle le pape fist responce que la chose estoit de grande importance et qu'il en vouloit communiquer avec les cardinaux et son clergé, afin de n'ordonner rien légèrement ; que toutes fois il luy feroit droict sur ladicte requeste. Et tout à l'instant, il bailla une petite boucte à l'abbesse pour luy garder jusques à son retour, luy defendant assez estroictement de n'ouvrir ladicte boucte en son absence, et qu'il ne feroit long séjour, mais incontinent seroit de retour pour luy enthériner sadicte requeste. Au moien de quoy il partit et s'en alla dehors pour quelque temps. Et pendant l'absence duquel ceste abbesse curieuse de sçavoir ce qui estoit en ceste dicte boucte, elle print la hardiesse de l'ouvrir, pensant qu'il y eust quelque précieux joyau dedans, et l'ayant ouverte, sans attendre le retour du pape, tout soudain il sortit une bergeronnette de dedans, laquelle s'en vola en l'air. Le pape estant de retour demanda sa boucte à l'abbesse, laquelle toute honteuse la luy rendit vuide. Et comment (dit le pape) vous m'avez faict promesse de ne faire ouverture de ladicte boucte en mon absence; où est donc l'exécution de ceste dicte promesse? Mais aussi où est ce qui estoit dedans, que vous avois baillé en garde, et que vous m'avez promis de garder si fidelement? Or vous m'avez maintenant faict cognoistre qu'il ne faict bon de vous communiquer un secret pour vostre trop grande légèreté. Et pour ceste cause je ne vous puis octroyer ce que demandez par le contenu en vostre requeste, d'autant que ne seriez (sic) celer ne tenir caché un secret. Parquoy je ne vous puis aussi permettre de vous confesser les unes les autres, puis que n'avez bon celier, et n'estes meilleures secretaires que les hommes. La pauvre abbesse n'ayant que repliquer, demoura plus honteuse qu'un fondeur de cloches, sans oser persister en sa demande [1].

Aulugelle [2] recite une presque semblable légèreté d'une femme romaine, disant que les sénateurs de Rome avoient coustume de mener avec eux leurs enfans au sénat, afin que voians le bon ordre que leurs

---

[1] Il est fait mention de ce conte dans les *Aprèsdinées* de Cholières, V. p. 162 et suiv. Un des interlocuteurs qui la raconte, messer Rodolphe, dit que Cholières l'avait déjà rapporté dans sa *Guerre des masles contre les femelles*, ouvrage souvent cité dans les *Aprèsdinées*, et que je ne connais pas : « A ce propos, dit Rodolphe, je ne veux oublier un compte fort remarquable, duquel, Monsieur de céans ( il s'adresse à Cholières), vostre *Guerre des masles contre les femelles*, m'a autrefois donné le plaisir. » Je ne saurais dire à quel peuple revient l'honneur d'avoir inventé ce conte ; je me rappelle seulement l'avoir lu dans quelque recueil italien.

[2] C'est au Livre I. ch. xxiii.

pères y tenoient, ils fussent aussi mieux instruits aux affaires publiques, quant ils viendroient à gouverner. Advint qu'un jour au sénat, fut mise une chose au conseil de grande conséquence, tellement que les sénateurs sortirent plus tard que de coustume, avec défences d'en parler aucunement. Or, entre les enfans y estoit un jeune fils du sénateur Papyrius, lequel estant de retour au logis fut sollicité et pressé par sa mère de luy dire et révéler ce qui avoit esté traicté au sénat, veu qu'ils y avoient plus arresté que de coustume. A quoy l'enfant respondit qu'il avoit esté deffendu d'en parler. La mère non contente de ceste responce usa de grandes menaces envers ledict enfant, et qu'elle le bateroit s'il ne luy révéloit ce qui avoit esté mis en délibération. L'enfant se voiant ainsi pressé de l'importunité et menaces de sa mère, s'advisa promptement d'une bonne finesse et cautelle, luy disant que ce qui avoit esté mis au conseil estoit, qu'il sembloit bon à plusieurs sénateurs, tant pour le bien public que pour l'augmentation au peuple que chacun homme eust deux femmes, et qu'il y avoit partie des sénateurs d'opinion contraire, soustenans qu'il estoit meilleur que chacune femme eust plustost deux mariz. Cela entendu par la mère, adjousta foy au dire de son enfant ; au moien de quoy soudainement elle en advertit les autres femmes pour y pourvoir, et empescher que les hommes eussent deux femmes, mais que plustost chacune femme eust deux mariz. De sorte que le lendemain les matrones romaines se trouvèrent à la porte du sénat, requérant les sénateurs de ne faire une loy si peu raisonnable et ordonnance si injuste que de marier un homme avec deux femmes, et qu'il seroit bien plus licite et convenable d'ordonner le contraire. De quoy les sénateurs furent aussi esbahiz que si leur fust venu cornes, n'entendans point d'où procédoit ceste deshonneste incivilité de leurs femmes, et ne sçachans aucun d'eux rendre raison, tant que le petit Papyrius les mist hors de cette peine, récitant en plein sénat ce qui luy estoit advenu avec sa mère, et que pour la crainte qu'elle luy avoit donnée, il avoit esté contrainct d'excogiter soudainement ceste joieuse tromperie. De quoy l'enfant fut grandement loué de tout le sénat pour son ingénieuse invention, et fut la grande légèreté de la mère congneüe et manifestée à tout le monde ; dont elle receut autant de blasme que son enfant acquist d'honneur, pour n'avoir descouvert un secret qui ne méritoit d'estre révélé.

Il n'y a rien de commun que le titre principal entre ce livret et *la Malice des femmes avec la farce de Martin Bâton* (à plusieurs personnages), *dédié à la plus mauvaise de toutes*, Rouen, J. F. Bihourt, S. D. (vers 1600), in-8, 24 pag. L'auteur de cette farce en est sans doute aussi l'éditeur, lequel composait alors des farces et des tragédies, et je crois, les jouait lui-même.

*La Malice des hommes découverte dans la justification des femmes, par Mlle J\*\*\*\**, in-18, 25 pag., Épinal, Pellerin, S. D., est la réfutation non pas proprement de cette diatribe impertinente, mais de toutes celles dont les femmes sont communément l'objet. L'auteur a pris pour épigraphe ce distique :

>Gallinæ tandem clausere in carcere gallum,
>  Quod bene non cecinit ; discite vos canere.

Encore que çà et là le sens en soit manifestement altéré par d'énormes fautes d'impression, ce livre est passablement écrit ; mais assurément l'Avis au lecteur est d'une autre main. Il est d'une platitude remarquable et n'est pas même français. Quelque éditeur moderne, embarrassé de son trop d'esprit, et comme Gros-Jean n'en dormant pas, aura trouvé charmant d'en prêter un peu à notre auteur, et pour le mettre plus en relief, il l'aura déposé à l'endroit du livre qui attire tout d'abord les regards. Mais quand c'est au tour du livre à parler, il le fait d'un autre ton. Il prend fort au sérieux la passion du calomniateur de son sexe, et récrimine vivement contre lui. Non content de lui prouver qu'il a menti en se portant accusateur de la femme, il lui démontre comme quoi la femme est le chef-d'œuvre de Dieu : « Qu'après avoir fait les animaux, qui n'étaient qu'un crayon de l'homme, lequel n'était aussi qu'une grossière image de la femme, Dieu créa celle-ci et y renferma tout ce qu'il y avait de plus beau dans ses autres ouvrages ; qu'en tirant une côte à Adam pour servir à perfectionner ce chef-d'œuvre, il ôta à l'homme la meilleure partie de son esprit, puisqu'en effet Adam resta d'abord plongé dans un profond sommeil. » Quel argument! La conclusion est digne des prémisses. Mais il faut en passer de pareils aux avocats, et nous avons affaire ici à un avocat en jupon.

Le livret est divisé en quatre chapitres, non compris le préambule. On y prouve 1° que les femmes ne sont ni monstres, ni furies; 2° qu'il y a des femmes très-vertueuses; 3° que les femmes sont le grand chef-d'œuvre de Dieu; 4° que les femmes doivent commander aux hommes.

C'est ici une proposition hardie, mais qui pourtant ne laisse pas d'être très-véritable; et si elle semble téméraire et ridicule, ce n'est qu'aux âmes mal faites, lesquelles, selon leur fantaisie, placent au sommet des arbres, aussi bien des autruches que des aigles, et mettent, par un jugement de leur caprice, bien souvent à la rame deux personnes qui méritent d'être au triomphe. Mais par contre, elle ne semblera que très-raisonnable aux âmes bien faites, et qui ont égard au mérite. Car, quand elle n'aurait point d'autre appui, ni d'autre fondement que celui qu'on peut tirer de la raison précédente, elle serait trop bien soutenue pour tomber, et aurait trop de solidité pour passer pour téméraire. En effet, n'est-il pas vrai que, dans une sage république, ceux qui donnent les lois, ce sont ceux qui en sont les plus capables, et qui ont je ne sais quoi, par-dessus tous les autres citoyens, qui semble leur avoir été donné de Dieu, pour se faire craindre en commandant; conséquemment les femmes ont plus de mérite que les hommes, puisqu'elles sont, comme je l'ai déjà dit, le chef-d'œuvre de Dieu, où il a renfermé toutes les perfections qui se rencontrent dans toutes les autres créatures.

Ne pouvons-nous pas dire qu'elles sont plus capables de gouverner que ne sont les hommes, et qu'ells doivent être maîtresses, et non pas esclaves? . . . . . . . . . . . . . . . . . . . . . .

Pourquoi, en effet, pensez-vous, mon cher lecteur, Dieu a-t-il créé la femme en dernier? Vous me répondrez sans doute que c'est parce qu'elle était son chef-d'œuvre, comme je l'ai montré ci-devant : j'ajoute et je dis avec vérité que ce n'est pas seulement pour cette raison, mais pour vous apprendre que la femme doit avoir un pouvoir absolu sur l'homme. Et comment est-ce que je le prouverai, me direz-vous? De la même manière que vous me prouverez que l'homme est quelque chose de plus que la terre, que le ciel, les bêtes et les autres créatures qui l'ont précédé, et qu'ensuite il a sur tout cela un empire absolu. Car je vous demande pourquoi est-ce que l'homme est le maître de la terre qu'il foule sous ses pieds, pourquoi il est beaucoup plus relevé dans la nature que le soleil, quoiqu'il soit plus bas que lui? Il faut que vous me répondiez que c'est parce que Dieu, avant de créer l'homme, avait déjà tiré du néant et le ciel et la terre, pour nous apprendre qu'il voulait que l'un lui servît de siége pour se reposer, et l'autre de flambeau pour l'éclairer pendant son séjour ici-bas. Enfin, si je vous demande pourquoi est-ce que la condition de l'homme est plus noble que celle des autres animaux, et pourquoi doivent-ils être assujettis à sa puissance? vous n'avez pas d'autre réponse à me donner, sinon que Dieu les créa avant l'homme, pour nous enseigner que c'était pour lui qu'il les avait faits, et qu'enfin il l'en rendait le seigneur, le maître souverain ; et c'est par cette même raison que je veux vous convaincre. Pourquoi pensez-vous qu'il ait fait l'homme avant que de créer la femme, sinon pour montrer qu'il faisait l'homme pour la femme, et que par conséquent il lui accordait sur l'homme autant d'empire (néanmoins avec proportion) qu'il en a sur tout le reste des créatures. Eh bien ! ne sentez-vous pas la force de cet argument, puisqu'il vous contraint, de toute manière, de dire avec moi que les hommes, selon l'ordre de la nature, doivent être esclaves, et que, s'ils sont maîtres, ils ne le sont que par violence? Ou bien certes, avouez, si vous voulez y répondre, que les hommes ne sont pas relevés sur la condition des bêtes pour cette raison ; mais ce serait les ranger de leur parti, et les désavouer pour hommes en manquant de propres paroles [1]; car ce sont leurs paroles dont je me sers.

Il faut donc conclure, mon cher lecteur, que toutes les femmes, dès maintenant, ont gagné leur procès, et avouer par conséquent que, quoique les hommes veulent tenir les femmes sous le joug de la servitude, ce n'est cependant que par une injuste usurpation de l'empire qui leur est dû, et enfin, parce que mauvaise possession n'a point de loi, qu'ils commencent à n'être plus maîtres, mais que, dans la suite, ils nous servent en qualité d'esclaves. Mais parce qu'il y a un certain droit qui dit que l'on peut demeurer en possession d'une chose, quoique cette possession soit injuste, pourvu qu'on l'ait usurpée depuis long-temps, sans pouvoir être contraint d'en sortir: je crains bien qu'ils ne veuillent demeurer (car ils sont assez malicieux) dans cette

---

[1] Ce que j'avoue, c'est que je n'entends rien à ce galimatias.

injuste possession ; mais du moins je les prie de se souvenir que ce n'est que par violence et non par mérite, et de ne nous plus qualifier du titre de monstres et de furies, mais avouer que, s'ils sont l'ouvrage des mains de Dieu, nous en sommes les chefs-d'œuvre.

On dirait vraiment que mademoiselle J**** a fait sa logique, et même à l'école de Socrate, dont elle suit parfois la méthode de raisonner. Elle était digne de disputer contre je ne sais quel auteur italien [1], qui soutenait que les femmes n'ont point d'âme et ne sont pas de l'espèce des hommes. Tant que le livre où cette hérésie était professée ne parut qu'en latin, l'inquisition n'y prit pas garde ; mais dès qu'il fut traduit en italien, elle le censura et le défendit. Quant aux dames d'Italie, leurs sentiments à cet égard se partagèrent. Les unes étaient fâchées de n'avoir point d'âmes, et de se voir ravalées si fort au-dessous des hommes qu'elles en seraient traitées dorénavant comme des guenons ; les autres, assez indifférentes, ne se regardant plus que comme des machines, se promettaient de faire si bien jouer leurs ressorts, qu'elles feraient payer cher aux hommes leur impertinente théorie. Mais enfin une ou deux centaines d'années plus tard, elles ont trouvé dans mademoiselle J**** (notre traité est du dix-septième siècle) un avocat qui relève les unes de leur abattement, et qui sans doute forcera les autres à abjurer leurs méchants desseins.

Voici, je pense, la source où ont puisé les auteurs de ces livrets satiriques. Dans un recueil peu connu intitulé : *Secuntur tractaculi sive opusculi de laude mulierum, de fraude earumdem, nec non regmatizandi arte*, sans date, in-4, goth., on trouve trois opuscules, dont le premier a pour titre : *Invectiva cetus feminei contra mares, edita per magistrum Johannem Motis*,

---

[1] C'est, je crois, l'auteur du livre qui a pour titre : *Mulieres non esse homines*, attribué à tort, selon Placcius (*De Scriptor. pseud.*, c. 75), à V. Acidalius, et traduit en français par Ch. Clapiès, sous le titre de : *Paradoxe sur les femmes, où l'on tâche de prouver qu'elles ne sont pas de l'espèce humaine*, Cracovie, S. D., in-12.

*neapolitanensem, sanctæ sedis apostolicæ secretarium*, poëme en cent quatre-vingt-deux vers élégiaques. Ce Motis, sur lequel on n'a d'autres renseignements que ceux qu'il donne lui-même dans le titre de son opuscule, vivait au quinzième siècle. La plus ancienne édition de son *Invectiva* paraît être sortie des presses de Félix Riessinger, imprimeur à Naples, de 1471 à 1479. Les femmes s'y adressent directement aux hommes, et, dans des termes où elles oublient quelquefois le langage qui sied à leur sexe, elles se font les honneurs et se donnent pour le modèle de toutes les vertus conjugales. Voyez plutôt :

> Cur muliebre genus, cur vos muliebria facta
>     Temnitis ingenti digna favore coli?
> Nec pudeat, quoniam nos vobis facta coæquant,
>     Sæpeque præcellit femina clara viros?
> An quia nos premitis? quia vos femoralia fertis [1],
>     Creditis eximiæ laudis habere decus?

Cependant, les vices habituels des hommes sont les sept péchés capitaux, ni plus ni moins; on les leur impute ici sans façon et non sans quelque fondement. Au contraire, les femmes vivent dans leur intérieur, gouvernent la maison, élèvent les enfants, filent la laine pour faire les habits, préparent la nourriture, soignent et consolent les malades. Suit, comme dans l'écrit de Jean de Marconville, cité un peu plus haut, une énumération des femmes qui se sont illustrées, soit dans les armes, soit dans les lettres. Les martyres chrétiennes n'y sont pas oubliées. Ce qui vient gâter tout cela, c'est l'éloge de Jeanne Durazzo, reine de Naples, qui fut la maîtresse, avant d'être reine, de Pandolfello Alapo, son maître d'hôtel, et qui, après lui avoir donné, selon l'historien Giannone, *il dominio della persona*, lui donna *il dominio del regno*. Elle est citée là comme le dernier et le plus haut exemple de vertu féminine, et après lequel il ne reste plus qu'à tirer l'échelle :

[1] Parce que vous portez les culottes?

> Sed demum jungetur eis regina Johanna
> Cujus facta vigent posteritasque canet.

On réfute ensuite le reproche d'incontinence et d'infidélité qu'on prodigue aux femmes si légèrement :

> Constat amor noster rectus, stabilisque, pudicus,
> Ni quia pervertunt nos aliquando viri......
> Sed nec vos mulier, quamvis lasciva, rogavit,
> Vosque frequentatis verba, precesque, minas.
> Vobis nulla fides, vobis constantia nulla,
> Fallere nos equidem creditis esse pium.
> Mille fidem nuptæ servant sine fraude maritis,
> Virque fidem nuptæ nullus in orbe tenet.
> Innumeræ post fata viri vixere pudicæ,
> Virginitasque sibi quippe secunda fuit.
> Conjuge defuncta, nescit compescere lumbos
> Vir, sed laxat eos nocte dieque magis [1].

Il faut convenir que cette rétorsion contre le sexe mâle ne manque pas de vérité, et qu'elle est de bonne guerre.

Après les hommes et les femmes, les filles ont naturellement leur tour. Un auteur, qu'à son style on reconnaît pour appartenir à la fin du seizième siècle au plus tard, et que je soupçonne fort de n'avoir épanché sa bile contre le sexe que parce qu'il aura été débouté de quelques prétentions exagérées à ses bonnes grâces, a composé un libelle qui a pour titre : *La Méchanceté des filles, où se voient leurs ruses et finesses pour parvenir à leurs desseins*, in-18, 52 pag., Pont-à-Mousson, Simon, 1841. Un autre éditeur, dont l'édition est non pas abrégée, mais grossièrement mutilée, a renchéri sur ce titre, en y ajoutant ces mots : *avec les méthodes dont se servent ceux qui les veulent cajoler par leurs tromperies*, in-18, 11 pag., Gignac, Martial-

---

[1] *L'Ami des livres* a donné ces extraits dans son numéro de novembre 1861, p. 51.

Angelino Tobie, S. D. C'est encore un de ces opuscules dont le plus grand danger naît des efforts mêmes qu'on y fait pour le conjurer. La théorie du vice exposée par un praticien de débauche ne produirait pas sur les mœurs de plus pernicieux effets. L'auteur y multiplie aussi les exemples tirés de l'antiquité sacrée et profane. Voici comment il entre en matière :

Il y eut jadis un fort grand différend au ciel entre les déesses, au sujet de l'élite des fleurs, dont chacune se donnait en propre celle qui lui plaisait, et qui était plus conforme à son humeur.
Entre autres Junon et Vénus se trouvèrent en grande contestation. Junon avait mis son affection au lis, et l'avait pris pour sa devise. Vénus aimait le myrte sur toutes autres fleurs, et y prenait son plus grand contentement.
Junon se délectait tellement en l'odeur suave des lis, qu'elle en faisait des bouquets qu'elle attachait au droit de son cœur, des guirlandes qu'elle portait par honneur sur ses cheveux, des bracelets pour représenter l'amour à ses yeux, et des couches sur lesquelles elle reposait son chef, se plaisant ainsi parmi les lis.
Vénus, de son côté, qui se délectait aux myrtes, en faisait des couronnes desquelles elle s'environnait la tête, en faisait des présents aux faux amants, et en agençait des coussinets sur lesquels elle posait sa tête et s'endormait.

Une dispute s'élève entre les deux déesses sur la qualité de la fleur qu'elles préfèrent. Junon, parmi les arguments qu'elle fait valoir en faveur du lis, dit qu'il est le symbole de la pureté; Vénus, au contraire, fait grand état du myrte, parce qu'il allume le plaisir, « échauffe les froideurs en amour, » et réjouit les mélancoliques. Le lis, ajoute Junon, est l'attribut de la virginité. La virginité, réplique Vénus, c'est la stérilité, la suppression du mariage, partant l'anéantissement du monde. Les deux déesses étant de longue main fort mal ensemble, et Junon ayant la tête près du bonnet, le débat n'eût fini sans doute que par une catastrophe, si le conseil des dieux n'eût évoqué l'affaire.

Après mûre délibération, tous prononcèrent en faveur de la virginité, et lui donnèrent la palme au-dessus et au préjudice du mariage; vertu qui est aimée de tous, qui rend l'esprit plus libre en ses fonctions, ce que ne fait pas le mariage qui s'entretient dans les rêveries, chagrins et sollicitudes du ménage.

Les louanges de la virginité sont racontées par tous les siècles où cette vertu a toujours relui comme une perle précieuse qui donne lustre et prix à la personne vierge et chaste : ainsi les Romains portaient très-grand honneur aux vierges vestales et consacrées à la déesse Vesta, avec vœu de virginité, pour être plus capables d'entretenir et conserver le feu sacré, et si aucune commettait stupre, elle était condamnée à finir sa vie entre quatre murailles.

Mais pour centaine de filles qui gardent comme un précieux trésor leur virginité, il y en a mille aujourd'hui qui ne cherchent que les occasions de la perdre. Les causes de ce malheur sont entre autres la trop grande liberté, l'oisiveté, la recherche des plaisirs, les compagnies, les mauvais et lascifs discours, la braverie, l'effronterie, le trop d'aise et le mépris des remontrances.

Le reste du livre est le développement de toutes ces causes. Il y a un chapitre intitulé : *De la lecture des livres impudiques*, qui est fort curieux. Quel temps que celui où l'éducation des filles donnait lieu à des remarques de la nature de celles-ci :

La lecture des livres lascifs, comme sont les Muses folâtres, le Parnasse satirique, le Moyen de parvenir, et autres livres méchants qui ont été inventés pour ruiner la chasteté et la pudicité : néanmoins, les volages et mondaines cherchent ces livres, les achètent et les lisent mieux que des catéchismes, non-seulement les lisent, mais de plus elles apprennent par la lecture d'iceux les paillardises, artifices de fous amants et façons de faire l'amour, etc.

Je ne parlerai pas davantage de ce livret, si ce n'est pour dire qu'il est évidemment sorti de la plume d'un ecclésiastique, l'éloge qu'on y fait du célibat ne pouvant être que la conséquence d'un principe qui est d'observance rigide parmi les personnes d'Église. Cependant si ce livret est d'un ecclésiastique, on peut affirmer que cette vignette, qui en décore le titre :

et cette autre, qui en orne la couverture, dans l'édition de Pont-à-Mousson :

sont exclusivement du fait de l'éditeur. S'il n'y avait pas une sorte de naïveté à donner pour emblème à un traité sur la malice des filles l'expédition de Judith au camp d'Holopherne, il y aurait sans doute une audace extraordinaire; mais il est évident que, aux yeux de l'éditeur, l'action de Judith ne perd rien de son héroïsme pour avoir été opérée au moyen des ruses qui sont familières aux filles, et qui, dans l'espèce, eurent pour cause et pour effet le salut de tout un peuple.

Je nommerai, mais seulement en passant et par son titre, *La Boîte à la malice, ou les ruses et astuces des femmes, recueil de rouéries, fraudes, stratagèmes, intrigues, espiègleries du beau sexe, par un philosophe, confident de ces dames et de ces demoiselles*, in-18, 108 pag., Paris, Renault, 1846, œuvre tout à fait moderne et que notre *philosophe* eût mieux fait d'intituler le *Panier aux ordures.*

On peut, sans crainte de se tromper, porter le même jugement sur *Les Grisettes, ou le nouveau Bosquet des amours*, in-18, 108 pag., Paris, Krabbe, 1849; sur *Les petits Mystères des bals publics et cafés de Paris, par MM. R\*\*\* et J. N\*\*\**, in-18, 108 pag., Paris, Renault, 1846, et sur *Le nouveau Jardin d'amour, ou la Galanterie du jour*, in-18, 108 pag., Paris, Krabbe, 1852. Ces trois opuscules, écrits sur les tables du Prado et de la Chaumière, entre les pots et les filles, sont une suite de portraits en actions de ces demoiselles. Quel dommage que l'austère Monthyon n'ait pas goûté tout ce qu'il y a d'agréable et de charmant dans les mœurs dissolues, il n'eût pas manqué de fonder un prix pour ceux qui les peignent si bien, et nos trois auteurs se le fussent disputé!

*La Misère des maris, avec l'Histoire plaisante des femmes qui battent leurs époux*, in-18, 11 pag., Épinal, Pellerin, et in-18, 10 pag., Tours, Ch. Placé, S. D., est un écrit du commencement du dix-huitième siècle, et, comme en a tant produit le seizième, une espèce de lamentation satirique d'un mari, en vers hexamètres qui ne valent pas ceux de Boileau, mais qui ne sont pas non plus absolument mauvais. Jugez-en ; la pièce est courte :

### LA MISÈRE DES MARIS

J'étais donc réservé, par l'arrêt du destin,
Au déplorable joug d'un malheureux hymen,
Et de mon doux repos la fortune jalouse
Voulut donc malgré moi me donner une épouse.
Pourquoi, si mes péchés émurent ton courroux,
Grand Dieu ! n'uses-tu pas d'un châtiment plus doux?
Et puisqu'en un instant d'un seul éclat de foudre,
Tu peux quand il te plaît réduire tout en poudre,
Que ne m'effaces-tu du nombre des vivants,
Plutôt que de me joindre à ce roi des tyrans?

Eussé-je vu mes pieds attachés à la rame,
Quand la première fois j'aperçus une femme !
Ou que, pour le malheur du sexe masculin,
Dieu n'eût jamais créé d'animal si malin !
Avant ce triste oui, qu'une ardeur frénétique
Par un acte public rendit trop authentique,
Je vivais libre au gré de mes sobres désirs,
On me voyait jouir de mille doux plaisirs...

Dans un séjour aimé, que je regrette encore,
Chaque jour, au lever de la brillante aurore,
Je courais au sommet de nos riches coteaux
Écouter les concerts qu'entonnaient les oiseaux.
Là, conduisant mes pas sur la tendre verdure,
J'admirais les beautés que produit la nature;
Et portant mes regards à l'entour de ce lieu,
Tout ravissait mon âme et l'élevait à Dieu.

Le soleil avancé dessus notre hémisphère,
J'allais prendre le frais aux bords d'une rivière,
Où jetant à loisir le trompeur hameçon,

J'amassais, pour dîner, un gros plat de poisson.
Venait-il un ami dedans ma solitude,
A le bien régaler je mettais mon étude,
Et tous deux, pleins de joie et sans craindre aucun bruit,
Nous mangions en repos ce que nous trouvions cuit.
Là, jetant le discours sur quelque trait d'histoire,
Par égal intervalle on nous servait à boire,
Et Bacchus commençant à monter au cerveau,
Chacun, l'un après l'autre entonnait un rondeau.
Dans la rude saison qui nous produit la glace,
Cet ami quelquefois m'entraînait à la chasse,
D'où revenant le soir, faméliques et las,
Notre propre butin nous donnait un repas.

Seul, comme assez souvent on est en lieu champêtre,
J'allais, un livre en main, m'asseoir dessous un hêtre,
D'où je voyais autour de leur heureux troupeau,
Les bergers folâtrer au son du chalumeau ;
Ou bien de mon loisir faisant libertinage,
Je visitais alors quelqu'un du voisinage,
Qui me faisait l'hiver aussi bien qu'au printemps,
Goûter en sa maison cent divertissements.
Enfin, ne connaissant ni maître ni maîtresse,
Tantôt sur un cheval, tantôt sur une ânesse,
J'allais, exempt de soins, par tout le monde entier,
Le matin chez Patrat, et le soir chez Gautier.
Quelque injuste démon, quelque malin génie,
M'envia le bonheur de ce genre de vie,
Et, pour en arrêter le délectable cours,
M'alla jeter d'abord dans les folles amours.

A peine sur Doris eus-je porté ma vue,
Que d'un trouble inconnu mon âme fut émue ;
Le cœur ensorcelé par l'éclat de ses yeux,
Je courus lui porter mon encens et mes vœux.
Ignorant en moi-même, hélas ! combien de larmes
Me coûtraient tous les jours ses tyranniques charmes !
Après avoir poussé mille amoureux soupirs,
S'ensuivit un hymen, la fin de tous plaisirs,

Qui, sous le vain espoir d'un bonheur toujours stable,
Me rendit en effet à jamais misérable.
Depuis le jour fatal que j'engageai ma foi,
Il n'est plus de douceur ni de beau jour pour moi.
Que je sois à la ville ou bien à la campagne,
Partout le noir souci me suit et m'accompagne.
A peine le soleil éclaire-t-il les toits,
Que je me vois chargé de cent soins à la fois ;
D'abord il faut user du pouvoir despotique,
Assigner le travail à chaque domestique,
Envoyer l'un aux champs, l'autre chez un rentier,
Demander le produit d'un malheureux quartier ;
Du matin jusqu'au soir vivant dans l'esclavage,
Ne songer qu'au besoin d'un ruineux ménage,
Envoyer aujourd'hui la servante au moulin,
Demain faire encaver du bois ou bien du vin.
Heureux si, partageant ce travail nécessaire,
Ma femme à m'affliger n'était pas la première,
Et, soumise en tous temps aux lois de la raison,
Ne faisait pas régner le diable à la maison ;
Mais le moyen, hélas ! avec telle mégère,
De jouir du repos pendant une heure entière ?
Me voit-on saluer la femme du voisin,
La mienne incontinent a du soupçon malin.

D'abord toute troublée en sa façon de vivre,
Aussitôt que je sors, la folle me fait suivre,
Et ne m'aurait-on vu qu'à l'église à genoux,
L'église à mon retour était un rendez-vous.

Dès lors cent vains discours, cent ridicules plaintes,
Des douleurs d'estomac et des migraines feintes,
Qui, chez l'apothicaire, en juleps ou bolus,
Me coûtent tous les ans un beau nombre d'écus.
Un domestique alors, heurtant contre une pierre,
Brise-t-il par hasard un trop fragile verre,
Ma femme sur-le-champ, l'esprit plein de courroux,
Passe, sans y penser, de la menace aux coups.
Tout le ménage, triste et rempli d'épouvante,

Retentit des clameurs de cette extravagante,
Si bien que pour n'entendre un tel charivari,
La fuite est le conseil que doit prendre un mari.
Ainsi pendant qu'au champ j'irai battre la gerbe,
Quelque amant, sous les pieds, me viendra couper l'herbe,
Fera tant et si bien, par ses soins assidus,
Que je serai bientôt mis au rang des cocus.
Alors me faudra-t-il, obligé de me taire,
Élever des enfants dont je ne suis pas père,
Leur amasser du bien, et, pour comble d'ennui,
Me tuer, comme on dit, pour le plaisir d'autrui?

Retourné-je le soir du champ ou de la vigne,
Chercher le doux repos dont je serais si digne,
D'un enfant au berceau le haïssable bruit
Me fait, les yeux ouverts, passer ainsi la nuit;
Fatigué du travail, si parfois je sommeille,
Vingt fois durant la nuit en sursaut il m'éveille.
Si bien que, pour finir l'ébauche de mon sort,
Ma vie est une vraie image de la mort.

Heureux, cent fois heureux celui qui, toujours sage,
D'une vaine beauté sut braver l'esclavage,
Et qui, loin de la femme, au milieu des déserts,
Ne songe qu'à servir l'auteur de l'univers!

Quant aux femmes qui battent leurs maris, il y en a trois exemples à la suite de cette satire, racontés en une prose que ne désavouerait pas votre portière. C'est pourquoi je vous en fais grâce, d'autant que vous pouvez être marié, et que de marié à battu, il n'y a trop souvent que la main.

On connaît bon nombre de pièces de ce genre, sous forme et avec le titre de *Complaintes*. On les trouve toutes indiquées dans M. Brunet, au mot *Complainte*, et M. Anatole de Montaiglon en a reproduit deux dans son *Recueil*, l'une au tome Ier, p. 218, l'autre au tome IVe, p. 5; toutes deux sous le titre plus ou moins développé de *Complaincte du nouveau marié*. On connaît de plus la *Complainte du trop tost marié*, de Gringoire, qui commence ainsi :

> Je suis trop tost marié,
> Je ne sçai si je m'en repente.

Une petite pièce, composée d'une feuille seulement, format in-8, imprimée à Troyes, chez Garnier, S. D., *avec permission*, sur un papier gris à chandelle, et remplie de fautes d'impression, est une peinture de l'*État de servitude, ou Misère des domestiques*. C'est un écrit d'environ cinq cents vers hexamètres, qui ne manquent pas d'une certaine facilité. La facture n'en remonte pas au delà du milieu du dix-huitième siècle, époque à laquelle on n'a jamais fait plus de vers, et où Apollon et les Muses hantaient les halles comme les boudoirs et les sacristies. Ici, un laquais raconte les misères de la *gent laquésine*, telles que sa propre expérience les lui a fait connaître, et si la moitié seulement de ce qu'il dit est vrai, la condition de laquais n'avait alors presque rien à envier à celle de galérien. Encore le galérien n'est-il tenu à de certains égards qu'envers le garde-chiourme; le laquais, au contraire, doit en avoir de toutes sortes envers ses maîtres, leurs femmes, leurs enfants et petits-enfants, être surtout très-poli, devoir qui, au témoignage du poëte, est plus pénible que celui de ramer. Je le crois bien. Ajoutez à cela la déconsidération dont l'infortuné laquais est l'objet :

> Tout le monde le fuit, le raille et le rebute,
> A mille sots discours il est toujours en butte;
> Mais bien plus, qu'une fille ait tant soit peu d'honneur,
> D'un habit de livrée elle aura de l'horreur;
> Et fût-il le laquais d'un duc, d'une marquise,
> Il faudra qu'en bourgeois notre amant se déguise,
> S'il veut que sa Chloris, propice à ses désirs,
> Le souffre compagnon de ses moindres plaisirs.

Vient ensuite le détail de toutes les incommodités du service.

Les plus légères sont de se lever tôt et de se coucher tard, de suivre Madame à l'église, d'accompagner Monsieur chez les grands. On s'accommoderait encore de l'humeur de Monsieur, mais comment se faire à celle de Madame? Car

> Ce qui par dessus tout est dur à supporter,
> C'est que n'omettant rien pour la bien contenter,
> Faisant avec grand soin tout ce qu'elle commande,
> Au lieu de vous louer, elle vous réprimande.
> En tout elle est d'un goût si fin, si délicat,
> Que sur une vétille elle fait de l'éclat.
> Qu'elle voye une ordure, elle crie et tempête,
> Et vous fait un sabbat à vous rompre la tête...
> Mais sans aucun repos du matin jusqu'au soir,
> Captivé sous les lois d'un pénible devoir,
> Loin qu'à bien travailler vous vous tiriez d'affaire,
> Plus vous vous dépêchez, plus vous avez à faire.
> Justement à midi vous mettez le couvert;
> On avertit Monsieur; quand il est prêt, l'on sert.
> Madame, en s'asseyant trouve que les serviettes
> Ne sont pas proprement mises sur les assiettes;
> Un verre, à son avis, n'est jamais bien rincé,
> Elle y croit voir un doigt dans la crasse tracé.
> Pendant tout le repas vous la voyez hargneuse,
> Étaler dans son lustre une humeur dédaigneuse
> Qui démonte un valet, et le rend palpitant
> Comme un jeune écolier sous les yeux d'un pédant.
> Alors, par accident, laissez tomber par terre
> Quelque plat, quelque assiette, ou bien cassez un verre;
> D'un coup si maladroit on parle à tout propos,
> Sans jamais là-dessus vous laisser en repos...
> N'allez pas répliquer; le meilleur est, pour vous,
> De ne répondre rien et de filer bien doux.
> Mais enfin, suspendant son courroux redoutable,
> Et chaque convié s'étant levé de table,
> Vous, qui n'avez pas eu le temps de déjeûner,
> Desservez promptement, et volez au dîner.
> Mais pour vous quel chagrin de voir la cuisinière,
> Qui d'un perfide accord avec la chambrière,

En quatre coups de dents a déjà dévoré
Ce qui, pour le dîner, vous étoit préparé;
De n'en pas témoigner la moindre impatience,
Mais d'avoir bon visage avec légère panse;
Autrement, vous mettant la cuisinière à dos,
A peine à vos repas trouveriez-vous un os.
Chacun connoît assez l'humeur de ces coquines,
Qui, du matin au soir mangeant dans leurs cuisines,
Et de bonne viande ayant l'estomac plein,
Semblent s'imaginer que personne n'a faim.

A peine a-t-on avalé, plutôt que mangé, que

Pour vous faciliter votre digestion,
Monsieur vient vous donner de l'occupation :
A broyer le café de sa main il vous stile,
Puis il vous fait tracer, courir toute la ville,
Et porter des paquets, autrement des fardeaux
Qu'à peine un portefaix chargeroit sur son dos.
Si Madame au marché veut aller faire emplette,
Vous êtes le témoin de tout ce qu'elle achète ;
Et marchant derrière elle, un panier sous le bras,
D'une poissarde à l'autre il faut suivre le pas...
On en voit quelquefois dont la lésine est telle,
Qu'elle font au laquais écurer la vaisselle.

D'autres vont,

Abusant quelquefois de son humeur craintive,
Jusqu'à lui faire aider à couler la lessive.

En tous cas,

Il ne faut pas laisser de faire quatre lits;
Et si bien, qu'on n'y voye aucun creux, aucuns plis
Finissant par celui de la petite fille,
Vous videz les bassins de toute la famille.

J'en passe, et de la même force ; j'arrive à la conclusion :

Vous qui daignez jeter l'œil sur cette peinture,
Voyez si c'est à droit ou bien par imposture,

Que de mauvais esprits donnent à tous momens
Aux gens de notre état le nom de fainéans.
Quant à moi qui partage avec eux leur misère,
Je soutiens qu'il n'est point de forçat de galère,
Qui, malgré les rigueurs de son sort malheureux,
Connoissant leur état, voulût être comme eux.
Et qu'attendre en effet du caprice bizarre
D'un maître prompt, brutal, ou d'une femme avare,
Qui, pour gagner sur tout, retranche avidement
Sur notre nourriture et notre vêtement ;
Qui vous parant toujours de dépouilles antiques,
Laisse en repos le neuf pourrir dans les boutiques,
Et, pour vous habiller, fait souvent avec art
Rentrayer les morceaux de quelque vieux billard ?...

Vous donc qui sans secours, sans bien et sans appui,
Cherchez à vous placer au service d'autrui,
Tâchez de rencontrer un maître débonnaire
Qui, plaignant son valet, entre dans sa misère,
Qui ne présume point de l'éclat de son rang,
Qui se fasse petit sans cesser d'être grand.
Je ne demande point, et cela n'est pas juste,
Qu'un maître à son valet s'accommode et s'ajuste ;
Le trop et le trop peu ne sont également.
Traitez donc un valet avec ménagement ;
Louez-le, quand il faut, reprenez-le de même ;
C'est véritablement le moyen qu'il vous aime.
Mais pour vous qui servez, ressouvenez-vous bien
Que pour gagner un maître il faut n'omettre rien.
Secret, discrétion, propreté, vigilance,
Grande assiduité, petits soins, complaisance.
Attachez-vous toujours à servir de bon cœur ;
Étudiez d'un maître et l'esprit et l'humeur,
Et n'oubliez jamais qu'il faut, pour lui complaire,
Quelque raison qu'on ait, avoir tort et se taire.
Ceux de vous qui pourront ainsi se ménager,
Rendront leur sort plus doux et leur joug plus léger ;
Car, qui n'est pas heureux, c'est qu'il ne veut pas l'être,
Puisque le bon valet fait toujours le bon maître.

Ces conseils sont bons et ces remarques excellentes ; mais c'est trop court, et surtout c'est trop tard. Le mauvais effet produit par une diatribe contre les maîtres, de près de cinq cents vers, demandait quelque chose de plus pour être oublié. En somme, la pièce a beaucoup de fiel et médiocrement d'esprit. Il y a plus, dans l'état actuel de nos mœurs, et eu égard à l'indiscipline et à la dépravation générale des domestiques, elle serait une lecture dangereuse. L'exemplaire dont je me suis servi est sans date et a 16 pages. Le papier, l'impression, les fautes dont il fourmille, tout lui donne des droits à être qualifié de *rossignol*, et à être, comme tel, vénéré des bibliomanes.

Un livret évidemment plus ancien est l'*Explication de la misère des garçons tailleurs*, in-18, 22 pag., Épinal, Pellerin, S. D. Il est du commencement du dix-huitième siècle, et d'un nommé Dufrène, auteur d'autres *Complaintes facécieuses* sur les compagnons de diverses professions. Celle-ci est détestable et n'a pas le moindre mot pour rire. Elle est en vers, au nombre de six cent quatre-vingt-trois ou quatre, qui n'ont ni rime ni mesure, et le motif que l'auteur donne, dans un *Avis au lecteur*, « de n'avoir point de rhétorique et de n'avoir jamais étudié, » n'excuse aucunement l'insipidité, la bassesse et l'ennui de sa poésie.

Cet *Avis* du reste mérite d'être reproduit, d'abord comme un modèle d'ignorance dans l'art du style, ensuite parce qu'on y indique l'occasion qui a donné lieu à l'auteur d'écrire son poëme, et enfin parce qu'on y apprend que cet auteur était fils d'un procureur.

J'espère, mon cher lecteur, qu'en honorant de votre lecture des vers que j'ai composés sur *La Misère des Garçons Tailleurs*, vous suppléerez au défaut de science, vous informant que je n'ai point de rhétorique et que je n'ai jamais étudié. Le style et rimes rustiques que je leur ai donnés me donnent lieu de croire que vous me pardonnerez les fautes, m'étant attaché à vous faire rire plutôt qu'à en pénétrer l'esprit, parce qu'entre tous les garçons, ceux qui ont l'esprit sublime, je leur avoue mon génie, et ceux de ma façon les trouveront plus mignons. A l'égard des garçons tailleurs, dont je n'espère pas l'approbation, je n'appréhende pas leur critique; ils n'ont pas l'esprit assez pénétrant pour insinuer le démérite. Je vous supplie d'observer l'objet qui me donne lieu de vous faire ce présent. Depuis trois années que je suis hors du pays, j'ai parcouru différentes provinces, tant en Hollande qu'en Italie, et plusieurs autres pays qu'il serait trop long de vous rapporter; pendant ce temps-là je me suis trouvé dans différentes situations; et parmi mes contre-temps, j'ai trouvé à mon état des garçons de toutes professions, mais le nombre est infiniment plus grand des tailleurs que de tous les autres : en sorte qu'ayant fait liaison d'amitié avec un, avec lequel je marchai quelque temps, il trouva de l'ouvrage, et je l'engageai à travailler. Peu de temps après, la grandeur et les curiosités de la ville m'ayant porté à y demeurer pour les remarquer, je vis mon tailleur qui se promenait; je me préparai à lui présenter mes civilités, mais il imposa silence à mon compliment par un clin d'œil qu'il me porta, qui me mit, pour ainsi dire, hors de mouvement. Et se tournant d'un air superbe et orgueilleux, il me dit : Retranchez vos airs; quelles manières sont-ce là? je ne vous connais pas. Je us saisi de la plus vive douleur; mais, reprenant mes sens, je lui fis une profonde révérence, le chapeau à la main : Je vous supplie de me pardonner, monsieur le tailleur, j'ai eu tort de me compromettre; je crois que le fils d'un procureur doit bien parler à un tailleur. Je vais essayer de lui donner le retour de sa pièce, par les vers qui suivent.

Un garçon tailleur sans ouvrage, et qui, à cause de cela, est plus digne de pitié que de raillerie, est néanmoins en butte aux sarcasmes des compagnons des autres états, lesquels l'apostrophent tour à tour, et se comparant à lui, vantent les avantages de leur destinée sur la sienne, et le raillent sans pitié. Le principal grief qu'ils font à ce pauvre diable est qu'il ne boit que de l'eau :

> Le peintre avec son pinceau,
> Lorsqu'il le tient en sa main,
> Dit que lorsqu'il boit du vin,

Il tire les plus beaux dessins,
Et que s'il buvoit de l'eau,
Il tomberoit sur son tableau :
Du sentiment du sculpteur,
Il la laisse pour les tailleurs.
L'horloger le plus habile
Dit que l'eau n'opère que bile.
Et que, s'il lui en falloit boire,
Il perdroit toute sa mémoire,
Que des minutes lui seroient
Des années de trente-six mois ;
L'eau, dit-il, est pour les tailleurs,
Et le vin pour les horlogeurs,
Car en buvant ce jus divin,
Leurs montres sont mieux en train.

. . . . . . . . .
. . . . . . . . .
. . . . . . . . .

Le barbier et le perruquier
Disent : Je ne pourrois raser.
Comment tenir en ma main
La savonnette et le bassin?
S'il me falloit boire de l'eau,
Je tomberois sur le carreau,
Et je ne pourrois repasser
Mon rasoir pour mieux couper ;
Je ferois des effleurons
A quelqu'un sur le menton.
Mais lorsque j'ai bu du vin,
Mon rasoir va plus grand train
Que la plume d'un écrivain ;
Je crois que c'est le meilleur
De laisser l'eau pour les tailleurs.....

. . . . . . . . .
. . . . . . . . .
. . . . . . . . .

Toutes les mères des compagnons
Leur font toujours cette leçon,

Disant : Voilà de pauvres garçons,
Il faut qu'il n'y ait pas grand profit
A être tailleur d'habits.
Arrivant, pour compliment :
Madame, je n'ai point d'argent.
On ne voit, en cérémonie,
Ces garçons prendre leur parti,
Et porter leurs sacs à la main,
La bouteille remplie de vin ;
Vivent tous les autres métiers !
Qui viennent ici en chantant,
Non pas ces tailleurs roulans,
Car ils rempliroient plutôt
L'armoire avec leurs sacs et ciseaux
Que de vider les tonneaux.

Enfin, presque tous les Garçons
Déplorent ici ta misère,
C'est que tu fais maigre chère,
Ton aliment ne pourrait pas
Conduire autre lieu qu'au trépas ;
Écoute un peu, ceci est certain :
L'eau qui mouille la grenouille,
Ne mouillera jamais mon vin :
Ne te fâche point de prendre
Ton breuvage avec le sien :
Reçois cette jolie comparaison,
Je te la fais sans façon,
Tu ne peux pas avoir grand'force,
Aussi le proverbe, dit-on,
Quinze tailleurs pour un sac de son.

En voilà assez, je pense, pour donner une idée de ce sot livret. C'est avec un dégoût inexprimable que je transcris de ma main de pareilles fadaises, que je les relis, que je les corrige, quand elles sont imprimées ; mais il faut faire son devoir jusqu'au bout, et le devoir s'impose et ne se choisit pas.

N'oublions pas de dire que la couverture de ce livret offre

cette image de son héros, plus moderne d'un siècle au moins que le livret même :

# CHAPITRE VIII

### VIES DE PERSONNAGES ILLUSTRES OU FAMEUX VRAIS OU IMAGINAIRES

Je suis fâché de réunir sous cette qualification générale des hommes célèbres à des titres fort divers. Mais ce procédé n'a rien d'arbitraire, puisqu'il est la conséquence d'une méthode dont je n'ai pas eu le choix, et qui m'est commandée par la nature de mon sujet. Ce livre est comme le salon de Curtius, où je me rappelle avoir vu dans ma jeunesse les effigies de Louis XVIII et de toute sa famille, côte à côte avec celles de Cartouche et de Mandrin. Curtius, assurément, n'y mettait pas de malice. Mes intentions ne seront pas moins pures; seulement mes analyses seront beaucoup moins prolixes que ne l'étaient les explications de Curtius, celui-ci ayant à faire valoir sa marchandise, dans un but qui n'est pas précisément le mien.

Dans la plupart des biographies dont les titres seuls, précédés ou suivis de courtes réflexions critiques, vont passer sous les yeux du lecteur, il en est fort peu qui offrent des traits assez piquants, pour, étant détachés du corps de l'ouvrage auquel ils appartiennent et transportés dans le mien, inspirer le désir de connaître le tout et d'en grossir sa bibliothèque. Et quand encore on se flatterait de trouver du plaisir à ne rien perdre des accidents qui ont traversé l'existence de quelque personnage illustre ou de quelque scélérat fameux, il resterait toujours à compter avec le style, qui est la partie la moins traitable de ces livrets, et qui repousse plus que le fond n'attire. Des analyses de pareils opuscules sont donc impossibles, et c'est déjà beaucoup pour moi de les avoir lus, sans qu'*un ordre exprès du roi* ou un arrêt de justice ne m'en ait fait l'obligation.

Il est mort, il y a environ douze ans [1], au bagne de Rochefort, un faussaire fameux dont personne n'a sans doute oublié le nom, et qui déploya dans cette profession des qualités si extraordinaires, qu'on a dit de lui qu'il eût été un des plus grands hommes de son temps, s'il les eût appliquées à faire le bien. Cet homme est Anthelme Collet. Sa vie a été fort répandue par le colportage.

L'exemplaire que j'ai a pour titre : *Vie et aventures d'Anthelme Collet, mort au bagne de Rochefort le 9 novembre 1840, après avoir longtemps exercé les escroqueries les plus extraordinaires, et les vols les plus audacieux, à l'aide de travestissements et d'usurpations de titres et qualités, tels* (sic) *que celles de curé, évêque, général, inspecteur, etc. Nouvelle édition, considérablement augmentée de documents inédits sur le séjour de Collet au bagne, sur sa mort, etc.*, in-18, 107 p., Paris, Renault, 1843.

Il n'est personne de la génération actuelle qui ne se rappelle encore les derniers exploits de cet escroc de haute volée. C'était, je pense, sous la Restauration. Les esprits étaient alors très-

---

[1] Il y en a vingt-quatre aujourd'hui.

portés vers les idées religieuses, et le gouvernement qui croyait apercevoir, dans ce salutaire retour à Dieu, un goût rétrospectif pour les idées de l'ancien régime, réservait toutes ses faveurs pour ceux qui paraissaient céder avec le plus de complaisance à cette double impulsion.

Une foule d'intrigants ne manquèrent pas d'exploiter ces dispositions généreuses, et plus d'un qu'on pourrait nommer encore y trouvèrent la source de magnifiques fortunes. Collet en voulut sa part. Pour l'obtenir, il ne s'agissait que de *se déguiser*, et c'est en quoi notre homme excellait. Il se jeta dans la plus haute dévotion et se concilia par ce moyen l'intérêt même de la cour. Accueilli, dit-on, avec faveur, par l'héritier de la couronne, il joua si bien son rôle et sut en imposer si bien qu'il eut, ajoute-t-on (je n'en suis pas garant), l'honneur d'être choisi pour un des instruments par lesquels madame la duchesse d'Angoulême exerçait sa charité. Ce furent ses dernières prouesses.

Le monde prit dans ce temps-là presque autant de plaisir à lire la vie de Collet, que s'il se fût agi d'un personnage qui eût fait honneur à son pays. Aussi eut-elle quantité d'éditions. Je noterai entre autres celle qui sortit des presses de M. Placé, à Tours (in-12, 25 p.), en 1829. Collet n'était pas encore mort. Mais cette vie n'est en réalité que le jugement qui l'a condamné. Le titre en est plus complet et fait mieux connaître l'homme et les rôles divers qu'il a joués sur la scène du monde. C'est pourquoi je donnerai ce titre :

*Vie de Collet, et jugement rendu par la Cour d'assises du Mans, département de la Sarthe, qui condamne à vingt ans de travaux forcés le sieur Anthelme Collet, se disant Gallat, homme le plus intrigant, le plus fin et le plus singulier qui ait jamais paru, élève au Prytanée, sous-lieutenant, capitaine, aide-major au 47ᵉ régiment de ligne, déserteur, évêque, inspecteur général, chirurgien ambulant, frère de la doctrine chrétienne, et enfin faussaire.*

VIES DE PERSONNAGES ILLUSTRES, ETC.   451

On voit en tête de notre édition cette figure :

Collet, sous l'un de ses nombreux travestissements.

*Le Brigand des Apennins, ou les aventures mémorables du fameux Diavolo, traduit librement de l'italien, par* C. D.

*Nouvelle édition*, in-18, 108 p. Paris, Chassaignon, 1832, date de l'Empire, et n'est pas une traduction. L'auteur, qui n'a donné que ses initiales, est le fameux Cousin, d'Avallon, qui a fait tant d'*ana*. Un mot sur ce digne personnage. Il naquit à Avallon en 1769. Après de bonnes études faites chez les frères de la Doctrine chrétienne, il vint à Paris, où il travailla d'abord chez un procureur, ensuite chez un banquier. La stagnation des affaires pendant la révolution le jeta dans la littérature. Combien d'hommes de lettres, qui ayant commencé comme lui, ont fini de même, sans avoir la même excuse! Car enfin, au temps de la révolution, les rangs de la littérature étaient assez éclaircis et ses forces assez diminuées, pour qu'il lui fût permis, ainsi qu'aux armées affaiblies par maintes déroutes successives, de recruter au hasard et de faire combattre même les goujats. Quoi qu'il en soit, histoire, éducation, romans, biographie, facéties, économie domestique, tout exerça la plume de Cousin, tout fut de son ressort. Mais personne ne l'a égalé dans la composition des *ana*. De 1795 à 1820, il en a publié plus de cent, format in-18 : *Christiniana, Harpagoniana, Comediana, Scaroniana, Molieriana, Santolliana, Pironiana, Fontenelliana, Voltairiana* (3 éditions), *Linguetiana, Malherbiana, Buonapartiana* (3 éditions en 2 vol.), *Rousseana, Diderotiana, Malsherbiana, Beaumarchaisiana, Rivaroliana, Delilliana*, etc. Ces *ana*, de même que tous les autres ouvrages sortis du cerveau de Cousin, n'ont pas plus de trois ou quatre feuilles d'impression ; ils sont anonymes pour la plupart ; quelques-uns portent seulement ses initiales C. D. ou C. d'A. Il en a fourni pendant quarante ans les libraires Tiger, Brianchon, Terry et autres, et pendant quarante ans le colportage en a été inondé.

Dans une nuit d'hiver de l'année 1838 ou 1839, une patrouille le trouva couché sur les marches de l'église Saint-Eustache. C'était son dernier lit et bientôt son dernier sommeil. Il était réduit à la plus profonde misère. On le conduisit à Bicêtre, où il mourut peu de temps après. *Et nunc intelligite*.

Pour en revenir au héros de son livre, comme il n'est pas, historiquement du moins, très-connu, j'en dirai aussi quelque chose. Il s'appelait Michel Pezza ou Pozza, et avait reçu le nom de Fra-Diavolo, c'est-à-dire *frère Diable*. Il était né à Itri, dans la terre de Labour. D'abord chef d'une bande de brigands, il exerça dans toute la Calabre de tels ravages, que l'ancien gouvernement de Naples mit sa tête à prix. Toutefois, en 1799, le cardinal Ruffo, trouvant tous les moyens bons pour chasser les Français, ne rougit pas de se servir de Fra-Diavolo, et lui accorda un brevet de colonel. Il eut bientôt organisé sa troupe et contribua avec elle à l'occupation de Naples. Après l'avénement de Joseph Bonaparte, Fra-Diavolo excita divers soulèvements et fit beaucoup de mal aux Français. Il fut pris après une belle défense, condamné à mort comme rebelle, et pendu à Naples en 1806. L'auteur de sa vie n'en fait qu'un roman, en ce sens qu'il ne raconte que des aventures qui sont le propre de ce genre d'écrits, et que Fra-Diavolo y est amoureux. Aussi a-t-elle fourni le thème à un opéra-comique.

Louis-Dominique Cartouche, fameux voleur, né à Paris vers la fin du dix-septième siècle, était fils d'un marchand de vin de la Courtille. Son père, voulant en faire un procureur, l'envoya au collége Louis-le-Grand, à l'époque où Voltaire y faisait ses études. Mais tandis que Voltaire s'y emparait par son talent des premières places de la classe, « Cartouche, assis aux derniers bancs, exploitait les poches de ses camarades. Un vol plus audacieux que les autres, et qui lui réussit mal, le força de quitter le collége. Après avoir végété quelques mois chez son père, il vola le bonhomme, qui résolut de le faire enfermer à Saint-Lazare ; mais Cartouche le prévint par la fuite. Volé d'abord par des bohémiens, il devint leur élève, profita un peu mieux de leurs leçons que de celles du collége, et fut bientôt en état d'en remontrer à ses maîtres. Tour à tour filou, escroc dans les tripots, mouchard, enfin pourvoyeur des sergents qui racolaient il tomba à son tour dans le piége et fut racolé par surprise. Il fit contre fortune bon cœur; il se distingua dans la première campagne, et il avait déjà obtenu de l'avancement, lorsque la paix le força de demander son congé [1]. »

Il vint à Paris, rallia nombre de bas officiers et de soldats que la paix avait jetés comme lui sur le pavé, se mit à leur tête, et se signala bientôt par des vols et des assassinats qui semèrent l'épouvante dans Paris. Quoiqu'on le pourchassât vivement, néanmoins Cartouche échappa si longtemps et avec un tel bonheur à toutes les recherches qu'on proposa une récompense à ceux qui le mettraient entre les mains de la justice. Un des siens n'eut naturellement rien de plus pressé que de le trahir. Arrêté en 1721, Cartouche fut rompu vif. On a écrit sa vie sous mille formes; on l'a joué sur le théâtre; on l'a chanté dans une espèce de poëme épique; on a tout fait, en un mot, pour le rendre intéressant et lui susciter des imitateurs. Le colportage n'y a pas médiocrement contribué.

Le comédien Legrand, un des premiers qui aient saisi l'à-propos des circonstances et le vaudeville du jour, pour en faire des sujets de comédies, écrivit sur Cartouche, une pièce que, sous le titre de *Les Voleurs ou l'homme imprenable*, il avait composée avant la prise de ce criminel, mais qui ne fut pas jouée alors (1721) en cet état. Il la donna depuis sous le titre de *Cartouche*, et dans le temps même du procès de ce dernier. A la première représentation, l'impatience du parterre fut telle, que les acteurs ne purent achever la première scène d'*Ésope à la cour* qu'on jouait d'abord. Il fallut interrompre cette pièce et céder aux cris du parterre qui demandait *Cartouche*. Grandval est l'auteur du poëme dont je viens de parler et qui fut imprimé à Paris, en 1725, in-8.

A leur tour, M. Humbert, de Mirecourt; les frères Deckherr, de Montbéliard, ont édité l'*Histoire de la vie et du procès du fameux*

---

[1] *Dictionnaire de la Conversation*, au mot CARTOUCHE.

VIES DE PERSONNAGES ILLUSTRES, ETC.     455

*Louis-Dominique Cartouche et de plusieurs de ses complices;* le premier, in-12, 47 p., 1858; les seconds, in-12, 56 p., S. D. On n'en connaît pas l'auteur. L'édition de Montbéliard renferme trois gravures sur bois, dont l'une est le portrait de Cartouche,

l'autre, sa résistance aux archers,

Résistance de Cartouche.

et la troisième, son arrestation.

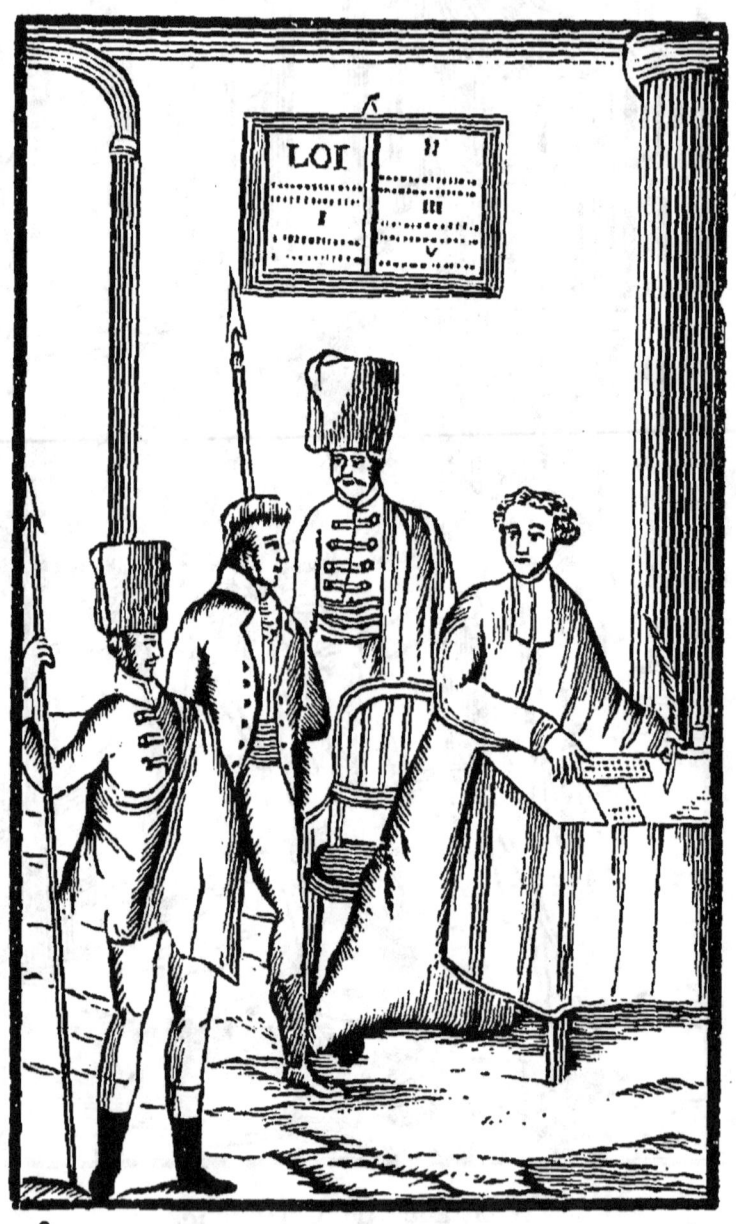

Arrestation de Cartouche.

La vie de Mandrin est inséparable de celle de Cartouche. Aussi avons-nous l'*Histoire de Louis Mandrin, depuis sa naissance jusqu'à sa mort; avec un détail de ses cruautés, de ses brigandages et de ses supplices*, in-12, 56 p., Épinal, Pellerin, S. D.; in-12, 56 p., fig., Mirecourt, Humbert, 1859; in-18, 108 p., fig., Montbéliard, Deckherr, S. D. Ces trois éditions ont pour épigraphe :

> Raro antecedentem scelestum
> Deseruit pede Pœna claudo.
> (*Horat.*, lib. III, od. 2.)

Né à Saint-Étienne de Saint-Gérois, en Dauphiné, vers 1725, Mandrin était fils d'un maréchal-ferrant. Il servit d'abord dans l'armée, puis déserta, se mit à faire de la contrebande, et devint bientôt chef d'une troupe assez nombreuse. Il en voulait surtout à l'argent de l'État et pillait les caisses des fermiers. Il poussa l'audace jusqu'à attaquer les villes, entre autres Beaune et Autun, dont il s'empara, où il força les prisons pour y recruter sa bande, et d'où il mit en déroute plusieurs détachements envoyés contre lui. Surpris, en 1755, au château de Rochefort, en Savoie, comme il se tenait caché derrière un amas de fagots, il fut arraché de cet asile, malgré l'immunité du territoire étranger, conduit à Valence, condamné à la roue le 24 mai 1755, et exécuté le 26.

Le théâtre et la poésie épique se sont également emparés de ce sujet. On a de Lagrange (de Montpellier) la *Mort de Mandrin*, tragédie; de l'abbé Régley, la *Mandrinade*, poëme, 1755, etc., etc.

Un volume in-18, 108 p., Paris, Vialat, 1849, et Krabbe, 1852, a pour titre : *Histoire de Mandrin et de plusieurs autres voleurs, suivie d'un dictionnaire argot français*, et contient les vies de Mandrin, Cartouche, Collet et Lacenaire. Cet opuscule est tout ensemble un attentat aux lettres, au bon goût et aux mœurs. On ne saurait concentrer l'ignoble en un plus petit volume.

Mandrin est ainsi représenté dans l'édition d'Épinal.

Durant les guerres de la Ligue, deux frères nommés Guilleri [1], issus d'une famille noble de Bretagne, servirent parmi les ligueurs sous le duc de Mercœur. Lorsque Henri IV fut monté sur le trône, ils levèrent une troupe de voleurs avec laquelle ils parcoururent les grandes routes et mirent à contribution les châteaux du Lyonnais, de la Guyenne et de la Saintonge. Ils avaient établi leur quartier-général dans un château-fort situé sur la frontière de la Bretagne et du Poitou. Assiégés dans cette retraite en 1608, ils furent pris après une longue résistance et rompus vifs à Saintes. M. Filon, bibliophile de Niort, a publié un volume très-curieux sur l'un des Guilleri, avec réimpression de pièces qui le concernent. Mais l'*Histoire de Guilleri*, in-18, 22 p., Épinal, Pellerin, S. D., est la réimpression de celle qui parut vers 1610 et qu'on ne trouve indiquée nulle part. On en a rajeuni un peu le style et changé l'orthographe. Guilleri a laissé son nom à un jeu de cartes que Louis XVIII aimait beaucoup.

La meilleure de ces histoires de brigands illustres ne vaut pas grand'chose et n'est ni aussi amusante ni plus édifiante que *l'Auberge des Adrets* ou que *Robert Macaire*. Mais malheur aux peuples qui y trouvent du plaisir! De la part des gens éclairés, c'est une honteuse tolérance; de la part de ceux qui ne le sont pas, une sorte de complicité.

La *Vie de Jean Bart, célèbre marin, chef d'escadre sous Louis XIV*, suivie de celle du *capitaine Cassard*, in-18, 66 p., Épinal, Pellerin, 1837, avec cette planche :

---

[1] Ce nom n'est-il pas un sobriquet resté nom propre avec le temps? Les *guillerys* firent partie de ces bandes de brigands qu'on appelait simplement *Compagnies*, et qui, sous les noms de *tard-venus, aventuriers, brabançons, retondeurs, écorcheurs, bandouliers, cottereaux, guillerys,* etc., etc., effrayèrent et ravagèrent la France, l'Italie et l'Espagne pendant les douzième, treizième, quatorzième, quinzième et seizième siècles. Guilleri a pour racine le vieux français *guille*, ruse, tromperie, fourberie, d'où *guiléir*, tromper, attraper.

# VIES DE PERSONNAGES ILLUSTRES, ETC.

80 p., Montbéliard, Deckherr, S. D., avec cette autre :

est un abrégé de l'ouvrage d'Adrien Richer, auteur de la *Vie des plus célèbres marins*, Paris, 1780-86, 15 vol. in-12. Ici, la vie de Jean Bart est moins abrégée que celle de Cassard. Chacune forme un petit volume in-12 dans l'édition originale. Mais celle de Jean Bart a été plus souvent réimprimée.

Si j'avais l'honneur d'être bibliophile dans la véritable acception du mot, je trouverais dans un petit livre que j'ai sous la main, l'*Histoire de Gargantua*, une occasion excellente de faire voir que toutes les dissertations, toutes les polémiques dont il a été l'objet jusqu'ici, n'ont pas le sens commun, et que je suis le premier auquel appartient la gloire d'avoir enfin rencontré la vérité. Mais j'avoue que je ne suis pas en état de me targuer de cet avantage. Je me contenterai donc de me ranger à l'opinion des hommes qui font autorité dans la matière, et parmi eux je citerai l'un des plus célèbres, le bibliophile Jacob, *alias* Paul Lacroix.

Voici l'analyse qu'il donne de la *Chronique Gargantuine*, qui parut à Lyon sous ce titre : *Les grandes et inestimables Chroniques du grand et énorme Gargantua, contenant la généalogie, la grandeur et force de corps, aussi les merveilleux faictz d'armes qu'il fist pour le roy Artus, comme verrez ci-après, imprimé nouvellement,* 1552, pet. in-4, goth., de 16 f. à lignes longues.

« Ce livre, dit d'abord le docte bibliophile, qui porte l'empreinte de genre d'esprit, sinon du talent de Rabelais, doit être considéré comme le germe du Gargantua, tel qu'il fut refait et publié en dernier lieu sous le pseudonyme d'*Alcofribas Nasier* :

« Car, dit Rabelais (dans le prologue du premier livre), à la composition de ce livre seigneurial, je ne perdy ne employai oncques plus ny aultre temps que celluy qui estoit établi à prendre ma réfection corporelle, sçavoir est beuvant et mangeant. »

« Rabelais, dans cette première version du Gargantua, a eu

évidemment l'intention de se moquer des romans de chevalerie qui avaient, sous l'influence des mœurs chevaleresques de François Ier, accaparé toutes les sympathies des lecteurs...

« L'enchanteur Merlin, continue M. Paul Lacroix, toujours empressé de rendre service au roi Artus, dont il est le plus intime conseiller, cherche à prémunir ce prince contre l'entreprise des ennemis qui doivent un jour fondre sur lui avec des armées nombreuses. Or, il imagine de se transporter sur une haute montagne d'Orient,

« Et avec lui emporta une empolle (ampoule, vase), laquelle estoit pleine du sang de Lancelot du Lac, qu'il avoit recueilli de ses plaies, après qu'il avoit tournoyé ou combattu contre aucun chevalier. Outre plus, porta la rognure des ongles des doigts de la belle reine Geneviève, épouse du noble roi Artus, qui pesoient environ cinq livres. »

« Parvenu sur cette montagne, il se fait apporter les os d'une baleine mâle et ceux d'une baleine femelle, et par la force de ses enchantements, il en tire un homme et une femme qu'il nomme [1] *Grand-Gosier* et *Galemelle*. De ce couple géant devait naître le héros du roman ; mais, en attendant sa naissance, Merlin a soin de leur procurer une grande jument *si puissante, qu'elle pouvoit bien porter les deux aussi facilement que fait un cheval de dix écus un simple homme*. Lorsque l'enfant fut né, son père le voyant si beau, *adonc le nomma Gargantua (lequel est un verbe grec) qui vaut autant à dire comme : Tu es un beau fils*. Plus tard, quand il fut âgé de sept ans, les deux époux songèrent à le conduire à la cour d'Artus, selon le conseil de Merlin :

« Tant a fait Grand-Gosier et sa compagne, qu'ils sont arrivés à Rome, et de là sont venus en Allemagne, en Suisse, et au pays de Lorraine et de la Grand'Champagne, où il y avoit pour ce temps-là de grands bois.... Quand la grand'jument fut dedans les forêts de Champagne, les mouches se prindrent à la piquer au cul. Ladite jument qui

---

[1] Ou plutôt ils se nomment ainsi l'un et l'autre en se parlant pour la première fois.

avoit la queue de deux cents brasses et grosse à l'avenant, se print à émoucher, et alors vous eussiez vu tomber ces gros chênes menus comme grêle, et tant continua ladite bête, qu'il ne demeura arbre debout, que tout ne fut rué par terre, et autant en fit en la Beauce ; car à présent n'y a nul bois.... »

« Avant de passer la Manche, ils s'arrêtèrent en Bretagne pour jeter dans la mer deux gros rochers qui furent appelés le mont Saint-Michel et Tombelaine. Mais ils tombèrent malades de fatigue et moururent, *faute d'une purgation*. Gargantua, pour se consoler de la mort de Grand-Gosier et de Galemelle, fit un voyage à Paris.

« Puis, va entrer dans la ville et s'alla asseoir sur une des tours de Nostre-Dame, mais les jambes lui pendoient jusqu'à la rivière de Seine ; et regardoit les cloches de l'une et puis de l'autre, lesquelles sont tenues les plus grosses de France. Adonc, vous eussiez vu venir les Parisiens tous à la foule, qui le regardoient et se moquoient de ce qu'il estoit si grand. Lors pensa qu'il emporteroit ces deux cloches et les pendroit au col de sa jument, ainsi qu'il avoit vu des sonnettes au col des mules. Adonc s'empart et les emporte. Qui furent marris, ce furent les Parisiens, car de force ne falloit user contre lui. Lors se mirent en conseil et fut dit que l'on iroit le supplier qu'il les rapportât et mît en leur place, et qu'il s'en allât sans plus revenir ; et lui donnèrent trois cents bœufs et deux cents moutons pour son dîner : ce que accorda Gargantua ; puis s'en alla sur le rivage de la mer. »

« Là, il trouva Merlin, qui le conduisit sur une nuée en Angleterre. Le roi Artus venait de perdre deux batailles en une seule semaine contre les Gos et les Magos. Gargantua, armé d'une massue que Merlin lui avait fabriquée, combattit les ennemis et les força de demander merci. Artus reçut à Londres le vainqueur, et lui donna un grand repas où l'on servit les jambons de quatre cents pourceaux ; ensuite il chargea son maître d'hôtel de faire habiller de neuf Gargantua.

« Puis fut levé par le commandement du maître d'hôtel huit cents aunes de toile pour faire une chemise audit Gargantua, et cent pour faire les coussons en sorte de carreaux, lesquels sont mis sous les aisselles. »

« Cependant, le roi Artus eut une nouvelle guerre à soutenir contre les Hollandais et les Irlandais. Ce fut encore Gargantua qui lui servit d'auxiliaire et qui exécuta de merveilleux faits d'armes. Dans une dernière bataille, il en tua *cent mille deux cent et dix justement, et vingt qui faisoient les morts sous les autres.* Après avoir fait prisonniers le roi et les barons du pays, au nombre de cinquante, il les mit tous dans sa dent creuse. Restait un géant de douze coudées de haut. Gargantua le saisit, *et lui plia les reins en la forme et manière qu'on plieroit une douzaine d'aiguillettes, et le mit dans sa gibecière.* Gargantua demeura auprès d'Artus *pendant deux cents ans trois mois et quatre jours justement;* puis il fut ravi au pays des fées par Morgan et Mélusine[1]. »

Telle est la légende qui, au témoignage du bibliophile Jacob, non-seulement aurait servi de canevas au livre de Rabelais, mais serait de la composition de Rabelais lui-même; car elle était déjà populaire avant son roman. L'édition primitive date de 1528, tandis que la première édition du Gargantua de Rabelais est de 1535, et n'a été décrite que dans ces derniers temps. M. Brunet a publié une dissertation curieuse sur ce premier Gargantua qui ne ressemble pas à l'autre; ce qui pourrait bien déterminer le bibliophile Jacob à modifier l'opinion qu'il a émise, à savoir que cet ouvrage est aussi de la façon de Rabelais. Quoi qu'il en soit, la légende dont on vient de lire l'analyse est demeurée à peu près textuellement dans le domaine du colportage; la rédaction en est du dix-septième siècle. Elle a pour titre : *Histoire du fameux Gargantua, dans laquelle on verra son origine surprenante, sa naissance merveilleuse, ses prodigieux faits pendant ses voyages, et ses actions éclatantes au service du roi*

---

[1] Notice sur Rabelais, dans l'édition que le bibliophile Jacob en a donnée; Charpentier, 1841.

*Artus, dans toutes les victoires qu'il a remportées sur ses ennemis, augmentée du superbe mausolée que ce prince fit élever à sa mémoire; dernière édition, revue, corrigée et mise en un plus beau français que les précédentes,* in-12, 32 pages, fig. Montbéliard, Deckherr frères, S. D. Les figures sont au nombre de trois. Elles représentent : l'une, le massacre des Gots et Magots, ennemis d'Artus, roi de la Grande-Bretagne :

l'autre, Gargantua, avec tout le calme de la force, saisissant un pauvre cavalier irlandais qui proteste à peine contre cette violation de sa personne par un revers de main, et qui entrera tout de même, lui et son cheval peut-être, dans la gibecière du géant :

et la troisième, Gargantua s'accoudant sur les murailles de Rebrotsin avant de lui donner l'assaut :

Une édition de Tours, imprimée chez Placé, porte ce titre plus simple et plus abrégé : *Histoire plaisante de l'incomparable Gargantua*, in-12, 15 pages, à Tours, 1856. Mais la *Vie*

*du fameux Gargantua, le plus terrible géant qui ait jamais paru sur la terre, traduction nouvelle, dressée sur un ancien manuscrit qui s'est trouvé dans la bibliothèque du Grand-Mogol,* in-12, 44 pages, Épinal, Pellerin, S. D., est une imitation, réduite et modernisée, du roman complet de Rabelais. Elle date de 1700 et a toujours fait partie de la *Bibliothèque bleue de Troyes.*

Je n'ai donné qu'un croquis de toute la science qu'on a déployée au sujet de Gargantua. Grâce aux lois que je me suis faites, il n'en pouvait être autrement. Mais bien que cette science soit représentée par une masse d'écrits capables d'étouffer le texte même de Rabelais, tout cela n'est rien en comparaison des flots d'encre qu'on a répandus à l'occasion d'un écrit toujours très-populaire, mais devenu entièrement absurde, par suite des altérations que lui font subir les éditeurs français, depuis qu'ils le réimpriment : il a pour titre, dans les éditions du colportage, *Histoire plaisante et récréative de Tiel Ulespiègle, contenant ses faits et subtilités,* in-12, 48 pages, Épinal, Pellerin, 1835. Il est vrai que les Allemands s'en sont mêlés, par la raison toute simple que ce livre est d'origine allemande, et que les savants de ce pays étaient là sur leur terrain. Aussi bien y ont-ils pris leurs ébats et les prennent-ils encore. D'un autre côté, les Anglais ont témoigné un si vif intérêt à tout ce qui regarde le fameux Tiel Ulespiègle, qu'ils lui ont déjà consacré bon nombre de volumes, et les Français sont en train de grossir à leur tour cette énorme et insipide bibliothèque. C'est ce qu'on verra si on veut bien lire ce qui suit. Je l'extrais du *Bulletin du Bibliophile,* publié par M. Techener, t. VII, p. 567 et suiv.

Ulespiègle a eu l'honneur insigne de rester comme un type dans la littérature d'une grande partie de l'Europe. Il est proche parent de Pierre Faifeu et de Panurge ; mais il n'a jamais eu en France une popularité aussi universelle que celle qui est son partage chez les Allemands et dans les Pays-Bas...

On peut consulter, entre autres écrivains où il est fait mention de ce jovial personnage, toujours prêt à rire et à faire rire depuis le talon jusqu'à l'oreille (expression que j'emprunte à Tabarin), on peut consulter, disons-nous, les *Mélanges d'une grande bibliothèque*, t. XX, p. 76; l'*Anagraphiana*, de M. Hécard; l'*Histoire de la littérature allemande*, de Gervinus, t. II, p. 337.

L'un des plus laborieux philologues d'outre-Rhin, M. Vander-Hagen, a publié, en 1855, à Munich, cette légende récréative, et le *Foreign Quarterly Review* (1838, 1ᵉʳ trimestre) a consacré un curieux article à cette édition. M. Delpierre a fait réimprimer à fort petit nombre le texte français à Bruges, en 1836, en y joignant des notes intéressantes. Les presses de Stuttgard en mirent au jour, en 1858, une édition illustrée, et dont les nombreux dessins, plus grotesques, plus fantasques, plus gais les uns que les autres, attestent un véritable talent et une rare facilité.

M. Brunet, dans ses *Nouvelles recherches*, t. III, p. 567, ne fait pas mention d'édition française antérieure à celle de Lyon, par Jean Saugrain, 1559, in-16.... Nous devons au zèle et aux recherches de M. Moser, bibliothécaire à Stuttgard, la description d'une édition française antérieure de vingt-sept ans, et que nous regardons, jusqu'à nouvel ordre du moins, comme la première qui ait paru en notre langue. Ce volume, en caractères gothiques, sans chiffres ni réclame, est un mince in-4°. Le frontispice représente un hibou (eule) entouré de quatre fleurs et un miroir (spiegel). Ce sont les armes parlantes du héros. Au-dessous de cette image en bois on lit: « VLENSPIEGEL. De sa vie et ses œuures — et merveilleuses aduentures par luy faictes — et des gran—des fortunes qu'il a eues, lequel par nulles fallaces ne se lais—sa tromper. Nouuellement translate et corrige de flamund — en françoys. »

Suit une vignette sur bois où on voit l'espiègle par excellence à cheval, en croupe derrière son père. Au-dessus de la tête du cheval s'élève, au bout d'un bâton, le miroir sur lequel est perché le hibou. Au feuillet Aii commence le prologue du translateur. Nous le reproduisons textuellement.

« Pour la prière daucuns mes amis ausquels ie acteur de ce présent liure nosoye reffuser. Jay compose aucunes plaisantes tromperies et gaberies — lesquelles Tiel Vlespyegle fist dans sa vie. Et mourut en lan mil troys cens cinquante. Je désire toutefoys et demande destre excuse, tant deuant spirituelz que temporelz — deuant nobles et in=

nobles que nully trop margue ne se courrouce, car ie ne lay compose
que le seruice de Dieu y fust diminue ou gaste — ne aussi quon pourroit cercher aulcune faulceté — mais tant seulement pour recreer et
renouueller lez entende-menz des hommes — et aussi affin que les
simplez gens de tel—les tromperies se pourroient garder un temps
aduenir. Il vaut aussi mieulx douyr et lyre qu'on rie sans faire peche
que en plou—rant on fist peche. »

Au-dessus est une figure sur bois représentant le héros arrivant à
la foire de Francfort. Le dernier chapitre de son roman arrive au
feuillet kiiii.

#### COMMENT VLESPYEGLE FUST ENTERRE.

« Au dernier fut aussi lenterrement de Vlespyegle bien estrange.
Car quand on le voulloit mettre au sepulcre, l'une des cordes, laquelle
estoit vers ces pieds, rompit quand on le voulloit aualler au sepulcre,
tellement que lescrin auquel estoyt mis son corps tomba en telle sorte
que le corps dedans lescrin estoit mis sur ces pieds. Alors dirent ceux
qui estoyent la présens, laissons-luy ainsi droit — car comme il a esté
meruicilleux en sa vie, tellement veult-il aussi estre après sa mort. Si
laisserent Vlespyc—gle tout droit au sepulcre et le couurirent mettant
sur le sepul—cre une pierre en laquelle estoit sculpte ung cahuant
ayant ung — mirouer dessoubz ses ungles comme cy après est la
figure. Et — dessus la pierre estoit escripture taillee ainsi. Ceste
pierre ne — changera nully, car dessoubz icelle est enterre Vlespyegle. »

Ceci est au recto du feuillet en question ; au verso, on lit l'épitaphe
d'Ulespiègle en vers latins (et quel latin !), et plus bas : « Imprime
nouuellement à Paris, en lan Mil ccccxxxii. »

La bibliothèque de Stuttgard renferme aussi une édition de Cologne, 1539, in-4°, A-S, qui paraît avoir échappé aux yeux des bibliographes ; mais elle est en allemand ; elle nous intéresse peu.

L'édition d'Ulespiègle que nous décrivons est antérieure aux premières impressions de Rabelais ; car la plus ancienne édition connue, avec
une date, du Gargantua, est celle de Lyon, 1535, et l'édition sans date
de Pantagruel peut tout au plus être rapportée à la fin de 1532. Maître
François a donc connu le *lustig* enfant de la Westphalie, et il serait
facile de démontrer qu'il lui a fait d'assez fréquents emprunts, au sujet desquels les commentateurs sont muets.

Ainsi, on n'apporterait pas plus de preuves, on n'invoquerait pas plus d'autorités pour l'établissement et la consécration d'un article de foi. De quoi s'agit-il cependant? D'un écrit qui peut avoir le mérite (car la première édition ne date que de 1552) d'occuper une place parmi les premiers monuments de l'art typographique, mais qui n'en a peut-être pas d'autre. Je veux bien que par la liberté de son langage, il ait, comme l'a remarqué M. V. Le Clerc, rendu familières au peuple quelques vérités nouvelles dont celui-ci n'avait eu jusqu'alors qu'une idée confuse; mais il n'a fait à cet égard que ce qu'avaient fait avant lui nos trouvères, les imitateurs italiens de nos romans de chevalerie, les compilateurs ou auteurs de bons mots et de contes satiriques, tels que Poggio, Bebelius, Gonella, desquels il n'est lui-même que le compilateur presque d'un bout à l'autre. C'est en vain que l'auteur du passage cité plus haut lâche la bride à son enthousiasme, et honore le héros de ce bouquin des comparaisons les plus flatteuses; ce triste héros ne sera jamais, comme il est fort bien dit à la fin de la citation, qu'un loustic, c'est-à-dire un plaisant de la pire espèce. C'est une grande imprudence de se faire fort de prouver que Rabelais a des obligations à Tiel Ulespiègle, et que celui-ci a de la ressemblance avec Panurge, duquel il n'est pas même le singe. Il n'en a, en effet, ni la finesse, ni le mordant, ni la verve, ni le cynisme nonchalant, ni ce sérieux qui ajoute tant de sel à l'esprit. Il en est à un million de lieues. C'est un farceur, un farceur commun et plat, bon pour tirer la chaise aux gens pendant qu'ils s'assoient, mettre du crin haché dans les lits, manger le rôti quand on le charge de tourner la broche, et qui, s'il dit un bon mot, le prend à autrui et l'estropie. Notez que dans ce jugement, je sabre surtout sur les éditions françaises à l'usage du colportage. Quant à montrer toujours de l'esprit, et par-là, j'entends de l'esprit à soi, original, c'est ce qui lui est aussi impossible de faire qu'à Panurge d'être un sot. J'admire qu'on nous envoie aux renseignements sur ce fade bouffon chez le marquis de Paulmy, dans ses *Mélanges d'une grande biblio-*

*thèque;* il faut qu'on ait tout à fait oublié le jugement qu'y en a porté le savant académicien. Je me vois donc forcé de le rappeler ici, en demandant la permission d'y conformer le mien.

Ce roman, qui fait partie de la Bibliothèque bleue, a été imprimé bien des fois dans les xvii° et xviii° siècles, à Rouen, à Tours et à Troyes. J'en ai déjà à plusieurs reprises dit un mot; mais je ne me suis jamais arrêté sur cet article, parce qu'en vérité, il n'en vaut pas la peine. C'est un roman comique du plus mauvais ton et du plus mauvais genre, digne enfin d'avoir été composé en Allemagne, pour le peuple de ce pays-là, et dans des temps où il s'en fallait beaucoup que le bon goût y régnât.

Quoi qu'il en soit, la popularité de Tiel Ulespiègle en France, est attestée par ce fait, que le mot d'*espiègle* est demeuré dans notre langue et s'applique encore aux enfants dont le caractère se manifeste par des actes plus ou moins analogues à ceux de ce personnage. C'est véritablement le seul titre par lequel il se recommande surtout à notre intérêt.

Il resterait encore à prouver qu'il ait jamais existé. Dans une savante publication qui parut en Allemagne en 1812, on résolut négativement la question. Mais le conseiller Blumenbach, dans le *Vaterl. archiv.*, t. III, p. 318, combat cette opinion par de *bonnes* preuves, et confond les téméraires qui pensent la soutenir par de *meilleures*. Or, le conseiller Blumenbach a pour lui le préjugé populaire, et il n'y a pas de raison qui tienne contre un argument de cette importance. Il existe d'ailleurs dans le cimetière de Mollen, près de Lubeck, une pierre tumulaire consacrée à la mémoire d'Ulespiègle, avec le millésime de 1350. Il est vrai que, en 1754, Gessner ne trouva plus l'inscription constatant le nom et la mémoire du défunt; mais il y trouva le chat-huant et le miroir, son portrait et une vieille cotte de mailles enfermée dans une armoire de la chambre du conseil communal. C'était, lui dit-on, une partie de la garde-robe du célèbre farceur.

D'un autre côté, les Flamands réclament la possession du tombeau d'Ulespiègle. Il était, et il est peut-être encore (car ils n'en paraissent pas bien sûrs), au pied de la tour de la grande église de Damme. On y voyait, ou, si vous l'aimez mieux, on y voit une pierre où est sculpté un hibou posé sur un miroir, et cette inscription que Van Merlen a conservée au bas du portrait qu'il a gravé de ce personnage :

*Sta, viator; Thylium Ulenspiegel aspice sedentem, et pro ludii et morologi salute Deum precare suppl. Obiit anno* 1301.

A ce compte-là il y aurait eu deux Ulespiègle, le père et le fils. C'est ce qu'on a prétendu, en effet, pour mettre d'accord entre eux Flamands et Allemands, les uns et les autres de nature assez opiniâtre. On ajoutait que le père était né en Flandre et le fils en Saxe, et que de leurs aventures confondues ensemble on avait fait un seul recueil. Cette conjecture me plairait assez, d'autant que, en répartissant sur deux individus la somme énorme de gloire communément attribuée à un seul, on diminue en même temps l'envie à laquelle elle exposait nécessairement ce dernier.

Malheureusement ici, ma foi est ébranlée par l'assertion audacieuse d'un de ces hommes qui veulent tout expliquer, et dont la science ne paraît être le plus souvent que l'art ou la manie de prendre toujours le contre-pied de ce que croient ou de ce que disent les autres. Paquot pense que le monument de Damme pourrait bien être le tombeau du spirituel Jacques Van Maerland. «Van Maerland, dit-il, était représenté sur sa tombe de marbre en docteur de philosophie, lisant sur son pupitre. L'oiseau de Minerve, symbole de la vigilance, paraissait à ses côtés. Cette effigie ayant été usée, on prit le pupitre pour un miroir; et en y joignant le nom de l'oiseau dont je viens de parler, on en forma l'heureux nom d'Ulespiegel, c'est-à-dire miroir du hibou. Ensuite on bâtit sur ce fondement la merveilleuse histoire d'Ulespiegel, qu'on a mise dans toutes les langues, et qui s'est répandue en Europe.»

Mais, je vous le demande, est-il croyable qu'un personnage dont tout le Nord connaissait l'histoire au commencement du quinzième siècle, ne doive son existence qu'à une espèce de quiproquo produit par le hasard dans un coin de la Flandre? Non sans doute, mais je crois, avec M. Octave Delpierre, dont la notice sur Ulespiegel m'a fourni la matière de cette courte dissertation, je crois, dis-je, que ce qui a fait que Paquot s'est rangé du parti des incrédules, « c'est que Van Maerland est mort aussi en 1301, que le nom d'Ulespiegel a toute la ressemblance d'une allégorie, et qu'on a surchargé son histoire de farces et de tours indécents et stupides. »

M. Octave Delpierre donne encore sur les différentes éditions d'Ulespiègle des renseignements qui compléteront ceux que j'ai rapportés au commencement de cet article.

La Flandre, dit M. Octave Delpierre, qui le réclame (Ulenspiegel), réclame aussi son premier historien. Il est certain et avéré que les plus anciens exemplaires de ce livre sont en vieux flamand.... Albert Durer, dans le curieux journal de son voyage, dit qu'il acheta deux exemplaires d'Ulenspiegel dans les Pays-Bas. La plus vieille traduction française de ce livre est donnée comme *nouvellement revue et traduite du flamang*. On lit la même chose au titre de l'édition d'Anvers, 1579. Jean Nemius, en 1558, à Bois-le-Duc, et Gilles Omma (Ægidius Periander), en 1567, à Bruxelles, traduisirent en vers latins les aventures d'Ulenspiegel, et l'on peut dire que c'est sur le principal théâtre de ses exploits qu'on s'est le plus escrimé à écrire son histoire.

Un mot à présent de l'auteur des aventures de Tiel Ulespiègle; c'était un moine allemand. Il s'appelait Thomas Murner. Dans la querelle de Luther avec Henri VIII, il prit parti pour ce prince, et écrivit à cette occasion un dialogue en allemand [1], où il figure lui-même comme interlocuteur, sinon comme juge, et où le roi naturellement confond l'augustin. En récompense, le roi lui fit compter deux cents livres. Un écrit de ce genre ne dénotait pas un auteur facétieux, et on n'y aurait certes pas deviné le futur inventeur du personnage et des plaisanteries d'Ulespiè-

---

[1] Sous le titre de : *Lequel du roi d'Angleterre ou de Luther est un imposteur?* Strasbourg, 1522.

gle. C'est qu'en effet, si le personnage est de son invention (ce qui n'est pas probable), il n'en est pas de même des plaisanteries. Poggio, Babelius et surtout Gonella, comme je le disais tout à l'heure, les *Cento novelle antiche*, le *Prêtre Amis*, le *Curé de Kalemberg*, etc., en ont fait les frais. Encore Murner n'en a-t-il pris ni le plus fin, ni le plus propre ; c'est là du moins la plus petite partie de sa compilation. On ne peut nier toutefois qu'à la lecture de toutes ces polissonneries, on trouve à rire plus souvent que de raison, et je suis trop franc pour ne pas convenir d'y avoir été pris plus d'une fois.

Le type du bouffon populaire n'est pas une création exclusivement allemande; tous les peuples de l'Occident, ceux même de l'Orient, ont eu vraisemblablement le leur avant l'Allemagne; ils l'ont eu certainement après. Il n'a pas tenu à quelques critiques, et surtout à l'affranchi, auteur d'un recueil de bons mots de Cicéron, que cet orateur ne fût rangé à certains égards dans cette catégorie. Mais il n'est pas juste de mettre sur le compte de Cicéron ce qui, selon toute apparence, est le fait de Tiron ou de tout autre. Cependant Quintilien ne reproche à celui-ci que de n'avoir pas été assez difficile sur le choix des bons mots de son maître, et de s'être laissé trop aller au plaisir de grossir le volume. Tiron ne serait donc plus un calomniateur, mais un indiscret. Quoi qu'il en soit, et dans l'état même où ce recueil était du temps de Quintilien, on devait, ajoute l'illustre rhéteur, le respecter comme les autres écrits de ce merveilleux génie, où il est peut-être aisé de trouver quelque chose à retrancher, mais non pas à ajouter [1].

Nous n'avons plus ce recueil, non plus que celui du grammairien Mélissus, esclave, puis affranchi de Mécène. Mais c'étaient ses propres bons mots que Mélissus avait recueillis, et, s'il faut en croire Suétone [2], il en avait formé cent cinquante petits vo-

---

[1] Quintilien, VI, 4.
[2] *De Illustribus Grammaticis*, c. xxi.

lumos, *absolvitque centum et quinquaginta (libellos)*. Il les intitula d'abord *Ineptiæ*, puis *Joci*. Lequel titre était le meilleur? Je penche pour le premier; il était la suite d'un premier mouvement, et par conséquent le plus vrai. Or, ce titre fait bien voir qu'il ne s'agissait pas là de bons mots marqués au coin de l'urbanité ou de l'atticisme, mais de l'esprit populaire et trivial. Tel était sans doute le sentiment de La Monnoye, qui appelle quelque part ce recueil *le Sottisier de Mélissus*.

Diogène, tout philosophe qu'il se piquât d'être et qu'il fût en effet, Diogène fut une manière de bouffon sublime, qui n'égayait pas moins le peuple par ses bons mots qu'il ne l'instruisait par ses maximes. Dans les temps modernes, la France a eu maître Gonin; l'Espagne Lazarille de Tormes et même Sancho Pança; l'Angleterre ses Prud'hommes (*the wise men*) de Gotham; l'Italie Bertoldo, Bertoldino et Cacasenno, ce dernier qui dut son nom d'une obscénité si énergique à l'abondance, à la soudaineté de ses saillies, comme au bon sens dont elles étaient assaisonnées; enfin, les Turcs ont leur Nasareddin Chodsa. Ses bons mots et ses bons tours continuent à se transmettre chez eux, soit par la tradition orale, soit par écrit. On dit même qu'ils en rient de bon cœur, eux le peuple du monde qui rit le moins. Il paraît certain, du reste, que ce farceur a vécu, tandis qu'Ulespiègle passe généralement pour un personnage imaginaire [1].

J'arrive à l'*Histoire admirable du Juif errant, lequel depuis l'an 33 jusqu'à l'heure présente, ne fait que marcher: contenant sa tribu, sa punition, les aventures admirables qu'il a eues dans tous les endroits du monde, avec le cantique*, in-18, 24 pag., Montbéliard, H. Barbier, S. D.; Épinal, Pellerin, et Charmes, Buffet, S. D.; Tours, Placé, 1834, in-8, 23 pages.

[1] M. O. Delpierre n'est pas de cet avis, et l'avis d'un bibliophile de cette qualité est considérable. Il fixe à la première moitié du quatorzième siècle l'époque où vivait Ulespiègle. D'autres le font mourir en 1350.

Avant le huitième siècle [1], on ne mettait pas en doute cette histoire dans toute la chrétienté. Elle se rattachait aux traditions de l'an 1000, lequel, comme chacun sait, devait être marqué par la fin du monde, la venue de l'Antechrist et le jugement dernier. Quoique aucune de ces choses ne se fût réalisée, les peuples, ne voulant pas en avoir le démenti, tinrent bon au moins sur la venue de l'Antechrist, et décidèrent qu'il n'était autre que le Juif-Errant.

Les doctes théologiens, dit M. P. Lacroix, s'emparèrent de cette histoire que répétaient à l'envi toutes les voix naïves du peuple, et ils la firent concorder autant que possible avec les textes évangéliques. Quelques-uns essayèrent de prouver que le Juif-Errant était Malchus, à qui saint Pierre coupa l'oreille dans le jardin des Olives ; ceux-ci n'hésitèrent pas à soutenir que c'était le mauvais larron qui accomplissait ainsi sa punition de par le monde, tandis que le bon larron restait assis à la droite de Jésus-Christ dans la Jérusalem céleste ; ceux-là avancèrent, avec moins d'assurance, que ce pouvait être Pilate lui-même ; mais le peuple préféra s'en tenir à ce qu'il savait du Juif-Errant, et ne voulut rien changer à la légende qu'il avait faite, dans son ignorante et pieuse ferveur.

Cependant le Juif-Errant ne s'étant pas montré en Europe depuis l'an 1000, on en avait perdu la trace, lorsqu'en 1218 on recueillit sur ce personnage les détails suivants :

Un archevêque de la Grande-Arménie, qui vint en Angleterre pour y visiter les reliques et les lieux saints, s'arrêta au célèbre monastère de Saint-Alban, y fut reçu avec beaucoup d'égards et de respect, et narra, en présence de l'abbé et des moines, la légende suivante, qui nous a été conservée par le chroniqueur Matthieu Pâris, et que nous traduisons du latin dans toute sa naïveté :

« Lorsque Jésus fut amené du jardin des Olives au prétoire devant

---

[1] Les curieux détails qu'on va lire, tirés de Matthieu Pâris, ont été pour la première fois publiés dans un roman intitulé : *Une nuit dans les bois*, par M. Paul Lacroix. Ce sont quelques pages d'érudition perdues dans une œuvre d'imagination.

Pilate pour y être jugé, Pilate ne trouvant pas qu'il fût coupable, dit aux Juifs qui l'accusaient : « Prenez-le et jugez-le selon votre loi. » Mais les Juifs redoublant leurs cris, Pilate mit en liberté le voleur Barrabas, et leur livra Jésus pour être crucifié. Les Juifs traînèrent Jésus hors de la salle du prétoire, et quand il tomba sur le seuil, Cartaphilus, qui était portier du prétoire, le poussa insolemment en le frappant du poing dans le dos, et en lui disant avec un rire moqueur : « Va donc, plus vite, Jésus, va ! pourquoi t'arrêtes-tu ? » Et Jésus, tournant vers lui un visage sévère, repartit : « Je vais, et toi tu attendras jusqu'à ce que je vienne ! » Or, suivant la parole du Seigneur, Cartaphilus attend encore la venue de Jésus-Christ. Il avait environ trente ans, à l'époque de la Passion, et toujours, chaque fois qu'il atteint le terme de cent ans, il est saisi d'une étrange infirmité qui semble incurable et qui se termine par une léthargie, à la suite de laquelle il redevient aussi jeune qu'il l'était au moment de la Passion. Cependant, après la mort du Christ, Cartaphilus se fit chrétien, fut baptisé par l'apôtre Ananie, et prit le nom de Joseph. Aujourd'hui ce Joseph habite d'ordinaire l'une ou l'autre Arménie et les différentes contrées de l'Orient ; c'est un homme de sainte conversation et de grande piété, parlant peu et avec circonspection, tellement qu'il n'ouvre pas la bouche, à moins d'en être prié par les évêques et les religieuses personnes avec lesquelles il passe sa vie ; alors il parle des choses d'autrefois, il s'entretient volontiers de la Passion et de la Résurrection du Fils de Dieu ; il raconte toutes les particularités de cette résurrection, d'après le témoignage de ceux qui ressuscitèrent avec le Christ et qui apparurent à plusieurs en divers lieux ; il raconte aussi comment les apôtres se séparèrent pour aller prêcher l'Évangile, et il dit tout cela sans jamais sourire, sans légèreté de paroles, sans aucune apparence de rancune ni de blâme ; car, plongé dans les larmes et rempli de la crainte du Seigneur, il attend sans cesse que Jésus-Christ vienne dans sa gloire juger les vivants et les morts, et il tremble de le trouver encore irrité contre lui à l'heure du dernier jugement. On accourt en foule, des parties du monde les plus éloignées, pour voir et pour entendre ce saint homme : si ce sont des personnes recommandables qui l'interrogent, il satisfait brièvement à leurs questions ; mais il refuse tous les présents qui lui sont offerts, et il se contente d'une nourriture frugale et d'un modeste vêtement. Cartaphilus place son espoir de salut éternel dans l'ignorance où il était à l'égard du Fils de Dieu, qui fit cette prière à son Père : « Mon Père,

« pardonnez-leur, parce qu'ils ne savent ce qu'ils font! » Il se rappelle que saint Paul pécha comme lui, et mérita sa grâce aussi bien que saint Pierre, qui avait renié son Maître par faiblesse ou plutôt par peur. Il se flatte donc d'obtenir également l'indulgence divine, et il se complait dans cette espérance qui l'empêche d'attenter à ses jours. »

L'archevêque arménien, qui faisait ce merveilleux récit aux bons moines de Saint-Alban, ajouta qu'il connaissait personnellement Cartaphilus, et qu'il l'avait même admis à sa table peu de temps avant d'entreprendre un voyage en Occident.

Le doute n'était plus possible, après un pareil témoignage de la part d'un prélat aussi vénérable, qu'on ne pouvait soupçonner de mensonge ni même d'erreur. La légende du Juif-Errant passa dès lors de bouche en bouche, telle que les moines de Saint-Alban l'avaient recueillie, telle que Matthieu Pâris l'avait consignée dans sa chronique. Elle traversa la mer, se répandit en France, puis dans les Pays-Bas, puis en Allemagne, où elle paraît avoir rencontré plus de foi et plus de sympathie que partout ailleurs, sans doute parce que les Juifs y étaient plus nombreux que dans le reste de l'Europe.

Ce n'est pourtant que trois siècles après la publication de cette légende en Angleterre, que nous la retrouvons d'une manière certaine en Allemagne, sans autre métamorphose que celle du nom de *Cartaphilus*, devenu par corruption *Ahasvérus*.

Voici une lettre datée du 29 juin 1564, qui prouverait que le Juif-Errant vivait et se montrait encore à cette époque. Cette lettre, écrite en allemand par quelque bon catholique de Hambourg, circula d'abord manuscrite, et fut imprimée bientôt avec ce texte de l'Évangile en suscription : *En vérité, je vous le dis, il y en a ici aucuns qui ne goûteront pas la mort jusqu'à ce qu'ils voient venir le fils de l'homme en son royaume.*

La traduction française de cette curieuse lettre, qui parut plus tard à Leyde, est assez peu connue pour que nous la reproduisions ici dans le langage original dont la simplicité éloigne toute idée d'imposture et d'exagération.

« Monsieur, n'ayant rien de nouveau à écrire, je vous ferai part d'une histoire étrange que j'ai apprise il y a quelques années. Paul d'Eitzen, docteur en théologie et évêque de Scheleszvig, homme de bonne foi et recommandable pour les écrits qu'il a mis en lumière depuis qu'il fut élu évêque par le duc Adolphe de Holstein, m'a quelquefois raconté, et à quelques autres, qu'étudiant à Wittemberg en hiver, l'an 1542, il alla voir ses parents à Hambourg ; que le prochain dimanche au sermon, il vit, vis-à-vis de la chaire du prédicateur, un grand homme ayant de longs cheveux qui lui pendaient sur les épaules, et pieds nus, lequel oyait le sermon avec telle dévotion, qu'on ne le voyait pas remuer le moins du monde, sinon lorsque le prédicateur nommait Jésus-Christ, qu'il s'inclinait et frappait sa poitrine et soupirait fort : il n'avait autres habits, en ce temps-là d'hiver, que des chausses à la marine, qui lui allaient jusque sur les pieds, une jupe qui lui allait sur les genoux, et un manteau jusques aux pieds ; il semblait, à le voir, âgé de cinquante ans. Ayant vu ses gestes et habits étranges, Paul d'Eitzen s'enquit qui il était : il sut qu'il avait été là quelques semaines de l'hiver, et lui dit qu'il était Juif de nation, nommé Ahasvérus, cordonnier de son métier, qu'il avait été présent à la mort de Jésus-Christ, et depuis ce temps-là, toujours demeuré en vie, pendant lequel temps il avait été en plusieurs pays ; et pour confirmation de son dire, rapportait plusieurs particularités et circonstances de ce qui se passa lorsque Jésus-Christ fut pris, mené devant Pilate et Hérode, et puis crucifié, autres que celles dont les historiens et évangélistes font mention ; aussi des changements advenus ès parties orientales depuis la mort de Jésus-Christ, comme aussi des apôtres ; où chacun d'eux a vécu et souffert martyre : de toutes lesquelles choses il parlait pertinemment. Paul d'Eitzen, s'émerveillant encore plus du discours que de la façon étrange du Juif, chercha plus particulière occasion de parler à lui. Finalement, l'ayant accosté, le Juif lui raconta que, du temps de Jésus-Christ, il demeurait en Jérusalem et qu'il persécutait Jésus-Christ, l'estimant un abuseur, l'ayant ouï tenir pour tel aux grands prêtres et scribes, et n'en ayant plus particulière connaissance, fit tout ce qu'il put pour l'exterminer ; que finalement il fut un de ceux qui le menèrent devant le grand prêtre, et l'accusèrent, et crièrent qu'on le crucifiât, et demandèrent qu'on le pendît plutôt que Barrabas, et firent tant qu'il fut condamné à mort ; que la sentence donnée, il s'encourut aussitôt en sa maison, pardevant laquelle Jésus-Christ devait passer, et le dit à toute sa famille, afin qu'ils le vissent aussi, et prenant en son bras un de ses petits enfants qu'il avait, se mit à sa porte pour le lui montrer. Notre Seigneur Jésus-Christ, passant chargé de sa croix, s'appuya contre la maison du Juif, lequel montrant son zèle courut à lui et le repoussa avec injures, lui montrant le lieu du supplice où il devait aller. Lors Jésus-Christ le regarda ferme et lui dit ces mots : « Je m'arrêterai et reposerai ; et tu chemineras ! » Aussitôt le Juif mit son enfant à terre et ne put s'arrêter en sa maison. Il suivit et vit mettre à mort Jésus-Christ. Cela fait, il lui fut impossible de retourner en sa maison à Jérusalem, et ne revit plus sa femme ni ses enfants. Depuis ce temps-là, il avait toujours été errant en pays étrangers, sinon environ cent ans il fut en son pays et trouva Jérusalem ruinée, de sorte qu'il ne reconnaissait rien par la ville. Or, il ne savait ce que Dieu voulait faire de lui, de le retenir si longtemps en cette misérable vie, et s'il le voulait peut-être réserver jusqu'au jour du jugement, pour servir de témoin de la mort et passion de Jésus-Christ, pour toujours convaincre les infidèles et athéistes ; de sa part, il désirait qu'il plût à Dieu de l'appeler. Outre cela, Paul d'Eitzen et le recteur de l'école de Hambourg, homme docte et bien versé ès histoires, conférèrent avec lui de ce qui s'est passé en Orient depuis la mort de Jésus-Christ jusqu'à présent, dont il satisfit ; de sorte qu'ils en étaient émerveillés. Il était homme taciturne et retiré, et ne parlait pas si on ne l'interrogeait ; quand on le conviait, il y allait et buvait et mangeait peu ; si on lui baillait quelque argent, il ne prenait pas plus de deux ou trois sous, et tout à l'heure les donnait aux pauvres, disant qu'il n'en avait que faire pour lors et que Dieu aurait soin de lui. Tout le temps qu'il fut à Hambourg, on ne le vit point rire ; en quelque pays qu'il allât, il parlait le vulgaire, car il parle saxon comme s'il eût été natif de Saxe. Plusieurs hommes de divers pays allèrent à Hambourg pour le voir ; et en furent faits divers jugements ; le plus commun fut qu'il avait un esprit familier. Paul d'Eitzen ne fut pas de cette opinion, d'autant que non-seulement il oyait et discourait volontiers de la parole de Dieu ; mais aussi ne pouvait endurer un blasphème ; et s'il oyait jurer, il montrait un zèle avec dépit et pleurs, disant : « O misérable homme, misérable « créature ! comment oses-tu ainsi prendre en vain le nom de Dieu et « en abuser ? Si tu avais vu avec combien d'amertumes et de douleurs « Notre Seigneur a enduré pour toi et moi, tu aimerais mieux souffrir « pour sa gloire que de blasphémer son nom. » Voilà ce que j'ai appris de Paul d'Eitzen et de plusieurs autres personnages dignes de foi, à Hambourg, avec autres circonstances. »

Cette lettre, dont rien ne constate l'authenticité, rappelle la plupart des circonstances du récit de l'archevêque arménien du treizième siècle, et a servi de fondement à la légende, telle qu'on la réimprime aujourd'hui.

L'an 1575, Christophe Ehinger et Jacobus, envoyés par le duc de Holstein à Bruxelles pour y réclamer le payement des gens de guerre que le duc avait amenés au service du duc d'Albe en 1571, trouvèrent sur leur route le Juif-Errant, qui parlait bon espagnol, et qui se fit connaître pour ce qu'il était.

A quelques années de là, le Juif-Errant, celui-ci ou un autre, entrait à Strasbourg, se présentait aux magistrats, et leur déclarait qu'il avait passé par leur cité deux cents ans auparavant, ce qui fut vérifié dans les registres de la ville.

Il alla ensuite aux Indes occidentales et revint en France, où deux gentilshommes, qui se rendaient à la cour de Henri IV, en 1604, y annoncèrent la venue du Juif, ou Cartaphilus, ou Joseph, ou Ahasvérus, qu'ils avaient rencontré, disaient-ils, en chemin, et avec lequel ils s'étaient entretenus de la Passion de Jésus-Christ. Il disparut ensuite, et l'on imprima différentes relations de son séjour dans les provinces de France. Comme son passage avait coïncidé avec des tempêtes et des tourbillons de vent qui avaient abattu des clochers, brisé des arbres et dévasté les campagnes, on conclut que le Juif-Errant était voituré d'un lieu à un autre par les ouragans; et lorsque la nature éprouve aujourd'hui les mêmes troubles, « c'est le Juif-Errant qui passe, » disent en se signant les paysans de Bretagne et de Picardie.

Le passage du Juif-Errant en 1604 a donné lieu, en outre, à cette complainte historique qui était chantée sur le vieil air des *Dames d'honneur* :

>Le bruit couroit çà et là par la France,
>Depuis six mois, qu'on avoit espérance
>Bientost de voir un Juif qui est errant
>Parmi le monde, pleurant et soupirant.

>Comme de fait, en la rase campagne,
>Deux gentilshommes en pays de Champagne
>Le rencontrèrent tout seul et cheminant,
>Non pas vestu comme on est maintenant.

## CHAPITRE VIII.

De grandes chausses il porte à la marine,
Et une jupe comme à la florentine,
Un manteau long jusqu'en terre traînant ;
Comme un autre homme il est au demeurant.

Ce que voyant, lors ils l'interrogèrent
D'où il venoit, et ils lui demandèrent
Sa nation, le métier qu'il menoit ;
Mais cependant tousjours il cheminoit.

« Je suis, dit-il, Juif de ma naissance,
Et l'un de ceux qui par leur arrogance
Crucifièrent le Sauveur des humains,
Lorsque Pilate en lava ses deux mains. »

Il dit aussi qu'il a bien souvenance
Quand Jésus-Christ à tort reçut sentence,
Et qu'il le vit, de sa croix bien chargé,
Et qu'à sa porte il s'estoit déchargé.

Lors le Juif par courroux le repousse,
L'injuriant et plusieurs fois le pousse,
En lui montrant le supplice appresté
Pour mettre à mort sa grande majesté.

Nostre-Seigneur bien ferme le regarde,
En lui disant : « A ceci prens bien garde :
Je reposerai et tu chemineras !
Partant, regarde à ce que tu feras ! »

Tout aussitost le Juif met à terre
Son petit-fils et s'encourt à grand'erre.
Mais il ne sçut jamais en sa maison
Mettre les pieds en aucune saison.

Hierusalem, le lieu de sa naissance ;
Femme et enfans, ne fut en sa puissance
Jamais de voir, ni pas un sien parent ;
Et par le monde s'en va tousjours errant.

De son métier, cordonnier il dit estre,
Et à le voir il semble tout champestre.
Il boit et mange avec sobriété,
Et est honneste selon la pauvreté.

Longtemps il fut au pays d'Arabie,
Et aux déserts de la triste Libye,
Et en la Chine, en l'Asie Mineur,
Jadis d'Éden et du monde l'honneur.

Comme et semblable à la stérile Afrique,
Au mont Liban, au royaume Persique,
Et au pays de l'odoreux Levant,
Tousjours il va son chemin poursuivant.

Naguère estant en la haute Allemagne,
En Saxonie, puis s'en va en Espagne,
Pour s'en aller les Anglois visiter,
En nostre France puis après habiter.

Pour estre à bout de son pèlerinage
Et accomplir son désiré voyage,
Il n'a plus rien qu'un tiers de l'Occident,
Et quelques isles pour aller, Dieu aidant.

Tout cela fait, le jugement attendu,
Il faut à Dieu et repentant se rendre,
Afin, dit-il, qu'entre les réprouvés
Par nos mérites nous ne soyons trouvés.

« Je fais, dit-il, ici-bas pénitence ;
Touché, je suis, de vraie repentence,
Je ne fais rien que d'aller tracassant
De pays en autre, demandant au passant.

« Quand l'univers je regarde et contemple,
Je crois que Dieu me fait servir d'exemple,
Pour tesmoigner sa mort et passion,
En attendant sa résurrection. »

Cette complainte, que nous avons citée dans son entier comme un précieux monument de poésie populaire, a fait place à celle que l'on chante encore dans les foires et les marchés, et qui est certainement antérieure au passage du Juif-Errant à Bruxelles, le 22 avril 1774.

On peut supposer qu'elle fut remise en vogue lors de cette apparition mémorable, la dernière qui ait fait du bruit en Europe. Les *bourgeois de la ville*, qui eurent l'avantage de le voir *si barbu*, esquissèrent sans doute son portrait, que les imagiers d'Épinal et de Troyes ont gravé sur bois en tête de la complainte *nouvelle* que nous savons tous par cœur, nous autres vieilles gens, pour l'avoir entendue cent fois dans notre enfance, et dont voici le premier couplet :

> Est-il rien sur la terre
> Qui soit plus surprenant
> Que la grande misère
> Du pauvre Juif Errant !
> Que son sort malheureux
> Paraît triste et fâcheux !

Cette complainte, malgré son style grossier et incorrect, offre pourtant une composition remarquable, empreinte d'un profond sentiment de mélancolie, et quelquefois solennelle dans sa plus naïve expression. C'est là une de ces touchantes inspirations du peuple, qu'il faut garder religieusement, comme les vestiges d'une tradition qui s'efface et qui sera tout à l'heure anéantie.

Depuis que le Juif-Errant a conté lui-même son histoire aux bourgeois *fort dociles* qui voulaient le retenir en Brabant, il ne s'est montré nulle part, et l'on est autorisé à penser qu'il voyage aux Indes-Occidentales, et que la fin du monde approche. On voit qu'en 1774 il avait encore changé de nom et qu'il se faisait appeler Isaac Laquedem, au lieu de *Cartaphilus*, de *Joseph* et de *Ahasvérus*. Nous ignorons le nom qu'il porte à présent et la langue qu'il parle.

L'histoire, dans notre livret, commence au moment où le Juif-Errant fut reconnu aux environs de la ville de Hambourg. Les éditions d'Épinal, de Charmes et de Montbéliard disent que ce fut en 1633 ; celle de Tours dit en 1745 : mais la lettre ci-dessus affirme, et il faut l'en croire, que cette apparition eut lieu en 1542. Les éditions modernes appellent *Franciscus Eysen* ou

*Van Eysen* celui que la lettre nomme Paul d'Eitzen, et elles font de ce dernier un simple théologien, le distinguant de l'évêque de *Slewick*, auquel il est censé raconter les aventures du Juif-Errant. Quoi qu'il en soit de cette confusion des êtres, la rencontre du Juif-Errant au sermon est exposée dans les mêmes termes à peu près que ceux de la lettre. Ahasvérus ou Ahassuérus (car c'est ainsi qu'il se nomme lui-même) raconte ensuite à l'évêque sa naissance. Son père était « charpentier de son métier; sa mère était couturière et travaillait aux habits des lévites. » Quand on lui apprit à lire, on lui mit dans les mains un grand livre « qui était vieux et relié en parchemin, » dans lequel il lut des choses admirables.

Je vous en dirai quelque peu, à cause qu'il touche mon histoire.
Quand notre premier père Adam avec sa femme Ève eurent deux enfants, savoir, Caïn et Abel, ils crurent qu'un de ces deux enfants serait le Messie; et cela fut bien le contraire, car celui qui paraissait le plus doux fut le plus méchant; ils avaient toujours cru que Caïn serait le Messie, qu'il leur pardonnerait le péché de désobéissance; leur espérance s'évanouit bientôt; car il tua son frère Abel, pour laquelle mort Adam pleura cent ans; enfin, ayant encore eu plusieurs enfants, fils et filles, et voyant que le temps de sa mort approchait, il appela son jeune fils *Seth*, lui dit : Allez-vous-en au Paradis terrestre, et demandez à l'ange Gabriel, qui y est avec une épée flamboyante pour le garder, qu'il me laisse encore une fois entrer dedans avant de mourir. Seth, qui ignorait tout cela, s'y en va, et trouva l'ange comme il lui avait dit, et fait son message. Mais l'ange lui dit : Votre père, ni vous, ni vos descendants, n'entreront jamais dans le Paradis terrestre, mais bien dans le céleste : ayant dit cela, il lui laissa voir de loin ce charmant lieu de beauté, où son père et sa mère avaient demeuré, et où ils avaient commis le péché de désobéissance; et quand Seth eut vu ce charmant séjour, il en fut surpris, et en eut une telle tristesse, qu'il se mit surtout à pleurer, et sa douleur fut fort vive. Il s'en alla; mais l'ange le rappela et lui dit : Votre père doit bientôt mourir; mais tenez, voilà trois pepins du fruit de l'arbre défendu, et lorsque votre père sera mort, mettez-lui ces trois pepins sous la langue, et enterrez-le ainsi. Seth s'en alla et il accomplit ce que l'ange lui avait com-

mandé : il faut savoir qu'au même endroit où Adam fut enterré, quelque temps après il y crût trois arbres qui, avec le temps, devinrent de plus grands en plus grands, jusqu'à ce qu'ils portèrent leurs fruits, qui étaient si beaux à voir, qu'on ne pouvait rien souhaiter de plus agréable à la vue ; mais qui étaient amers au goût et fort sablonneux. ils n'étaient pas mangeables, c'est pour cela que ces arbres sont demeurés là et qu'on n'en fit aucun cas. Quand nos ancêtres furent menés esclaves en Égypte, Moïse vit une forêt ardente où il parla à Dieu ; c'est dans la même forêt qu'il eut sa verge avec laquelle il fit tant de prodiges, comme en présence de Pharaon, il fit changer sa verge en serpent, fit ouvrir la mer, fit sortir une fontaine hors du rocher ; et beaucoup d'autres miracles que vous pouvez lire dans la sainte Écriture.

Quand nos pères furent venus dans la terre promise, ils commencèrent à bâtir des villes et de grands châteaux pour se défendre contre leurs ennemis. Il faut savoir que lesdits arbres, dont nous avons ci-devant fait mention, étaient encore en leur même endroit ; ils étaient sur une montagne où la ville de Jérusalem fut bâtie, et ces arbres demeurèrent hors des murailles de la ville jusqu'à ce que le roi-prophète Daniel, après la mort du roi Saül, les fit entourer de murailles, fit bâtir auprès une demeure pour lui, à cause que les fruits de ces arbres étaient extrêmement beaux à la vue, et il ne pouvait rien voir de plus charmant. Une fois, ayant cueilli trois de ces pommes, il en coupa une en deux : il n'y trouva rien autre que de la terre ; dans la deuxième il y trouva écrit *Charschecab*, c'est-à-dire, *il accepte ceci en amour* ; dans la troisième, il y trouva la Passion de Notre-Seigneur Jésus-Christ, laquelle le roi-prophète a prédite dans ses Psaumes. Enfin, pour abréger l'histoire des différentes guerres entre les rois d'Israël et d'autres pays, la ville de Jérusalem fut détruite de fond en comble, après avoir été ruinée plusieurs fois ; le palais de David est sur cette montagne et lesdits arbres éloignés de la ville d'un quart de lieue ; et cela est demeuré en son entier jusqu'à ce qu'Antipater, père du roi Hérode, fit abattre le palais et lesdits arbres l'an 5050 pour rendre le terrain plus spacieux, qui était un endroit destiné pour faire mourir les malfaiteurs, et cette montagne appelée *Golgotha*. Lesdits arbres furent menés dans la ville de Jérusalem, proche du Temple, contre une grande muraille, où je me suis assis plusieurs fois dessus, et joué avec mes camarades plus de mille fois ; ce sont les mêmes arbres qui ont servi à faire la croix où Notre-Seigneur Jésus-Christ a été crucifié.

Après avoir débité ces incroyables rêveries, le Juif-Errant dit qu'ayant l'âge de neuf à dix ans, il entendit parler des trois rois qui arrivaient, dit-on, à Bethléem, pour y adorer un roi nouvellement né. Il alla au-devant d'eux, aperçut l'étoile qui leur servait de guide, laquelle s'arrêta sur une petite maison. Les rois y étant entrés avec leur suite, le Juif y entra après eux.

Je m'aperçus alors que ce n'était qu'une étable : ne pouvant rien voir, je me fourrai entre les jambes des gens, et j'aperçus une femme tenant un petit enfant sur son giron, et les trois rois qui étaient prosternés contre terre lui firent l'adoration ; je n'eus pas longtemps le plaisir de voir tout ce qui se passait, car par malheur pour moi, on me marcha sur la main, dont j'en saignai bien fort, et m'obligea de me retirer avec grande peine, à cause d'un grand nombre qui étaient de la suite des trois rois qui voulaient tous loger dans la ville de Bethléem. Aussitôt que j'aperçus l'aube du jour, je m'en retournai au logis et fis un récit à mon père de ce que j'avais vu. Il fut fort surpris, quand je lui dis que la femme que j'avais vue, et qui tenait son enfant sur son giron, était la femme du charpentier avec qui il avait travaillé à un certain bâtiment il n'y a pas longtemps. O Dieu ! cria le père, c'est Joseph. Je lui répondis : Je ne sais son nom, mais je l'avais vu ensemble travailler à un tel endroit et à un même bâtiment : car ils devaient travailler tous deux pour gagner leur vie.

Puis il raconte le massacre des Innocents et la mort d'Hérode. « Quand il eut un peu repris haleine, et que toute la compagnie eut été fort attentive à son discours, M. Van-Eysen le pria de poursuivre. » Il dit alors qu'il avait été témoin de plusieurs miracles de Jésus, entre autres de celui des cinq pains et des deux poissons, desquels lui-même avait mangé ; mais que les ennemis de Jésus s'animant de plus en plus contre lui, survint Judas qui le leur vendit pour trente deniers.

Aux environs d'onze heures, j'entendis grand bruit dans la rue, je m'en vins à la porte pour voir ce qu'il y avait ; je vis beaucoup de monde qui me répondit qu'on allait prendre Jésus dans le jardin de *Gethsemani*. D'abord que j'eus entendu cela, je pris ma lanterne pour aller voir avec les autres, pensant que je verrais là quelque chose d'extraordinaire, comme en effet il arriva. Quand nous fûmes là arrivés, Jésus n'eut pas sitôt prononcé quelques paroles que nous tombâmes tous à la renverse, comme si c'eût été un coup de foudre : même un homme étant proche de moi, tomba sur ma lanterne et la rompit en cent pièces. On prit d'abord Jésus, on le lia, et on le mena devant le grand prêtre ; là il fut très-bien examiné, mais il ne trouva rien à sa charge. Je m'en allai à la maison pour prendre un peu de repos ; le matin, je ne fus pas plus tôt éveillé, qu'on me dit que le traître Judas s'était pendu ; je m'en allai à l'endroit où il était pendu, je le vis, et ses boyaux lui sortaient hors du ventre.

Là-dessus, il entame la généalogie de Judas, les méfaits de son enfance et de sa jeunesse, l'assassinat de son père, son mariage incestueux avec sa mère, et une foule d'autres contes plus impertinents les uns que les autres. Il arrive enfin à l'acte qui a motivé sa propre condamnation. Ce récit lui est naturellement pénible ; et comme il est à peu près le même que dans la lettre citée plus haut, je ne le rapporterai pas. J'y remarque seulement que pendant qu'on dépouillait Jésus avant de le crucifier, le Juif vit « Marie ôter un linge de sa tête et l'envoyer pour couvrir la nudité de son fils. »

Quand le Juif promenant eût un peu reposé, et qu'un chacun de la compagnie eût dit son sentiment sur son histoire, il recommença en disant : Aussitôt que Jésus-Christ fut mort, je jetai la vue sur la ville de Jérusalem pour la voir encore une fois ; car j'étais comme contraint de la délaisser : par ainsi je commençai mon voyage, et ne savais par où j'allais, je passais les hautes montagnes ; partout où je vais, je n'y saurais rester, jusqu'à l'heure que je vous parle. Messieurs, en faisant une profonde révérence à toute la compagnie, il me semble que je suis sur des charbons ardents ; encore bien que je sois assis, mes jambes se remuent. Pour dormir, je n'en ai pas besoin, car je ne dors jamais.

Je signalerai à l'attention du lecteur la description qui suit des voyages du Juif-Errant. Il y a là pour lui une étude à faire de mœurs fort originales, et une érudition géographique et historique à acquérir qui n'est pas à dédaigner.

Enfin pour abréger je poursuivis mon voyage ; ayant marché quelques jours je me trouvai en Égypte, de là je m'en allai à Azirut, c'est l'endroit où les enfants d'Israël passèrent la mer Rouge à pied sec ; d'Azirut je m'en allai en Amérique. Dans l'île de Candie, les gens vont tout nus, hormis qu'ils se couvrent les parties d'une peau de bête sauvage. De là je m'en allai à Malhado, où je vis un père qui écartelait sa fille, et en jetait les pièces sur les campagnes, que les oiseaux vinrent manger, et cela était un sacrifice pour les dieux. De là je m'en allai au Mexique : les gens de ce pays adorent Dieu et le diable ; ils adorent Dieu, afin qu'il leur donne toutes sortes de prospérité ; ils adorent le diable, afin qu'il ne leur fasse aucun mal ; ils ont encore d'autres dieux en particulier ; ils prennent un homme tout en vie, ils lui ouvrent le ventre avec un couteau et lui arrachent le cœur ; le sang qui en découle ils le mettent dans un pot, et de cela en font un pâté qu'ils brûlent, et voilà le sacrifice des Mexicains. De là je m'en allai au Japon ; là je vis une mère qui tua ses deux enfants, parce qu'elle ne pouvait leur donner la subsistance, et ces meurtres sont permis en ces pays-là : quand un père et une mère ne peuvent nourrir leurs enfants parce qu'ils n'en ont pas le moyen, ils peuvent les tuer. De là je pris ma route par Cuba, et parcourus toute l'Amérique : je vins en Afrique, et de là en Libye ; là je vis tout le contraire, car les femmes sont maîtresses ; elles apprennent toutes sortes d'exercices militaires, tant pour le combat que pour la chasse ; elles vont en campagne pour chercher leurs ennemis, et leurs maris demeurent au logis pour faire leurs ménages et garder leurs enfants ; il faut remarquer que ce ne sont que des filles, car pour les fils on les tue, on n'en garde qu'un par famille ; car c'est une loi entr'elles de tuer tous les mâles, et par ainsi elles restent toujours maîtresses ; elles ont leur reine qui les commande, et quand elles ont atteint l'âge de douze ans on leur coupe le sein droit afin qu'elles tirent de l'arc plus aisément ; elles sont appelées *Amazones*. De là je m'en allai en Canarie : quand les jeunes hommes se marient, c'est la coutume que la jeune épouse dort la première nuit avec le prince pour avoir l'honneur d'être du parentage. De là je m'en allai au royaume de Barca ; là je vis le temple de Jupiter Ammon ; c'est dans ce temple où la statue d'Alexandre le Grand fut posée pour y être adorée comme une divinité. De là je m'en allai dans le désert de Zaara, où on marche bien cent lieues avant de pouvoir trouver une goutte d'eau.

Après avoir traversé bien du pays, je vins en Europe, et de là en Libanie, où je vis un jeune homme se pendre ; la raison de cela était qu'il avait commis un meurtre, et pour cela il devait se pendre lui-même, c'est la coutume ordinaire du pays. De là je vins en Italie, et de là à Rome, où il y avait beaucoup de chrétiens que je vis martyriser pour la foi. Ensuite je vins à Samagote : là le fils se marie avec la mère quand le père est mort, la fille avec le père, les frères avec les sœurs : c'est la coutume du pays. Après avoir vu tout cela, je fus en Moscovie ; ils brûlent les corps morts ; dans le même endroit où il y a eu un corps brûlé, ils apportent tous les jours à boire et à manger pour donner quelques rafraîchissements à l'âme du défunt. Puis je passai une rivière qu'on appelle le *Rhin* et j'aperçus une petite ville qu'on appelle *Cologne* ; là je vis la statue du grand homme, qui était d'argent massive. C'est une de leurs principales divinités ; il y venait des pèlerins de tous les endroits, et cela par mille et mille, ils appelaient cette statue *Teutis*. Je passai en France et vins à Marseille ; là je m'embarquai sur un vaisseau, et vins en Asie : poursuivant mon chemin, je vins encore une fois en Judée, où je ne trouvai plus ni parents ni amis, car il y avait déjà cent ans passés que je ne faisais que me promener ; aussi j'avais un grand chagrin de vivre si longtemps. Je délaissai encore une fois Jérusalem, puisqu'il n'y avait plus personne qui me connaissait, avec intention de me mettre dans tous les dangers imaginables pour y perdre la vie, car j'avais un mortel ennui de vivre si longtemps : mais tout ce que je fis fut peine perdue, parce que la parole de Dieu devait être accomplie ; je me suis trouvé en plusieurs batailles et j'ai reçu plus de deux mille coups d'épée et d'arquebuse, sans pouvoir être blessé, étant invulnérable ; mon corps est dur comme un rocher, toutes les armes qui se puissent imaginer ne sauraient me nuire ; j'ai été sur mer, et plusieurs fois j'ai fait naufrage ; je suis dans l'eau comme une plume, et ne me saurais noyer. Pour le boire et le manger je m'en passe fort bien, pour les maladies je n'en ai jamais, et ne puis mourir ; j'ai déjà parcouru le monde quatre fois, et j'ai vu de grands changements partout, des pays ruinés, des villes bouleversées, que je serais longtemps à vous raconter.

Quand le Juif-Errant eut fini son histoire, il se leva pour s'en aller ; l'évêque lui dit de rester encore un peu, et lui présenta de l'argent pour faire son voyage ; mais le Juif-Errant lui répondit : Je n'en ai pas besoin, je peux facilement demeurer plusieurs années sans boire ni manger, encore que je sais le faire aussi bien qu'un autre ; touchant mes habillements, bas et souliers, je n'en ai pas besoin, parce qu'ils ne s'usent jamais. Et en faisant une profonde révérence à toute la compagnie, il se remit en marche pour la cinquième fois.

Je ne sais quelle impression cette légende aura laissée dans l'esprit du lecteur; mais plus j'y réfléchis, plus je tremble de n'y apercevoir autre chose qu'une parodie involontaire, j'en conviens, mais effective des mystères les plus sacrés et les plus touchants du christianisme. La grandeur même de l'expiation du coupable et l'excellente morale qu'on en peut tirer, disparaissent à mes yeux sous la puérilité, la vulgarité et l'invraisemblance des détails qui embarrassent ce récit. Il n'était pas nécessaire qu'un romancier moderne prît la peine de refaire le roman du personnage qui remplit presque à lui seul cette sotte histoire; il l'eût trouvé là tout fait; il n'eût eu qu'à y mettre son style, sans parler de ses conceptions socialistes qui eussent pu s'y développer librement. L'anecdote des trois pepins du fruit de l'arbre défendu, et la vie de Judas, sont des témoignages qu'il n'y a pas de romancier capable aujourd'hui de surfaire de pareilles inventions. C'est dans les écrits des rabbins qu'il les faut aller quérir, et c'est là en effet que l'auteur ou les auteurs de cette histoire les ont puisées. Sauf la rencontre du Juif et de Jésus, et les paroles échangées entre le Sauveur et lui; sauf le mouvement de sublime pudeur qui, au milieu d'angoisses à rendre folles toutes les mères, porte la Vierge à détacher son *linge de tête* pour *l'envoyer* couvrir la nudité de son fils, rien ne m'a véritablement ému dans cette histoire. J'y admire pourtant quelque chose; c'est la vengeance de Jésus, et, si je l'ose dire, la douceur mêlée d'un peu de malice avec laquelle il l'exerce. La légende n'a pas seulement prêté au Dieu le ressentiment de l'homme, elle lui en a aussi prêté l'expression.

Toutes les éditions populaires de cette légende donnent des portraits du Juif-Errant, tous faits d'après un même modèle. Il serait sans doute digne d'un artiste ou d'un antiquaire de remonter à la source de ce modèle et d'en découvrir l'auteur. Il faudrait, en un mot, faire pour le portrait ce que M. Paul Lacroix a si patiemment exécuté pour la légende. Outre le mérite qu'aurait en soi cette découverte, elle aurait pour effet d'empêcher que certains éditeurs, rompant avec la tradition, ne donnassent des portraits de fantaisie, et ne soumissent à la loi du *progrès* une chose qui ne saurait la subir sans se dénaturer. C'est ainsi que M. Buffet, éditeur à Charmes, a cru devoir donner à son Juif-Errant une espèce de manteau à *la Talma* et une chevelure en oreilles de chien. Cette coupable fantaisie dérange toutes les idées qu'on s'était faites du personnage, depuis le jour où l'on a été en état de lire son histoire.

Fidèle à la tradition, l'édition d'Épinal porte au verso de sa couverture le portrait suivant, qui est le seul consacré :

Il m'est impossible et je ne me pardonnerais pas à moi-même

de passer sous silence quelques-unes au moins des innombrables biographies de Napoléon I^er, mises à la portée du peuple et imprimées à peu près partout. Lorsqu'on lit tous ces écrits, on est surtout frappé du caractère que revêt de plus en plus le grand homme qui en est l'objet, au fur et à mesure que s'accroît le nombre de ses biographies, et qu'il devient le thème à peu près exclusif des plumes à la fois les plus ardentes et les moins littéraires. Déjà il advient à Napoléon ce qui est advenu à Charlemagne; son histoire tourne insensiblement à la légende. Un jour sans doute on ressuscitera pour lui les douze pairs, lesquels seront représentés par douze maréchaux, sinon par douze monarques, et les guerres contre les infidèles y figureront avec d'autant plus d'à-propos et de vraisemblance, que l'expédition d'Égypte en fournira l'épisode le plus authentique et à la fois le plus merveilleux. Cette tendance des esprits, dans le peuple français, ne me surprend ni ne m'afflige. Ce peuple ne montre pas si souvent de la reconnaissance, soit pendant leur vie, soit après leur mort, envers les grands hommes qui ont fait sa gloire et établi sa puissance, qu'on ne le voie avec plaisir condamner sa propre ingratitude, et chercher à la faire oublier par l'excès même des réparations.

Mais de toutes ces vies écrites à peu près d'un même style, je me contenterai de citer par leurs titres seuls les quatre suivantes : *Vie civile, politique et militaire de Napoléon*, suivie de la chanson de Béranger : *les Souvenirs du Peuple*, in-18, 58 pages, Charmes, Buffet, S. D.; *Vie civile, politique et militaire de Napoléon, depuis sa naissance jusqu'à sa mort; ses campagnes glorieuses contre toutes les armées de l'Europe; son départ pour Sainte-Hélène; ses dernières paroles; détails sur sa mort, sur son tombeau; l'exhumation de ses cendres et leur translation en France*, suivie de la même chanson, in-18, 44 pages, Épinal, Pellerin, S. D.; *Vie de Napoléon, avec les détails les plus intéressants sur la maladie et la mort de cet homme célèbre*, in-18, 262 pages, Montbéliard,

Deckherr et Barbier, S. D.; *Anecdotes sur Napoléon et la grande armée*, in-18, 144 pages, id., ib. Que le lecteur veuille bien ne pas souhaiter d'en savoir davantage; il se repentirait de sa curiosité.

FIN DU TOME PREMIER

# TABLE DES MATIÈRES

## DU PREMIER VOLUME

Préface.. . . . . . . . . . . . . . . . . . . . . . . . . . . . . . . . .  I

Chapitre I. — Des almanachs. . . . . . . . . . . . . . . . . . .  1

— II. — Suite des almanachs.. . . . . . . . . . . . . . .  19

— III. — Sciences et arts. . . . . . . . . . . . . . . . . .  122

        1° Sciences occultes; magie blanche; cabale.. . . .  Ib.

        2° Divination . . . . . . . . . . . . . . . . . . . .  186

— IV. — Facéties, bons mots, calembours.. . . . . . . . .  228

— V. — Dialogues et catéchismes.. . . . . . . . . . . . .  258

— VI. — Discours, éloges funèbres, contrats de mariage, brevets et sermons burlesques.. . . . . . . . . . .  325

— VII. — Types et caractères.. . . . . . . . . . . . . . .  421

— VIII. — Vies de personnages illustres ou fameux, vrais ou imaginaires.. . . . . . . . . . . . . . . . . . . .  448

---

PARIS. — IMP. SIMON RAÇON ET COMP., RUE D'ERFURTH, 1.

www.ingramcontent.com/pod-product-compliance
Lightning Source LLC
Chambersburg PA
CBHW071718230426
43670CB00008B/1053